音乐教育
初心守望

◎ 褚艳华 著

团结出版社
UNITY PRESS

图书在版编目（CIP）数据

音乐教育初心守望 / 褚艳华著. -- 北京：
团结出版社, 2022.8
ISBN 978-7-5126-9505-4

Ⅰ.①音… Ⅱ.①褚… Ⅲ.①音乐课 – 教学研究 – 中
小学 Ⅳ.①G633.951.2

中国版本图书馆CIP数据核字（2022）第127775号

出　　版：团结出版社
　　　　　（北京市东城区东皇城根南街84号　邮编：100006）
电　　话：（010）65228880　　65244790
网　　址：http://www.tjpress.com
E-mail：65244790@163.com
经　　销：全国新华书店
印　　装：济南霏帆印务有限公司

开　　本：170mm×240mm　　1/16
印　　张：26
字　　数：453千字
版　　次：2022年8月　　第1版
印　　次：2022年8月　　第1次印刷

书　　号：978-7-5126-9505-4
定　　价：95.00元

序

习近平总书记指出："如果青少年的精神世界没有童话、歌谣和大自然的云彩、花朵、鸟叫虫鸣，如果青少年的心灵世界没有动人的音符和丰富的颜色，如果青少年没有艺术爱好和艺术修养，不可能全面发展。"[1]总书记这段话，精辟而又生动地阐释了美育在培养德智体美劳全面发展的社会主义建设者和接班人上所具有的独特价值和作用，那就是它直接作用于青少年的精神世界和心灵世界，不仅能提升青少年的审美素养，还能陶冶情操，温润心灵，激发创新创造活力。

美育如此重要，然而其地区、城乡、校际差距却十分明显，甚至有许多乡村学校还存在着大面积的美育空白，学校美育的不公平现状令人忧虑。正是在这样的背景下，我们特别期待有越来越多的美育工作者能够扎根教育一线，关注乡村美育。音乐教育是学校美育最为重要的内容与途径，也是最适合面向人人与惠及全体的美育，音乐课堂是最受学生喜爱和期待的课堂，因而音乐教育是破解与改善学校美育不公平现状的前沿阵地，音乐教师则是学校美育前沿阵地上的排头兵。

我们欣喜地看到，有这样一群对教育抱有信仰之心和赤诚之爱的音乐教育人，他们不忘音乐教育初心，守土有责，他们自觉地履行"以音育美、以美育人"的职业使命；他们不计得失、不求名利，他们不等不靠、开拓进取，他们用实际行动践行着爱与责任，谱写着一曲曲奉献之歌；他们以绵薄之力，为助力乡村美育发展，为"美育面向人人"而执着前行。他们在平凡中展现不凡的职业价值，为新时代学校美育增添了一抹亮丽的底色。这其中，就有一位我虽未曾谋面却很熟识的人——山东省枣庄市薛城区音乐教研员褚艳华

---

[1] 中共中央党史和文献研究院编,习近平.论党的宣传思想工作,北京:中央文献出版社,2020-11:350.

老师。

褚老师是一位优秀的基层音乐教育领衔人。她热爱音乐，谦虚好学，不惑之年还求学于首都师大，只为做更好的自己和更好的音乐教育。她凭借勤奋努力和在教学、创作、演唱、指挥等方面的扎实功底，得到了社会与同行的广泛认可，也取得了许多荣誉。她勤思、乐教、善研，把讲台、舞台与教、学、研活动中的所感、所思，所忧、所探，梳理于笔端，形成一篇篇真实而鲜活的教育教研随笔，记录和表达了她对音乐教育的挚爱与情怀，对乡村孩子和乡村美育的牵挂与奉献，对教学及教研的思考与探究。

褚老师十年如一日情牵乡村孩子的音乐教育。她率先垂范，坚持连续八年走进"西小"义务支教；她带领全区教师创建"云录播"，为乡村孩子录制"云课堂"160余节；她率领教师团队开拓进取，创建"美遇音乐"乡村公益支教爱心团队，为村小的孩子送音乐送欢乐，为乡村培育兼职音乐教师。他们的乡村支教行动以实实在在的爱，照亮和温暖着乡村孩子梦想的天空。

褚老师及其团队所做的这一切，都真切鲜活地记录于即将出版的《音乐教育初心守望》一书中。这本书能给人以最"真""实"的感动，即作者情感、情意、情怀的"真"，和笃定、踏实、践行的"实"。作为一个基层普通教研员，她始终怀着初心奔走、徜徉在真善美和爱的大道上，努力做"一面旗帜"，追求做"师之表率、育人典范"。这本书的出版，对于中小学音乐教育特别是乡村音乐教育的探索发展具有积极的意义，它不仅能给人以启迪和励志，传播能量与激情，还能为教学改革提供参照和示范。

有缘书中来相会。当老师们打开了这本书，就意味着我们是有缘人。如果你能够被书中的真实、真诚、真切、真情所打动，受到启发、产生共振，那会令作者深感欣慰。如果能有更多的人这样想、这样爱、这样做，那么，我们的学生以及孩子们的未来，我们的学校美育和美育的未来，我们的社会和社会的未来一定会更加美好！

郭声健

2022年6月6日

目　录

第一章　教师寄语

第二章　教学畅享

第四章　乡村教研

第一节　乡村小学听评课

第二节　乡村中学听评课

第五章　乡村支教

第一节　"西小"支教

第二节　爱心"云录播"

第三节　"云录播"侧记

第七章　教案设计

第八章　歌曲原创

第一节　母爱之歌

第二节　家国情怀

第三节　童趣园地

第一章　教师寄语

在我眼里，音乐教师是校园里最亮丽的一道风景线，他们是校园里的"音乐指南针"，是校长和同事们眼里的音乐专家和艺术顾问，是学生眼里的快乐宝典、音乐玩伴，是被学生崇拜、被同事羡慕的"歌唱家""演奏家""舞蹈家""作曲家"……

我觉得，音乐教师最具风采和魅力的时候，不仅仅是在课外艺术实践或舞台表演中所展现的专业气质，更是在课堂上和学生互动时，忘我投入音乐中的那些或吟或唱、或舞或弄、或演或奏的优雅样态，和那份真挚地诠释、动情地表达、忘我地展露，以及对音乐那份内在的深沉与彰显的热爱！这时的音乐教师，他（她）的面容、他的笑靥、他的眼神一定是有艺术、有美感、有阳光的动人画面。

一个优秀的音乐教师应具备爱的品格，需要热爱音乐、热爱教育、热爱学生。①热爱音乐如生命，这是做一名好音乐教师的前提；素质全能有专攻，这是做一名好音乐教师的基础；珍视学生如知音，这是做一名好音乐教师的关键；充满活力多激情，这是做一名好音乐老师的保证。

我们的音乐教师要学会"享受工作"。如果我们不会享受工作，不能善于在日复一日的教学工作中自己寻找乐趣，那么，我们的生活质量尤其是精神生活质量会是很低下的。音乐与音乐教育最忌雷同，创造性是音乐和音乐教育的本质特征，无论是从事音乐艺术事业还是音乐教育事业，没有创造性，没有活力和激情，那都是不可想象的，那不能算是真正的音乐教育。②

---

① 郑莉.现代音乐教学理论与方法研究.北京:中国文联出版社,2004-09:145.

② 郭声健.音乐教师既是传播美的使者,也是教师群体的颜值担当,"音为有爱"微信公众号,(2019-12-5).

第一节　爱与情怀

开学第一课，老师准备好了么

开学了，上学去。

学校，是每一个孩子成长中必经的快乐"驿站"，是每一个学生所期盼和向往的智慧乐园。每一个孩子都会在这里开启人生的航船，在这里度过成长中黄金般宝贵而难忘的时光。

九年义务制小学、初中和三年高中学习，有三个"起始阶段"应特别重视：小学一年级、初中七年级和高中一年级。

开学了，上课去。

老师，您准备好了吗？

曾经的莘莘学子，您经历过无数寒暑秋冬的求索与追寻，步入杏坛，站在了讲台前，为一批又一批的学子而"春耕秋播"。在经过一个假期的研修、学习与休整之后，相信老师们也会和学生一样，期待再一次回归校园，回到熟悉或陌生的班级，见到一个个稚嫩又可爱的面孔。

开学了。当老师接任一个新的一年级、七年级或高中一年级音乐课的时候，您将会作何打算？是把新教材暂放一边，继续与同事热聊，大谈暑期见闻？还是收心凝神、研读课标、熟悉教材，认真备课作规划，为迎接"新生"做准备，为上好第一课、为了hold住学生，为了让学生"刮目相看"而"搜肠刮肚"？

在这里，本人想谈一点想法或思考，与大家共勉。

一、施爱心　鼓士气

教师的爱心是对学生严爱有加，恩威并重。

面对来自不同环境、不同家庭和学校（幼儿园），有着不同相貌、不同品性、不同气质和不同音乐基础的学生（小朋友），音乐教师首先应做一个快速全面的了解。可以通过"记者见面会"、"唱歌会"、"才艺展"等方式，鼓励和引导学生，让他们在自我介绍、自我展示中，相互建立初步的了解和认识。在这个过程中，教师要短时间内给每一个学生进行"速写"，既要抓住班里的"名、特、优"生，也不能忽略和漏掉班里的"皮、捣、弱"生，并即时记在一本专用的"知行录"或"七星榜"中。

第一印象不可忽视。有句教育格言说，作为教师，没有专业，就没有尊严。所以最重要的是，音乐老师要适时、有准备地"亮"一下自己的"唱、念、做、打"等"拿手活"，让学生看看老师"有两把刷子"。

同时，音乐教师应"修炼"并尝试做到"七态"：阳光的心态、幽默的语态、大气（高雅）的姿态、轻盈的体态、自信的步态、端庄的仪态、美好的情态。在言谈话语、眉目眼神和举手投足间，让学生感到你给予他们的爱心、真诚、希冀与信任。让他们相信，音乐老师就是他们的良师益友、音乐玩伴，就是"帮助少年起飞"的航标灯和引路（渡）人。

二、立"规矩"　养习惯

学生喜欢音乐课，大都因为音乐课可以不用做作业，唱唱跳跳很轻松，对于音乐大都有着新鲜、好奇与向往。也有少部分调皮好动甚至捣蛋顽劣的学生，也会在音乐课上伺机"恶搞"一下。常见一部分教师为了震慑住学生，一进教室，便对全班学生摆起架势、板起面孔、瞪起眼睛，一副高高在上、"横眉冷对"的态势。这样一堂音乐课下来，学生只会对"音乐"感到索然无趣，教师也感觉这样上课只有一个感觉——挺烦！

教育是一门艺术，音乐教育更是艺术中的艺术。晓之以理，导之以行，投之以趣，动之以情。立规矩，不是纸上谈兵，不是一味的严格冷酷，更不是硬性实施高压政策。而是立足音乐教育与生命成长的价值规律，基于学生年龄及心理发展特点，切实抓好音乐课堂常规练习，比如入课"师生礼仪"活动，小学一年级新生可启动（聆听）"主和弦铃声"式，或采用幼儿园学过的儿歌进行律动表演；中学生则可以启动"身体节拍器"（问答式）节奏拍击法、或唱念击打相结合，适当为喜爱的流行音乐加入声势伴奏，或者即兴创作元素等等。当然，"规矩"不是一成不变，（常规）需要持续，需要巩固，需要充实，也需要变化和创新。

三、明方向　立志趣

苏霍姆林斯基说过，音乐教育不是培养音乐家，首先是培养人。中小学音乐教育目标是培养"具有基本音乐素养的合格的中国公民"。因此，音乐教师应该熟知，音乐教育要培养什么样的人。

研读《音乐课程标准》（2011年版　以下简称《课标》），熟览教材，扫描全程（学段）目标。把握《课标》内容，熟知各学段标准要求，做到脑中有图树（知识树），胸中有成竹。比如小学段六年，音乐教师需明了：我们的学生小学毕业之后，在音乐（方法、态度、知识、能力）上你给他们带走了什么？唱歌课里，我们让孩子做到了"唱会歌、唱好歌、会唱歌"（吴斌）的哪一个层次？或者六年时间里，能否学会识读一些简单的乐谱？有没有掌握一件简单乐器演奏法（竖笛、口风琴、葫芦丝等等）？学生对音乐的听觉感受力发展到哪一个层次？通过音乐作品的感受聆听与实践锻炼，学生对音乐的感悟、对生活情感的态度与价值观又会获得哪些提升？

独具慧眼，特色培养。在关注全体的同时，善于发现艺术特长突出或具有音乐发展潜力的学生，就其某一方面才能施以正确的引导，及时给学生或家长以发展性的建议。常常总结一下，小学阶段，你发现并培养了几个"苗子"？参与了哪一级舞台演出或赛事活动？成绩如何？

四、玩音乐　享快乐

"音乐是人生中最大的快乐"。"寓教于乐"虽老生常谈，但道理实在。教育的过程既是学生成长的过程，也是教师发展的过程，即师生互动、共赢的过程。

音乐教师的重要理念和境界，就是学会"把玩"音乐，把音乐课"玩转"起来，音乐是"玩"出来的。像利用"科尔文手势"学习识谱教学法；奥尔夫节奏教学法等等都是教孩子怎样"玩"音乐。并在"玩"中体验和享受音乐带来的快乐。音乐无国界，音乐更无年龄界限，音乐不分你我他。当教师与学生投入地"玩进去"（参与体验）的时候，瞬间便会发现"幸福与快乐"洋溢在了每个人的脸上并深入他们的内心！

在中小学教育中，音乐是最具艺术特色的学科，因为音乐教育是情感的教育、是实施美育的重要途径、是落实素质教育的主渠道和主阵地。在学生健康成长和全面发展中，音乐教育具有其他学科所无可替代的价值与魅力。如果课堂失去了"音乐"、失去了"聆听"、失去了"实践"、失去了亲身参与和体验，如果把音乐课上成了语文、政治、历史、地理课……那么音乐还有存在的意义吗？美好的艺术和艺术地生活也将失去了价值。

开学第一课，亲爱的老师，请让学生记住你、喜欢你！

上好开学第一课，也必将会开启师生快乐交往之船，达到师生共生、共赢、共发展的幸福教育彼岸……

如果人人找到快乐，那么必将幸福一生！

（本文发表于《音乐周报》，2012年9月19日）

开学第一课

师爱如母

师爱比渊博的知识更重要。

教育需要师爱，没有师爱的教育是不存在的，在德、智、体、美、劳等各项教育中，师爱是基础，是先决条件。因此，在教育过程中，无私地奉献这种师爱，既是教育成功的关键，又是衡量一位教师素质的重要内容。

在我区音乐教师队伍当中，女教师的数量毫无争议地占据了绝对优势。其中有相当一部分女教师是做了妈妈的。母爱的天性会让她们对孩子们自然充满宽容和仁慈。然而来自不同环境、家庭的孩子，学生在课堂中的行为表现又是千差万别的。因此真正在音乐课堂上做到秩序井然、活而不乱，收放自如、又能抓住众多孩子的音乐学习兴趣和学习参与度，达成本课时的教学目标，让学生"玩中乐"、"乐中获"，那么音乐教师不仅需要具备娴熟的学科教学艺术，和较强的组织驾驭能力，而且要具有一颗炽热而豁达的爱心，有一腔爱生如子的教育情怀。

有人说"爱自己的孩子是人，爱别人的孩子是神"，这句话在今天看来已不是神话，因为，在当下乡村小学的校园里、课堂上，我们随时都能真切地感受到。

单老师是沙沟镇中心小学的一名音乐教师，同时也是一位一年级班主任。正巧这一节听了她给她的班级所上一节音乐课，上的是第一单元第二课时"唱歌"：《拉勾勾》。因为是临时调课，一进教室，我看到另一位老教师已在，孩子们听到要上音乐课，顿时雀跃地叫起了"音乐老师来啦"

单老师的音乐课看上去简单，平实，质朴，没有精美的课件，也没有华丽的词语，开学刚刚三周时间，全班孩子就像是被一个神奇的"魔力符"吸引了一般。她对班里两个"特殊生""特别关注"。看上去一个孩子有些智障，另一个孩子右手残疾。她把智障的孩子专门安排坐在第一排，便于她随时照顾。听课时我注意到了一个细节，当所有学生随单老师一边看着视频中《拉勾勾》的曲谱，同时要求"伸出手来"，一边在空中画"三角形"，一边唱歌的时候，心里暗暗赞许单老师这个教学方法，非常适合学生体会这首三拍子的歌曲特点。同时也发现了前面那个孩子伸出的竟然是他的左手……

令人欣慰的是，单老师不时给他们表现和展示的机会，并让他们当"小老师"，教大家唱本地"童谣"，拍节奏、做示范。孩子竟然表现得落落大方又不失活泼俏皮。下了课，经过单老师介绍方才明白，这两个孩子均有先天残疾，但是单老师却对孩子关爱有加。在她的特别关注下，两个孩子在班里表现得无忧无虑，充满阳光和自信。

苏联教育家鲁普斯卡娅曾说，师爱：光爱还不够，必须善于爱。是的，真正的师爱，不仅要有一腔热情，而且要具备爱的能力和教育的智慧。音乐教师，还要熟谙音乐学科教育的规律以及所教学生的学习认知心理，掌握课程价值与理念的同时，灵活设计学生喜爱的生动有趣的教学活动及过程方法。

有感于单老师这节音乐课，我在想，什么是教育的情怀？

教育情怀是一种教育报国的志向，是一种教育为人的慈悲，是一种教育清贫的淡泊，是一种教育化民的乐趣……

当一个老师拥有对"别人家"孩子的这份爱——即拥有教育情怀时，他就不会自己不读书却理直气壮地指责学生不读书。当一个老师拥有教育情怀时，他面对学生的学习困难，就不会一味指责学生笨而是去思考如何寻找适当的方式去帮助学生。当一个老师拥有对教育的情怀时，他对于这项工作就会变得充满热情，他的课堂就会充满智慧。

真正的教育意味着一棵树撼动另一棵树，一朵云推动另一朵云，一颗心灵唤醒另一颗心灵。

每个孩子心里也都会有一颗爱的种子。它需要我们用母爱，用师爱，用智慧来滋润和浇灌！在这里，谨向所有为了乡村小学的孩子，为了所有学生，付出青春热情、献出涓涓母爱，传递音乐魅力、播撒教育智慧的老师们，致以最真挚和最深情的敬意！

因为有你们——坚守在乡村校园的音乐教师，寂静的村小才会荡漾着快乐而悠扬的歌声；因为有你们——坚守在乡村校园的音乐教师，可爱的村小才会各美其美，孩子们的童年才会五彩斑斓！

耕耘在春天

"一年之计在于春"。总感觉每年的春天过得太快，"五一"过后，忽然间，姹紫嫣红尽染处，春，渐渐淡出了人们的视野。在紧张忙碌之中，我们告别了2012年温馨美妙的四月天，匆匆地走进了热烈而缤纷的五月。

三、四月里，音乐老师是忙碌而充实的。除了常规的课堂教学之外，基本上都在"节目排练"、"专业辅导"、"社团训练"等"活动"中度过每一天：参与英语节表演排练活动；参加区第二届读书节及古诗文诵读活动；迎接区、市教学技能比赛；迎接区（市）音乐教师校园歌曲（校歌）创作征集与评比活动；直到"劳动节"前夕，还在准备迎接枣庄市中小学生校园歌手大赛的区级评选与验收活动。

每一项活动的筹备与编排工作，都少不了音乐教师的专业参与，每一次不论校级或区（市）级活动所取得的成绩、荣誉，也都少不了音乐教师的智慧与汗水。每一次"活动"不仅达到活动本身所要求实现的教育意义，同时也增强和提升了音乐教师的价值、能力。更是锻炼和成长了一批批儿童、青少年，充分发挥出音乐教育作为素质教育主阵地的独特价值，有力推动了薛城区素质教育进一步向前发展。

以上活动，有三项属于本届（第六届）区体育艺术节——音乐活动系列内容。显然，本学期音乐学科活动内容相对来讲，内容丰富，形式多样，活动项目繁多。同时，还要选拔优秀节目参加枣庄市（山东省）第四届中小学生艺术展演（录像）。由于音乐展演对于节目的编排与质量方面都有所要求，所以自然地加大了音乐老师们的工作量与压力感。参与使人进步，活动催促发展，是有道理的。

四月、五月是花开的时节，这些日子好像是一系列生动的"赛事"和"活动"串起来的。"五一"过后，艺术节音乐展演准备工作，正在各学校紧锣密鼓地进行着。各校音乐教师都已经或正在投入展演活动的精心排练及准备之中。

本届音乐展演包括四项内容，在此主要就音乐展演中声乐类——"合唱"

提出一些参考建议。

"合唱是任何教育工作都不可替代的重要形式"，在许多的发达国家和地区都将学校的合唱活动当成培养学生高尚情操和团队精神的一项重要教学工作。合唱具有"投资少、易操作、普及广、意义大"的特点，大力开展合唱教育活动能培养学生对经典音乐的兴趣，提高团队合作意识和集体主义、爱国主义精神，能启迪心智、净化心灵，使学习更富有实效。

因此可以说，抒发爱国情怀、展示校园文化、歌唱美好时代的最好的方式就是合唱。

展演第一项内容即声乐（歌唱）类，包括合唱、小合唱（或表演唱）、重唱、独唱。首先老师们要澄清"合唱"的概念，合唱、小合唱、表演唱、齐唱、重唱和独唱，都是声乐的不同演唱形式。有人说合唱是声乐艺术的最高境界，它和"齐唱"（众人一起同唱一个曲调或旋律）的区别在于，合唱是将众多演唱者分成两个或数个声部，常有指挥，可有伴奏或无伴奏。它要求单一声部音的高度统一，要求声部之间旋律的和谐，是普及性最强、参与面最广的音乐演出形式之一。合唱包括混声合唱（男女生混合）与同声合唱（男声合唱、女声合唱、童声合唱）。

音乐老师应该明确加以区分，比如，到现在为止，仍然有老师把齐唱与合唱混淆，甚至把"班级合唱"直接唱成了全班同学异口同"声"的"大齐唱"。因此对于合唱排练要有一个明晰的指导思想，做好作品的案头准备工作，把精力放在合唱的声部、声音的协和美妙与均衡方面，使合唱的排练工作优质有效，让孩子们的声音协调、合作默契，美感表现能力得到锻炼提高。排练合唱时，音乐教师要训练学生对声音有最基本的听辨力，训练孩子不要喊唱；学会在气息支持下，轻声、自然、高位置、有意境地歌唱；学会理解歌词，学会眼中有物、内心有视像和有内心听觉地歌唱；学会一边倾听（音乐伴奏、本声部、他声部）一边歌唱。

艺术展演不论是声乐、器乐、舞蹈、课本剧等方面，都能体现"师尽其能，生展其才"。教师要充分了解和熟悉身边及周围的资源条件，根据教师、学生的优势、特长，选择适合的作品，或在不影响原作风格的前提下可适当加以改编。

音乐教师排练过程中还应处理好几个关系：课内与课外；目标与内容；生本与纪律；工作与生活；过程与结果；任务与荣誉。应当把握一个理念：排（训）练的过程就是师生快乐和亲密接触音乐的过程，就是以音乐陶情养性的过程。同时，排练的过程也是教师与学生共同成长进步的生命交往过程。

当工作过程中出现"瓶颈"或这样那样的问题、困难甚至阻力的时候，要学会跳出来看我们所做的事情，反思问题出现的根源，换个思路寻求解决办法。不妨设想一下即将达到的成果，然后有计划地分步走，由小目标逐步积累最终达到大目标即所谓循序渐进。以美的作品达到审美育人，在排练的过程中学会感受合唱之美、享受合唱之美、表现合唱之美……

虽已是"立夏"之时，气温已高达到三十几度。可是依然渴望留住春天，留住这多彩而烂漫的季节，留住繁忙的五月。

亲爱的老师，累，请别烦恼。紧张、忙碌，就是锻炼、成长，辛苦、付出，就是耕耘、收获。

亲爱的老师，仔细品味这缤纷的收获，尽享这忙碌的快乐吧！

评委与选手合影

创优秀教案　展教师风采

　　每个月的中旬时间，打开邮箱，便看到雪花一样的来自全区音乐教师创作上传的一篇篇"优秀教案"。它们静静飘落在邮箱的空间角落里。像一个个仪态万方、神态各异的淑女翘首企盼，又像英姿飒爽、风采奕奕的士兵等待检阅。因此，每周或每月定时审阅和赏读各位老师上传的优秀教案作品，已经成为区教研室各科教研员的重要日常工作。

　　备课上课，教书育人，这是每位教师的主业，也是教师每天必做的功课。

　　"优秀教案评选与推荐活动"在枣庄市教研室统一部署下，进行全员推广已经两年多。如果说，之前老师们的备课上课是"老生常谈""家常便饭"，那么，创作"优秀教案"则在深层意义上，引领教师更加重视和加强备课、上课的品质与实效。可以说，"优秀教案评选活动"在当下中小学校掀起了又一次新的"备课的革命"。每学期、每学年，都会涌现出一批优秀的教案，透过这些优秀教案作品，令人欣喜地看到音乐教师把课堂、把音乐"玩"得越来越自如、灵动、鲜活和富有魅力，看到音乐教师们驾驭教育教学的能力素质越来越高，也似乎更看到音乐教师们八小时之外那一幕幕耕耘的画面。

　　再一次打开邮箱，浏览、整理和欣赏着各位老师的教案，我看到图文（谱）并茂，色彩、布局齐美的教案作品，看着熟悉的，还有不熟悉的教师的名字；看到双语实小、北临城小学、临城实小、南小等众多优质教案出现在"优秀教案评比推荐栏"的时候，不知怎么，忽然觉得一阵激动、一股暖流自心底涌出，险些打湿了双眼。于是情不自禁，打开电脑敲出感言……

（一）

　　课，好上，但"好课"难"备"。可以想象，一篇优秀教案，一个老师要花上几个工作日，要熬上多少不眠之夜、耗费多少心血、多少汗水？我知道，每当结束了一天的工作之后，老师们要考虑柴米油盐家务琐事，要照顾老人孩子吃喝洗漱，年轻妈妈还要陪着宝宝念过唱过、熟睡之后，甚至还要听着爱人不解的唠叨，一边打着哈欠，拖着疲倦的身体打起精神，一边悄悄打开电脑、铺开案头，趁着夜静更深，方才展开思路，把白天的课堂与思考一一梳理……

努力工作的人最美丽。我想和老师们说，你们是"勤奋的鸟儿"。也许，为了学校的量化，为了评职晋级，也许是为了不甘落后、一定要写出一篇好教案来。也许是被周围环境推着不得不做；也许，你本就是一位爱业敬业、追求完美、执着努力、不服输的音乐教师。不管怎样，你做了，你付出了辛苦和努力，你就是一只阳光向上、美丽可爱的鸟儿！

敬佩老师们！因为你们的付出。相信在付出的过程中，老师会深深懂得：人，无论做什么，无论自己想得到什么，都得要静心、静坐，扑下身子真诚付出，甚至要讲一点儿奉献精神，这就是世界上最普遍的"因果"关系。你会体会到认真做事、努力付出之后，心里是那么的踏实和充实，觉得时光没有空虚度过，因为所有的付出都会有回报，所有的付出都会有收获！在付出中，会觉得虽苦犹乐；在努力中，会觉得生命之花在三尺讲台绽放的价值与美好！

因为你热爱着这份职业，所以这份职业也爱着你！感谢你，亲爱的音乐教师！

教育的目的，就是造就未来社会及未来社会中的人，而教师是和正在成长中的、个性鲜活、前途不可限量的儿童青少年打交道。所以，教师的阳光与奋进，使我们的儿童快乐成长；教师的执着与付出，让我们的儿童开心幸福；教师的敬业爱业，成就儿童向善向美；教师的歌声琴声，引领儿童爱唱爱跳。因为有你们，我们的校园才会充满笙歌倩影；因为有你们，我们的教育才会完美无缺、精彩无限。

在我们的身边，就有一群"这样的人"，她们是我们工作和学习的榜样，是音乐教师的骄傲——执着勤恳笔耕不辍的教师作曲家、特色教师张文老师；匠心求精、纯真唯美的音乐优秀教案"带头人"王丽老师；执着用心、说教材"获奖专业户"的薛彩虹老师；质朴坚定、"做好自己"的农村教师单琳琳、潘红、张颖、郝敏老师等等，还有，还有……还有更多默默无闻，坚守在村小音乐课堂的刘老师、李老师、张老师……

感谢你，亲爱的老师！我为你的努力而高兴，也为你们的进步而欣喜，更为在缤纷音乐课堂中快乐成长的少年儿童而感到幸福快乐！作为教研员，当为身边有你们这样优秀的教师而骄傲！我时常会感动着、记着老师们的付出，会更努力为老师做好服务，为教师发展提供多而有益的学科平台，展示教师的魅力与风采！

（二）

同时看到，每个月的"优秀教案评比推荐表"上也会出现"零教案"的老师。

想问一下亲爱的老师，熟悉的和不熟悉的你，你的"作品"呢？相信能走上音乐教师这个岗位，一定有你努力与擅长之处。期待你的名字和你的优秀教案出现，更期待你的身姿笑影出现在音乐学科各项赛事活动中……作为一线教师的你，每一天都怎样度过呢？在学校上班的日子里，在办公室，在备课室，在音乐室……每天备课、上课、课外辅导，日复一日。

"不想当元帅的士兵不是好士兵"。同理，不愿意当优秀教师的老师，也不是好教师。相信在心里，你一定怀揣美丽梦想，有着向上向好的追求和愿望吧。

如果，你是一位年轻教师，如果，三五年内不会转行做其他职业，希望你集中目光，珍惜时光，不再彷徨，坚定你的选择，学习做一名合格而优秀的教师吧。学习"挖掘你生活中、你职业中的内在魅力……"学习让自己越来越喜欢、并爱上这个职业吧，因为职业是一个人生存与发展最基本的东西，"你厌倦它还是喜欢它，对整个心理的发展，对你的幸福感、成就感的获得，都是至关重要的。你不爱这个职业，这个职业也不会爱你。你不爱教师这个职业，你就不能从教师这个职业中获得乐趣"。[1]也许，职业排名榜的最前列不会是教师，但在一名优秀教师的内心里，它的位置永远排在最前列！

如果，你是一位老教师，如果，你还爱着这份人世间"最美的职业"。请不要停止脚步，更不要消极度日，请把你多年的心得、你的丰富经验和正能量传递给年轻教师和学生们，做他们的师长与朋友，做他们的前辈和榜样，受他们的尊重与信赖，引他们崇真、向善、求美！

在音乐面前、在讲台上，教师是不分年龄的。真正爱音乐、爱生活、爱教育、爱学生的音乐教师，会有一颗永远年轻和快乐的心，充满热情，可敬又可爱，他（她）会给身边所有"经过"的人留下美好记忆。

做教师的一天，可以这样过，也可以那样过，你要选择哪样过呢？是选择充实而有条理的、安静而有秩序的、忙碌而清醒的；抑或是选择消极的、忧愁的、躁动的……我们可以为了上好一堂课而绞尽脑汁、设计新鲜小妙招，

---

①朱永新.我的教育理想(增补本).漓江出版社,2009.4:17.

想着法儿制作教具学具，来吸引学生，提高课堂效率，博得孩子们的喜欢，师生互动互玩快乐地过；我们也可以为了上好一堂课，认真备着歌儿、听着音乐、弹着琴，唱唱跳跳着、美美地过；也可以应付度日，面对因教师驾驭不住而骚乱不安的学生，而面露尴尬、无计可施？面对渴盼获得音乐滋养和审美愉悦的孩子们无所适从、得过且过？

亲爱的教师，你选择"累"并充实、踏实、快乐着过每一天，还是选择"闲"并虚空、浮躁、忧郁着过？其实，一个简单的道理就是，老师若应付了学生，也就应付了自己，应付了今日的教学和工作，也就应付了今日的时光和生命。

勤奋执着、努力追求着的人是最美的。把有限的工作时间，用来做无限的、有意义的事情吧！因为，你的称谓是"教师"！

坐在安定与和谐的环境里，身处幸福与阳光的日子里，却做着与工作无关、与专业不搭的闲琐碎需，老师不觉得头脑虚空、时间浪费的可惜吗？也许，有人实在不想那么让自己"受累"，有人害怕加班、熬夜会让自己早生华发、平添皱纹。也许，有人觉得现在的自己过得悠闲与惬意，可是，当每个期末，你"回头看"同事频频获奖、证书累累的时候；当即将评职晋级的时候，当你即将退休、离开岗位的时候，蓦然回首、举目张望，扪心自问：My god 我的天！这些年都干了啥？时间都到哪儿去了？一晃几年、十几年、几十年，漫漫人生最美好的时光里，除了"养儿育女""相夫教子""养家糊口"之外，为人师的你，给你的学生留下了些什么呢？

所以啊，亲爱的老师，从现在开始，从认真备好课、唱好歌、弹好琴开始你的专业发展、幸福人生之路吧。用心写好教案、上好每一堂课，做一个让学生及家长尊重和喜爱的"美丽（魅力）教师"，做一个让同事与领导欣赏和称赞的"优雅教师"，做一个让大家认可、被大家需要的"专业教师"，做一个充满爱心、热情进取的"阳光教师"吧。

（三）

"优秀教案"是立足课堂"上"出来的，"写"出来的，也是"改"出来的。它锻炼和考验老师们的综合教学能力，挑战和磨砺着老师们反思、总结、提炼和加工，以及再实践、再思考、再创造的意志、品质。优秀教案一定是经历优质的思维、巧妙的策略、精致的设计过程的，也一定是正确体现音乐课程标准理念的，同时更是符合儿童音乐学习的心理特点和发展规律的。

　　"优秀教案"不仅仅用来参加（区、市）教育系统评选用，老师们还可以往有关杂志报纸投稿发表。如《中国音乐教育》（zgyyjy@vip.sohu.com）、《中小学音乐教育》（zxxyyjy@163.com/zxxyyjy2010@163.com）、《儿童音乐》（ertongyinyue@sina.com）《音乐周报》等等。期待在相关报刊看到老师们的文章作品不断发表，期待老师们的教学教研水平不断提升，期待我们的师资队伍成为一支"乐教""善研"专业过硬的"魅力之师"。

　　"亲们"请记住，在音乐教育的路上，不管是风雨或彩虹，不论低谷还是顺境，不仅有你的家人朋友在期待你鼓励你，还有我在关注你支持你，为你加油，为你"点赞"！我愿努力做你们的良师益友、亲密同盟，让我们一起，快乐相拥、风雨兼程！

　　最后我想说，做一名合格而优秀的教师，不是心血来潮时的"三分钟热度"，更不是功利催生的"昙花一现"，而应是秉着一颗爱教育、爱音乐、爱生活的心默默耕耘，始终如一地执着付出，将汗水和泪水，也将欢乐和梦想洒在我们所热爱的人生舞台！

　　"因为爱着你的爱，因为梦着你的梦，所以快乐着你的快乐，幸福着你的幸福……"

　　在教育这片热土上躬耕，我们牵手同行。因你感动，为爱喝彩！

　　（本文发表于《薛城教育》2014年5月28日，总第144期。）

第二节　传道授业

执子之手　传道授乐

经常听到介绍说某某老师是"教语文"的，某某老师是"教数学"的，那自然，音乐老师就是"教音乐"的了。

作为教研员，每当坐在教室里与学生们一起听课、观课时，思绪有时会跳出来想,音乐教师是干什么的呢？所以想问一问"教音乐"的老师们，在年复一年的音乐课里，学生从我们的课堂里带走（收获）了什么？在唱唱歌、听听音乐、学习双基（音乐"基础知识""基本技能"）过程中，学生是否会对音乐这门艺术课程的了解和认识有所增进？审美体验能力有所增强？对音乐持久的兴趣热爱有所增长？

"师者，传道、授业、解惑也"。教师一天天、一年年，周而复始地备课、上课，再备课，再上课。对于"音乐"，对于自身从事的音乐教育教学工作，对于自己经历的这一段"职业生涯"，是否有了更多深刻的认知、感悟与思考呢？今天想与老师们漫聊一下，在"音乐"与"学生"之间的"中间人"——传播美的使者，音乐教师的"传道、授业、解惑"。

音乐教师的"劳动特点"是什么呢？很多教师对韩愈《师说》里的这句至理名言，自然地理解为从师者日常的工作内容，其实不能浅显地认为只要拿到了教师资格证，似乎就自然拥有了做这三件事的资格。苏联教育家苏霍姆林斯基对教师劳动的特点做过高度的概括。"……我们工作的对象是正在形成中的个性中的最细腻的精神生活领域，即智慧、感情、意志、信念、自我意识。这些领域也只能用同样的东西，即智慧、感情、意志、信念、自我意识去施加影响。我们作用于学生精神世界的最重要的工具是教师的语言、周围世界的美和艺术的美……"

音乐是什么

《现代汉语词典》中这样解释："音乐是表达人们思想感情，反映现实生活的一种艺术。它不以说教方式来传播，更多的是通过熏陶、感染途径，潜移默化地来影响人的心灵，使更多的人得到美的滋润。"黑格尔说过"音乐是直击人心灵的艺术。"《义务教育音乐课程标准》（2011年版，以下简称《课标》）"前言"中说："作为人类文化的一种重要形态和载体，音乐蕴含着丰富的文化和历史内涵，以其独特的艺术魅力伴随人类历史的发展，满足人们的精神文化需求。"伍德说："音乐能使人们沟通思想、联系感情、改进德行；他能把人们带到更高更美的境界！"

音乐教师传什么"道"

大道相通。教师要传道，先要悟"道"。"道"是万物的起始，万物运行的规则，是宇宙和人都必须遵循的真理。韩愈《师说》中的"传道"可理解为"传授道理"，指教育的综合过程。苏霍姆林斯基说，"你们不仅是教课的教师，也是培养人的教育者，是生活的导师和道德教员。"

传道、授业、解惑并列而行，三者缺一不可，只有这样才能培养出良好的人才。席勒说，从美的事物中找到美，这就是审美教育的任务。

音乐教师不仅是人类音乐文化传承和发展的一支不可缺少的力量，而且是培养学生（社会人）感受美、鉴赏美、表现美和创造美，实施音乐审美教育，塑造完美人格的"灵魂工程师"。

窃以为，音乐教师应传文化之道、审美之道、艺术之道。

总之，音乐之道即是"美"。音乐教师要伸出两只手：左手"牵着"我们要培养的人——未来社会的合格公民（学生），右手承接着音乐文化之"道"、审美体验之"道"，音乐艺术之"道"。中间的艺术之"脑"——教师，将古今中外的音乐经典作品（教材内容），以特定的方式（教学方法）将音乐的美诠释、呈现出来，让学生在体验、感知与表达中赏乐、爱乐，美感素质得到培养，心灵得到净化，思想得以升华。执子之手，授之以"乐"。让艺术与生活的真善美薪火相传。

从这个意义上来说，音乐教师不仅是世界优秀音乐以及中华优秀音乐文化传承的精神使者，也是弘扬艺术与生活世界真善美的鲜活媒介和传播者、"布道者"。

音乐教师授什么"业"

《课标》（2011年版）"总目标"指出，学生通过音乐课程学习和参与丰富多样的艺术实践活动，探究、发现、领略音乐的艺术魅力，培养学生对音乐的持久兴趣，涵养美感，和谐身心，陶冶情操，健全人格。学习并掌握必要的音乐基础知识和基本技能，拓展文化视野，发展音乐听觉与欣赏能力、表现能力和创造能力（"四种能力"），形成基本的音乐素养。[①]因此，基于课标要求教授学生专业业务，使之形成基本知识技能，初步完善基础音乐知识体系，是音乐教师基本的教学任务。

俗话说，误谷误一季，误人误一生。"学问不精，误人子弟"。

"教者，人之模范也"（西汉杨雄）。音乐教师既要敬"业"，更要"业"精。教育人是一种职业、一种专长。音乐教师要深悟"语言的尽头是诗，诗的尽头是歌，歌的尽头就是千姿百态的动作（舞）"这句话所蕴含的意义。要使学生"亲其师、信其言、效其行"，音乐教师不仅要有"一桶水"，而且要有一汪"活水"。音乐教师不仅注重语言表达，而且要在唱、弹、赏、舞等多项专业能力上不断修炼和追求完善。"不断提高音乐教学技能，用自己的歌声、琴声、语言和动作，将音乐的美传达给学生……"[②]

音乐教师解什么"惑"

感人心者，莫先乎情。教师若要让音乐感动学生，应该先让音乐感动自己。先让自己投入音乐，喜爱音乐，挖掘音乐，反复聆听音乐、揣摩音乐，把音乐蕴含的美用自己独特的方式诠释出来并呈现在学生面前，让学生因为你的投入而投入，因为你的感动而感动，因为你的快乐而快乐，因为你的热爱而热爱。

"在艺术及其教育中，最出色的教师不是将自己的所知倾囊相授，也不是滴水不漏，而是凭借着一个优秀园丁的智慧、观察、判断，在需要帮助的时候，给予帮助。这就是教育的艺术。"（【美】鲁道夫.阿恩海姆）

解音乐之惑，解生活之惑，解快乐之惑。

作为一名音乐教师要注意自己的修养，时刻提醒自己，给自己找到合适的定位：既是学业上的老师，又是他们的朋友，还是他们生活的引路人。使

---

① 中华人民共和国教育部.义务教育音乐课程标准.北京师范大学出版社,2012-01:8.

② 中华人民共和国教育部.义务教育音乐课程标准.北京师范大学出版社,2012-01:26.

学生思想开悟，不断更新音乐认识。①教师要引导学生热爱音乐，加深对音乐的理解，充分挖掘作品所蕴含的音乐美，用自己对音乐的感悟激起学生的情感共鸣……②不仅让音乐从"副科"的误区中走出来，而且让音乐催使学生心灵净化、灵魂升华，让学习与生活永远有音乐和快乐相伴。正所谓"乐者乐（le）也者"。在"受道"（接受教育）、"成业"（熟练技能）、"释惑"（解决疑难、获得真理）的过程中，养成审美志趣，是带着一种快乐、积极和美感的心态贯穿学习过程的。

我的学科我做主。

亲爱的老师，如果你是一名音乐教师，如果你三年或五年、八年不改行的话，就请带着一颗淡定而执着的心去规划自我，规划教学，规划你与学生的师生"双赢"课堂。

当你面对一个新的教学任务时，至少要做到"三熟悉"：熟悉课标理念思想，以及课标对不同学段、内容的要求；熟悉你面对的学生，他们的年龄、心理、性格特征，和他们已知已备的和未知的音乐情感经验；熟悉所教教材的内容，梳理出教材中的知识点、重点、难点及技能形成点，并且把所有课程中的音乐音响材料在不断搜集完善中反复加以聆听欣赏。这种"大备课"超越了每个课时的"小备课"，又与之有着密切的内在联系。

脚踏实地地上好每一堂课，将每一次的课堂串起来一学期，一学年，一轮下来，无数个课时小目标，一点点的积累而成了大目标，形成了学生基本音乐能力，夯实了学生技能素养，培养出来一批批懂审美、爱生活，愿意与音乐终生相伴的未来公民，社会栋梁！

拿着教育的旧船票，不断重复着昨天的故事的人，永远走不到教育的彼岸，也永远享受不到教育生命的快乐。如果，音乐教师懂得和掌握了以音乐之法履行"传道、授业、解惑"的真谛，将其作为始终追求和努力的方向，并在音乐艺术美的课堂中与学生一起享受音乐、体验音乐带来的美感与幸福，此一境界，相信足以令学生"亲其师，信其道"了！

---

①郑莉.现代音乐教学理论与方法研究.北京:中国文联出版社,2004-09:149.

②中华人民共和国教育部.义务教育音乐课程标准.北京师范大学出版社,2012-01:26.

"兼职"也要尽职

——致村小兼职音乐教师

自从教学教研工作深入到农村小学以来，自从我们教研队伍的脚步踏入村小校园，在我的眼、耳和脑海里，不断地浮现出每一所走过的村小的一幅幅画面……

作为一名音乐教研员，我渴望每一所村小都充满孩子们快乐的歌声；期盼每一所村小校长都能够认识到音乐课在孩子们成长中不可或缺的作用，认识到再缺教师也不能缺孩子们的音乐课；期盼不管现在或将来，每一位村小孩子们眼里的"音乐老师"——兼职也尽职，都能够有责任和义务坚持上音乐课，期待所有村小的孩子人人会唱歌，班班有歌声。

在我熟悉和走过的村小学校当中，对"兼职"音乐教师有了一些了解。大家有的是当年师范类毕业的中青年教师；有的是扎根农村一辈子、年近退休的老教师；有的是年纪轻轻，刚刚应聘过来的临时代课教师；有的则是身兼数职的"多面手"。

每一次村小调研，看到年轻或年老的兼职教师所上的音乐课，虽然看上去浅显、不成熟也不规范、甚至偶尔出一点错误，但是老师们花了很大力气上的这节课，作为教研员我都能够宽容以待，微笑接纳。愿意坐下来与老师们推心置腹地交流，希望走进和了解老师们，了解音乐课在本村小的基本状况。同时耐心地讲解，"手把手"示范，我想让老师们明白，哪个节奏该怎样击打；哪个乐句该怎样唱；哪个律动该如何设计，如果这样或那样做，孩子们会学得更快、更好、更有趣，课堂会更精彩，孩子们会更开心有收获……我会努力、执着地在听课中发现兼职老师们的优点和亮点，并一贯坚持、永远褒奖、赞扬、呵护在前，对老师们表达感动、感激、感谢——发自内心代替这所村小的孩子们心存感恩。这不是敷衍虚伪，更无意为自己获得赞誉之词，一切皆出自于内心的真诚流露。

在村小，每当听到一节好的音乐课，看到孩子们跟着老师一起唱一起跳，一起编一起演，一起开心互动做游戏，那股热情，那种开心，那份幸福，便由衷地感染到了我。

敬爱的老师，请把你的质朴、热情和乐观带到音乐课上，让孩子们的童年有音乐和歌声相伴。

请，尽可能地坚持每周进课堂，为孩子们上上音乐课。哪怕你还不会唱这首歌，哪怕由于上语（数）课太忙还没来得及学唱，哪怕班主任或学校工作缠身，哪怕不用备课、不用写教案，哪怕和孩子们一起听听音乐……

请，"勿以善小而不为"。也许在兼职老师看来，自己也不是什么"科班"，又有诸多工作，少上几节或不上音乐课没有什么大影响；也许会认为自己又不能教给孩子们更多的知识和技能，还怕万一教错了"误人子弟"……

请，换一个角度来看，上音乐课就当是辛苦工作的调味剂：和孩子们一起听听音乐、唱唱歌，会使老师和孩子们忘记一切烦恼不快，会让老师和孩子们在唱唱笑笑中愉快度过校园时光。

也许，兼职教师认为自己的课堂，无法和专业的音乐教师相比。但是请想一想，学校把音乐课交给了你，一定是看到你在音乐方面有兴趣或者有"一技之长"。在这美丽的乡村校园，在天真无邪的孩子们眼里，勤恳淳朴的你就是他们最好的"音乐老师"。你的歌声、笑靥，你的律动、身姿，哪怕一个略显笨拙的"舞动"，也将会深深印刻在孩子们纯洁无瑕的童心世界里！

为了获得乡村学校教育干部们对美育、艺术教育，对音乐学科有更多的理解与支持，在每一次调研反馈环节中，当着教研室同仁和该镇街学区及村小领导干部，我总是力求放大老师们的优点，尽力呈现执教老师的专业能力、取得的成绩和优秀的一面。竭诚呼吁教干们更新教育理念，想尽办法保障和重视村小孩子们的音乐课，把音乐课真正还给孩子，让音乐为孩子们的童年增添乐趣和人生意义，切实关注他们全面健康地成长。是的，"音乐是儿童最好的教育"。音乐是实施美育的主要途径，是一门听觉感知艺术。因此，音乐课不可能像语文、数学那样用纸和笔来考试，但那不等于音乐课不重要，不等于音乐课可有可无！更不等于说，学校因为缺少"主科"老师就理所当然地把音乐课随时、随意取消！

作为一名音乐教研员，我知道自身的普通与微弱。只希望能用真诚与行动感动老师们，"留住"兼职老师，留住那些在区调研活动结束、教研队伍离开村小之后的平平常常的音乐课！留住这所村小1—6年级所有孩子们的音乐课（哪怕只是唱歌课）！请不要忽略或冷落孩子们一双双渴望音乐的眼睛……

兼职教师的音乐课可以低标准、可以不够规范，但孩子们的成长不可以没有美育的熏陶，不可以没有音乐相伴！致敬，也寄希望给常年扎根于农村，默默耕耘在教育最基层的乡村教师们！

心随乐动 面似花开

2016年春天，参加了区里一所高中音乐教学达标视导活动。走进久违了的高中课堂，我心里涌动着一股激动和兴奋。当然，每一节丰满而鲜活的课堂，抑或是令人遗憾或不足的课堂，都会像镜子一样，让我们"照见"并发现教学中的现象和问题，不时碰撞出可贵的灵感和新鲜的思考，这不是坐在办公室里"纸上谈兵"所能比拟的。

听课，是教研员的日常工作。我喜欢听课，这不仅让自己以另一种方式走进音乐，走进音乐教师，而且听课的同时也自然得到一种学习与思考。

听到一节跌宕起伏的好课，就会令人内心激动、赞佩、兴奋不已，甚至热血澎湃；如果遇到一节音乐"有情"、可是老师却"无情"、师生在音乐面前"无动于衷"、甚至游离于音乐之外的"尴尬"课堂场景时，便会感到坐立不安，甚至一刹那会产生冲上讲台、把老师"唤"下来、"我来上"的冲动。听课，让人产生兴奋和灵感，听课，亦让人迸发激情与感慨，因此有许多话想对音乐老师说。

音乐如"花"

大千世界，芸芸花海，花有花荣，千姿百态。花儿百媚千娇，万紫千红，装点世界，美化人间。当人们走近美丽的花儿，常常为其动容，要么弯腰低头细赏其艳丽丰姿，要么闭目凝神轻嗅那沁脾的馨香，要么伸手轻抚、摆弄身姿与花儿媲美，愿意把与花儿的情影永留。这一刻、这景色中的花与人，是最美的……想必，这世上不爱花的人和不爱音乐的人也不多吧。

音乐的美亦如花儿。不，在我看来，音乐要远比花儿更具魅力、更加绚烂多姿、更加直入人心灵。因为，音乐是流动的画卷，"是灵魂之上的声音"，音乐以声音（音响）"传情"和"表情"的特性，注定了音乐可以"直击人们的心灵"（【德】黑格尔）。毋庸置疑，音乐可以陶冶性情、滋养和美化人心灵，音乐可以让人变得崇真、向善、尚美、博爱，音乐可以让生活变得更加和谐、幸福、快乐……

前教育部艺术教育委员会副主任周荫昌在《中国音乐教育朝着素质教育

走向新世纪》一文中说："普通学校音乐教育的根本性质是素质教育，是面向所有学生敞开大门的陶冶性情、滋养心灵的音乐艺术教育，是提高修养，完善人格，促进全面和谐发展的音乐文化教育。"①

音乐教育处处离不开情绪唤醒、主观感受与体验，离不开情感层面及活动。它的一切活动，核心在于情。在这个意义上说，音乐教育就是审美情感教育。②音乐教师从事的是学校审美育人的工作。音乐教师首先要对于这份工作充满热情与热爱。

因此，音乐教师应该是不仅喜欢音乐而且更需懂音乐的。执"子"（学生）之手，传音乐之美，扬文化之魅，应是音乐教师的使命与责任。

心随"乐"动

高中生，在经历九年义务教育学习之后，进入了高考的快车道。他们越是学习紧张压力大，越是需要更高层次、更广阔的视野和更丰富的视听艺术信息。音乐学习上，不管学生们基础如何参差不齐，甚至不乏音乐"零起点"，对于高中音乐课，老师们一定不要轻视或不屑。我想这里有一个问题不容回避，就是老师们忙于日常工作和带"专业生"，对于《音乐课程标准》和相关教学理论疏于研读，对教材和音乐理解挖掘不够。以至于对《高中音乐鉴赏》这门课重视和认识不到位，抑或原本就对音乐学科理念与方法知之甚少，以致课堂留于浅表，无法吸引学生，进而无法达成优质课堂效果。

也许是听课的人"旁观者清"、讲课的人"当局者迷"的缘故吧，现实中有些老师上课时往往只顾完成教学任务，记挂着"赶进度"，而把本应该师生共同欣赏和聆听音乐，且教师应该更投入音乐、启发引领学生"学会聆听"、享受聆听音乐的过程，变成了播放音乐的"操作师"、变成了学生听音乐时的"旁观者"或"监督者"，变成了对音乐无动于衷的故事"讲解者"……

在音乐课堂上，当老师播放音乐（歌乐曲）并和学生一起聆听欣赏（音频、视频）时，老师所表现出的各种举止情态，与音乐的"音响""不搭"，与音乐的风格意境"不和"（协和）。或者说，老师自己明明可以结合作品音乐进行适时示范唱、弹、跳、演等活动，却不唱、不弹、不跳，也不演。或者说，课前备课中该有的环节流程都减免为单一的听老师讲、看视频、听录音。老师让学生听音乐的时候，常常是自己却做着与音乐无关的动作或者反

①曹理等.音乐学科教育学.北京:首都师范大学出版社,2002-04:15-16.

②曹理等.音乐学科教育学.北京:首都师范大学出版社,2002-04:23.

应，有些是干扰学生注意力的。比如，看教案、看钟表、看天花板、看窗外，或者在教室里来回做机械走动……

花儿随风而动，心儿要随音乐而动、闻乐起"舞"，都应该是最自然的反应。音乐教师不仅自己要长于关注和聆听音乐，而且还应该善于引领学生，教会学生如何在音乐中、关注和聆听音乐、体验音乐、陶醉于音乐。换一句话说，音乐教师在课堂上与学生交流音乐、示范唱、弹奏、表演时，他的眼、耳、身、心、情应该始终随着音乐而转换和流动。

面似"花"开

花儿是静止无声的画面，而音乐则是音响流动的情境，音乐是诉诸人们心灵情感的艺术，音乐的题材、音乐的体裁，音乐的内容，音乐的风格流派，古今中外浩瀚如大海的众多作品，从不同作曲家笔下各自流淌出来的旋律、节奏等音乐语言，及其所塑造出不同的音乐形象，所表达的不同思想情感，是需要音乐教师课前备课时下一番功夫的。而这个过程又何尝不是教师享受音乐、二度创作、自我审美提升的过程。音乐教育是美的教育，音乐教师是美的使者，也是教师群体的颜值担当。从这个角度看，在整个教师队伍中，音乐教师美的素养必须是最高的，否则就很难实现以美育人的使命与目标。①

人们说音乐教师是校园里一道靓丽的风景线。我觉得，其实音乐教师最具风采和魅力的时候，不仅仅是课堂外艺术实践活动指导或舞台表演中的风姿气质，而且是课堂内和学生"零距离"交流时，忘我投入音乐中的那些或吟或唱、或舞或弄、或演或奏，和那份真挚的诠释、动情的表达、忘我的展露以及那份内在的深沉与彰显的热爱！这时的老师，他（她）的面容、笑靥、眼神一定是有艺术、有美感、有阳光的动人画面。

音乐课堂上，面对音乐，面对学生，音乐教师应该"牵着"音乐在左手，"牵着"学生在右手。作为艺术与美的传承者、使者和活的"媒介"——音乐教师，除了引领学生分析作品、深入思考，同时对音乐的喜、怒、哀、乐、悲种种情绪情感应做到：了然于"心胸"、跃然于"眼面"——正所谓"面由心生"。教师的眼、眉、声、情，唱、念、做、表，均发自内心、油然而生、"合乐而动"、声情并茂乃至"手舞足蹈"。心儿随着音乐走，表情像那"花儿"开。做到"心随乐动，面似花开"。教师的眉目举止，都与音乐息息相

---

①郭声健.音乐教师既是传播美的使者,也是教师群体的颜值担当,"音为有爱"微信公众号,
(2019-12-05).

关，都在感召或启发着学生：音乐是用来滋养和享受的，应该这样"听音乐"……

高中音乐教师的专业和育人职责远不止于带几名"专业生"。一名优秀的高中音乐教师，不仅上好音乐特长生的专业课，为专业院校辅导、培养和输送合格而优秀的艺术苗子，而且要把握"间周一课"的教学机会。切莫不屑于普通生的音乐鉴赏课，应认识到，作为将来普通社会公民的他们，仍然需要基本音乐素养的学习，需要感性艺术素养的提高。他们不仅需要文化科教师给予理性思维能力的深层挖掘，更需要艺术教师赋予升华人生意义的审美引领，他们更需要音乐教师以身为范，与学生零距离、无遮拦、无保留地展示与绽放音乐艺术的无穷魅力。

亲爱的老师，请大胆而自信地释放你对音乐的热情与热爱，请珍惜课堂吧，因为，三尺讲台就是你展示艺术魅力的舞台。请不要仅满足于，每年送几个专业生，搞几个校园活动，参加几次社会演出，甚至精力偏向其他。请不要"舍本逐末"，只有面向全体学生的音乐课堂教学才是我们专业生源的"基地"，备好课上好课，让你的专业技能因为你精彩的课堂教学而充满魅力。

音乐教师，是沟通学生与音乐、艺术的桥梁，是音乐真的种子，艺术善的信使，文化美的旗帜。音乐教师，请不要吝啬你的感情与表情，请远离"无情"与"冷美（漠）"。做到善用音乐情感，让教师的表情随"乐"而动、面似"花"开，因"走心"而更美。音乐教师，应该作为一面面古今中外不同风格特征的音乐作品的"镜子"，让学生照见音乐之华、感受艺术之美；音乐教师，应成为古今中外不同作曲家创造音乐的"演绎者"，带领学生体验与享受音乐之美、传承并创造艺术之美。

感谢亲爱的音乐老师，是你们鲜活的课堂给了我灵感和启示，也给了我信心和希望。感谢你们，许多年来一直情系三尺讲台，没有被社会的物欲横流所淹没而流失自我，依然站在各自岗位中，散发着各异的光彩。

美，音乐教师的首要追求

"审美"即鉴别和领会事物或艺术品的美。音乐教育是以音乐艺术为媒介，以审美为核心的一种教育形式，它是一种艺术教育，属于美育的范畴，是我国教育方针的组成部分，是实施美育的重要内容与途径。

音乐课程的首要价值是审美体验价值，音乐课程基本理念第一条即"以审美为核心"，并指出这一理念"应贯穿于音乐教学的全过程，在潜移默化中培育学生美好的情操、健全的人格"。"以提高学生的审美能力，发展学生的创造性思维，形成良好的人文素养，为学生终身喜爱音乐、学习音乐、享受音乐奠定良好的基础"。音乐课程正是通过实施美育来全面贯彻教育方针，全面推进素质教育的。

诚然，一切的教材，一切教育最终要由教师来完成。音乐教师不仅是人类社会音乐文化传承和发展的一支不可缺少的中坚力量，而且是培养人们感受美、鉴赏美、表现美和创造美，实施音乐审美教育、塑造完美人格的"灵魂工程师"。音乐教师的任务是以音乐为手段，通过审美育人的途径，来促使学生德智体美劳全面发展的。所以，离开了音乐的表现、音乐的鉴赏和音乐的创造，音乐教育即成为"无源之水、无本之木"。

在实际的教学活动中，无论是常规课或公开展示课，还是教改优质课，总会看到一些音乐教师不知如何渗透"以审美为核心"的思想理念，并将其贯穿于音乐教学活动之中。有时候，教师的表现的确称不上"美"，甚至是丑的、假的、表里不一的。比如，有的看上去装扮漂亮，却表情呆板，双目无光；有的虽然衣着光鲜时尚，教学却墨守成规毫无创新气息；还有的即使拥有高学历，却不能示范以优美的歌声琴声，锤炼不出富有感染力的语言；抑或是聆听音乐作品，却也不见情感的火花，更不要说能够挖掘出音乐所蕴含的人文思想美、情感意境美、艺术品格美，以及拓展或升华出作品所描绘的祖国山川美、社会生活美、自然世界美……

有的课堂看起来热闹，频繁地活动：在教师的指挥下，学生才放下画笔，又跳起了舞蹈；这方舞罢，那方讨论声起；一会儿角色表演，一会儿乐器演奏，却始终听不到师生一起快乐而美感的歌唱……有教师把整节课设计的可谓用心良苦，但听课人却一脸茫然，因为，这节课已淡化了音乐课的审美色彩，偏离了音乐课堂的目标和任务，以致音乐课无"音乐"！

没有音乐教师自身对艺术美的追求，没有课堂上师生对音乐的感受与体验、创造与表现，审美育人何以渗透？美育何以实施？

吴斌老师曾说过这样一段令人深思的话：我们的学生不当音乐家，为什么要学习音乐？怎样学音乐？学什么音乐？而我们的老师又为什么要教音乐？怎样教音乐？音乐教育对他们来说能解决什么问题？当学生走出教室时，你，给了他（她）什么？是的，音乐教育的目的，不是把学生都培养成音乐家，而是让他们热爱音乐，培养其终身学习的愿望和能力，激发他们的兴趣，使他们学会终生与音乐、与快乐相伴。

肩负"以美育人"这一使命的音乐教师，在贯彻落实素质教育的背景下，在实施美育、实现课程目标，体现课程性质与价值的过程中，应立足以音乐为本，以审美为本，以人的和谐发展为本，这一点是毋庸置疑的。说到这里，有一句话不吐不快，那就是：美，应该成为音乐教师的首要追求！美，亦应成为所有音乐艺术教师始终追求的境界！

那么在课堂教学实践中，音乐教师如何把握并贯穿渗透美、追求美的境界这一全新理念？或者说，在这项美育工程中，音乐教师的美应具体体现在哪些方面？笔者认为，音乐教师的美主要包括四个方面，即形象气质美、语言举止美、歌声琴声美、心灵情感美。

美的形象气质

爱美之心人皆有之，美的形象和美的气质使人赏心悦目。当然，形象美不单指长得漂亮，还包括教师的发型、服饰、仪态等给人以外显的综合印象。有的教师虽然样貌标致，但服装随意；有的衣着装扮过于时髦前卫，甚至怪模怪样，这些都会给学生造成不良影响。"腹有诗书气自华"。音乐教师既为人师表，就应做到身正为范，要使自己的仪表和形象有风度、有气质、大方而得体，充满活力，富有美感和魅力。因此，教师光有亮丽光鲜的外表与时尚端庄的服饰是不够的，教师需要常读书，广泛读、读好书。除了专业理论、工具书、教育理论书籍，也包括中外经典名著。真正的气质由内而外散发，真正的优雅来自于知识的丰盈与文化的浸润。

建议音乐教师在备课中也要根据音乐作品的内容和学生的年龄特点，选择与音乐风格相适应的服饰，将服饰融为音乐美的一部分，一定会给学生带来惊喜并留下深刻印象。如针对低年级学生可以准备一些动物头饰、手偶；

民歌戏曲内容可以佩戴戏服、水袖、脸谱等教学用具，加上教师富有创意的教学设计与审美渗透，相信这堂课带给学生的，绝不仅仅是外在视觉上的新奇与美感享受，而是会激起和加深学生对音乐、学习与生活更好的探寻，更多的体验、更美好的向往。

美的语言举止

教师的举止常常融于教师的言语、表情、态度中。教师的一个眼神，一个表情，一举手、一投足，一提眉、一瞥眼、一笑一颦，甚至教师的一个无意的举止或不良动作、一个轻蔑的眼神，都会给学生的自信、自尊甚至心灵造成不良的打击与伤害。

教育家马卡连柯主张教师应有美的语言表达，他说，"我们要善于这样说话，使孩子们在我们的话里感到我们的意志，感到我们的修养，感到我们的个性。"苏霍姆林斯基则强调指出美的教学语言对学生的影响，他说："教师讲的话带有审美色彩，这是一把最精致的钥匙。它不仅开发情绪记忆，而且深入到大脑最隐蔽的角落。"教学语言的本身就可以成为学生审美的对象，使之从中获得审美感受，激发审美想象，丰富审美情趣，培养和发展学生的审美创造能力。音乐教师能否以精炼准确的语言来表述，是他的文化、艺术、音乐修养和才能的具体表现，这正是音乐教学中必须注意的。较强的语言组织与表达能力，也是每一位教师应具备的教学基本功。

教师音乐教学用语大致可分为：导入语、过渡语、评价语、激励语、提问语、总结语、作品分析语、知识讲解语等等。教师应熟练吃透作品，把握作品的深刻内涵，并组织简明生动、富有启发性和感染力的语言，将作品的美传递给学生。注意语言的规范性、科学性、技巧性和艺术性，把握语音语调的抑扬顿挫，语气语速的轻重缓急。应力避语言干涩乏力、牵强随意，避免出现语病或知识性错误。

语言的艺术还在于字、词表述时真情的流露，表情、目光的配合、与音乐的衔接。音乐教师还要善于运用音乐语言与学生进行交流，鼓励引导学生学会正确使用音乐表现要素，来表述自己对音乐的理解与审美体验。

但同时注意，在音乐教学中，教师的语言（讲述）决不能代替音乐，过多的语言会淡化、削弱甚至取消音乐。有人做过记录和统计，教师在一节课里口述的时间竟多达三分之一至二分之一。音乐课仿佛变成了知识课、理论课、说教课。教师课堂上要语言"留白"。有时候"此时无声胜有声"，有时候"言之不足，歌之咏之、舞之蹈之"——语言的尽头即音乐的开始。语言代替不了音乐。因为，音乐是听觉的艺术，也是思维的艺术。人类的思维离不开语言，而音乐的思维却可以不需要语言，而所具有的表现力和感染力却甚至超过语言。故此，教师既要恰当运用体态语言，比如教师的一举一动、一笑一颦，每一个舞姿律动、每一个表情眼神，都应是生动丰富和激励美感的，又要注意一切的语言和方法都应恰到好处并适可而止，都应该有利于学生更好地聆听、感受、体验、思维音乐，以及音乐经验的积累。

美的歌声琴声

《课标》"教学建议"中指出：教师要不断提高音乐教学技能，用自己的歌声、琴声、语言和动作，将音乐艺术的美传达给学生；要善于运用生动活泼的形式进行教学，让学生在艺术的氛围中，获得审美的愉悦，做到以美感人，以美育人。

如果仅仅做到具有美的形象气质和美的语言举止，还不能真正成为一名好的音乐教师。在教师所应具备的基本专业及教学技能当中，声乐演唱、自弹自唱及钢琴弹奏、即兴伴奏是音乐教师最基本的专业基本功。优美的歌声与琴声能够体现音乐教师的专业艺术特质。

例如，在一节高中鉴赏课《黄河大合唱》中，教师以自弹自唱的形式示范《黄河怨》一曲，学生聆听着教师饱含泪水、充满艺术表现力与感染力的边弹边唱，观赏着老师独具魅力的诠释与表达，学生们的心灵与情感顿时受到了震撼，台下听课的老师们也热血沸腾了。学生对音乐美的向往与热爱自然被激发而起！他们的审美情趣，他们的心灵品质，也乘着这歌声与琴声的翅膀，在特定的审美情景中得到陶冶和升华……这时的音乐课已经潜移默化地达成了以美感人，以美育人的目的。

现实中也确有这样的教师：课前几乎不备课，所教授的歌（乐）曲，只是简单对着课本上的曲谱熟悉一下，既不听音频、也不上乐器弹奏旋律，甚至唱也不唱就进了教室；课上，只有一本书、一台录音机，一首歌让学生从头唱到尾，几遍、十几遍下来，学生既听不到教师专业又认真的示范演唱、也看不到教师投入又美感的即兴伴奏；有的音乐课堂上，学生们很少见过老师带琴（电子琴等课堂乐器）上课，音乐课不能做到以琴辅教、助学。那么，这样的课堂如何更好地传递音乐美，如何树立良好的专业形象进而令学生"亲其师信其道"？又如何培养和提高学生的审美情趣？由此可见，课堂上任何教材作品，都不能失去以教师为传播媒介的美的示范和专业的诠释。很难想象，一个只会说不会唱（或唱不好），或者只能唱而不能弹（或弹不好）的音乐教师在课堂上会给学生带来真正的审美愉悦。

美的心灵情感

夏丏尊先生说："教育没有情感，没有爱，如同池塘里没有水一样。没有水，就不能称其为池塘。没有情感，没有爱，也就没有教育。"要做到"动之以情，深与父母；晓之以理，细如雨丝"。"艺术即感情"（罗丹语）。艺术的魅力在于使人们的情感产生共鸣。音乐教育首先是对学生情感的教育、灵魂的教育。

《课标》（2011年版）首次将"情感态度与价值观"放在三维之首，"丰富情感体验，培养对生活的乐观态度，通过音乐学习使学生的情感世界受到感染和熏陶，在潜移默化中建立起对亲人、他人、对人类，对一切美好事物的挚爱之情，进而养成对生活的积极乐观态度和对美好未来的向往与追求"。一个没有情感的教师，他（她）的言语、举止，他的歌声、琴声，如何引领学生走进音乐，进入音乐美的意境，受到艺术美的感召和启迪？一个缺少激情和投入，缺少宽容和爱心的教师如何营造出民主平等，充满和谐、富于新气息的课堂氛围？教师又怎能承担起以情感人，以美育人的神圣职责？

美的情感来自美的心灵，心灵的善和真，折射出人性情感美的光彩！心灵和情感美方能展现教师高尚的人格美。一个合格而优秀的音乐教师首先是一个充满热情、善良友爱的人，一个勇于创新、超越自我的人；有着高尚的职业理想，将教育事业当作生活第一需要；有着高尚的人格，高度的事业责任心和爱心；有着较强的敬业和奉献精神，并执着地追求自身教学素质和艺术修养的不断完善——"人格的魅力"加上"知识的力量"则是一名真正优秀的教师！

音乐教师是音乐教育教学活动中美的载体和桥梁，理所当然地承担起诠释音乐艺术、传承音乐文化、传播真善美的责任。

美，应该成为音乐教师首要的乃至终生孜孜追求的目标和境界！愿我们无愧于这个充满爱与美的职业，坚守音乐教育这块美的领地，立足以人为本，尽情播撒，辛勤耕耘，让这方热土不断生长出真善美和爱的种子！让她年年生根发芽，季季飘香四溢！音乐教师要为使学生成为热爱美、表现美、创造美、传播美的人，成为热爱音乐、终生快乐的人而上下求索。

（本文荣获第三届山东省艺术教育优秀论文评选优秀成果一等奖，2003年；第四届全国音乐教育论文评选三等奖，2003年。）

第三节　且行且歌

活　着

2012年暑期八月的一天，我来到了首都北京，出南站坐上了4号线地铁。

地铁，这个加长的"地下公交"，每天输送着成千上万的匆匆过客，行走着无数行色各异的人群，人们擦肩或接踵，悠闲或匆匆。来自八方的人，大多要走地铁的。忽然想到，我们每一个行走的人，和海底世界里来回穿梭的鱼儿是那么的相像！地铁里短暂的逗留，我似乎看到了生命世界的缩影……

作为人，我也似一只鱼，一只自认为"活得"还算体面的"鱼"。寻着自己的目标点，从鲁南小城来到首都北京。就像鱼儿游离了小河奔向大海，游进了资源广阔而又丰富多彩的深海区域。自然，也会遇见很多很多层阶不同、但努力活着的"鱼"类，一开始有些眼花缭乱……

地铁上，由于旅途劳累，我手扶着把杆，伴着地铁的呼啸声和乘务员的报站铃声而渐渐欲睡。不一会儿，耳边隐约飘来一阵《丁香花》的歌声，但中间有规律地夹带着并不清晰地"杂音"，好像是在说"谢谢"。

侧目寻声，由远而近，看到一对乞讨的母女——地铁上的音乐乞丐（窃以为，以播放音乐或歌唱的方式引起众人注意来乞讨钱物，从而得以生存的流浪者，称为"音乐乞丐"）。

仔细看去，妈妈个子瘦小，大约有三十多岁，半低垂的脑袋上半长的头发遮住了大半个瘦瘦的面庞，双眼垂视着握着话筒的双手——明白了。凄美的《丁香花》是她播放的，"谢谢"声是她嘴里发出的。再看小女孩七八岁的模样，穿着干净漂亮的连衣裙，扎着利落的马尾辫，大大的眼睛，却看不到神采，因为她的眼神也是始终低垂的。

她们不断地弯腰、鞠躬，朝着地铁上的人们，那是母女俩不断重复、几乎相同的动作。随即我的视觉影像捕捉到了现实版中"丁香花"的"MV"。

只是，这味道是略带苦涩和一点尴尬，并没有令人感受到《丁香花》那悠扬凄婉的美……

换乘站过后，我转乘到了另一条地铁线。相类似的一幕又在地铁里上演着。不同的是，这次是一位小伙子。他个子不高、二十多岁，留着长发、梳着马尾，怀抱吉他、边弹边唱。是一位典型的地铁流浪歌手，一位北漂"艺族"——草根"追梦人"。

吉他、肩包、一瓶水、一把伞，是他每天必备。他，看上去同样黑瘦的面庞，木然的表情和低于水平线、茫然失色的眼神。听得出，歌声里有迷惘与无奈，有艰辛与苦涩，亦有梦想和追寻，歌声里依然透着一股豪情与坚定，这应该是一首不错的原创作品。

不知为何，每看到此场景，心里总有一种别样的滋味，这感觉和我看到路边残疾或老迈的乞讨者是有区别的。伸出手，我把早已准备好的钱，放在歌者吉他下面那个"张着大口"的布袋里面，然后神情肃然地目视他走过我身旁。他仍然目不斜视，但却不忘对"付钱"的人说一声"谢谢"。接着继续他的"弹唱"……

地铁上的人们，不论车内状况拥挤还是疏散，十之八九的人，也是十之八九的手机"低头一族"。或者与手机对话，或者谈情说爱，或者闭目小睡，或者木然漠视——这些各种"活着"的"鱼"儿。

在歌者的"钱袋"里，我发现自己放进去的纸币面额最大，因为它赫然醒目于众多小额纸币中间。此刻此举，似乎感觉两边的目光瞬间移到了我身上，也许他们立刻会以直觉判断出我是"一只外来的鱼"。的确像这样，在北京的大街小巷已经屡见不鲜。就像外出旅游，偶尔进庙"参拜"，随心投一些钱币以略表心意。不过此时还因为他们的"职业"与"音乐"有关。

于是，我突发奇想：如果把这些"流浪音乐人"集中起来定时培训一下，那么至少，他们口袋里的钱币会涨一些吧？（如此职业病，我可就成了"丐帮音乐掌门人"了）

望着流浪歌者那大大口袋里浅浅的一层纸币，我想到了芸芸众生，想到这类特别的"鱼儿"活得多么艰辛而不易！因为年轻的他们每天都要承受世俗眼光与人格尊严、生存压力与人生梦想的多重考验和挑战！

每天早晨太阳升起，就是他们梦想出发之时。愿他们一步步、一天天，走近一个个梦想，最终梦想成真。

如果换作是我和我的音乐老师们，如果时光倒流，又当如何？该何以想象？

　　今天的教师，现在的我们，应该自得、知足、幸福。尽管处于远离北京的一个"五线六线"小城，但在跟随祖国和时代前进的第一时间里，我们牵上了"高铁"之"手"。教书育人，让我们拥有光荣而受人尊敬的职业；父母爱人，让我们有亲情和爱、有宽敞而冷暖相知的家。

　　而今，我们和世界同在，我们和大自然同在；虫鱼鸟兽与我们同命运，花草树木与我们共呼吸。在宇宙的长河里，人的生命过程真的如流星一般短暂，又如萤火虫一样微弱……

　　明天，在未来，世界还在，地球还在，日月星辰还在，而我们呢？也和那一条海里的鱼儿一样，已经不在！斗转星移，鱼儿的鱼儿还在，我们的"我们"（下一代）还在，那时的世界会是什么模样？

　　当下，活着的人和鱼，每天，在路上奔，在水中游。用每个人的生命，吞吐和描画着一个个大大小小的"圆圈"……奔向远方，奔向自己的目标，奔向人生的终点，奔向生命的辉煌。

　　"要么赶紧死，要么就精彩地活着"，这是2011年"感动中国十大人物"之一，无臂钢琴男孩刘伟所说。对于他来说，"活着已经值得庆祝"，而他的"活着"就是奇迹，就是精彩！对于我们大多数普通人来讲，其实不一定人人做奇迹，也不求一生总精彩，但只要：

　　向上吧、努力吧，无愧于心！

且行且歌

2012年8月7日，北京。

由中国音乐家协会和中国文联文艺研修院主办的"成才之路"第四届全国未来词曲作家、演唱家研修班顺利而圆满地落下了帷幕。作为"作曲班"的一个成员，我有幸参与其中，在为期6天紧张、愉快而又充实的研修学习时间里，近距离地聆听当今中国音乐顶级主流词曲作家的面授，使我茅塞顿开。

中国音协已经分别在1988年8月、1991年8月、2009年8月，成功地举办了三届"成才之路"词曲创作和演唱培训班。一批批怀揣音乐梦想的爱乐人，从全国各地汇聚一堂，他们或来自各省市（县）群众艺术馆、专业歌舞团体，或来自基层工会、业余文艺团体，或中小学音乐教学第一线（有些还是在校大中专院校在校学生）。得到中国音协特邀知名的词曲作家、演唱家、音乐教育家的教导之后，这些学员不断创作出耳熟能详的音乐作品，他们讴歌改革开放的祖国，赞美崭新的时代和日新月异的生活。比如词作家蒋开儒《春天的故事》、《走进新时代》；作曲家王佑贵创作的《春天的故事》、《长大后我就成了你》；词作家车行创作的《好日子》、《常回家看看》；还有知名歌手江涛、李娜、毛宁等等，他们都先后经过了"成才之路"。作为一个有影响力的音乐品牌，"成才之路"为众多音乐人才搭建了"梦想起飞的舞台"，成为享有较高公信力和美誉度的惠民音乐工程。

六天以来，我们先后聆听了赵季平（中国音乐家协会主席）、徐沛东（中国音协副主席、分党组书记）、晓光（原教育部副部长）等同志的专业大课，以及印青、付林、王黎光三位作曲家（均为中国音协副主席）的专业辅导，真可谓"大家"授课、"名师"解惑、受益匪浅。所有受聘老师可以说都是德艺双馨的大家，他们不计报酬，不"谈条件"地把自己的艺术心得向学员们倾囊相授。他们的授课深入浅出，幽默风趣的语言不时引起台下学员们阵阵掌声和笑声。他们深厚的创作功底、丰富的生活体验、坚定的人生态度和高尚的艺术风格，令学员们深受鼓舞、深感骄傲。

当今中国音乐界的"掌舵人"——中国音协主席、著名作曲家赵季平先生，其作曲题材广泛，既有脍炙人口的《红高粱》《黄土地》《水浒》《笑傲江湖》《乔家大院》等影视音乐，也有像历届"青歌赛"舞台上素有"声乐试金石"似的《断桥遗梦》《大江南》等艺术歌曲，更多的是他在交响乐等器乐创作领域里的作品。他在与学员们分享其创作经验时，总结出歌曲创作要做到"三个积累"：一是民族民间音乐的积累；二是生活基本功的积累；三是音乐理论学习的积累。同时他给学员们强调了"两个理念"：其一要有开阔的思维、开放的思想，学会使用非常规的构思、非常规的音响和非常规的手段以达到"非常规的艺术冲击力"。其二，在继承中创新，发挥自己的创造性。"一个方法"，那就是"大胆重复"，重复就是力量。

作曲家徐沛东在题名为《与时代相约 继承与创新》的讲座中，首先令大家思考：什么是文化及文化的终极目标？接着强调了当前我国已经步入文化大发展和大繁荣历史时期，文化发展的根本是文化创作，文化创作的根本则是艺术创新。他的创作理念是：1.继承：敬仰、尊重、继承传统文化。因为缺少了敬仰和尊重，则文化无从谈起。词曲等创作者，一定要牢牢把握住传统，尊重、学习传统，向大师学习，"站在巨人的肩上"，继承传统与弘扬中华文化。2.创新：在继承中求发展，在不断变化中求创新。借传统吸取营养，形成风格。要大胆地嫁接。经验秘诀是：大师作品，不能照搬；只要创新一点点，不要创新一大片。

印青是我国当今著名的"主旋律"作曲家。印青老师是从歌曲创作和音乐的重要性方面开始讲的。他认为，首先是对音乐形态的捕捉，然后是音乐的动静结构的材料，音乐语言的挖掘。他带领大家聆听和分析《走进新时代》《江山》《走向复兴》《天路》等歌曲的创作体会，向学员们介绍：如何确立音乐形象（音乐动机）；如何注意歌曲材料的运用和结构的构成；创作者要专一地追求某种爱或情怀；音乐与语言（歌词）的关系。他给学员们的建议和"秘方"是：给一首歌曲多写几个"开头"；大道至简，惜"音"（音符）如金；反复地读（词）；思考音乐要由"内"而"外"；"重复"的使用艺术；线谱记谱法的使用。最后，印青强调歌曲创作的三层次：旋律要感人；歌曲要达到一种精神；思考歌曲所要倡导的理念要明确。

词作家晓光老师在题为《中国歌曲百年》的授课中，带领大家回顾了中国歌曲从无到有，从少到多，从单一到复杂，从稚嫩到成熟，从辛亥革命到军阀混战，从半封建半殖民地到新中国诞生，从改革开放到走向复兴……采用全景式，概括描述了中国近现代歌曲发展的百年历史。他强调歌词创作要有几个要素：文字的功力，观察生活的能力。付林老师（代表作《妈妈的吻》《小螺号》《故乡情》）对流行音乐的创作进行了很详尽地论述，从几个方面介绍了流行歌曲独特的创作手法。他强调：旋律的流畅性；节奏的多变性；选择各种技能手段的多样性，引起了大家的共鸣。

王黎光老师（代表作《宰相刘罗锅》《年轮》《贞观长歌》等影视歌曲）所作专题为《歌曲创作与理论研究》，他的语言严谨有力、深刻富有哲理。他强调艺术（歌曲）创作要与生活息息相关。他认为艺术作品的大气不在于声嘶力竭地"哀号"或哭喊，有时一个小小的"音乐叹息"，则会达到"此时无声胜有声"的震撼作用。强调创作要用作者的心和大众的心产生"碰撞"，因为写歌的最终目的是为了让更多的人爱听爱唱，没有人爱听和爱唱的歌是一首不完美的歌。孟卫东老师（代表作《同一首歌》等）认为音乐创作首先要打好基础，要向大师学习，要捕捉好的素材，摘用和声和旋律，他特别强调作品的灵感。

闭幕式上，徐沛东再一次对当前中国大众创作群体诚挚提出了几点建议：首先，音乐（歌曲）创作要坚持正确的导向，把正确的价值取向同崇高的艺术追求统一起来，讴歌民族的崇高品德，用多彩的旋律，赞美时代发展和进步。其次，音乐创作坚持以生活为师，以时代为师，创作出真正有思想有生活有追求有美好艺术情趣的音乐作品。第三，坚持传承与创新的统一。这是时代发展的要求，在创新中求发展才能谱写出时代的强音。最后，能耐得住寂寞，抵得住诱惑。在当今社会多元、思想多元、价值多元的背景下，坚持自己的艺术主张，以自己对艺术的兴趣与执着，按照德艺双馨的要求树立"十年磨一剑"的精神，克服浮躁心态，潜心创作，精益求精。当前音乐事业处在一个文化大发展大繁荣的关键节点上，我们应当珍惜音乐发展和谐的社会环境和大好机遇，扣准时代脉搏，创作出更多更好的音乐作品。

本次学习，学员们没有年龄之分，没有社会角色区别，年龄跨度之大令人感动：年龄大到78岁，小到16岁！白发苍苍者与阳光少年同窗共读，可见音乐早已超越了年龄的界限。不论你来自何方，更不论年龄大小，只要有梦想就有追求。人生有梦就精彩！"成才之路"是一条薪火相传之路，一条求索创新之路。在这里大家领略到最新鲜的歌曲创作新理念，感受到最真切的创作体验。相信人生只有走出来的美丽，没有等出来的辉煌！

大道至简，大道相通。做一个勤奋工作的思想者，做一个快乐生活的实践者。

我手写我心，我歌抒我情。在有限的教育生涯和人生旅途中，且行且思，且行且歌。

追梦向未来

2013年的最后一天。

这几天，随着周围各种信息氛围的"簇拥"与"烘托"，告诉人们，我们所共同拥有的"2013"就要结束了。又一个新年——"2014"正在向我们悄然走来。

敲完这几个字的时候，心里掠过一丝酸楚滋味，眼底涌起一盈温热。有道是人有悲欢离合、爱恨得失，物有是是非非、沧桑变幻……唉，人的感情真是奇妙啊。回顾这一年，不论是工作的、生活的，还是家庭、亲人的，得失与悲欢，它们都在我生活的时光里走过，在生命的年轮里画上了一道难忘的印痕。

翻开2013年日历，每一页基本都清楚地记下做了什么，要做什么，如今也清晰地看到了还有哪些事情没做，哪些没有做好。恍惚间，好像做过的事情有很多，但又觉得什么都没有做。

逝去了光阴一年年，收获了皱纹几线线；失去了青春童颜，收获了两鬓斑斑。仍然觉得，所有的过往依稀还在眼前。收获了阳光无限，收获了笑脸灿烂；生活在蓝天空气的围绕和大地绿野的环抱中；看到了风儿舞蹈，听到了雨儿歌唱；闻到了花儿的芳香，品尝到了生命之水的甘甜——人类是大自然的宠儿！收获领导、同仁的关怀，收获朋友、亲人的抚爱——感到的是满满收获！

2013，有成功收获，也有遗憾不足。但不管怎样，仍要感谢2013陪我们走过的人，祝福遇见和认识的、帮助过的，还有擦肩而过的、陌生的人们！因为，你、我、他，同住地球家园！

刚刚过去的12月26日，是伟大领袖毛主席诞辰100周年纪念日，随着电视栏目再一次"走进毛泽东"，走进这位共和国的开国领袖——中国人民的大救星。感受一代伟人不凡人生的得与失，无不启示后人，惜时惜福：至少我们生活的时代，看不到硝烟弥漫；看不到饥寒交迫；至少在我们的国家里，人们生命能保证安全无忧；我们和亲人孩子能尽享这和谐而宁静的幸福生活……

活着要努力！虽然这个世界有太多的不安定和不公允，但请不要抱怨。与其抱怨生恨，不如努力前进；与其消极度日，不如积极应对；与其惶惶终日，不如脚踏实地；与其自己痛苦，不如创造快乐。我们不能改变生命的长度，但是我们可以拓宽生命的厚度，丰富活着的意义。

淡定从容一些，陷逆境而不消沉，处顺境而不忘形；得志不得意，失意不失志。与人为善，于己灿烂。

心若在，爱就在！心若简单，这世界就很简单，心若美，则这个世界一切皆美！

未来未可知，未来有梦，故未来才更加充满向往，充满魅力，充满美好期待。

准备好我们的一腔热情，敞开心胸，张开臂膀，让我们一起迎接新的一年！2014，继续努力！把2013年未了的心愿寄托于斯，付诸实现。

默念，祝福天上人间！祝福自己、家人和所有的人们——2014，开心幸福，事事如意！

追梦，向未来……

一切皆是因为你

我何其有幸，能与你缘定今生！这一切皆因你而起，仿佛我与你的情缘前世注定。今天，我要向你敞开心扉，吐露情思。

因为你，逃跑的"小童星"有了逐梦的童年

我出生在鲁西南的一个小村庄里。记忆中父母总爱哼唱各种小曲儿，我也就自小耳濡目染在父母的"音教"之中。记得一年级时，第一次大胆地站在姥娘家的院子里，把语文课学习的一首诗词《千年铁树开了花》用柳琴戏曲调填词并完整演唱了下来，引来屋里院外的人们一片夸赞。也许这就是所谓的"三岁看大，七岁至老"吧。

遗憾的是，我的小学和初中像那时中国大多数农村学校一样，几乎没有上过音乐课。然而天生爱唱歌的我却有了平生第一次上舞台表演的机会。

那年，在我们公社的大礼堂里，我演唱一首歌曲《北京的金山上》，一位不认识的女老师用脚踏琴为我伴奏。第一次站在那么大的"舞台"上，望着台下面黑压压的人群，平时大胆的我怯场了。听着老师的琴声，我像个哑巴一样张不开口唱不出声，转身眼巴巴望着那位弹琴的老师，只见她瞪着眼睛、张着大嘴对我"哑语"，此刻只觉得大脑一片空白、手足无措，最后哭着跑下了舞台……

从此之后，我把对你的"爱"深埋心底。每天放学回到家里，悄悄地与你相约，跟着广播喇叭学唱歌、学唱戏，成了我少年时期最快乐的事儿。还常常和小伙伴们一起唱歌，自我排练。我们学着"广播剧"里"老师"的语气，互相指点、自导自演。因为你，我暗暗下定了人生目标。

因为你，我选择了师范，一路追梦

终于，我考上了枣庄师范学校，成为了一名幼师专业学生。

三年的学习，我总是如饥似渴地在你的海洋里遨游。课下，我把同学们逛街、谈恋爱、打毛活儿（织毛衣）的时间都用来练琴练功。有时老师们谈恋爱"腾出来"的单身宿舍也成了我的"琴房"和与你"弹琴说爱"的地方。

刻苦勤奋的我还有幸成为了我们音乐、舞蹈老师们的"助教"，协助老师为同学们弹琴、教唱、练习识谱、检查作业等。作为班里的文艺委员和同学们的"小老师"，我还有个任务是"每晚一歌"，每天晚自习弹琴教全班同学唱歌，轮唱、合唱、接龙唱，反正变着花样教大家唱。此外，我还利用担任校园广播员的机会，学会了"速记歌谱"，一首歌听上几遍，便用简谱将旋律记录下来，再教给同学们唱。至今，同学们回忆起来还对我这个一脸严肃的"小老师"啧啧称赞。俨然，我就真的成为了你。

在"助教"和"小老师"角色的磨练中，在与你一次次的"约会"中，单纯又快乐的学习时光一晃而过。因为有你，我的专业成长相对于同学们稍出色一些，而有幸被分配到了薛城区职业中专。终于，我成为了一位名副其实的音乐教师，而能时时与你相伴。

与你相濡以沫12年，我教过的师资班、幼师班、音乐班、高中班的一届届学生里，他们中有很多也已经为人师，有的和我一样成为了音乐教师。想到这，一种幸福感油然而生。2000年，我有幸被调入区教研室成为一名音乐教研员，成了全区中小学音乐教师们的"首席"，也成了你——音乐教育的"旗手"、代言人。音乐教师的角色职责、审美育人的社会使命，让我认识到光有热爱与责任是不够的。此时，总能听到你在我耳畔窃窃私语："不要满足现状，要再学习，再进步，才能更好，才能影响更多的人！"

我听从了你的激励与召唤，也听从了我内心的声音与诉求。于是，马不停蹄，一路攀登，追梦向前。从曲师大专科读到山师大本科，再读到首都师大教育硕士。我在你的熔炉里，不断地锤炼和蜕变。在追梦路上，先后荣获了山东省高中音乐优质课一等奖，获得了山东省教学能手称号，被评为枣庄市特级教师。于是，音乐教师，成为我"金不换"的"身份"。我对你的爱愈加深沉，我与你形影相随，不离不弃。

因为你，我痛并收获着

2011年，我以毕业论文答辩"优秀"的成绩，圆满完成了首都师范大学音乐教育硕士的学业。回到了我小城的工作岗位，正摩拳擦掌要把所学付诸实践。

然而在一轮农村小学教学调研活动中，我吃惊地发现，在农村竟然还有70%-80%以上的村小，达不到"开齐、开足、开好"音美课程的要求。造成这一现状的原因是缺失专职音乐教师，学校里音乐课大都由其他学科教师"兼职"。孩子们甚至没有见过音乐课本的"模样"。偌大乡村校园里，听不到孩子们快乐的歌声。当看到孩子们清澈的双眸在闪烁，提起"音乐课"时一个个小脑袋却拨浪鼓似的摇着、一个个小脸儿呆怯怯地望着我的时候，我的心便隐隐作痛，同一个新时代，同一片蓝天下，这些农村娃却和近在咫尺的城里孩子有着如此大的差别。我暗下决心，不能让我童年的遗憾和无奈再重演。

身先士卒，弥补缺憾。于是，我每周去常庄镇西小庄小学义务支教，给那里的孩子上音乐课，这一坚持就是八年，与西小这帮孩子的友谊也成了我终生难忘的美好记忆。我坚信以一己之薄力给孩子们传播音乐和快乐，在他们的心里播下音乐美的种子。期待他们的人生有音乐和爱相伴，希望他们像星星之火，如水中涟漪，把真、善、美、爱传向更远、更广阔的天地。教研员进课堂，一方面夯实教、学、研，避免"研而不教则空"；一方面践行新理念，玩转课堂，服务于老师并做好示范和引领。

独木难成林。我每到一所村小，便抓住机会，躬身和兼职教师们谈心、交流，替孩子们表示感恩，鼓励教师坚守"音乐课堂"，和孩子们一起学唱歌、听音乐；呼吁校长们关注乡村美育发展，尽可能地开设音乐课程，把现有音乐器材和场地充分运用起来，要让村小的校园充满歌声。同时，我使出浑身解数倾囊相授，为兼职老师手把手做示范，和孩子们手拉手"玩"音乐。

真希望我能生出三头六臂来，能变出更多的音乐老师来帮帮这些村小。只可惜分身无术，唯有用自己对音乐的热爱、感悟和表达，把教学的"法儿"展示出来，让老师感受到音乐还可以这样"教"、让孩子们体验到音乐还可以这样"玩"，让他们感受到音乐是如此可爱和美好，如此让人快乐和幸福。

就这样，每一次和孩子们音乐游戏结束后，看着他们开心得欢呼雀跃的样子和下课时挥舞着恋恋不舍地招手。我像完成一项使命一样，虽辛苦但内心欢喜。我相信此刻，音乐的种子已经在这些可爱的幼小心灵里面悄悄萌芽。

随着新时期教育改革的深入，政府也在努力加快城乡均衡化发展的步伐。除了开展"四项工程"为村小配备硬件教学器材设施，还通过人事考编来补充教师。可是，对于农村学校这么大的师资缺口，每年事业编招考分配的几名教师，只是杯水车薪。况且有的虽然分配到农村小学，却被迫改教"语数英"。在当下"应试教育"眼中，音乐课是"说起来重要，做起来不要"，是可有可无的"小三门"。学校文化课尚且"人手不够"，哪里还顾得音乐课？

一个字："难"！怎么办？

就在我苦思冥想时，你的声音，再一次回荡耳边：不等、不靠、不抱怨，靠自己，做自己能做的事。要学会抛开世俗的"偏见""我行我素"——我的学科我重视，我的学科我做主！

2014-2016年，我创办并开展了薛城区小学音乐（1-6期）精品课堂"云录播"系列赛课活动。带领全区音乐教师，对人音版小学音乐教材1-6年级12册唱歌教学内容，分六期录制（播）完成，并上传到薛城区区域教育网课程资源平台。这次活动共录课160节，这种特别的"空中送课"，为农村小学提供了丰富而鲜活的音乐"云课堂"，同时也一定程度上缓解了我区农村小学音乐师资、教学资源不足等问题。如今，在农村学校多媒体硬件设备"全覆盖"的条件下，打开区域网络教研平台，便可找到"云录播"课程资源，包括村小在内的辖区城乡学校都可以点播观看"空中音乐课"了。

以"云录播"为契机，我们促使教师理念由"教"音乐转变为"玩"音乐。倡导"做中学，学中乐，乐中获"的教学方式，并在课堂上践行"动中听，做中唱，舞中演，编中创"的"玩模式"。可以说，"云录播"成长和锻炼了一大批音乐教师，也整体助推了我区音乐教学和教研整体水平。

三年"云录播"，八年支教路，省、市、区各级教研活动，各种测评、比赛、展演、校园艺术节、名师优课、课题组织各种指导、培育，教师合唱团及竖笛乐团的创建、排练及展示，老年大学兼职教学等等……有时乡村小道上总能看到我自驾车快乐奔忙的身影。教研员的工作内容丰富而繁杂。

无数次加班加点，无数次工作室名师团队特色打磨，或面对面集中备课切磋，或微信群空中展评交流……常常下班走出办公楼时，回望繁星薄雾笼罩下的教育局大院里，最后那盏灯才从我的窗口消失。

先生不解，说我"一介草民"、一个普通音乐教研员，图什么？为什么总喜欢给自己"找麻烦"，难道就我一人忙？况且家里尚有耄耋老父久病卧床需要陪护，还有青春叛逆的儿子在读高中需要紧跟。

至今记得老主任在同事们面前对我的评价，她说我像一支郁金香是追求纯粹的！其实不可能不累，但是愈挫愈勇、追求纯粹的人，要么不做，做就要做好。因为始终不忘对音乐教育那颗初心！

因为心中有你，一切皆是因你而为。是你，让我成为了一名光荣的音乐教育使者。能够从事终生热爱的工作，我是多么幸运和感恩！回望来时的路，岁月匆匆，步步耕耘。付出的辛苦，收获的幸福，得失相伴，苦乐自知，却仍初心不改。以爱育教，以教育爱，一切皆因你的博爱。我愿不负韶华，与你天长地久！

（本文摘自郭声健主编《音乐教育情书》一书，湖南文艺出版社，2021年4月。）

第二章　教学畅享

课堂教学过程是一个动态、变化与发展的过程，也是预设与生成、反馈与验证的过程，是师生、生生之间交流与互动的过程。课堂教学不但是一种特殊的认识过程，还是师生人生中一段重要的志趣、智慧与生命交融的历程。是师生生命中有意义的构成部分。[①]

享受幸福课堂需要我们对教学投入更多的爱与智慧，并且始终快乐地体验着课堂中与孩子们的交往与沟通。相信只要我们用心并投入地对待教与学，用爱心和智慧营造课堂，用音乐、艺术并将蕴含其中的美滋润孩子们的心田，就一定会收获更多的快乐、更博大的爱和深层意义上的幸福！

人们常说，理念指导行为，思路决定出路。教学须有法，凡是好的课堂，好的方法，一定有好的科学的理论支持。

[①] 吴永军.新课程备课新思维.北京:教育科学出版社,2004-06:95-96.

第一节 教学之"理"

做中学 玩中学 学中乐 乐中获
——如何变"教"音乐为"玩"音乐的实践性思考

音乐课是一种情感、精神的漫游，是轻松愉悦、充满情趣和审美意蕴的。

音乐教育着重培养的就是学生对音乐持久的兴趣，以及艺术教育所特有的、能对学生终生发展产生影响和作用的基本能力和素质，艺术学科的教育价值及其规律特点，决定了其学习途径、策略方式与他科教学的显著不同。作为义务教育阶段的中小学音乐教学，也理应成为师生一起参与、共同体验的鲜活课堂，理应成为师生之间平等合作、互动互玩的快乐课堂，理应成为师生一起成长进步、一起享受音乐、享受生命和生活的幸福课堂。

长期以来，由于受应试教育的"潜移默化"，或者"大班化"等因素的制约与影响，一部分音乐课堂存在这样或那样的问题，有些音乐教师也时常表现出尴尬、困惑与无奈。笔者通过课堂观察看到，老师们尽管认真备课和上课，但教学过程常常表现得很辛苦，嗓子喊哑，甚至面红耳赤；再看学生，感觉音乐课乏味无趣，要么被动应付，心不在焉，要么不屑一顾，游离课堂；有时课堂热闹一团，结果却躁乱难收；有时课堂氛围寂静一片，学生却启而不发。总之一堂课下来教学效果甚微，造成师生双方感受不到音乐课的满足与快慰，也谈不上师生共同地享受音乐所带来的快乐、美好与幸福。

究其原因，笔者认为首先在于音乐教师的教学观念与认识上，教师对从事的学科或职业认同感低，对音乐学科及其价值规律、对教育对象（学生）缺少宏观认识与微观把控。其次是过程与方法问题，观念影响行为，由于理解认识的偏差导致教师对教材音乐"吃的浅"：挖掘不出作品本身蕴含的风格特点及其丰富的艺术表现力，体验不到音乐给人心灵情感带来的审美愉悦与陶冶。故而也确定不出准确而恰当的教学目标，也难以设计（制定）出符合课标教材又适合学生特点的教学策略及方法，导致课堂教学有过程却教而无法，教学单一重复、教学环节程序化，同时"一课一歌""赶进度"等现象也普遍存在。造成教师教的简单、应付，教的生硬、被动，进而导致音乐课堂"丢了"音乐感、"没了"趣味感、"失了"审美感……最终，学生的学只能流于被动接受、机械模仿，音乐学习失去了兴趣和动力。一堂课下来师生双方均感受不到学习音乐的满足与快慰，更不要说享受快乐美好与幸福教育。

要改变这种课堂局面，需要音乐教师完成一个观念、思想与方法的过程转变，即由原来的被动应付地"教"音乐，变为主动快乐地"玩"音乐：做中学、玩中学、学中乐、乐中获。其实，这句话同时涵盖了"怎样教"以及教的任务、要求和达成的目标。以教师的态度和行为让学生们明白：音乐课还可以这样玩（学），音乐课是这样"与众不同"，音乐课这样令人开心快乐、令人心驰神往。

美国实用主义教育创始人杜威认为，"教育最根本的基础在于孩子的活动能力，使孩子认识到它的社会遗产的唯一方法就是去实践。"杜威的"从做中学"可简要地理解为"从做事里面求学问"。同样，在中小学音乐教育教学中，亦可以借鉴并推广之。

"做中学"

笔者理解音乐课堂中的"做中学"，就是要求教师根据不同教学内容，采用不同教学手段设计丰富多样的音乐活动，引导并带领学生积极参与音乐实践，以获得对音乐艺术及作品的亲身（亲耳、亲口、亲手）感受与直接体验。

《音乐课程标准》（2011年版）"前言"部分表述音乐课程的性质就是"人文性、审美性、实践性"，[①]说明音乐课是一种实践性强的学科，音乐实践活动应该贯穿音乐课堂乃至学校课外音乐活动的全过程。"强调音乐实践，鼓励音乐创造"也是音乐课程的基本理念之一。"设计丰富的音乐实践活动，引导学生主动参与"。音乐课程内容中，不论是感受与鉴赏、表现、创造，还是音乐与相关文化的有效落实与完成，无一例外的要通过一系列音乐实践活动来展开。关注音乐实践，就是关注音乐的听、唱、奏、舞、演、创（编）等，关注学生怎样参与活动和体验音乐。关注学生学会在"行为中思维"，在实践中体验，在参与中感悟——听音乐、做音乐、唱音乐、奏音乐、说音乐、演音乐、想音乐。

---

①中华人民共和国教育部.义务教育音乐课程标准.北京师范大学出版社,2012-01:2.

"玩中学"

课堂教学中的"玩"包含有"严肃的轻松"、有趣味的训练和有规则、有目的的游戏。

音乐的本质之一就是娱乐，在西方语言中，弹钢琴、拉小提琴等皆被称之为"玩"乐器或"玩"音乐。亚里士多德就曾经提出："音乐不可或缺的就是它的娱乐性"。音乐教学中，如果缺乏了这种"玩"的态度和乐趣，往往会导致它的失败。"玩"音乐不是低级、简单和随意地玩，而是在玩和游戏的"规则"里，含有深层理念甚至哲理性的寓意。奥尔夫音乐教学充分调动和运用了游戏的能动性，在严肃的轻松之中取得深远的成效。

"学中乐"

"夫乐者乐也，人情之所必不免也，故人不能无乐。"[1]"乐"亦同"悦"。

首先，教师要积极引导自己，学习做一个有爱、有快乐和幸福感的人。美国教育哲学家内尔.诺丁斯在其《幸福与教育》一书中，提出了幸福作为生活和教育的目的的幸福教育观。她指出，有了幸福这一教育目的的引领，教育教学活动就不再是一种令人感到压抑、苦闷、痛苦的生活经历，而是一个充满愉悦、让人神往、魅力四射的人生乐园，教育活动的全面育人功能随之得以充分释放。[2]因此，教师对生命和生活的热爱与感悟，对教育和对学生以及对音乐的热爱与专注，加上教师的自信、阳光、向上的身心状态，在相当程度上决定了音乐课堂上师生交往的情感氛围、幸福快乐指数，同样决定着教与学的质量与效果。

其次，音乐教师应该与时俱进、解放思想，不断更新教育理念，完善教学策略，以适应信息时代下的新生代教学对象。解放自己的身体，即从传统教育中所谓的"师道尊严"其实是懒惰固守的'架子'上放下来，常常走下讲台，走进学生，把自己的身体蹲下来，直呼其名，和学生平等有尊重和喜爱地交流与沟通。

第三，要学会从教学中寻找快乐，那就让自己对所教学的音乐产生感情，从音乐作品中挖掘出特色的风格，设计出音乐活动的不同"玩"法，并带领学生聆听音乐并跟随音乐"动"起来——动手或动脚，摇头或晃脑，手舞或

---

①曹理等.音乐学科教育学.北京:首都师范大学出版社,2002-04:32.

②内尔.诺丁斯【美】.龙宝新,译.幸福与教育.北京:教育科学出版社,2009-06:4.

足蹈。适时地"随乐而动""闻乐起舞",音乐自然流淌心间,愉悦自然充满课堂,快乐洋溢于师生之间。

"乐中获"

音乐主要教学过程应是情感——体验的过程,而不是认知——逻辑的过程。

在体验音乐的快乐和愉悦中,让学生不知不觉地收获音乐的基本知识与技能,收获对音乐正确的情感态度,收获音乐学习的过程与方法,收获音乐对于学习、对生活、对生命的意义和价值,进而收获对自然、对世界、对一切美好事物的向往与热爱之情。

有人形容学生对教师所讲内容:听见了,忘记了;看见了,记住了;体验了,理解了。就是说明教师采用不同的教学方式所得到的不同学习效果,证明在情感与体验中获得的学习效果最佳。

综上观点的提出,以参与-体验为主模式,将其贯穿并融合音乐教学情感、行为和认知三大模式,在不断地总结、借鉴和课堂实践探究与操作过程中,梳理出"'做中学':玩中学、学中乐、乐中获"的音乐课堂教学理念,进而,基于杜威的"做中学",基于奥尔夫、柯达伊、达尔克罗兹国际先进的音乐教学法理论,更基于《音乐课程标准》(2011年版)理念,也基于以上所述"玩"音乐教学理念,我们应该不断探究适合与顺应中小学生身心发展的特点,同时也符合音乐实践性原则的课堂教学模式。探究:动中听、做中唱、舞中演、编中创。遵循:在音乐中,在参与和体验中,感受音乐的快乐和魅力,体验艺术的愉悦和美感,在丰富多彩的音乐实践活动中锻炼学生的音乐表现和表达、判断的能力,培养其音乐的核心素养,塑造阳光向上的美好情感和心灵。

艺术的真正意义在于使人幸福,使人得到鼓舞和力量。

大卫.休谟说:"幸福与其说是用任何其他方法,不如说是用情感的这种敏感性来达到的。如果一个人具有了那种能力,他由趣味的愉快中所得到的幸福更大。他从一首诗、一段推理中获得的欢乐要比昂贵的奢侈生活所能提供的欢乐更大。"

对于教师来说,工作即生活。我们提倡教师追求一种快乐教学,其实就是要过一种幸福人生。动起来,一起嗨,"玩"转音乐课堂!

善假于"物" 营造快乐课堂

古人云"善教者，必善假于物焉"。我理解这个"物"应该是指我们教学中常用的"教具、学具"，即辅助教师教和学生学的有形物件或乐器工具。它具有直观、形象、有声有色、便于操作等特点，可以很好地激发好奇、好动、注意力不稳的小学生，吸引他们投入学习，对于提升课堂质量有着不可忽视的重要作用。

音乐课堂上，仅靠一本书、一台录音机或音乐播放器（电脑课件）来完成一节充实有效的常规课是不够的。长久不变的几种教具满足不了学生对音乐课的渴求，缺少了新鲜感，也就缺少了一份学习音乐的热情和动力，当然也会缺失了音乐愉悦身心、给人带来艺术享受的快乐和美感。只有充分、恰当而又创造性地运用教具、学具，使学生主动关心关注和积极参与音乐学习活动，从而营造和谐高效而又富有审美情趣的快乐课堂。那么，伴随着音乐备课的过程，我们不妨尝试从以下几方面关注教具学具的准备和运用。

关注"以琴助教"，创设音乐氛围

音乐教学用琴，一般指广义上的（电）钢琴、电子琴、手风琴、口风琴等，也可以包括音乐教师掌握的"第二乐器"（键盘乐器之外的）如口琴、竖笛、中外管弦乐器等等。因此，"琴"作为音乐教师教学中不可或缺的教具，成为校园艺术教育和音乐课堂教学所独有的一道特色风景。

教师应充分认识和发挥教学乐器的功能和作用，不仅是为了给学生演唱作伴奏用。在趣味发声、模唱（跟唱）旋律、听音辨别、节奏练习、声部合作、旋律创编等教学环节中都有不可代替的作用。教师不仅应该熟练掌握键盘乐器的弹奏（唱）技能，还应该利用课余备课等时间，拓展训练并不断提高自己的"第二乐器""第三乐器"的演奏水平。老师应时常提醒学生关注音乐、倾听琴声，养成"听琴"习惯，学会聆听音乐，进而学会模仿音乐和创造音响。

尤其低年级课堂，应该经常用"听，谁在唱歌"，"听，我的琴儿(任一乐器包括嗓音）怎样唱"等音乐的语言方式，来规范学生在唱歌等学习中的方法与习惯，以便有效训练和提高学生对音乐听觉感知能力和音乐模仿、表现能力。

俗话说"艺不压身"，"艺"总会有"用武之地"。音乐教师充满自信和精彩的示范演奏，不仅为我们的音乐课堂妙"乐"生花，还会成为学生喜爱音乐艺术的榜样和引路人。同时，在当前普遍推进"器乐进课堂"、学生人手一件小乐器（竖笛或口风琴等）的教学环境中，教师更应该突出音乐氛围，把课堂创设成充满歌声、琴声、欢乐声的和谐快乐园地。

制作音乐卡片，让人人有玩伴

教师在选择和确定本课教学内容及所要完成的教学目标后，梳理出歌（乐）曲的重点、难点、知识点，以卡片的形式呈现出来，卡片内容可以丰富多样，可以是音符、谱号、拍号、节奏型、节奏符号、力度等音乐标记，可以是唱名缩写的字母谱（d、r、m、f、s），可以是简（线）谱的旋律片段。有老师会说这些完全可以运用课件的形式做出来，鼠标一点击，所有"视图"一目了然，既方便又快捷。其实不然，以计算机为代表的现代化音响及媒体视听设备的合理使用是必要的，但不是全部，更不能作为唯一手段。因为学生是学习的主体，它不能保证学生主动关注和有效参与音乐活动过程，教具、学具要走到学生身边，成为学生学习过程中可见、可触、可用、可玩的直观生动的"立体"学伴，成为吸引他们关注音乐、走进音乐、喜爱音乐、收获音乐的玩伴。

比如，为了吸引学生集中精力专注学习，可以将每一张卡片提前悄悄放到学生的桌子（或坐凳）下面，或者作为"奖品"，"颁发"给音乐课堂纪律好、音乐表现突出的同学，再由他们出示卡片，按卡片中的内容和要求或唱、或念、或击拍、或将他们手中的卡片（卡片背面提前贴上双面胶）连起来、粘贴（贴纸条可以课后再粘回胶面，以便保存备用）在黑板上，带领大家一起练习。关于卡片的制作，需要老师们备课时目标明确，心中有数，上课时做到充分发挥其直观作用，实现学生参与度以及教学效果的最大化。

关于卡片制作教师可以课前准备，也可以指导学生共同参与制作。卡片用纸可以选择各色卡纸，也可以将16开或者A4纸对折大小即可。对于制作好的既美观又有实效的音乐卡片，可以作为优秀教学资源，妥善保管，循环使用。

巧用色彩乐器，引导快乐想象

主要指小学常规音乐课堂所用的色彩性小乐器，其主要常用于给歌曲伴奏，以及听乐器声音辨别音色、音长、音高。比如碰钟、三角铁与木鱼、响板、双响筒的长短对比，双响筒的音高对比，沙锤、串铃、与它们之间音色的不同；听节奏辨别节奏型，模打节奏。这里需要老师注意，对于中低年级尤其初次认识和学习小乐器的时候，要巧妙的"卖关子""打埋伏"。教师可以让学生先"闻其声"、后"观其形"、再模仿、表现（演）。听声音，教师可以提前把小乐器编成谜语或儿歌，一边演奏，一边有节奏地读、唱，要求学生竖起耳朵仔细聆听，"猜猜它是谁"、听听它的声音的长短、色彩以及节奏特点，引导学生倾听、想象、辨别、模仿；教师边演奏边呈现小乐器，走进学生中间，示范不同打法，带领学生模仿与表现，鼓励学生"你还会怎样演奏"等等。

另外，将自然界（风声、雨声、海浪声）或生活中（锅碗瓢盆筷子勺）的声音，还有各种动物叫声有机融入。教学策略上及导入方法尽量遵循：由学生生活中来，从感性感知开始，带着快乐和想象、再到音乐中去。

善用物体音源，带动人人参与

运用师生身边（包括身体）的"打击乐器"，并巧妙而富有创意地使用它们，就可能会对学生产生意想不到的积极反应和学习效果。利用课本、文具、桌椅，例如在演唱歌曲《唢呐配喇叭》（二年级上册第三课：音乐会）时为了让学生体会 x（一拍）的震音演奏法，老师带领学生左手拿起音乐课本，第一小节1、2拍右手伸出中指按节拍弹指课本（封面书皮），到第二小节第1拍（节奏卡片）时，左手抖动课本发出"哗哗啦啦""窸窸窣窣"的声音；也可以使用文具盒及铅笔，当小鼓、"沙锤"使用；这样做的好处是：人人都有学具，人人动手参与，因为创造性思维得以自由表达而收获丰富愉悦的音乐体验。教师要注意多用启发性语言、鼓励性的表情和眼神，并不时激发学生："你还能怎样敲？""谁还有与众不同的做法？"

常用身体乐器，丰富音乐感知

借鉴达尔克罗兹（瑞士作曲家、音乐教育家。与德国奥尔夫、匈牙利柯达伊并称为世界三大著名音乐教育体系）的"体态律动"教学，还有奥尔夫（德国作曲家、音乐戏剧家、音乐教育家）的"声势"教学。以身示范，巧用身体器官、部位做打击乐器。一方面教师可以用身体的任何部位拍打出声音来，再就是两只手除了能用不同的力度、速度、节奏拍击身体外，还能做拍全掌、半掌、手背相拍、搓掌、响指（响指可以当作固定"节拍器"）等；嘴巴除了言语、歌唱还能发出响舌、口哨等等。另外发动学生学会利用生活废旧物品自制打击乐器，尝试创造性加入音乐表现（演）活动。

利用"手机媒体"，提升艺术修养

有心的教师还可以适时利用手机这个"小媒体"进行教学，手机可以录下学生的声、像表演片断，作为教学反馈的有效手段，会"反照"学生对自己音乐表现的客观态度，借助外部表象和表演效果，促使和启发他们逐步规范练习标准，进一步关注和学习音乐。经过教师及时评价激励进而顺利达到教学目标，有利于学生审美能力、审美态度和审美情趣的进一步激发与提升。

当然，一节课的时间和容量是有限的，教师需要经过对课标、教材及学生有了充分的把握和深入地了解之后，合理选择和精心准备教（学）具，方能取得较好的教学效果。

苏联教育家卡巴列夫斯基说："引起孩子们对音乐的兴趣，使所有的孩子们都喜爱音乐并在音乐中成长是学校音乐教育的首要任务。"老师们，享受幸福教育需要我们对教学投入更多的爱与智慧，并且始终快乐地体验着课堂中与孩子们的交往与沟通。相信只要我们用心并投入地对待教与学，用爱心和智慧营造课堂，用音乐和艺术浇灌孩子们的心田，就一定会收获更多的快乐、更博大的爱和深层意义上的幸福！

（本文发表于《儿童音乐》，2014年第1期，总第341期。）

告别"喊唱"

人们常说校园里"书声琅琅""歌声嘹亮"。课堂上，也常听老师们鼓励学生念书或唱歌时要"大点儿声""大声唱"。因此孩子们便认为声音越大，唱的歌儿越好听，就会受到大家赞扬，误以为这就是唱歌时获得"好歌声"（歌声美）的标准。

在某村小一节二年级的音乐课上，我和孩子们共同聆听与学习了一首歌，歌曲的名字叫《彝家娃娃真幸福》。是一位教英语的兼职音乐老师上的音乐课。看得出这位老师对音乐充满热情，唱歌教学组织有序。由于自己非"科班"出身，所以主要运用了"听唱法"学习歌曲。虽然老师自己不敢唱，在学生一遍一遍跟着录音机"唱会"之后，于是进行分组比赛。

于是，在这节村小的音乐课堂上，我听到了有生以来"喊唱"分贝最高的一次，响亮到了"震耳欲聋""振聋发聩"的程度。我坐在孩子们中间，眼望天真无邪的娃们，在老师鼓动和激励下，一个个挺直了小身板，伸长了脖子，瞪大了眼睛，扯开了嗓子，使出了吃奶的劲儿喊起歌来——天呐！孩子们只顾豪喊，那里还顾得上听音乐（伴奏），唱幸福（快乐），哪里顾得上倾听、体验和感受音乐的美感，真担心他们稚嫩的小嗓子随时被喊破哟。

我忽然间意识到，从心理学角度，似乎这样的"喊歌"，对于懵懂无知、天性好动又热情十足的孩子，也未必不是一种情感释放和快乐宣泄的方式。听着孩子们如此"唱"歌，我真是哭笑不得，耳朵受到了极高分贝的挑战，几乎无法承受，只得用双手紧紧捂住了耳朵。

人类自诞生之日起，千百年来，原始的呼喊早已演变为歌唱的艺术，自然的人声散发着多彩的光泽。人声是世界上最美妙、最神奇、最伟大的"乐器"，人声是唯一一件有情感、心灵和灵魂的乐器（【英】詹姆斯）由此，我迫切地想跟音乐教师们交流一些关于唱歌教学中孩子们喊唱的问题。

一、喊唱是一种错误的歌唱方法

分析喊唱的原因，除在心理上表现自己引起老师和同学的注意外，主因是发声方法不正确，如气息浅，脖颈、舌根、下颚肌肉过分紧张，喉头上提，舌中后部抬高，及过分追求音量。所以首先要求学生调整好呼吸，口腔自然打开，下颚放松，舌中后部不可抬高[1]。音乐教育属于审美教育的范畴，是美的艺术。一切的美都有规律，一切美的音乐、美的创造都是有规矩的。

对于爱好音乐但非专业出身的兼职音乐教师来说，我们可以（范）唱得不够美、不够专业，可以教得欠缺规范，但老师们应该认识到，作为孩子们的音乐教师，我们应该对歌唱美、对声音美，有一个最基本的理念和正确的定位，那就是，要规范和要求孩子们"轻声、美感、有控制地歌唱"、避免"喊唱"。这需要老师们课堂上不间断地纠正和引导。从这个角度讲，教师的观念和认识是先于或重于技术和技巧的。

二、喊唱有害于嗓音和听觉健康

正像语文课中的"朗读"与"喊读"，音乐课上的"歌唱"与"喊唱"，虽然只是一字之差，但其内涵与效果却大相径庭。音乐课常见孩子们分不清喊唱与歌唱，只是简单地以为唱歌的声音越大、越响亮、越好听。确实需要教师教给学生一个正确的歌唱概念和识别"好声音"的基本标准。

歌唱是人类的本能，也是人类最自然的行为之一。歌唱是被音乐化了的语言。[2]音乐是声音的艺术，诉诸人的大脑听觉器官——耳朵。音乐，就是通过有组织的乐音，塑造音乐艺术形象，表达人们思想感情，反映一定社会现实的一种听觉和时间的艺术。声音分乐音和噪音，喊唱自然是一种噪音，经常喊读喊唱不仅伤害嗓音（声带），也刺激和伤害自己和他人的听觉。因此，教师要注意，歌唱时，过分要求孩子们"带劲地唱歌"是不妥当的。[3]

三、教师应用有表现力的语言鼓励孩子初期的唱歌体验

如可以用戏剧性或人物化的语言解释某些诗或故事的情感和形象，然后引导他们用声音的变化去培养对音高的理解。[4]

同时建议教师要注意把握和熟知以下唱歌教学原则：

1、应以下行小三度音程开始。多唱"sol mi"音型。

---

[1]曹理等.音乐学科教育学.北京：首都师范大学出版社,2002-04:139.

[2]高萩保治【日】.缪裴言、林能杰、缪力译.音乐学科教学法概论.北京：人民音乐出版社,2005-06:99.

[3]高萩保治【日】.缪裴言、林能杰、缪力译.音乐学科教学法概论.北京：人民音乐出版社,2005-06:65.

[4]尹爱青、曹理、缪力.外国儿童音乐教育.上海教育出版社,2010-07:60-61.

2、告诉孩子"说"与"唱"的不同。我们常会看见有些孩子是在喊，而不是在唱。这种喊是从胸和喉咙里发出的，而不是头声。

3、轻声唱、清楚地唱。轻声唱，孩子之间能准确辨别音准。

4、音域开始最好在c1和a1间，小学二年级后，逐渐扩展到一个八度。

5、最好是无伴奏歌唱，更容易感知旋律和调整音准。

6、教师要完整地范唱。[①]

对于处于变声期的学生，教师在歌唱教学中要注意轻声唱，适当降低音高，选择音域适当、好听、上口的短小歌曲，唱歌的时间宜短不宜长，甚至允许以乐器代口，以口哨代替歌唱等。[②]

四、歌唱，应该要"演"着唱、有控制地唱

"演唱"是中小学音乐教学的重要内容，也是学生最易于接受和乐于参与的表现形式。"演"着唱，就是要用自然悦目的表情、柔和亲切的眼神，和悦耳优美的声音，来正确表达歌曲的风格、情绪及情感。对学生加强演唱姿势、呼吸方法、节奏和音准等方面的要求，激发学生自然、自信、有表情（情感）地歌唱，学会"轻声、高位置演唱"，避免"喊唱"。这是《课标》的要求，音乐教师在日常的唱歌教学中应该力求做到。比如，提醒学生按照歌谱的力度标记，控制声音的强弱变化。演唱较强的力度时控制歌唱的状态和音量，避免喊唱；演唱较弱的力度时，轻声高位、控制气息，防止声音变虚。

英国著名儿童发声歌唱研究的权威人士哈蒂认为："一般儿童在他们未受到相当好的训练之前，决不允许他们大声歌唱，否则，美的音质就会消失。年复一年，多少未来可能获得美好声音的儿童，由于迷惑于这种所谓带劲的、自然的歌唱，而成为牺牲品。"

音乐课堂，请老师告诉同学们要拒绝"喊唱"、告别"喊唱"。要让孩子们认识到喊唱不美、不好听，喊唱危害声带和听力健康；喊唱也产生噪音，影响他人与环境。建立起科学的声音训练概念，和良好的歌唱习惯，及时发现及纠正错误的歌唱方法，告别"喊唱"，让优美动听的歌声荡漾在校园的每一个角落。让"自然、自信有（表情）感情地歌唱"成为习惯；让学生懂得，"好声音"是发自真情唱出来的，而不是喊出来的；让学生学会运用自己美妙的人声体验音乐，以达到陶冶其情操，和谐其身心，涵养其美感。

①曹理等.音乐学科教育学.北京：首都师范大学出版社,2002-04:78.

②陈娟.新课程歌唱教学法.重庆：西南师范大学出版社,2014-09:183.

第二节　教学之"法"

练就"四美"基本功

"基本功"一词，是指从事某种专业所必须掌握的基本的知识与技能。音乐技能是音乐教师专业素养的一部分，包括歌唱技能、乐器演奏技能、识读乐谱技能、自弹自唱技能、创作技能、指挥技能、舞蹈、戏剧以及编导、化妆等技能。如果要求每位音乐教师"吹拉弹唱演跳"样样精通，其实也不现实，但"一专多能"应是对音乐教师基本的要求。

随着一年一度的区（市）级中小学音乐教师基本功（教学技能）大赛，以及首次校园歌曲征集与评选活动相继落下帷幕，对于音乐老师，不管是参赛选手还是观摩学习者，不论是新兵还是老将，都是一次鞭策、鼓舞和触动。大家进一步清醒地认识到个人专业上存在的优势与不足，更加明确了自己今后专业发展与努力的方向，使自己在教育教学上愈加成熟、完善，越发彰显个性和艺术魅力。

现实的问题往往是，每次大赛活动之后，很多音乐老师受到了鼓舞或"刺激"，激动了一回，也兴奋了一下下，回到学校也许真的坐在琴旁"练"了几次；回到家里也许真的想起来"唱"那么几嗓子。可是很快，"三分钟热度"之后，这些"精彩"的"火花"却又不见了。也许有的老师"来不及"付诸行动，整个人又回到繁琐碌碌的"平庸"之中。

鲁迅先生说过，"人活着是需要有一点精神的"。每个人来到这个世界，都应该有他（她）的舞台、他的价值，有他扮演的角色、达到的境界。[①]不论客观上学校现实因素（"大班额"、各种活动、各种"迎检"）的"制约"；还是主观上，教师职业倦怠心理的"困扰"。音乐教师都要做一个有心人，做

___

① 朱永新.我的教育理想.(增补本)桂林:漓江出版社,2009-04:14.

一个有"精气神"的人，一个有追求的人，一个懂得追求美、善于用美来装扮自己的人。在有限的生命时段里，在教书育人这个岗位上，合理运用时间，抓住工作与生活的点滴碎片，把他们串成最美丽的"彩链"，打造自己充实而精彩的教育人生。

在我眼里，音乐教师应该是校园里面一道最亮丽的风景线；音乐教师是校园里的"音乐指南针"；音乐教师是校长同事们眼里的音乐专家、艺术顾问；音乐教师是学生眼里的快乐宝典、音乐玩伴，是被学生崇拜、被同事羡慕、与之"零距离"的歌唱家、演奏家、作曲家、舞蹈家……

那么，音乐教师的追求是什么？或者，什么才是音乐教师应有的追求和境界？

音乐教师是美的传播者，是传递（音乐艺术）美的使者、桥梁和纽带。在学校教育中，音乐教师主要是通过音乐课堂来实施审美育人，所以教师的审美修养会对学生产生极大的吸引和影响作用，进而使学生喜爱音乐课。对于音乐教师来说，良好的审美修养不仅体现为懂得美、发现美，而且还要善于表现美、创造美。美，应该成为音乐教师始终的追求。我想，音乐教师的美应包括：形象气质美、言语举止美、歌声琴声美、人格心灵（情感）美。

形象气质美

美的形象和风度气质使人赏心悦目，当然，形象美不单单指长得漂亮，包括教师的发型、服饰及年龄特点、表情、步态等外在的整体形象和仪表风度，给人以得体、大方、美观，充满热情与活力。音乐教师的风度气质并不是微不足道的细枝末节，它直接体现教师的精神面貌，有的教师虽相貌可人，但服装随意，不分场合；有的教师过于时尚"潮"人，似乎忘记了"为人师表"的职业规范。"浓妆淡抹总相宜"，音乐教师应注意生活小节，重视自己的形象气质、仪容风貌，不忽视从生活小事中建立起自己的美好形象。

语言举止美

音乐教师的语言表达能力如何，在一定程度上体现着个人的文化内涵。教育家马卡连柯主张教师应有美的语言表达，"我们要善于这样说话，使孩子们在我们的话里感到我们的意志，感到我们的修养，感到我们的个性。"苏霍姆林斯基则强调指出美的语言对学生的影响，他说："教师讲的话带有审美色彩，这是一把最精致的钥匙。它不仅开发情绪记忆，而且深入到大脑最隐蔽的角落。"音乐教师应恰当运用体态语言，比如教师的一举一动，一笑一颦，一个舞姿，一个挥拍，一个表情和眼神，都应是灵动而美感的，都会影响着学生的成长。音乐课堂上，教师一切的言语举止都应适可而止，恰到好处，因为，语言的尽头才是音乐的开始，语言代替不了音乐！

歌声琴声美

音乐教学艺术，是"艺术"中的艺术。它的魅力是无穷尽的。问题的关键在于教师。《课标》（2011年版）第四部分"实施建议"-"教学建议"中指出：教师要不断提高音乐教学技能，用自己的歌声、琴声、语言、和动作，将音乐艺术的美传达给学生，要善于运用生动活泼的形式进行教学，让学生在艺术的氛围中，获得审美的愉悦，做到以美感人，以美育人。[1]

音乐教师除了具有美的形象气质和美的语言举止，更重要的应当是歌曲演唱能力，键盘演奏以及自弹自唱能力。而优美的歌声琴声才真正体现音乐教师的专业特质。当学生聆听教师充满艺术感染力的演唱或弹奏，欣赏教师独具魅力的即兴弹唱时所散发出的音乐艺术之光，一定会激起学生对音乐艺术美的向往与热爱！他们的心灵品质，审美情操，也一定会乘着教师歌声（琴声）的翅膀，在美好的艺术情境中获得陶冶和升华……

试想，一个只会讲课、或只会弹琴而不会唱歌，或会唱歌也会讲课、但却不会弹琴的音乐教师，其课堂是"残缺的"，它会给学生带来多少美的感染与愉悦？再者，我们可以没有天生漂亮的嗓音，也可以没有乐器演奏的童子功，但我们的歌声琴声却不能没有规范，不能没有音乐，不能没有情感……

心灵人格（情感）美

美的心灵将会折射出人性的真和人格的善。爱的教育，是教育力量的源泉，是教育成功的基础。正如夏丏尊先生所说："教育没有情感，没有爱，如同池塘里没有水一样。没有水，就不能称其为池塘。没有情感，没有爱，也就没有教育。"[2]音乐教师不仅要拥有端庄大方的形象气质，同时还要拥有一颗爱心：爱生活，爱教育，爱音乐，爱学生，爱课堂……匈牙利著名作曲家、音乐教育家柯达伊提出，"做一个好的教师要比做一个布达佩斯歌剧院的导演还要重要得多。对于一个不好的导演，失败的是他一个人。对于一个不好的老师，他会持续他的失败30年（从他开始工作到退休为止），将会扼杀30批

---

[1]中华人民共和国教育部.义务教育音乐课程标准.北京师范大学出版社,2012-01:26.

[2]朱永新.我的教育理想.(增补本)桂林:漓江出版社,2009-04:17.

儿童对音乐的热爱。"

也许，教师的形象气质不是很佳，教师的歌声琴声也不是十分完美，但教师一定要让自己拥有爱心与责任！因为只有爱，才能赢得爱。你爱教育事业，教育事业也会爱你，你才会获得事业上的乐趣与幸福；你爱音乐，音乐也会爱你，你才能会获得音乐文化雨露的浸润与滋养；你爱学生，学生也才会爱你，也才会让你在和他们的交往中忘记了外面的世界，忘记了生活的烦恼。只有在爱的基础上，教师才会投入自己的全部力量，才会把自己的青春、智慧无怨无悔地奉献给孩子们，献给教育事业。

有道是"长江后浪推前浪"。音乐老师——爱美的你，当每天面带微笑、揽镜自照的时候，有没有自问：我今天"练"（专业）了吗？我有没有进步？今天的课上得好吗？今天的课堂，我给学生带走了什么？他们快乐吗？今天，过得充实吗？我们应时常提醒自己：处在瞬息万变的高科技与信息爆炸时代，如果仅靠大学里所学那点专业而不学习、不充电、不与时俱进，真要小心哪一天会被"后浪""拍"在沙滩上呢！

善于给自己找"麻烦"、找事干。古人云"但只问耕耘，莫要问前程"。我要说，有耕耘就一定会有前程、有收获！知不足才会有追求，有追求才会进步。只有行动才会成功，坚持才会出奇迹。只要每天进步一点点，每天改变一点点，你就会向着美的理想和境界靠近一点点。相信我们的校园里、课堂上，还有来年的基本功赛场中，一定会飘扬出更美妙的歌声、琴声、欢笑声，看到音乐教师更动人的舞姿和更亮丽的风采！

愿音乐教师们，一路高歌，一路追求，成就自信、美丽、幸福的人生！

音乐课"备"什么

　　备课，看起来"老生常谈"的问题，实际对于每位教师又是一个永恒的、"不老"的话题。备课是每一个教师的职责和每天必做的"功课"。新时期的音乐课堂要求赋予"备课"新的内涵和意义，它不仅是简单地听听、唱唱、弹弹，不能"纸上谈兵"，更不能仅限于知识和技能的简单传授。

　　新时期的音乐课堂，应该倡导立体备课思维，加强备课行为操作能力。音乐教师的备课应注重从学生（学习者）的角度备："听、唱、弹、讲、动、研、思、写"——注重从关注学生生命成长与终身发展的角度设计音乐教学，将新的教学观念真正转化为具体可操作的教学行为，即把它贯穿于"听、唱、弹、讲、动、写"等备课行为过程中。

一、备"听"——深度聆听，听透悟透

　　音乐是聆听的艺术。美国作曲家科普兰曾经这样说过："你想听懂音乐吗？第一是听，第二是听，第三还是听。"还有人说，"这法那法，吃不透教材就没法"。毋庸置疑，音乐教学的一切好法儿都应来自"听"音乐。

　　在确定教学内容之后，教师第一件事就是要反复聆听所选作品，通过聆听来感受和理解作品的音乐风格内涵，明确音乐要表现什么，用的什么形式或手段。进而分析和挖掘音乐表现要素及其表现力，以确定本课教与学的目标和重难点。

　　在分析教学内容时，教师往往较多参照和依赖教参等资料中"间接"的文本信息，再间接地传递给学生。忽略了自身对音乐的"直接"经验——聆听，因而也就形成不了对音乐的亲身感悟。试想，自己没听几遍音乐就走进了课堂，对音乐（歌乐曲）没有细致深入的理解与领悟，又怎么能够引领学生进入音乐并体验音乐呢？须知在教材（音乐）与学生之间，音乐教师是承载音乐真善美的桥梁和纽带，教师如果缺乏这种由音乐的直接体验而产生的感受、感动和感悟，那么他（她）的音乐课堂自然会失去音乐最具感染力的学科艺术特质，因而也将无法吸引和打动学生。

　　音乐教师要想让自己被音乐所打动，首先就要在反复聆听中逐步深入地

理解音乐，听懂音乐要表达什么？音乐是怎样表达的？音乐最美最动人在哪里？音乐突出的形式要素及风格特点是什么？在反复聆听中把握音乐的情感价值、选择适宜的过程方法、梳理出相关的知识技能点；在反复聆听中深悟音乐的价值与内涵。因此，音乐教师对作品的反复聆听与体验相当重要。笔者曾经在备《黄河大合唱》一课时，每一次聆听都会心潮澎湃，其中的《黄河怨》一曲每次都是流着眼泪在唱。正因为有了教师对音乐的倾情投入而使课堂充满感染力；又如，在每一次聆听二胡独奏曲《二泉映月》时，脑海里总会浮现那位双目失明、衣衫褴褛、身背着胡琴、步履蹒跚地走在无锡的街巷中，最爱用手中的胡琴诉说坎坷命运、用心中的音乐控诉黑暗、憧憬光明的苦命才子——民间艺人"瞎子阿炳"的形象……

反复聆听、善于聆听音乐，是音乐教师需要加强的"软功夫"。平时养成大量聆听和广泛积累中外音乐作品的良好习惯。所谓吃透、悟透教材，从某种程度上来说，就是对音乐要听懂、听透、听出感情、听出滋味，最终听出（确定）目标、听出（理清）重难点、听出（选择）教法学法的切入点。以自身对音乐的挚诚和感悟，来启迪和引领学生走进音乐、关注音乐、学会聆听和体验音乐。

二、备"唱（弹）"——二度创作，美感示范

在听懂、听透、悟透音乐的基础上，唱音乐即"水到渠成"了。

歌唱教学是普通中小学校音乐课的主要教学内容。自弹自唱（边弹边唱），是音乐教师的"看家"本领、"门面活"，是"最基本"的基本功。音乐教师应掌握自然流畅、富有音乐表现力的弹唱技能。因此要在多次聆听的基础上反复练习弹唱作品（歌、乐曲）。通过"二度创作"能够较好地表达音乐形象，加强弹唱的示范能力。同时预设歌唱学习中容易出现音准、节奏、发声、咬字、知识技能、情感表现等问题时，都离不开音乐教师巧妙、直观、形象的比较与示范弹唱，及时、恰当地给予学生正确的方法和习惯培养，帮助学生逐步达到自然、自信、有感情地歌唱，激发培养学生音乐学习的兴趣与爱好。

另外，教师的范唱应随机贯穿于教学过程之中，能将同一曲目用不同演唱方法来对比表现作品不同的风格及韵味。比如民族音乐、民歌、戏剧等。可以"零距离"、直观地展示教师丰富的艺术表现力，让学生"面对面"亲历音乐教师精彩的示范表演，这比单纯播放视频或录音磁带有着更为深刻的视听冲击力，同时提升了学科艺术魅力，进而使学生"亲其师而信其道"。

键盘乐器是音乐教师首选的课堂教学乐器，如钢琴、电钢琴、手风琴、电子琴等等。教师应具有基本的独奏与伴奏能力，尤其即兴伴奏能力。以"趣"激发动机，以"美"愉悦学生身心。[1]教师对音乐娴熟而生动的弹奏将同其演唱一样，会给学生带来视觉和听觉上的美感享受，会激发起学生热爱音乐的兴趣。教师要在即兴伴奏、示范演奏等方面加以反复练习，能够做到根据歌曲旋律、调式和声及情绪风格要求，正确选择伴奏织体、使用踏板。安排调高时，应结合学生的年龄、心理以及声音特点，选择适合学生的音域、音高、速度。音调的高低，速度的快慢，常常会直接影响学生音乐知识技能的掌握和提高，影响到学生顺利进行音乐学习的情绪和效果。较好的即兴伴奏能力，还会为创造性的音乐活动以及体态律动教学服务。

三、备"动"——关注素养，有效"活动"

音乐课是一门艺术性、实践性很强的学科。教师面对的是一群群天真烂漫、活泼好动的成长中的青少年学生，因而也就决定了音乐教学过程就是一个充满生活趣味、情感愉悦、成长发展、创造与激情的艺术实践活动过程。

传统教育思想体现在音乐课堂上，便是"我讲你听、我教你唱、我唱你学、我演你看"的课堂中心、教师中心、书本中心。备课只是关注教师自己如何"主动"的教（唱、跳、演），而很少关注学生如何"生动"地学，更少考虑和设计学生怎样主动、快乐地参与音乐活动。所以音乐教师所操作的为"教"而教、重结果、轻过程的教学，是一种形式上走捷径的、偷懒的教学，这种单一庸俗的低效课堂只能导致学生游离于"音乐"之外。

实践是能力的"检验场"，也是发展能力的"练兵场"。新的课程标准要求音乐学习注重学生的亲身体验，强调情感态度价值观的统一，而这一切必须在活动过程中才能得以完成，有些东西是必须自己用心体验才能实现的。因此，音乐的学习原则上是不能依靠讲授，而必须以体验的方式进行。教师讲授的仅是教师对音乐的感受，只能帮助学生理解，不能代替学生的感受和体验[2]

让学生亲自动手，积极参与，可以很好地培养学生的实践探索能力。音乐备课要根据教学内容设计好不同形式的音乐实践活动，调动学生的眼、耳、口、手、脑、心（智）、情（感），带领学生展开师生、生生互动。同时还要

---

①曹理等.音乐学科教育学.北京:首都师范大学出版社,2002-04:81.

②郑莉.现代音乐教学理论与方法研究.北京:中国文联出版社,2004-09:457.

动静相生，与相对安静的活动相互结合，相得益彰，动起来参与体验音乐，静下来思考想象音乐。从而提高课堂效率，提升课堂魅力，音乐教学应该给孩子们创造一个音乐的乐园，让他们在"做中玩儿"、"乐中玩儿"，在愉悦的艺术过程中，更好地体验感受音乐，①让课堂在音乐中"玩"转起来。

善于研究学生的"最近发展区"。设计音乐活动要从学生出发，编排律动、舞蹈、情境表演、小品、朗诵等活动，教师应发挥主导示范作用，带动和鼓励学生离开桌椅，主动参与音乐实践，培养和锻炼其乐于创造和大胆表现的精神。比如九年级《月之故乡》，是一首旋律美、情感美、意境美的歌曲。在设计时可以考虑以下几个"动手"参与的过程方式：（1）模唱旋律音高，划旋律线感受音乐高低变化；（2）借助歌词内容，运用肢体表演体验情感意境；（3）依据指挥图示，练习"抹沙子"体会节拍韵律；（4）借助竖笛（口风琴）演奏，深入巩固歌曲学习……让每一次的"动"牵引着学生的情趣精神，体验音乐的美好意境；在每一遍的"动"中，加深对歌曲的记忆、情意、理解，培养学生对音乐的感知、表现和创造能力。学生"动起来"才能让课堂"活起来"，只有师生共同走进音乐，投入音乐，才能享受音乐的美好与快乐。

四、备"讲"——设计语言，和谐"交响"

苏霍姆林斯基说："你施加影响的主要手段是语言，你是通过语言去打动学生的理智和心灵的……"教学语言几乎是教师须臾不能离开的最重要的工具，它是知识的载体，是激发学生情感、思维、兴趣的源泉和动力。

教学语言可分为导入语、提问语、讲述语、描述语、评价语、过度语、概括语、总结语、启发语、师生对话语等"有声"语言；还包括教师的体态、手势、表情、眼神甚至服饰等学生可以看得见的形神兼备的"无声"语言。比如训练学生音高练习的柯尔文手势就是完全意义上的"视觉语言"。②教学语言除应具备准确、鲜明、生动的共性特征外，还应具备自身的个性特征，即：教育性、专业性、针对性、启发性。

音乐课堂不应是教师的"一言堂"，少一些语言"霸权""满堂灌"；多给学生一些"留白"，多给一些"抢答"与"填空"。语言的尽头是音乐。课堂教学语言最忌讳一个腔调，一样的表情，一种语速，一味地平铺直叙，整堂

①郑莉.现代音乐教学理论与方法研究.北京:中国文联出版社,2004-09:455.

②郑莉.现代音乐教学理论与方法研究.北京:中国文联出版社,2004-09:303.

课像一杯白开水，淡而无味，那么再美的音乐也无法进入并打动学生的心灵。

老舍有句话："我们最好的思想最深刻的感情只能被最美妙的语言表达出来。"正所谓七弦为益友，两耳是知音学生皆有耳，教师语言启。[1]一节完整又成功的音乐课，必然是优美的音乐和精美的语言双重艺术的"合璧"，是乐音与语言的和谐统一，是音乐艺术与语言艺术共同交响的"赋格"，是两类艺术相辅相成而又相得益彰的成果。充满激情、知性和美感，富有教师个人魅力而又准确、流利的教学语言，是提高教学质量的重要手段。因此音乐教师在备课中，应一方面善于运用音乐的语言要素，优化组织、优美表达音乐课教学语言，运用语言创设教与学的情景氛围；另方面语言表达应结合音乐内容的情绪风格，设计恰当的语言、语速、语气、语调、语法、节奏，讲究简练、抑扬顿挫，形象生动。还要适时巧用名人（包括音乐家）名言，使教学语言富有人文艺术性、榜样激励性、机智幽默感和审美愉悦感。新课程提倡以人为本，倡导教师主导下的学生主体，关注学生全面发展的教育行为理念，因此，音乐课堂必须要打破"死水"般的课堂气氛、打破平淡无味的"低效"课堂；打破"牧羊型"的师生关系和"秧田式"的教学环境。

五、备"写"——精心编制，巧构板书

音乐备课的过程是一种对完善教学实施的一个整体性的富于动态的思考与实践操作的过程，更是音乐教师理念思维、示范操作、专业追求、个性张扬、特色打造的综合提升过程。有的教师认为写教案就是备课的全部，备音乐课基本是坐在办公桌前靠一本教材和一本教参"纸上弹兵"，实际是一种误区，是"偷工减料"、应付教学的行为。

音乐备课，一般看来"备"在前，"写"在后。是研究在前，分析思考在前（亦应说贯穿备课过程），书写、记录，应融于其中。最后，将所"备"：所行（听、唱、弹、动、创、演、说）、所思（研究思考）归纳、梳理成教案文稿。写教案，是部分备课活动书面化的表现形式，是备课的一个环节而不是全部。教师需要案头写作活动如研读课标，教材、教参等相关资料，研究学情，因此，写教案是把钻研课标、教材，聆听、弹唱音乐等方面的所思所想所得，把教学的目标要求、重点难点、教学过程与方法设计以及搜集到的相关音像资料信息，加以思考、统筹整理并记录下来的过程。作为"备忘录"——供课前参考翻阅，以便把课上好。

---

[1]郑莉.现代音乐教学理论与方法研究.北京:中国文联出版社,2004-09:300.

写（设计）板书。好的板书是一份"微型教案"，是课堂教学内容的深化和浓缩。精心设计板书，恰当运用板书，对发展学生思维、培养学生创造性才能、提升音乐教学效果都会起到不可估量的作用。然而，笔者担忧地看到，传统的"板书"仿佛离我们渐行渐远。笔者认为常态音乐课不能丢弃或忽略板书，因为板书是艺术，是充满创造的，是需要教师花费心血构思、提炼和创新的。要挖掘和体现音乐学科特色，让板书既益于指导学生学习，又以独特的艺术魅力，给学生以美的熏陶，美的启迪和享受。

功夫在"课"外，好的音乐教学如同好的音乐作品一样是艺术，需要音乐教师精心付出进行艺术设计与操作，方能使音乐走进学生们的心灵，发挥其无比的魅力。音乐教师应该走出安静拥挤的综合办公室（目前学校大多按年级将各学科教师集中于一个办公场地进行备课办公），走进适合于音乐备课的专业、专用场地。

让音乐教师的备课真正焕发出生命的活力和魅力，让立体多姿的备课成就精彩鲜活的课堂……

怎样处理"歌曲处理"

"歌曲处理"也说"情感处理""艺术处理"等。"歌曲处理"主要包括歌曲演唱中在技术、情感、艺术等方面的处理。它们之间应该是互为渗透、互相依托，不能分割而谈。但是在传统的唱歌教学中，似乎有着一套"成熟"的教学模式。即：先教歌谱，再教歌词，最后处理表情、情感。这是把"歌曲处理"作为一个独立的环节，固定出现在唱歌课堂或教案中。直到新课程改革若干年之后，有老师仍然沿用着这种模式方法，虽感觉不妥却也找不到合适的解决办法，也许"只缘身在此山中"吧。一次和张艳秋主任在微信上聊到了这个话题，是临山小学音乐组教研活动时老师们提出来的。那么，"歌曲处理"应该在教唱歌曲过程中进行还是在歌曲学会之后进行呢？

一、"歌曲处理"应该贯穿歌曲教学的全过程

吴斌老师说，"不能等技术成熟了、歌曲学会了再进行艺术处理"。

"歌曲处理"，应该从课堂一开始就要确立其审美的目标和标准，而且在唱歌教学中应该贯穿始终。即以整体感知歌曲为基础，从音乐的本体要素入手，以基本的音乐知识、歌唱方法为技术辅助，以音乐审美（用音乐要素来表现音乐）和情感体验为主线，借助歌词意境等启发想象、升华情感，以声情并茂、自然（自信）、有表情（感情）的演唱为追求标准。将歌曲逐步进行熟练、加工、细化和美化，从而使学生演唱和表现得更完整好听，以符合作曲家的创作初衷，也达到课标要求。进而，提高了学生学会用自己的嗓音演唱（演绎）歌曲的兴趣与能力，达到抒发美好心情、愿意以音乐为伴的教育目标。唱歌教学其实说到底要教会学生用自己的嗓音自信、有感情、有美感的歌唱，做到：声音美、情感（表情）美。

唱会一首歌，不等于能够唱好一首歌，而唱好一首歌，需要在"唱会"歌曲的过程中作艺术的、情感的加工和处理。对于学生来说，每一首歌曲的学习都会经历从陌生到熟悉，从不会唱到唱会、唱好的过程。但并不是说，教学中把听唱、识谱、带词演唱等每个环节割裂或孤立起来，而是它们之间需要有一个内在的音乐联系和相互融入。其中，情感的体验和审美的表现是

歌曲教学的核心主线，因为情感是艺术的特质，艺术离开了情感不可能存在，当然，作为情感教育的音乐（歌曲）也不例外，这恰是老师们容易忽略的。

因此，不论初听、初学还是有感情地歌唱、综合表演等等，都需要教师带领学生自始至终、有步骤有方法地将歌曲的知识技能、音乐表现要素、音乐风格、文学意境，以及所要表达的主题思想有机融入教学过程里、渗透在歌曲学习中。

二、"歌曲处理"应尊重音乐本体、挖掘音乐要素

教学中的"歌曲处理"，实际是在学习和掌握歌曲的过程中，教师带领学生从音乐要素入手，挖掘并展现其在音乐中塑造的音乐形象，体会其表现作用和风格特点，体验所表达的情绪情感和思想意境。可以认为，一切的歌唱技术和思想情感都不能脱离歌曲的音乐本体要素而孤立存在。而常态课堂上老师们普遍缺乏音乐表现上的细腻的处理和表达，较多的是概括性的长、短、强、弱、快、慢的处理。

歌曲的"艺术处理"即立足于音乐的表现要素来体验音乐的情感及风格，是在理解基础上的表现，包括对各种力度、速度、节奏（长短）、旋律、装饰音、句法、风格的感受、表现和处理等。因此"歌曲处理"离不开音乐本体要素的理解与学习，尊重并依据音乐本体要素进行歌曲教学，是处理或唱好歌曲的基本途径也是正确的方法与目的。

以人音版小学五年级下册第一课《小鸟小鸟》为例。

《小鸟小鸟》是一首形象鲜明生动、旋律明快活泼的少儿合唱歌曲。八六拍子，结构为不带再现的二段体。在完整感受和聆听学唱歌曲时，教师要带领学生着重感受歌曲节拍特点，同时注意弱起小节的起拍和起唱。具体方法其一，可以教学生划拍子、或以声势、纸杯游戏，慢速练习八六拍，体会其强弱规律和韵律。当熟练之后在弱起节拍处，自然带入演唱（弱唱曲谱或歌词）。其二，体会第一乐段基本相同的节奏型，慢速练习，带入歌词，体会强弱不同力度表现出小鸟欢快地飞来飞去、忽远忽近的生动形象。其三，变化速度演唱使学生对比不同速度给人以不同的音乐形象和情感体验。其四，把两个乐段旋律进行对比演唱，体会节奏和音域的变化，使用不同的声音（音色）来表现又是一种什么样的情感体验。当然，在体会力度、音域、音高并演唱时，自然有必要注意有关基础发声和咬字等方面的技能训练。

三、音乐教师应该重视并加强"以身示范"

古人云"亲其师、听其言、效其行"。音乐教师作为审美施教和传播艺术真善美的使者，其桥梁、媒介和示范、影响作用必不可缺，老师们切不可忽视。

众所周知，歌唱的艺术感染力最终要靠演唱来体现，歌唱者把音符（旋律）和文字符号（歌词）变成声音的过程，是一个艺术再创造的过程，也就是我们常说的"二度创作"。最开始一首歌曲的（诗）词和曲（音乐）只是停留在纸面上（"一度创作"），只有通过歌唱者把它唱活才能使听众充分感受。

唱歌唱情，唱歌、演唱，就是要将词与曲的内容、结构、美感表现出来。美国心理学家和格连说："表情是由音乐的结构要求它具有的，而每一种表情的细微变化的目的只是把那音乐结构中的美感和它的含义解放出来。"

中小学唱歌教学中的"演唱"不同于歌唱家和专业歌唱演员的演唱，区别在于，中小学生处于兴趣爱好（情感态度价值观）、知识技能、审美素养的形成阶段，必须要由音乐教师通过一定的教学情境、手段和方法，示范、引导、教会学生运用自己的嗓音和情感，做到自然、自信而有感情(表情)地演唱。

在优质课上经常看到，教师除了对挖掘和处理作品更加深入细致全面等因素之外，教师的形象、语言、情感、眼神、表情都会做的恰当、得体、富有感染力和表现力。然而在常态课堂上，老师做得却远远不够。教唱歌曲、演唱歌曲，教师应当做到自始至终、始终如一地坚持表情和情感教学。

但是，在常态唱歌教学中，教师关注点往往在一个个环节和内容等程序化的进度进行上，不太注意调动自身情绪，包括表情眼神、语言感染、弹唱示范、思想点拨等，更少有触及歌曲的内涵（音乐）风格及情感思想之要处，不能将自己调整到歌曲要求的最佳状态。换句话说从听、唱、到知识点、难点，节奏、技能练习、相关文化等学习过程中，大多是为唱会而教，为解决知识点而教，为技术而教。总是想方设法地要完成一个个既定内容，而忽略表情、情绪、情感的内外融入、适当展现、有机渗透。只有当进行到"带入歌词""唱会"歌曲之后或在"综合表演"时，教师才会提醒学生"笑起来""注意表情""带着感情唱"。说话间让人感觉老师把自己当作一个旁观者而置于音乐之外……这种所谓的"歌曲处理"的结果是，学生的表情（感情）被动挤出来、做出来的。这样的"情感处理"无情感可言，学生自然无法受感动从而打动人，而且容易引起学生的反感甚至导致学生喜欢音乐却不喜欢上音乐课。

要把歌曲示范得当并且完美演绎，这是需要老师课前备课时下一些功夫的，正所谓"教学相长"。

一是，把握表情要素和情感基调。一首歌曲音乐的主要表现手段就是其表情要素，如：歌曲的力度、速度、音质（音色）等等。每首歌曲都有属于作品本身的一个情感基调，比如教材中每一首歌（乐）曲曲谱的左上方，除了标注有调号、拍号外，还会常常以"欢快活泼的""抒情优美的""风趣地""自由地""诙谐跳跃地""中速""行板"等字样来提示作品应表达的音乐情感。每一位音乐教师都应在看到歌曲的第一时间就能快速领会、准确定位并运用到示范演唱与教学指导中。"先入为主"，榜样的作用，既激发了学生的学习兴趣，也会给学生进一步学习该首歌曲有一个正确的情感领会。

二是，多示范少说教。范唱是教师教学中重要的环节，对于学生来说，"范唱是学习心理的总动员，是教学成败的关键"[①]。日常的音乐课堂上，教师常常只进行了一次或几次范唱，范唱少而且欠缺规范和情绪（表情）美感，更不要说打动人进而引起学生的学习兴趣。这与教师的个性素质、文化修养、歌唱水平等都有直接关系，因此将直接影响到演唱者（学生）对作品的喜爱、理解和表现。

常见范唱的方式有播放标准化范唱（教材配套音响中歌唱家演唱）和教师示范演唱。在教学中既要让学生多听标准化的范唱，也要适时和有美感地进行教师范唱。播放音乐范唱时学生只能听到（音频）或间接看到（视频），但不能替代音乐教师与学生面对面、零距离地亲身示范，以及直观感受的传递，因为，教师正确、有表情的范唱具有特殊重要和不可替代的作用及意义。因此，不论在与学生一同聆听标准化范唱，还是教师亲自示范演唱时，教师都应"和乐而动"，表现出与歌曲的情绪、情感、音乐风格相协调的表情、眼神或肢体"感应"，或者专注投入地"张口默唱"。这种教师发自内心、与音响同步的"音乐反应"是对学生最好的得体又恰当的暗示、启发和带入。

音乐作为情感的艺术，是一种直接的精神体验。从某种程度上讲，情感只可亲身"意会"、不可以间接言传。音乐教学的特点是：在音乐（唱歌）实践活动中进行教育，通过音乐（唱歌）实践活动进行教育。因此，教师仅仅

---

①吴斌.怎样唱会歌、唱好歌、会唱歌——在"全国中小学课堂唱歌教学展示与研讨会"上的总结发言.载.中国音乐教育.2010：第1期.

用语言"说教"出来的情感难免牵强，不足以引人。"言之不足歌咏之"，教师再多的语言都不及让学生亲耳聆听老师标准而美感的示范，引领学生经过聆听、模仿、练习而获得情感的体验，从而实现以美感人、以美育人的目的。

而教师要获得优美动人的示范演唱，必须要在课前备课时做到"动情地歌唱"，只有当教师真正地体验并走进歌曲的情感和意境，被歌曲所蕴含的情感打动后，在教学中才能通过自己的情感去打动学生，示范并引导学生区体验歌曲的情感。[①]

三是，恰当使用钢琴伴奏。《音乐课程标准》（2011年版）指出：教师要引导学生喜爱音乐，加深对音乐的理解，充分挖掘作品所蕴含的音乐美，用自己对音乐的感悟激起学生的情感共鸣；要不断提高音乐教学技能，用自己的歌声、琴声、语言和动作将音乐的美传达给学生……如果把优美的歌声比作鲜花的话，那恰如其分的伴奏就可比作是绿色的叶片。二者交相辉映，形成一个完美的艺术整体。[②]

首先，在引入新课阶段，教师常要用有感情的、有艺术表现力的范唱来启发学生的学习积极性。[③]这时的伴奏形式常常有两种，这两种形式可以有机结合：一种是配套教材的伴奏音乐；一种就是教师用键盘乐器的自弹自唱。

日常音乐课堂上，唱歌教学中必须依赖和充分利用的一个策略手段就是以琴助教、以琴辅学，这里的"琴"主要指键盘乐器如钢琴、电子琴、手风琴等。教师做到自弹自唱、边弹边唱、为学生歌唱进行钢琴即兴伴奏，也是音乐教师必备的课堂教学专业技术和基本功。高质量的钢琴伴奏能够有效地指导歌唱，帮助学生更好地把握音准、节奏、速度等音乐表现要素，调动学生的演唱情绪，在歌曲学习或演唱的过程中起到积极的、激发性的作用。[④]

其次，歌曲学习初期阶段，关注歌曲的重点、难点、技术点、风格点等的预设与弹唱，注重单手弹奏旋律的环节"艺术处理"。教师课前要针对歌曲内容，通过反复听、弹、唱、练，预设好学生演唱时音准、节奏等表现性、技术性可能遇到的难点，重点采用单手弹奏旋律，这样学生听起来更清晰而易于模仿、学唱、唱好，有利于抓住学生的"耳朵"，令其学会"关注聆听"，顺利解决重难点，为更好地深入体验音乐、表达思想情感做好铺垫。

①陈娟.新课程歌唱教学法.重庆:西南师范大学出版社,2014-09:7.

②章联启.音乐教学经验.北京:人民音乐出版社,1996:138.

③陈娟.新课程歌唱教学法.重庆:西南师范大学出版社,2014-09:190.

④章联启.音乐教学经验.北京:人民音乐出版社,1996:138-139.

　　再者，教师在课前做好左手和弦配置弹奏练习准备。配上恰当的和弦音型为学生做好双手完整的钢琴即兴伴奏及示范弹唱。如果说，歌曲初学阶段学唱、视唱旋律时教师采用单旋律的伴奏方法容易使学生清晰记忆旋律、感受音乐形象的话，恰当完美的双手伴奏，则能够更好地烘托歌曲情绪，调动学生演唱激情、把握住音乐风格特点，增强学生对音乐和歌曲的感知能力、审美情趣，也提升歌曲的艺术表现力、提高了音乐学习效果。

教学交流

说、唱、做、表：准教师说课"法宝"

说课，是中小学校教育教学中常规的一项教研活动，也是时下"缝进必考"时常用的一种面试形式。

据笔者观察，"准教师"们的说课，或者教学观念领悟不到位，或者策略方法欠缺实效，其说课多因急于求成而显得避重就轻。另外，一些社培机构也因急功近利而使得教学模式单一，易于造成"千人一面"的现象。因此，音乐说课缺少了应有的"学科美"和"音乐味"，亦难得见到富有创新、充满特色的音乐说课。比如在"唱"的环节上，有唱歌跑调的，有只说不唱的，有明明有着好嗓子却草草唱罢的。笔者还了解到有些准教师误以为说课就是"说"而已，不需要"那么夸张的唱啊、跳啊"等等，他们似乎羞于表现，以为那样"怪不好意思"。那么，怎样才能说出既充满"音乐味"又富有"立体美"的音乐课？从哪些方面入手准备才能打造出接近完美的音乐说课？怎样做到展示自我实力和艺术魅力的同时，也赢得评委及听众的上佳认可。

众所周知，"唱、念、做、打"、"说、学、逗、唱"是京剧演员、相声演员必备的四大功夫。那么，笔者认为课堂上音乐教师也有四大功夫，那就是"唱、弹、讲、演"。而说、唱、做、表，可谓音乐教师在说课中必备的四大"法宝"。"准教师"进行说课前应在这几个方面做好攻略。

一、说课之"说"

相对于"上课"，说课既要说清楚"教什么""用什么方法教""教到什么程度"，更要说清楚"为什么这么教"，即在重点环节上要及时阐述本环节教学的"设计意图"。在说内容、说教材、说学情、说教学目标及重难点、说教法学法、说教学过程以及说板书设计等环节的基础上，重要的是考验说课者"怎样说"，以什么样的理念、姿态和语言、策略来说。

说课要做到"顶天立地"，避免"就课说课"、记"流水账"。所谓"顶天"就是要有高度，有理论支撑；"立地"就是要"接地气"，接音乐（具体作品）之"气"、接学生（教育对象）之"气"。依据《音乐课程标准》理念、紧贴学生认知特点；巧借"他山之石"或教育名言，合理说出"这么说

（教）""这样做（学）"的理论依据与教学意图。要立足于审美育人的发展目标，着眼于学生核心素养的形成；教学过程突出音乐实践、双基落实，注重师生、生生多边互动、探究合作；有机融合与拓展教学内容，展现教育情怀与教师专业，渗透人文关怀与文化传承。

说课应力求"演着"说。说课者不论从外部仪表到内在的精气神，整体状态自始至终应该精神饱满、思路清晰、感情充沛、表达流畅、一气呵成。通过眼神、表情、体态和举手投足间透出协调、自信、阳光，透出自然、真实、美感。"演着"说，应讲究语言表达的技巧和艺术。尽量保持高位置发声，语言流畅、清晰，声音明亮、气息沉厚。语气、语速上要有抑扬顿挫、轻重缓急，语音要柔和亲切、色彩明朗，情感把握张弛有度、恰如其分。说课的语言如果是一个速度、一个语调、一种语气一贯到底，那么这场说课就会像一杯白开水一样变得"无色""无味"。

"演着说"要有层次、有"角色"转换。说课者应能够把握和设计、运用不同的语气、语音和语调，来表现面对"不同对象"时的角色模拟——包括面对评委说的"开场白"；对于正文的介绍；以及在说"教学过程"的过程中，如解决重难点时，教师"面对学生"所展开的"教"与"学"互动场景所使用的语言表述。能够给人以立体、鲜活、生动的"声音画面"代入感，使人如临课堂情境一般。

二、说课之"唱"

马丁·路德说过："音乐是万德胚胎的源泉。不为音乐所动的人，我必定把它比作木石。假使身充教师而不会唱歌，那简直没有为人师的资格"。此言毋庸置疑地告诉我们，会唱歌、唱好歌的重要和必要。作为一名音乐教师，不管是上课或说课都不可忽略了"唱"这个环节以及教师"唱"时的表现。明确在说课中唱什么、唱多少，清楚怎么唱、唱到什么程度。明白为什么要唱到这个程度，以及这样做的审美及育人的目的何在。同时，要尊重音乐，以音乐的本体要素为切入点——基于音乐，在音乐中，来寻找教学方法。著名的语文特级教师于永正曾经说过："我的一切语文教学的方法都是读出来的"。那么也可以说，音乐课堂中的教学方法，应该是从音乐中来——是听出来、唱出来的。因此，准教师要说好音乐课就不可以避重就轻、"绕开"音乐，而应该以音乐为本，对教材中的歌（乐）曲进行广泛地聆听与演唱。

《音乐课程标准》（2011年版）对于义务教育各学段唱歌教学的目标要求为："能自然（自信）地、有表情（感情）地演唱……"。具体对不同风格的音乐作品会有"用优美的、（欢快的、真挚的、抒情的、坚定、雄壮有力地）声音，自信而有感情（表情）地演唱……"如果要求学生通过学习歌曲能够唱好、做到，那么音乐教师就应该做得更好。俗话说"磨刀不误砍柴工"，若有志做一名音乐教师，就应珍惜机会，静下心来努力夯实"教材功"，有计划地熟悉和吃透教材，唱好作品。

唱作品。首先，包括对现行教材不同年级所有作品（歌乐曲）进行完整唱、部分唱、重难点唱、最美乐句唱等等。可以采取听唱、弹唱、演着唱、做中唱等不同方式。其次，在完整听遍、唱遍所有教材音乐的基础上，进一步挖掘、提炼出每首歌乐曲的重难点、知识点、技能点、风格点，并能够正确、美感的范唱，进而确立出解决这些问题的教法、学法。

"演着唱"。由于说课时间有限（10—15分钟），其中的"唱"，大都为简短的一两个乐句、或者更短的几个节拍、节奏、音高，或声音、吐字等示范唱，不同于"专业技能面试"中整首歌的完整展示。但恰恰是短暂的几次片段的"唱"，才凸显其意义重要。要依据歌曲本体要素、尊重词曲作者创作意图，在演唱用声、用气及咬字吐字的策略方法上，注意贴近学生年龄和音乐的风格，将演唱的声音和唱法（美声、民族、流行）进行有机融合、混搭。"演着唱"还要善于用"眼"唱，重视"眼神"的传情达意，唱出感情、唱出滋味、唱出风格、唱出画面（意境），唱出情真意美——唱得感动自己，打动评委。所以笔者认为，准教师对于演唱不仅不能忽略，而且是下多少功夫都不为过的。准教师们要把握好"演唱"这个"点睛"环节，不唱则已，一唱惊人。既充分体现教师对于教材的"熟悉度"，也能恰当展现自身的"专业功"。

三、说课之"做"

说课之"做"，一在于教师主导策略方面"教法"的做，另一方面在于学生主体学习"学法"的做。音乐说课中的"做"，应该重点体现在教法和学法的创新运用及学生指导方面。因为，学法指导是转变教学观念的突破口。我们倡导"做中学、玩中学、学中乐、乐中获"，正是基于音乐本体和学生核心素养的形成，依据"音乐课程标准"理念，借鉴杜威的"在做中学"，以及"三大国际音乐教学法体系"（奥尔夫、柯达伊、达尔克罗兹），解放师生的身、心、灵，做到，变"教"音乐为"玩"音乐。

笔者经过实践总结，运用"'四环节'音乐课堂模式"，来展开和实施教学。即：动中听、做中唱、舞中演、编中创。这四组词对应起来看，听、唱、演、创，是教学中必要的过程性实践与活动内容，同时也清晰地体现了渐进和递增的课堂结构；动、做、舞、编，同样明确地表述出实施教学的过程与方法。这八个字皆为动词，很显然，就是为了引导老师们课堂上的"教"与学生们的"学"，都应该是以"丰富多样"的"动态参与"为主要方式手段。这就需要教师领悟如何"动"、怎样"做"。

举个例子，环节一"动中听"。常见教学中"初听"歌乐曲大多采用安静式聆听，学生动的只是"耳朵"，很容易对音乐充耳不闻。何况此时刚刚响过上课铃声不久，学生们的注意力还没有完全从课间转移进来。"动中听"就是要求老师依据音乐本体要素设计出有趣而又难易适中的"动"，带领学生肢体参与"玩"音乐——边听音乐边做动作，在"动"中感受音乐、体验音乐。当然"动"的方式和音乐密切相关。比较常见常用的是巩固节拍与节奏的游戏、肢体声势律动等等。例如人音版小学四年级下册《我们大家跳起来》一课，首先师生一同并排站立手拉手，练习走"三步舞"：按照左右左-右左右，循序反复几遍之后，播放（或师哼唱）《小步舞曲》旋律（巴赫），边听音乐边走舞步。教师示范并提示学生在"合乐而动""闻乐起舞"的时候，注意三拍子的强弱特点，要在肢体脚步中体现出来，体会其节拍律动的力度变化规律以及肢体的协调美。熟练之后带入歌曲《我们大家跳起来》，边听边做……不知不觉间学生已经进入快乐"跳起来"的学习氛围中。环节二的"做中唱"，应属于学唱、演唱环节。其中的"做"除了可以继续动中听的动、做方式以外，还包括挥拍子、划旋律线、科尔文手势等等。目的就是为了打破机械单一的"教唱"，解放学生的肢体、释放情感，并协调融入音乐中。加深知识与技能融入实践的音乐体验，放飞音乐想象，提高了学生参与音乐的兴趣和有效性，进而优化了课堂效果，落实了做中学、学中乐、乐中获，最终较好的达成教学目标。

说课之"做"，在基于先进理念、模式之下，考验着教师综合的思想素养与方法技能。同时，也考验着作为音乐教师，在引领学生做动作、玩律动、跳舞蹈、挥拍子（指挥）等方面的专业示范力和表现力。本着要么不做、要做就要做好的原则，力求稳、准、美，注意恰到好处，不刻意做作、无炫技之嫌。

四、说课之"表"

"表"，即表达、表现、表演。是对前面"说""唱""做"的要求，也是对其进一步的升华。

　　众所周知，音乐是情感的、表演的艺术，音乐教育是情感的教育，属于审美育人的范畴。义务教育阶段《音乐课程标准》（2011年版）三维目标（情感态度与价值观、过程与方法、知识与技能）中，把"情感态度与价值观"放在首维（位），这也是音乐有别于他科的显著特征这是其一；其二还体现在，音乐说课必然要融入或唱、或跳、律动、指挥等等音乐专业技能活动，所以教师要做到有说有唱、边说边唱，犹如演员在舞台上表演，其眼神表情、举手投足，都会给人留下深刻的印象。教师要调动其肢体、面部、眼神、心灵、情感，全情投入、适度张扬音乐，展示专业素质；专注地表演——演着唱、演着说、演着做。总之，在笔者看来，说课其实就是一场"表演"，一次生动而富有感染力的"演讲"，一场自编、自导、自演的"独角戏"，一次有备而来、"自圆其说"的完美"自辩"。因此，说课者应该力求通过这场"一个人的演出"来张扬音乐艺术之魅，彰显音乐教师之美。

　　最后，音乐说课还应在说、唱、做、表的基础上，关注创新。"千人一面"的说课欠缺创新、没有亮点，也无美感。准教师们可以从下面两个创新点上加以参考。

　　首先，"唱"课题。例如，"开场白"自报课题时，一般说课者都会以语言介绍"我要说的课题是……"。那么这里如果以"说+唱"的形式，效果就会大不相同。这样既突出了学科特色，也直接显现出说课者的专业技能、唱功水平，同时也给人留下了深刻印象。当然，唱要短而精，点到为止。要不唱则已，要唱就唱得令人舒服、美感，力求"一唱惊人"。

　　其次，"画"板书。"板书设计"，虽然是说课中的最后一个环节，但也需要精心设计，"画"出新意。板书课题可以融入简笔画，板书内容应注意提纲挈领，力求图、文、谱并茂，板书整体结构运用"知识树"、或以"中国结""红灯笼"等图样勾勒而出。值得注意的是，乐谱的书写要规范、整洁、不潦草，亦不可出现书写有知识性错误。

　　有人说，教师是真的种子、善的信使、美的旗帜。笔者认为，作为未来一名合格的音乐教师，应当明确认识到"突出音乐审美"在说课中的价值作用，认识到"熟悉教材""唱好作品"在教学中的重要意义；深刻领悟到音乐作为人类文化传承和创新的学科魅力；清晰地意识到在"音乐"与"学生"之间，音乐教师担当的是传播艺术真、善、美和爱的"使者"，是一道生动而又鲜活的艺术美的"媒介"和"桥梁"。说课要追求真、善、美，追求真情真意、至善至美。"美"是前提，美是标准，美是过程，美是结果，美也是目的。

　　音乐说课，不仅仅是单纯地"说"，不能"犹抱琵琶半遮面"、不可"欲说还羞"。音乐说课要"顶天立地"，既要有理论的高度、先进的策略，又要贴合音乐、走进学生。有机融入教师示范式的唱、念、做、表，适当展示自身专业素质，适度张扬音乐学科的艺术魅力，适时彰显音乐教师的个性风采。这不仅是音乐教师课堂上必要的基本功，而且也是音乐说课面试中必备的综合素养。

　　（本文发表于《中国音乐教育》，2020年第6期，总第312期。）

作者生活照（摄于2018年8月 无锡）

第三章　教研思辨

　　教研工作要清楚本学科在整个基础教育课程体系中的位置，以及与其他学科的联系，清楚课程执行过程中存在问题的深层原因，才可能正确引导课程与教学朝着国家所期望的方向迈进。

　　教学、教研，是一对相互依存、相映生辉的姊妹花，离开了"教"，则"研"之空洞无物；离开了"研"，"教"只会是日复一日地重复着的廉价和低效劳动。这道理既适用于老师亦适用于教研员。对于教研员来说，离开了广大一线教师及其鲜活的课堂，那么教研员的"教学研究"也如同"无本之木"。所以，一名合格的音乐教研员应该不仅能够站得讲台、上得平台、演得舞台，而且能够站起来工作、坐下来写作，能虚心向教师学习、向课堂学习，善于研究课堂和教学，通过理念引领、创新实践、示范教学、指导教师和服务教师，与教师平等互助、使教师在课堂内外、与学生一起快乐且快速成长。

　　教研员始终要感谢教师，感谢师生共同营造的多彩课堂（艺术实践活动）。是教师和学生的课堂教学实践激励教研员进行探索研究，为教研提供了丰富的想象与思考，碰撞出灵感与创造的火花。

　　做教研的过程也是教研员成长的过程。这些年里，几乎我所有的随笔和思考都来自于教研活动，来自师生构成的课堂、讲台、舞台。所以，当教研走进了村小，我才有了"教研之忧"；当组织、参与、亲历了无数次大大小小的教研活动，面对种种音乐教学与教研中的喜与忧，才让我发出了"教研之思""教研之辨"；面对课程改革进程中学校美育所处的尴尬与困惑、看到应试教育与素质教育明与暗的"较量"，基于"守土有责"之初心，于是迈出了一步步"践行"之履，形成了"教研之探"。

　　教研之美，美在"鱼水"之情、美在"牵手"之间——牵理念、课程和学科之"美"，执教师、学生和音乐之"手"，与师生共成长！

第一节　教研之忧

走进村小

在农村小学，一名教师身兼多职、执教多科教学早已是普遍现象。

目前，音乐专业毕业的教师在村小被"改行"教语文、数学的很常见。同样，有些语文、数学、常识、英语学科老师非音乐专业、非专职的也不在少数，所以专业、专职又专用的音乐教师更是少之又少。因此，每次我听到的大多是兼职教师上的"音乐课"。这也正是本次活动想要了解和观察的目的。走进村小课堂，才能真正了解和掌握农村小学的音乐教学和师资状况，才能认识、走近老师们，倾听乡村教师和学生娃的生活、声音。

不知从什么时候起，"村小"的名字便和"临时代课教师"、教师年龄老化、人员流动变化大、教学条件落后、教学质量低下等词语一起被人们下意识地联系在了一起。在当前，农村学校其不论办学规模、经济条件、场地设施以及教师和学生资源等多方面，都与城区存在着明显的差别，甚至，有些差别越来越大，令人担忧。

2013年新春伊始，按照区教研室工作部署，音体美学科主任率领小学部教研小分队，奔赴各镇街小学以及区直小学开始展开新一轮课堂调研活动。近几年区教研室小学调研工作深入到最基层农村小学，使我们有机会走进村小，进一步了解村小，帮助村小。

目前中国，似乎"国情"决定着教育的发展状况。西部等欠发达地区教育与中国东部发达地区发展不平衡暂且不说，连素以"教育强省"著称的山东——进一步说，我们这个早已"享誉在外"的"教育强区"——薛城，单说农村小学师资紧缺这一项，就充分体暴露出城乡之差异，而且愈加凸显，令人担忧！

以音乐教师为例。全区60余所村小分布于九个镇街（现为十个），专业、专职又专用的音乐教师大约不到20人，平均每校配专职一人的话，还有40余所村小没有音乐教师。那么课程改革十余年来，所谓"课程实施水平检测"中，关于"开齐、开足、开好""音体美"等"小少"学科该怎样落实呢？于是出现了一个名词、一类群体——"兼职教师"。

大部分（大约70%—80%）村小教师主要包括这么几种人员：大专院校毕业分配的正式教师（很少，即使有也是镇中学里"公派"下来的）；民师（已经"转正"的"民办教师"）；"临时代课"教师。临时代课教师中有两部分：一是新近就业的年轻代课老师；再就是当年没有赶上"转正"的老"民办教师"。值得一提的是"临时代课教师"的工资全区平均不过千元，有的低至六七百元。然而他们至今仍然不离不舍，坚守在村小课堂……

"一花一世界，一树一菩提"。在我的眼里，乡村里一座座小学校如夜空中依稀闪烁的星星，散落在广袤大地的胸怀之中；又如大海里熠熠发光的珍珠镶嵌在碧绿无垠的村野之上。

村小是乡村孩子们开启人生的学园、乐园，是乡村传播文化文明之光的"发源地"。走进乡村校园，走进这块散发着泥土清香、充满热情与梦想的土地，走近守望在这里三尺讲台的淳厚而质朴的乡村教师，看到他们为托起农村娃娃美好明天而默默守望的身影，倾尽所能和孩子们课堂上"玩音乐"的快乐情景。聆听着一堂堂"兼职教师"带来的并不专业或不成熟，甚至偶有"出错"的"音乐课"，他们中有的年逾半百，有的"半路出家"，或总务主任、教导主任、或语、数、英兼职……我的心被一次次撞击着、感动着，同时也被鞭策着、鼓舞着，久久回味，不能平静。

在春寒料峭的三月里，每天，我与同事们披着朝霞，踏着晨露，穿行于一条条乡间小道上，走进一座座清新可爱的村小校园，开始了一天"望、闻、问、切"的教研工作。每天，带着期盼和希冀出发，又带着欣喜或忧虑回来。

回顾所见所闻、所思所感，许多感慨，心中仿佛有一个声音催促着我，要把每天收获眼底、心里的美丽和感动记录下来，加以"言表"。尽管会有言之不足、表之不尽，但期望通过与大家分享，期冀更多的有识之士关注村小，走进村小，关爱乡村"兼职教师"，关爱农村孩子的艺术素养和美育教育！

莫让村小美育"边缘化"

农村小学严重缺少专业艺术教师，是长期以来一直困扰我区城乡教育均衡发展的一大难题。农村专业教师的稀缺直接影响了学生的综合素质，也影响着广大农村学校美育育人质量。时代在进步，教育形势大发展，而村小现状不容乐观。据不完全统计，随着农村城镇化建设的进程加快，30%—40%的农村孩子已经转到了城区或城乡接合部学校就读。某种程度上看，一部分村小、教学点逐步在"萎缩"：学生少了，班额小了；教室"大"了，学校空旷了；老师少了，而且面临老、弱、病、退……通过每学年深入村小参加音乐教学调研活动，笔者忧心地看到，农村小学专业师资缺乏仍然普遍存在，并有日趋严重之势。

教师多为"兼职"

我区农村小学音乐教师专业、专职、专用者少。2013年底，十个镇（街）60余所村小（含中心小学），专职音乐教师不到20人，绝大多数的学校缺少专职专业音乐教师，甚至个别镇街小学专职音乐教师为"零"。

村小担任音乐课教学的教师，多为"兼职"，其中非音乐教育专业毕业的居多。人员流动性大。绝大多数为他科教师或者学校干部兼任音乐课，其中包括语文、数学、常识、英语等。其中相当一部分为班主任兼职，学校干部有校长、教导主任、总务主任兼职等等。一些学校的兼职教师面临退休，年龄偏大，学历偏低，身体状况偏弱；临时代课教师的工资偏少。

教学技能不规范

主要表现在音乐基础低弱，总体讲，兼职教师们有热情，有良好的育人态度，想教好孩子们。他们爱好音乐，喜欢唱歌。但由于没有受过专业音乐教育，大部分老师音乐基础知识、基本技能薄弱；音乐基本技能欠缺；不了解音乐学科教育理论；不懂得音乐教学法，不会上音乐课。教学技能薄弱，教学方式方法机械和单一，教学内容安排随意性较大（有的老师仅仅教课本上自己会唱的几首歌曲）尤其到了中高年级，音乐知识技能无法深入，牵扯到音乐本体的知识要素不敢教（怕教错）、也不会教，导致音乐课堂质量及效果偏低；相关音乐活动及拓展实践无法开展。

教具器材使用率低

在"四项工程"配备中，有一部分镇街的学校音乐器材配备较好，器材、场地齐全，但是教师不会用、不善用、甚至搁置不用。致使大部分乐器器材如：电钢琴、电子琴、手风琴、管乐器、打击乐器，甚至包括教参、课标、课本在内等教具学具，只能摆在桌上或橱窗里——"束之高阁"，无人问津，因而造成了资源浪费。另有一部分镇街小学音乐教具器材单一、陈旧、残缺不全（如打击乐器），不能与课程教材同步配套。通过每学期学生的"音乐素质检测"活动，同样反馈出一系列教学问题：教师不常用、不会用、不善于使用课堂乐器，包括教学用书的使用率普遍较低。

另外，个别学校有场地、且有上好的一套乐器但疏于管理，乐器摆放一片狼藉。这种乐器管理不善也是一种资源浪费！

师资整体分布不均

专业专职音乐教师大都集中于城乡接合部、城区中小学校。不论刚刚毕业的准教师或资深教师大都不愿"远赴"农村；为数不多的"考选者"分配到镇街学校后，想尽办法挤进城；也有的取得一定成绩后不甘愿在教学一线"吃苦受累"，干脆找关系"换换地方"，宁可在学校后勤谋个"闲职"，图享"清静"。因此城里学校音乐教师过剩、而乡村音乐教师严重不足的现象已不足为奇。

学科认同度低

艺体教师量化缺少合理制度，轻视和应付现象普遍，一部分班主任和一部分学校干部兼职音乐教学，几乎"形同虚设"。尤其班主任或担任多科教学的兼职教师，由于精力时间有限，再有兼职教师中一部分"老、弱、病、闲"者，即便是学校安排其专职教音乐，"力不从心"者有之；认为"可有可无"有之；甚至少数"来去自由"，课表名义上排课实则从不进教室者亦有之……

实际上，农村80%的小学音乐课无法做到"开齐、开足"，当然更难以"开好"。相当一部分农村孩子，对于音乐课的喜爱与盼望只能是一个奢侈的愿望。

综上分析，村小难以达到按照课程标准的理念要求以及音乐学科规律、学生认知特点正常落实与展开较为系统和规范的音乐教学，音乐开课率低，师资水平等等状况直接造成音乐教学开展的低质、低量、低效，学生真正享受音乐快乐与幸福指数可想而知。

针对以上问题，笔者提出以下相关建议，以期能够逐步缓解和改变农村村小的音乐教育现状。

首先，呼吁政府行政部门，制定相关政策予以关注和倾斜

经费上予以帮助和扶持，借助校级、镇级、区级乃至市级，展开多级联合教研，在业务上加强培训扶植。同时，还应充分发挥镇中心小学、校长、教育办等带头引领作用。

其次，镇街教育办制定切实有效的"音体美教师评价与量化标准"

公平考量。使全镇艺体教师在相对公平和独立的评价措施激励下，积极而努力参与教学工作。鼓励教师自愿报名到村小"包级""送教"，对这部分教师的工作及表现要纳入"评先树优"等量化考核活动中，并且"同等条件"优先对待。有了合理的制度及有效措施的激励，能较好地激发教师们积极参与，并使之形成良性循环。

其三，各镇街"中心小学"要起到"中心辐射"和示范带头作用

各镇街都有一所"中心小学"，是全镇小学的示范与龙头，在各项教育教学中都应走在全镇前头，起到"中心辐射"和示范带头作用。采用"手拉手"等教学互助、学科送教活动要持续化、常态化。邹坞中心小学几年前所进行的"音乐走教"活动，还有临城实验小学与张范中心校的"手拉手"教学互助共同体，都为全区树立了榜样和示范引领作用。

其四，国家课程规定中小学音乐是义务教育阶段必修课

每周应安排2—3节。因此村小校长们应努力让农村娃娃和城里孩子一样享受全面的学校教育，要关注农村娃娃的和重视音乐等美育课程的开设。一、二年级学生每周不少于2节音乐课，三至六年级学生每周不少于1—2节音乐课。即使师资能力和水平不足，也至少让孩子跟着录音机听听音乐、唱唱歌。此外，每天晨操、课间操应循环播放教材中古今中外的经典音乐作品，丰富与开拓孩子们的音乐视野。

其五，有了课程安排，还需要师资的配备

这也正是校长们忧虑和为难之处，所以我们需要因地制宜，创造条件，为孩子们设立专职音乐教师哪怕是没有经过音乐专业学校教育的。尽可能选用有些基础或特长的年轻教师，专门担任全校音乐课。逐步取消语数等兼职、班主任兼职、学校干部兼职。一方面保证音乐课程正常开课，另一方面有利

于开展各级学科培训及集体教研等活动。

最后，重视起始年级的师资与教学

我们都知道中国一句古语说"三岁看大，七岁至老"。这足以说明在每个孩子的"人之初"阶段，尤其小学一、二年级，是小学阶段乃至整个义务教育阶段的"基础之基石"。

村小虽小，担负的教育使命和责任不小。村小担负着义务教育阶段重要的教育教学任务。作为农村孩子"人之初"的启蒙之地，村小曾经走出无数个寒窗苦读的贫家学子，也曾走出许多位歌如"百灵"的艺术大家。当我们的乡村孩子带着艺术与审美的缺失和强烈自卑感走向大学、走向城市、走向社会时，我们的教育是不是应该给他们一个道歉！[①]为了教育真正和谐均衡发展，为了农村学校教育质量的提升，为了农村娃娃也能与区直学校儿童一样获得全面、健康、快乐地成长，普享艺术教育的阳光。请，走进村小！

走进村小，认识、了解村小，知道村小是什么？村小怎么样？村小缺少什么？村小需要什么？

走进村小，才能面对基层农村义务教育现状和农村娃娃的成长，不能不产生一种特别的情感、不能不负起一种特别的责任！一心想着孩子，想着农村孩子的未来；一切为了孩子，为了农村孩子未来的幸福。相信每一位拥有博爱之心的教育者，都会向孩子们张开大爱的臂膀，倾尽自己的智慧与力量！我们有理由相信，一切困难和问题都是暂时的。在上上下下一起努力中，逐步都将一一克服，实现真正的"城乡无距离"便指日可待。那时的教育，才是适合的教育！那时的中国，才真正的强大、真正的富强、真正的美好！

莫让农村音乐教育边缘化，莫让农村孩子的人生被教美育"边缘化"！

[①] 郭声健.这是我职业生涯中最看重、最用心、最投入的事情,"音为有爱"微信公众号,(2020-05-21).

第二节　教研之思

教研之美

2012年2月10日，立春之际，迎来今冬最寒冷的时候。此时，全省各地各基层（省、市、区、镇街）所有学科教研员们汇聚于网络平台，开始了为期六天紧张的远程研修学习活动。天气寒冷但心里火热，因为，大家感到学有所获，乐在其中，美在其中。世间万物，皆因其自身美的规律而存在着。普通人如此，被尊称为"人类灵魂工程师"的老师如此，同时作为"教师中的首席"——教研员亦如此。在笔者看来，教研员工作有"四美"。

角色之美

教研员职业是教育领域中一个特殊的职业，教研员是学校教育教学工作中一个特殊的群体，教研员在我国基础教育的发展过程中无疑是一股中坚力量，尤其是在新课程改革中，各级教研机构和教研员在课堂教学的研究与改进中都起着不可忽视的作用。新时期赋予教研员角色新的转变：从传统、被动、单一，走向现代、立体、多元。

心态之美

教研生活，拒绝浮躁与倦怠之心，认真做事，低调做人，淡泊名利与得失。享受生活与工作带来的乐趣，寻找工作中的幸福点，始终保持良好的心态，保持适度的幸福感。在反思中生活，在反思中工作，在"比较"中胜出——比出快乐，比出幸福，比出方向。在阅读中涵养自己，感染身边的人。在感恩之中享受工作、生活，享受幸福。在热情与奉献中享受教研人生。

有"度"之美

从教师专业化看教研员工作转型，由"重教材"到"重课程"；由"重教学"到"重教育"；由"重考试"到"重反馈"；由"重评比"到"重示范"；由"重管理"到"重服务"。孰轻孰重，在素质教育的理念与行为之下，需要我们用心、用"度"把握分寸：仰望星空是大气，有"高度"之美；脚踏实地是务实，有"角度"之美；"目中有人"，心中有爱，是"温度"之美；锐意开拓、大胆创新有"力度"之美；严谨细致、雷厉风行有"速度"之美。

践行之美

教研、教研，教与研是一对相映生辉的姊妹花，离开了"教"，则"研"之空洞无物；离开了"研"，那么"教"只会是日复一日地重复着的廉价（低效）劳动。教研员应该站得讲台、上得平台，站起来工作、坐下来写作。教研员应该善于学习与研究，示范、指导、服务教学，即使不能成为百世之师、大师和名师，但要努力培养和造就大师、名师。教研员应该始终掌握先进的教育思想理念，指导并努力实施教育实验和实践，做新时代快乐而时尚的践行者。

教研之美，美在学习中兑变，美在华丽中转身。

美在"牵手"之间——牵理念、课标和学科之"美"，执教师、学生、音乐之"手"，与师生共成长！

教研之真

今天，与大家一起通过视频聆听和学习了著名教研专家徐淀芳所做的专题报告，题目是《教研员专业素养与研究范式转型》。以上海教研室坚持持续20余年的教育改革与教研行动所取得的发展成就作为经验，主要介绍了教研室的职能定位与工作任务，教研员的角色转换与专业素养，教研工作与研究范式的转型三部分内容。

围绕"教研员的角色转换与专业素养"这一内容，笔者想谈一点粗浅的感想：教研员应求真。

示范引领求真

教研员大都是从课堂走出的，是学校选拔出来的优秀教师，具有一定理论修养和教学经验，可以说是"阅课无数"。在学科教师们面前，是教研活动的"主讲人"，可谓"一朵红花"，赢得广大教师的尊重和信赖。然而，课程改革实施以来，教研员和老师们一样被推到了同一"起跑线"面前，教研员顿时失去了"话语权"，因为教研员们离课堂、离师生愈来愈远——"讲理论比不过大学教授，论实践又不如一线教师"，"主讲人"变成了"召集人"。因此新时期呼唤教研员放下身段，敢于走进课堂，立足课堂，站稳讲台，基于课程标准，依据学科课程价值、目标与理念正确引导，带头示范。

与师生交往求真

从一线教师到教研员，教育工作由"点"到了"面"，但注定，教研员工作必须要面对广大的学科老师和中小学生。每一次下学校听课调研时候，都应怀着一颗火热而真诚的心，希望多一些时间跟孩子们在一起"玩课"，给孩子们、也给自己带来快乐、灵感和丰盈。多和专、兼职老师们在一起聊聊工作与生活，一起切磋、磨课，了解他们所感、所想与所困、所惑。因此，常常会因为他们的故事而感动不已，也为自己作为教研员，能为他们起到有所拨悟和促动鼓舞的作用而释然，这是真心爱心的播撒、真情至诚的流露。

如果说，教师是"真的种子、善的信使、美的旗帜"，那么，教研员呢？

音乐点亮智慧　歌声陪伴成长

—— "枣庄市中小学生校园歌手大赛"有感

2012年5月9日和10日两天，由市教育局体卫艺科主办、枣庄市实验学校承办了首届 "枣庄市中小学生校园歌手大赛"。这次活动大约1300名中小学生参加了比赛，来自全市90多个学校、组成了197个节目。大赛分为合唱（30人）、重唱（5—6人）和独唱三种演唱形式，包括了美声、民族、通俗以及童声唱法（不限唱法）。大赛按学段分成小学甲、小学乙、初中和高中组，以及小学和中学合唱组。

陶醉，"穿越"在音乐的时空里

音乐,是人生最大的快乐。作为评委，也是一名学习者，笔者有幸亲历了比赛全程（两整天加一个晚上）耳闻目睹了我市中小学生集聚一堂，演绎着近200首风格各异的中外优秀声乐作品。如果说对于一个不热爱音乐、不喜爱唱歌的人，或许把他放在这个整日被音响与歌声环绕的大厅里，那他将会感到是一件特痛苦的事儿。而对于我来说，确是一件幸福快乐的事儿。每当耳边响起或悠扬、或欢快、或抒情、或昂扬或悲伤的音符旋律时，我的心随着音符的跳动与变换而浮想联翩。一首首歌儿，支支曲儿，向我们展开了一幅幅流动的画卷，再现了一个个与众不同的故事场景或人物史实。歌声表达着生活的喜怒哀乐，歌声演绎着生命之悲欢离合。每当音乐响起，我的心灵悸动，思绪飞扬，徜徉并陶醉于歌声的海洋里……

飞翔，乘着歌声的翅膀

音乐是生活中的一股清泉，音乐是陶冶人性情的熔炉（冼星海）。这是一个小小平台，却给学生们开拓了一个 "大舞台"。他们在这里展示自我，收获成长。

一首歌曲，从旋律的完整记忆到歌词的熟记和理解；从发声方法的正确运用到演唱的艺术处理；从歌曲整体的结构布局到情绪情感的细致表现；从对作品的（作曲家）风格把握到演唱者的个性风采（展示）……对于处在儿童青少年阶段的中小学生来说，这是一个抽象、艰辛而复杂的过程。因此，无论演唱的"成"与"败"，无论歌声的"对"与"错"，也无论结果的"好"与"坏"。重要的是，孩子们在投入比赛的过程中获得了音乐给予的美好体验；在参与比赛的过程中获得了大气成熟与自信；在歌曲演绎的过程中获得心灵的荡涤与情感（思想）的升华。真正的艺术陶情养性，润物无声，孕育成长无限。相信在未来的日子里，我们的学生将乘着歌声的翅膀，越飞越高！

提升，做音乐的思想者

本次比赛让我们欣喜地看到，我市音乐（声乐）人才辈出，作为音乐教师，我们感到责任在肩，任重道远。透过大赛及中小学生的演唱，也出现了一些声乐教学问题，在这里谈几点思考与建议。

首先，作品的选择

选歌很重要，适合的才是最好的。

题材内容适合。选择内容积极向上、符合中小学生演唱特点的校园歌曲及优秀中外艺术歌曲、影视歌曲。比赛中绝大多数歌曲的选择都比较适合孩子们演唱。也有几个别曲目则不太合适于小学生演唱，如《葬花吟》等。

难易程度适合。有的小歌手所选歌曲的难度过大，高音难以流畅自如地驾驭，暴露出歌唱中气息、位置及其方法的不足；相反，有的曲目选择偏小，使得歌手的演唱实力与声音的潜力得不到更好地展示和发挥。

其二，歌曲的演唱

一要入情入境。理想的演唱应该是，当歌手走到台上，把自己完全展示在观众面前的一刹那到音乐响起时候，就要心中有所想，目中有视像（寻找视线远处最佳"点"）。让自己尽快进入"角色"，要做到：唱什么，想什么，想着唱；唱什么，看什么，眼中有"神"，还要"目中无人"。

二要音容松通。歌声里有音乐才会有感情，歌声里有感情才会打动人。有的歌手一开始就表情绷紧，或面无表情或不知所措，或在等前奏音乐，等到音乐的前奏结束该唱第一句歌词的时候，才会音容顿开，给人感觉前后极不协调也不自然。

三要关注"三唱"。笑着唱：让嘴角上扬、面部肌肉自然放松，保持声音的自然美感，易达到声音的最佳效果。吸着唱：让气管这个"大马路"保持畅通无阻，开足马力，才会容易找到声音的最佳状态与位置。听着唱：边听边唱，听好伴奏音乐，跟好音乐节奏、和好音乐节拍；做到从歌曲第一个音符"唱"到歌曲最后一个音符，当最后一个音符"落地"，才把目光与声音动作收回，让自己回到"常态"中（谢幕）；注意上下舞台：举止动作大方得体，自然美观。不仅声音美，而且形象气质、仪表风度都应给观众留下赏心悦目、趋近完美的好印象。

其三，合唱的理念

要求把握合唱里"没有我""只有我们"。

一要声音集中而统一。合唱讲究声音的共性统一而非突出个性色彩，即因而要求合唱队员始终保持集中而统一的"轻声高位"进行演唱（有的合唱队一出声便是"炸"而"尖"的"喊唱"）。教师在指导合唱训练时，一定要避免学生用"大白嗓"盲目"喊唱"，力求达到"柔"而"美"的歌唱。

二要声部均衡且清晰。区分合唱与齐唱的概念，因为目前仍然有少数学校的合唱演唱还停留在单旋律齐唱上。把握声部音乐的旋律特点，根据学生声音的感受力与承受力，合理分配不同声部，运用示范法、比较法、"照镜子"等科学、有效地展开训练。

三要重视头声训练。不论是面对童声合唱还是正值变声期的中学生，或是成人合唱队员，指导教师都应重视合唱中气息、共鸣、声区统一等训练，强化学生建立头腔共鸣及声音位置的概念及方法。

最后，服装的选择、设计、话筒（道具）的运用、台风、舞台调度等。都需要教师用心设计、并对学生加强训练。

总之，本次大赛起到了增进交流、相互学习、共同提高的活动目的。

感谢所有参赛的中小学生，是你们的精诚努力为们大家带来异彩纷呈的音乐盛宴和美的享受。感谢指导教师，辛勤付出才有学生们不断地进步与成长！感谢市局体卫艺科的主办与枣庄市实验学校承办，为广大中小学生提供了一个展示锻炼成长的舞台。

让音乐点亮智慧，让歌声陪伴成长！

一次备课的"革命"

在新课程改革即将走过第十年的征途上，全区展开并打造"高效课堂"模式也已经走过了三年多的时间。为提高课堂教学效率，引领教师专业发展，2011年采取"走出去"观摩学习、"请进来"专家指导等方式，推开区域教师全员培训"研课标、说教材"即"三说一看"活动。三说，说课标、说教材、说建议；一看，看知识树。通过"教师素养大赛""大教研"等活动，进一步推进"研课标、说教材"活动。

2012年早春伊始，开学之初，全区中小学校即迅速掀起了第二轮全员练兵、研说教材活动，拉开了我区"常规教学创新年"的序幕。

整体上看，各学校参与范围之广，重视程度之高，教师投入之深，活动效果之大都是前所未有的。应该说，每一位参与教师第一次对课标与教材进行如此大投入、全方位、多角度、深层次的挖掘、分析与解读。真可谓课程改革以来，一次对于新课程标准和新教材深刻而有意义的备课的"革命"。

2月23日和24日，中小学音乐学科分别在二十九中与北小举行了"研课标、说教材"活动。本人全程聆听、欣赏了初中和小学共18位音乐教师的精彩研说和展示，目睹和亲历老师们为我们呈现了一番"别样的风采"，而感到由衷高兴与自豪，如果用一个字来概括这次活动的话，那就是美！

精神气质美

态度端正、沉稳自信，语言流畅、举止大方，基本脱稿。他们的自信来自于对工作持有的热情认真及积极平和的心态。来自于精心、尽心、全心地投入和准备，因此上得台来给大家亮出的是老师们的"精""气""神"。此次活动中，老、中、青音乐教师同台演（研）说，风格各具、异彩纷呈。

结构内容美

"三说"，即说课程标准总目标、学段目标；说教材；说建议。"三说"内容及时间安排合理，层次结构调理清晰，重点突出，有学科创意理念，有校本开发与研究意识。

图文声音美

"三说一看"中,当然离不开"看"和"听"。"看"老师们的知识树的绘制:树干、枝、叶、苞的比例协调、色彩悦目;看首页版面内容充实合理、视觉效果大气美观,看课件制作精致、操作娴熟;看老师的面容得体、表情有"温度"。"听"演讲者的声音赏心悦耳,闭目闻之如花香沁人心脾,侧耳聆听如沐浴柳絮春风;听背景音乐伴着演讲声缓缓流动,时断时续,时进时出,烘托恰切。

学科特色美

毋庸置疑,不论是备课、上课、说课,还是当前的"研课标、说教材",音乐艺术学科都始终突出和贯穿音乐独有的风格及特色。尤其对于说课、说教材,亦应当在适当时候,恰切有度地以"音乐"的方式表现一下,给人艺术地"一撇儿"。如针对教材作品某一节奏或乐句片断唱一唱、动一动、挥一挥、拍一拍等;课件中节奏、乐谱、图形谱等等也有适当而美感的展示。

活动现场,我听到很多参赛老师讲完之后如释重负地说,"好几宿没有睡好觉了,每天连做梦都是说教材的事呢";有的说,"接到通知只有一天多的时间了,怎么办?紧咬牙一跺脚——背吧";有的自豪地告诉我说她"终于学会做课件了";有的说"原来知识树是这么一回事,有了它,整个学段都会清晰于胸中";有的说,"从来没有像这样把整个学段的音乐书翻了几个遍";也有老师不解地说,"上一次参加了怎么这一次又抽到了呢"。

对于老师们的努力付出和别样风采的展示,我真诚地说一句谢谢!对于还有一点儿"郁闷之情"的老师,心态要平和,活动来了则要安之行之,积极调整工作状态,迎而接之,知难而上。凡事你不做当然没什么,如果要做就要尽心尽力做好它,莫要退而抱怨,消极应付。毕竟一分耕耘一分收获,一切努力,都会首先在自己的身上显现成果,感受自身点滴的进步与成长!

为期一周的"研课标、说教材"活动已经落下帷幕,相信这只是奏响了"备课革命"的一个序曲,相信所有参与的老师们追求的不仅仅是成绩结果,获益匪浅的更多来自于过程的参与和磨砺,相信我们的备课和课堂教学会更上一层楼,我们的音乐教育教育会有一个质的提升。

正是,教师应当善于从"当局者迷"中"跳"出来。学会退后一步,则心旷眼阔;站高一层,则通览课标教材;学会下沉一点,理清"标""本"关系,达到精准把握理念,真正达到"用教材教"的大气之境和魅力之美。

"展演"带来的感动与思考

薛城区教育局第六届体育艺术节展演活动于2012年6月1日落下了帷幕。

回顾整个艺术节从发动到验收再到展演成功，总共历时近两个月，参与学生近两千人。现场演出历时近3个小时，取得了精彩的效果，获得了领导及观众们一致的赞扬和好评。大家被舞台背景缤纷多姿、富于动感变换的LED声光色影所吸引，更被孩子们一招一式、各具神采的艺术表演所感染。不知不觉中，孩子们的精彩表演，让大家仿佛回到了童年时代，出席领导、全场观众们似乎忘记了时间，全程全神贯注观看，直到演出结束并热情与演员们合影留念……极大鼓舞了台上台下老师同学们的热情与自信，激励每个节目的表演更加投入、高涨。

展演活动结束以后，本想放松一下这一段时间疲惫而紧张的身心。但也许是太多的投入与感动，眼前不时地"回放"展演或验收时的场景片断，有时走在路上也会不自觉地哼唱出某个旋律……孩子们的歌声、琴声，他们可爱的面庞、动人的舞姿、感人的表演。一声声、一幕幕不时萦绕耳畔，浮现于脑海，真的是"余音绕梁"，不绝于耳！

拿起笔来，凝神、回望、梳理，记下这心灵的感动，记录这精彩的瞬间，记住这和谐的乐章！对于笔者来说，又恰是一次幸福的"穿越"与"神游"！

感动来自参与验收活动的过程中

师生积极投入艺术节活动，教师们用勤劳、智慧和对艺术教育的执着精神，辛苦、奉献着自己，快乐、成长着学生。因为，每参与排练一个节目，都可能成为孩子们难忘的美好记忆，每一次"当众表演"（"音乐"是所有学科中唯一有富有当众表演性的学科），都会是助推学生走向大胆与自信的"催化剂"，将为学生带来成功的愉悦与体验。学生间、师生间每一次的交流合作，都会碰撞并闪现出智慧与创造的火花。

感动来自各单位重视有加

本次活动各单位重视有加，组织得力，整体水平比往年明显提高。在活动的发动宣传与组织管理过程中，在人力、才（财）力、物力等各个方面，提供的有力、得力、全力地支持与保障，体现出各单位先进的教育思想和宏观的教育质量意识。LED大屏幕的出现，提亮了舞台演出的舞美背景，提升了节目表演的层次与品质，提高了舞台艺术效果，同时鼓舞了所有的师生演职员的精气神。为了配合使用LED这个高品位设备，营造高质量艺术及审美视觉效果，需要各单位特别制作与节目相关视频课件，这是一份需要电脑制作与音乐艺术协同合作的技（艺）术工作。

感动来自于镇街村小

本次艺术节活动亮点之一，即镇街节目质量的大幅度提升。节目数量、质量、艺术效果等与区直学校"平分秋色"。部分合唱表演水平甚至超越了部分城区学校，比如陶庄镇奚仲小学排练的《斑鸠调》；周营镇中心小学排练的无伴奏合唱《猜调》；常庄镇西南联小的《红星歌》；陶庄镇中心小学的合唱《迷人的火塘》。我区绝大多数以上的村小没有专职音乐教师指导，平常难以开齐音乐课的村小学校，却能为我们捧出热情感人的节目，实在难能可贵。

感动来自于可亲可敬的老师们

北临城小学王丽老师的敬业执着；陶庄奚仲小学刘丽丽老师的精益求精；沙沟关阁小学身兼数职的"编外指导"李芳老师；邹坞中心校"教美术"的管新琴老师……感谢指导教师们，他们各显其能，分工合作，精心选择作品；投入"备课"，深入研究作品；反复挖掘，匠心创意，潜心编排作品。为我们奉献出一个个异彩纷呈的音乐盛宴，让我们接触到更多各具风格的艺术节目，使我们的心灵思想受到陶冶与升华！

感动亦来自于可怜可爱的同学们

在歌舞及剧表演之类节目中，舞台上亮丽的妆扮和孩子们充满神采的艺术表演让大家看到，镇街村小孩子与城区孩子几乎没有区分的。比如周营镇陶官小学表演的舞蹈《快乐的太阳花》，陶庄镇中心小学表演的舞蹈《茉莉花》；常庄镇种庄小学的戏曲联唱《我是中国人》；周营镇中心小学表演的无伴奏合唱《猜调》。语言类节目如，双语实小的《两个书包的故事》；张范镇香城小学表演的情景朗诵《拒绝冷漠》；沙沟镇官阁小学的《寸草心》……艺术源于生活，高于生活。在教师的指导下，淳朴可爱的孩子们通过最初的尝试和模仿，逐步学会了观察与体验生活之美；通过反复的演练积累逐渐，学会了感受与判断情感之美；通过师生间不断的磨合与碰撞进而学会了尊重与合作；通过艺术表演建立了热爱与自信，并不断学会了表现与创造生活和艺术之美。

孔子曰：兴于诗，立于礼，成于乐。从这个意义上来说，音乐似一门"隐形"的德育课程，不论声乐类的演唱，器乐类的演奏，亦或是舞蹈表演、情景剧类等艺术表演，参与艺术活动及表演过程的本身（艺术的感性体验），就是一种"不教而教"，因为学生主动生动的参与，胜过教师反复生硬的"机械说教"。教师言、行、爱的耳濡目染，艺术真、善、美的潜移默化，也将会影响学生们一生，使他们热爱音乐，热爱艺术，热爱创造，热爱生活。这就是美育育人的力量和审美艺术的魅力，这就是学校德育与美育的巧妙契合，也是教育所追求的理想境界。

感动之感动，服务、研究、引领，音乐教育与教学教研任重道远。

有感于本届艺术节展演系列活动，谈几点粗浅的思考，与大家共勉。

一、给学校的建议

首先，对学校全面发展教育内涵的理解（科学与艺术的平衡）

当前，大力提倡并深入推进实施的素质教育，从本质意义上讲就是人的全面发展教育。因为培养全面和谐发展的人，永远都是学校教育的最高理想和终极目标。全面发展的内涵之一即理性与感性(或理智与情感)的协调发展。在这个问题上，很多教育实践工作者一直在努力，但也多少出现了片面注重学生理智发展而忽视学生情感发展的倾向。

理智成熟是儿童发展的重要方面，但不是发展的唯一目的，如果没有感知、情感、想象等感性方面的成长，就很难有人的全面发展。片面的开发与培养则会使人的心灵丧失原始的平衡，使心灵走向荒芜。雅斯贝尔斯说过"教育是人的灵魂的教育，而非理性知识和认识的唯一堆积""教育过程首先是一个精神成长过程，然后才成为科学获知过程的一部分。"

科学和艺术是人类精神文明的两朵并蒂莲，而不是水火不相容的两个敌对领域。艺术和科学的碰撞点往往就是创造性奇迹出现的地方（历史上的科学发明）。但任何凭借艺术所取得的东西，即人的内心世界、人的思想感情，在科学那里都是无法取代的。因此，艺术不是科学的补充，音乐教育也不是学校课程的"装饰品"。如果简单地认为，实施素质教育，就是在原有的基础上，重视艺术课程，大力开展丰富多彩的艺术活动（特别是课外艺术活动），是把艺术教育与学校全面发展教育割裂开来，而不是真正意义上的素质教育。

赫胥黎曾说过，最好的中小学教育应该是那种使学生受到最好的科学教育与最好的艺术教育的教育，只有这样的教育，才能真正使学生获得全面和谐的发展。

其二，启动系统育人机制

"十年树木，百年树人"。中小学教育来不得朝令夕改，有头无尾。一个良好持续发展的学校（以人为本），一定会是一个由富有凝聚力、和谐向上、团结进取的教师团队和一批批富有朝气、充满生机、渴望求知、期待成长的学生所包围支撑。学校应为了教师与学生的健康发展，真正树立大教育以及教育的全程观，树立正确的艺术教育观。让包括音乐课程在内的艺术教育，与整个学校教育融为一体，启动学校教育的全面系统育人机制，才可能真正培养出全面发展的人。

制定一套科学、长效的育人规划和直观、实效、可操作的激励措施，而不是为应付一时、为"迎验"、为"面子工程"而临时"现抓"，搞得师生加班加点，影响了正常的教学工作；（比赛）活动一旦结束，校园又恢复宁静：无声（歌声）、无形（运动）、无色（书画）……这显然是与素质教育及审美艺术教育规律背道而驰的。

第三，建立学校合唱团（乐队）

学校合唱团（乐队）是学生参与音乐实践的重要园地，是学校艺术教育成果的重要体现形式，合唱团的建设在学校工作和音乐教育教学工作以及推进素质教育中有着积极而又重要的意义。

合唱艺术是集语言文学、旋律和声、音乐表演于一体，是声乐艺术中内涵丰富最具表现力的一种演唱形式。演唱一首优秀的合唱歌曲，对于孩子们道德的培养、情操的熏陶、思维的丰富、人格的塑造乃至一生的成长与发展，都具有积极而深远的作用及影响。合唱艺术的特点有三个方面：其一，它是一种互相配合、协调合作的集体艺术；其二，合唱艺术活动人数具有灵活性，可多可少，少则十来人，多则数百人。其三，每个人都有与生俱来的"最美乐器"——嗓子有机组合（合唱）之后，具有音域宽（比独唱、齐唱），且演唱形式多样（包罗了独唱、齐唱、对唱、轮唱、重唱、表演唱等），演唱手法丰富（可运用衬腔、伴唱、领唱等），使合唱具有极强的艺术表现力和感染力。

建立建设合唱团应注意：为学校合唱团命名应响亮、个性、突出特色、富有生命力、凝聚力；保持长期稳定发展，要注意新老队员随机补充替换，保持队伍人员相对固定；专人负责组织、指挥、伴奏并通力协作；定时、定点、定作品、定计划和排练方案；建立健全档案管理包括队员档案、演出档案、资料素材档案等等。镇街可以灵活、整合当地优质师资资源，为村小学校创造条件。

最后，科学评价教师工作

包括音乐教师在内的艺术教师，是学校艺术教育的主力军。应从艺术学科性质和专业特点出发，来制定评价方案。学校如何评价教师的工作绩效，常常决定着教师工作的方向态度及工作重点和工作方法。如果一所学校把考试成绩和升学率看作是学校教育最重要的成果，并且把这些工作要求具体化为对教师工作绩效的考核，并以此作为奖惩教师工作的依据，倘若如此，我们就很难苛求教师去关注学生的全面健康而有个性地发展。

二、给教师的建议

第一，通过音乐，在音乐中

教师的职业是榜样的力量：一个心灵感动着另一个心灵，一片云推动另一片云，一个人影响一群人！作为审美教育的音乐教育首先是情感的教育，音乐教师担负着音乐育人的职责，不论课堂内外，都应始终掌握：音乐教育的审美感性体验是孩子最生动最直接的收获。应始终把握：通过音乐、在音乐中。寓教于趣、寓教于乐、寓教于美。

第二，快乐发展，师生共赢

树立科学、持续、健康的审美育人观，正确规划自己的教育生活和学生培养，做到因人因材施教、教学相长。发展学生，成就自我，追求师生"共赢"的"新蜡烛精神"。为他人（学生成长），为自己（职业价值）。务实创新，主动、幸福、快乐发展。

第三，课内课外，有机统一

有机处理课堂音乐教学与课外音乐活动的有效开展。完成课堂教学的同时，组织好课外音乐活动，二者均为音乐教师的本职工作。教育是一项平凡持续的过程和工程，来不得朝秦暮楚，不能够只为排练而排练，使课内与课外脱节，甚至大量停课，搞得学生疲惫不堪。不应背离《课标》（2011版）的理念和方法，忽视学生的认知特点。更不能急功近利，一味追求比赛（展演）成绩（结果）。合唱（合奏）、校园剧等排练内容可以恰当融入课堂教学，把合唱（合奏）等排练当作音乐课堂的延伸，让课内课外有机统一起来。

舞台艺术，三分表演，七分装扮。每一届校园艺术展演活动，牵动了全区各中小学校，锻炼、成熟了一批辅导教师（包括非音乐专业与非专职的教师），培养、成长了一大批青少年学生，也推动发展了一批中小学校，包括农村村小。每一台节目中，师生们台前成功精彩的表演，离不开幕后各学校的重视支持与关心关怀；离不开所有辅导教师的精心编排与专业引领；离不开所有参与学生努力磨练与精彩展现；离不开舞美监督、灯光音响、串词主持、剧务调度、台上台下各个环节演职人员的精诚团结与默契合作！

　　参与，就有创造、有收获。在收获经验与教训、收获成绩与荣誉的同时，更收获审美体验，收获快乐，收获自信、收获阳光，也收获了坚强。唯愿精诚竭力，为老师同学们创造机会，提供条件，搭建更大更多的舞台与平台，展其风采。

　　愿与师生一起，讴歌生活与阳光，共同书写美育华章，奏响素质教育新的华彩！

"云"中展演　笛韵飘香

——薛城区中小学音乐教师首届竖笛技能展评活动小记

为全面贯彻和落实义务教育国家音乐课程，深入推进我区中小学"器乐进课堂"，强化教师专业发展，夯实中小学音乐教师器乐教学基本功，提升教师队伍整体水平。培养和提高全体中小学生音乐艺术核心素养，为学生终身全面和谐发展、为师生爱音乐、爱生活，提升幸福指数奠定良好基础。同时为音乐教师营造"基本功天天练"形成良好氛围，打造我区音乐美育教育新高地。2018年4月18日至4月30日，举行了为期九天的全区中小学音乐教师首届竖笛教学技能展评活动。全区初中、小学专兼职音乐教师180余人参加了此次活动。

本次展评，采取了利用手机网络和微信平台，将参赛者演奏视频录制下来，于规定时间内，将参赛节目视频上传至指定微信工作群＋公共邮箱，并通过手机微信进行"空中展评"，达到全员参与、相互学习、交流提高的目的。这种形式打破了以往参赛者必须在统一时间地点、集中参赛表演的传统形式，给了更多教师积极参与的时间和空间，只需要由各单位按通知及方案要求自行组织安排场地、进行分散式表演。

本次活动充分运用新时代信息网络平台，展开了别开生面的教师技能"云"评比，是一次带有时尚标记和鲜明特色的"云展演"。

全区各镇街和各区直中小学校分16个表演专场，每个专场分为教师独奏与团队合奏两项内容。通过手机把每一位参与教师的独奏、合奏作品全部按照方案要求拍成小视频，并按照规定时间发送到全区中小学音乐教学工作群，以供所有教师进行观摩交流、互相学习。

特别的形式打造特别的效果。在近十天的时间里，薛城区中小学音乐工作群里每天精彩纷呈！丰富多彩的竖笛演奏节目令人目不暇接，一时间各位老师的手机里都被"云展演"几乎刷爆了。

感谢所有独奏与合奏老师积极参与倾情打造，为大家的精彩表现点赞！

贵在参与，只有参与才会有提高。值得表扬的是周营教育办、陶庄教育办等单位，兼职教师参加人数多，且老教师居多。镇街村小兼职教师居多，有的从零开始学练，敢于站到舞台、面对镜头展示自我，实属勇气可嘉！相信他们一定会逐步自信、站稳讲台。镇街教研员刘利华、杨尊珍等老师，以及各区直学校艺术主任、教研组长，全力组织各单位教师，从人员发动、分工组合、乐曲选编、到排练磨合以至精彩亮相，到最后剪辑制作及播报上传，做了大量台前幕后工作，显示了出色的团队组织、团结协作、创新高效精神。区直学校表现较为出色的团队有双语实小、临山小学、二十九中（初中、小学部）等等。

俗话说"打铁还需自身硬。"我们充分相信，通过这次展评活动对于普及提高老师们的竖笛技能和专业自信力，更好地推动器乐进课堂，提升专业及执教能力、提高教学效率、培养学生核心素养均起到有力的推动作用。

一花独秀不是春，万紫千红更骄人。

音乐教师，是学校审美教育的践行者，是优秀音乐文化的传播者，是中小学校园艺术领域一道鲜活而亮丽的风景线。有了教师们积极快乐地参与，努力幸福地工作，学生们将会更加受益，我区中小学教育将会走得更好。

在此，向所有追求美好、展现精彩的老师们致敬！这个季节因你们而更加多彩、更加美丽！

下一步，将陆续开展不同形式的专业技能展评活动，期待看到各单位进一步加强和重视音乐艺术教师的专业发展，以促进教学相长，全面提高中小学生艺术素养。部分镇街要支持和鼓励兼职教师积极参加相关活动。希望老师们以活动锻炼为契机，将专业技能练习常态化，形成日常教学备课中的自觉行为。

本次活动设镇街和区直两个评审组，分别由镇街教研员、骨干教师和区直组长、骨干教师组成。评审工作依据评审标准和各单位展评过程与表现，本着公平公正、鼓励进步、积极的原则，最后评出优秀组织奖及一、二等奖若干。

第三节　教研之辨

演唱纳入"国测"之考

2016年3月—5月，国务院和教育部首次在全国31个省（自治区、直辖市）范围内，采取分层不等概率的抽样方法，实施了国家义务教育质量监测活动（以下简称"国测"）。监测的内容为义务教育阶段学生语文、艺术，以及课程开设、条件保障、教师配备、学科教学和学校管理等相关影响因素。全国共抽取样本县325个，每个样本县、市抽取12所小学、8所初中，每个样本校抽取30名学生（小学四年级、初中八年级）。

薛城区也成为了山东省的一个样本县，被抽取了初中、小学共20所样本校，这20所学校几乎涵盖了所有区直和镇街中小学。自通知下发并宣传培训后，为了迎接监测，区、校两级相关单位，遵照项目部署，积极做着各个方面的准备工作，尽管上上下下增加了很多工作量，显然，这是一件好事。

国家监测的目的，就是为了客观反映义务教育阶段学生学业质量、身心健康及变化情况，深入分析影响义务教育质量的主要原因，为转变教育管理方式和改进学校教育教学提供参考，引导社会树立正确的教育观，纠正以升学率和分数作为评价学校和学生唯一标准的做法，推动义务教育质量和学生健康水平不断提升。

5月17—18—19三天时间，按照日程安排，笔者跟随小学部赵建国主任，陪同市教研室音乐教研员程雪迎老师，对全区20所抽测样本校参加"国测"前期准备工作进行了全程跟踪检查。按照分工，我们主要查看每校学生现场演唱测试的准备情况。每到一个样本校，首先去演唱测试室查看场地设施，同时抽两位学生分别"上机"，按照既定系统指示，使用演唱测试模拟练习版进行现场模拟测试。

三天的跟踪检查，走遍了20所样本校，基本了解和熟悉了本次"国测"

——"演唱测试"的基本流程、测试方式、测试内容等。三天时间的"走马观花"，虽然有些紧张和辛苦，却始终怀有一种激动、兴奋、一种期待，但同时心中也增添了沉甸甸的困惑与思考。

一、短时补课，切莫成为另类"应试"

由于长期以来我区农村小学师资不足，各镇街小学音乐教师严重缺乏。本学期接到"国测"通知后一段时间内，可忙坏了镇街内仅有的几位专职音乐教师。他们被委以"重任"，负责巡回到各村小给孩子们教唱歌。一时间里，为了迎接和应对"国测"，城区及农村校园里到处响彻着孩子们稚嫩而嘹亮的歌声。这短暂的"学科繁荣"令人尴尬，也很是担忧：这样的临时"抱佛脚"会有多少积极意义，会不会演变成另类的应试教育！

二、无伴奏"清唱"，人机交流难度大

演唱测试形式为人（学生）和机（电脑）一对一，即每个参加测试的学生必须是独自上机操作，首先在打开的系统页面里录入个人信息，然后带上耳麦，通过点击鼠标，按照系统指示一步一步操作。在这里请注意，每个学生的演唱一律为"清唱"。没有乐器伴奏的陪伴，没有音乐旋律的引领，没有调高提示，更不允许音乐老师替代完成。演唱时，学生面对电脑屏幕呈现的歌曲简谱的词曲谱例，聆听耳麦发出的语音及文字提示，如："请对照歌谱，用自然的声音完整、大声地演唱"。

众所周知，演唱形式中，"清唱"难度最大、最考验人，更何况他们还是中小学生。三天里所到之处，看到有相当一部分孩子唱歌是不入调的，还有一部分孩子自信不够、声音很小。

三、面对简谱歌谱，学生普遍识读难

面对歌曲歌谱，不要说农村孩子大多接受不到规范的音乐课，即使是城区学校正常开课的孩子，面对简谱读谱也是很困难的。原因其一，课程改革这些年来，我们的中小学音乐课堂教学，对于"知识技能"教学中"读谱""视唱"内容可以说是由"极左"（传统教学中专业培养式）走向了"极右"——"双基"被"淡化"得不敢教、甚至不会教、干脆不教了。其二，由于长期应试教育的影响，对音乐等艺术及艺术教育存在认识误区，从而造成社会、学校重视度普遍低弱；其三，音乐教师对课程理念理解的偏差，以及缺乏正确的学科价值感、认同感和投入感，缺少对岗位工作的热情自信和执着

追求。综上种种导致的结果是，大多数学生上了六年甚至九年音乐课却不识歌谱、不会唱歌了。拿过一首简单的旋律仍然不会识读视唱，不具备基本的音高感、节奏感、节拍感，把音符唱名"哆来咪"称之为阿拉伯数字"123"的普遍有之。

通过这次"国测"活动，笔者认为，要提高音乐课堂教学质量，建议做到以下几个方面：

（一）基于课程标准理念，明确歌唱教学目标，培养学生独立自信、敢于当众演唱的习惯与能力。

"演唱歌曲是中小学音乐教学的重要内容，是培养学生感受能力和审美能力的有效途径。"《课标》（2011年版）歌唱教学在中小学音乐教学内容中占有约50%以上的比例，也是学生非常喜欢的音乐课程内容。演唱是《课标》（2011年版）中"表现"领域中的一部分。其中对不同学段学生唱歌要求分别为：1—2年级自然、有表情演唱，3—6年级自信、有表情地演唱，7—9年级自信、有感情地演唱。

由此，结合"国测·演唱测试"，对比当前音乐课堂现状，音乐教师应进一步明确歌唱教学目标，更好地改进教学策略，提升教学质量。改变"滥竽充数"的"大齐唱"单一形式，关注并落实生生之间领唱、独唱、对唱、接龙唱、张口默唱、小组唱等，引导学生在丰富多样的实践活动和演唱形式中，提高基本演唱技能，锻炼和增强学生敢于当众演唱的自信与能力，让每个孩子爱唱歌、会唱歌、唱好歌，让校园充满歌声。同时，定期举办校园音乐节、合唱节、歌手比赛等，以活动促成长，浓厚校园艺术氛围的同时，丰富学生的课余文化生活，也培养学生积极参与、大胆自信的综合素养。

（二）立足音乐课堂教学，合理运用音乐伴奏，引导学生学会聆听、摆脱对"伴奏"的依赖。

"以琴助教""乐器助学"，是当前中小学唱歌教学中惯用也是必要的手段。同时，课堂上音乐教师还常运用教材配套音响资料中的原唱音乐、伴奏音乐，在学生听唱、学唱歌曲时一遍又一遍反复地播放，或者跟随音乐教师的钢琴伴奏反复演唱，以达到熟悉和巩固所学歌曲。当所有学生集体跟伴奏演唱时，貌似都"会唱"了，可是当老师不用弹琴或播放伴奏音乐的时候，即请学生在离开伴奏单独清唱时，哪怕是集体清唱，此时常常发现学生们像迷失方向一样，唱着唱着就会"大眼瞪小眼"——找不着调儿了。由此，建议老师们学会适度"放手"：让"伴奏员"得到"休息"。可以借鉴"柯达伊音乐教学法"，放下乐器，拿起音叉，还给耳朵清晰自由的空间，让孩子们更加充分有效聆听，学会辨别和判断自己的声音，逐步提高听觉感知力，渐渐摆脱对伴奏的依赖，进而提高演唱的美、准度。

（三）关注核心素养，适当加强识谱教学，在音乐实践活动中培养学生的识谱能力。

音乐教师应把握，普通中小学的识谱教学不是培养专门人才，而是培养具备基本音乐素养和音乐爱好的合格公民。当前教师们对"双基"在音乐教学中的地位重视不够，对"识读乐谱"的理念目的理解不到位，教学方法单一，脱离实践。加之，学生对识谱学习认识不够、兴趣不高，因此导致长期以来中小学"识谱"教学陷入被动、效果低弱，造成学生小学或初中毕了业还是"不识谱"的普遍现象。

"乐谱是音乐教学工作中不可缺少的重要工具，是培养、发展学生音乐能力的重要媒介。"一般情况下，识谱能力强的人对音乐的理解比识谱能力弱的人要好得多，因为乐谱中蕴含着作曲家的音乐思想及情感，也暗示着预期的艺术效果，读懂了乐谱也就理解了音乐。

因此教师要重视识谱教学，并把它作为促进和提高学生音乐审美能力及修养的手段，并注意："识谱应当在音乐实践活动中学，应当在学习音乐艺术的过程中顺带地学。[1]在中小学，识谱教学的正确途径是通过音乐艺术实践活动来促使学生具备识谱能力。尤其是通过唱歌教学就更为重要。[2]

总之，"国测"对于区域义务教育发展、对于城乡均衡化发展起到了有力的助推作用，尤其是艺术课程检测纳入"国测"亦是头一遭。这对于艺术教育教学，无疑是一次促进。相信从不同程度上，会引发政府重视并适当调整教育决策，引起教育部门深入分析规划城乡师资资源，引导学校审视美育课程价值，引领教师审慎课堂教学目标，启发教师更新理念，关注过程，转变方法，注重落实。会让更多的孩子享受到更规范、更高质量的音乐艺术教育。

当下我区正在参加创建全国义务教育均衡发展县的督导评估，进行农村学校标准化建设……总归是好事，令人欣慰地看到艺术教育的春天即将来了！

---

①章联启.音乐教学经验.北京:人民音乐出版社,1996:81.

②章联启.音乐教学经验.北京:人民音乐出版社,1996:88.

普通高中音乐纳入高考的辨析与思考

2005年初，山东省教育厅公布了《山东省2007度普通高校招生考试工作指导方案》。2006年明确规定，山东省将于2007年采取与往年高考显著不同的"3+X+1"考试模式（"1"即"基本能力"，"1"包含音乐在内）。于是，音乐纳入高考，如一石激起千层浪，一度成为教育界及社会关注的热点和焦点。作为山东省一名基层教研员，回顾自2007年起这几年高考的探索与实践，实际操作层面确实存在着一些弊端，甚至走入了误区，令人深感忧虑。故提出以下思考供商榷：

一、普通高中音乐纳入高考的理性思考

（一）问题梳理

人们对高考中增设基本能力——音乐测试的积极意义大都是理解和接受的。但普遍存在担心和顾虑，即基本能力测试会使高中学生的课业负担继续加重。目前就音乐纳入高考而言，这种担心和顾虑已经存在并且已成为不可回避的现实问题。

（1）政府与教育官员问题

一些地区仍然是素质教育轰轰烈烈、应试教育扎扎实实。传统的功利教育观依然主导着政府及教育行政官员的思想，他们一手抓素质教育，又一手抓应试教育。其实所谓素质教育只是表面文章，应付上级检查而已，实际上其眼光和目标投注在：考上几个"清华""北大"；关心的是每年"上线"任务能否完成。把高考成绩与升学质量和自己的政绩挂起钩来。

（2）学校与校长问题

"既要抓素质教育，也要抓教学，抓教育质量"，"说起来重要，做起来不要"，"为了分数而教，为了分数而学"已经在很多高中学校根深蒂固。对于课程改革理念的认识、学习、理解还不到位，不能正确处理素质教育与升学教育、知识教育与智慧教育、书本教育与实践教育，统一课程与个性课程等的关系。不少学校领导和一线教师对于课程改革持消极、旁观的态度，普遍存在"一手抓课改，一手抓应试"，顽固地坚持应试教育思想，一切按照高考

来组织教学，考什么就教什么。

课程设置缺少科学性，不能与课程改革贯通一致，只关注和应对高考科目。教育设施投入不足，专业教学场地、器材等陈旧或缺失。一些学校《音乐鉴赏》课已经被《基本能力》课所替代，从高一高二就开始了大量地做题，学生听音乐的时间基本上都被做题所替代。模块学习基本是虚设，选课走班和综合素质评价只是流于形式。

（3）教师与教学问题

由于长期受应试教育影响，高中音乐教师在课程理念与教材理解和教学实施的认识、把握普遍薄弱。对新课程新教材不敏感、不主动、缺少灵感和创造力，把大量的时间和精力投入在编写教材与复习资料、命题、制卷、考试等行为中，而不是专注于精心备课、专业发展以及课程研究。因此教师的艺术智慧和专业教育资源在某种程度上也是一个很大的资源浪费。

一些地方的高三音乐课，几乎成了无"声"课堂；与此同时，高中美术也几乎成了无"色"课堂；体育也成了没有运动的静止课堂……

教师备课、上课的方式单一，由于基本能力的内容涉及面非常宽泛，学生们要识记大量的复习要点，记忆更多的内容。课堂上过于重视知识识记，轻视音乐基本能力培养，特别是复习阶段大量的文本资料在"填鸭"，学生只能被迫死记硬背。本似"甜蜜"的负担变得苦涩沉重，本应充满美感的课堂变得无趣无味，令学生望而却步。

（4）命题内容与方式问题

高考音乐基本能力命题内容上的"重必修（音乐鉴赏）、轻选修（歌唱等五个模块）"和考试方式方法上的纸笔测试，使高中学校、教师、学生、乃至家长对音乐教育产生误解，以间接识记代替直接聆听，把音乐教育归为分数教育，漠视音乐教育审美规律，一味地迎合高考。从这个方面看，音乐高考缺失了应有的导向、严谨和权威；教学缺失了音乐的审美内涵，课程缺失了方向。事实上，这种与课改的错位，阻碍了课程改革与高中课程实施的顺利进行，制约了音乐课程与改革的发展，影响了素质教育的向前推进。

二、普通高中音乐纳入高考的问题解析

以上问题究其根源，在于一些政府和教育官员、干部，始终难以摆脱应试教育的禁锢和束缚。在新时期，这与中国现代教育理论及实践之要求，与国家大力倡导的素质教育目标愿景形成了较大的反差。

（1）素质教育和课程理念缺位

一些政府和教育官员没有树立真正的教育质量观，功利化思想趋向应试化深入。长期以来，"考什么，学什么，教什么"的功利观，造成了学校以考试科目设置与学科赋值比例为参照标准的课程开设模式，在个别学校一些"小科"甚至名存实亡。一些科目虽然勉强开设，但在教学中很难得到质量上的保证。如此，在整个基础教育阶段，学生很难打下一个广博的知识基础，也缺乏本应具备的文化素养和动手实践的能力和审美表现能力，从小学到初中，直至高中，就会造成恶性循环。素质教育是面向整个基础教育阶段，个体素质的陶养和审美能力的形成非立竿见影，也不可能靠一两次考试就可以得到提升，如果要充分发挥高考的指挥棒作用，则必须更加重视小学、初中的素质教育，做到基本能力从基础抓起，从小学抓起，这样既减轻了高考带给高中学校的压力，同时又会形成基础教育"全程路段"的合力。

（2）音乐教育的本质不是应试

关于教育的本质，历史上的教育家和哲学家们分别有以下观点：柏拉图和卢梭认为"教育的本质在于鼓励"；彼得斯(英)和谢夫勒（美）认为"教育的本质在于分析"；赫尔巴特认为："教育的本质在于引导"；杜威认为"教育的本质在于研究"；怀特海过程主义哲学观认为："教育的本质在于创造，是教育对社会的服务"。可以坚定地说，纳入高考中的音乐基本能力测试不是应试教育的产物。

普通音乐教育的本质是素质教育，是面向所有学生敞开大门的陶冶性情、滋养心灵的音乐艺术教育，是提高修养，完善人格，促进全面和谐发展的音乐文化教育。是"培养人的教育"，是为将来服务于社会打下坚实的基础。

（3）音乐基本能力命题内容及考试方式的不完善，是导致高中音乐教学有失科学性的主要原因。

"音乐是在艺术学科中以声音为材料的学科。"音乐是通过有组织的乐音和特定的音响结构来塑造音乐形象，实现思想和感情的表现及交流，对音乐的感悟、表现和创造是人类的一种基本素质和能力。当然，作为人类文化的重要形态和载体，音乐蕴含着丰富的文化和历史内涵，作为学生应知应会的音乐知识、音乐文化常识，应当纳入基本能力测试的考查内容，但是知识与文化的测试应该以学生对音乐音响的聆听、体验与感受为前提。因此说，音乐的学科性质决定了音乐课程不适合以传统单一形式的纸笔答卷测验引入高考。

而目前，这种方式已把高中学校和音乐教学引入误区，在某种程度上助长了应试应考的教育惯性思维，有些地方对于基本能力内涵思想认识不到位，简单和片面理解，不能把课程改革与高考改革有机统一、双效落实。一些地区的音乐课堂渐渐背离音乐教育的本质规律；一些学生渐渐地对音乐课堂的兴趣和关注越来越少，一些教师面对"无声课堂"感到无耐、无解。

三、普通高中音乐课程与教学建议

（一）应试教育观念与机制转变

（1）建立政府官员及校长培训机制

实行政府、教育官员教育培训制度，以期政府主导，不论教育内部系统还是教育外部社会环境，尽快解放思想，进一步增强推进素质教育的责任感和使命感，深刻认识和明确素质教育在教育工作中的主题地位，坚持以人为本，促进学生全面发展、健康成长。规范办学，把课程改革与基本能力高考有机统一起来，摒弃旧有的、不利于人才培养、阻碍教育进步和社会发展的应试教育观，树立正确的素质教育观。这样，才能取得和形成全社会与教育、与教师、与学生的同步健康发展的巨大教育合力。

（2）全面落实课程改革，促进基础教育一体化

高中教育非空中楼阁，基本能力不会一蹴而就，学生适应社会与生活的基本能力，靠的是自身长期的生活的积淀和实践的历练，靠临时突击"速成"是不行的。中小学课程与教学要调整心态，建立切实为学生的终身发展着想的责任意识和健康生态的教育价值观，即：夯实课程与教学基础，让学生从小学开始，逐步地培育广泛的兴趣、开阔的视野、灵活的思路以及关注社会生活、关注科学与文化发展的动手实践能力与研究创新能力。

（3）高中学校（校长）应彻底转变办学思想

规范办学的第一步就是开齐开全开好音乐、体育、美术等课程。高考增设"基本能力测试"，已经给出了一个可以看得清楚明确的指挥棒。要把高考基本能力与课程改革统一起来，要把综合实践活动的动态过程管理与评价重视起来，不能把学生的个性发展看作是虚无缥缈的东西。摒弃只凭机械的应试训练就能在高考中取得好的成绩的过时"神话"。深刻体认与把握新课程实质精神，提高课程建设与教学管理水平，科学设置音乐模块课程，合理调配师资，加大音乐教学场地器材配备，只有高质量的课程管理和建设，学生的发展才不会受到根本的限制。

（二）高中音乐教师教学建议

（1）正确确立课程观

调查中所发现的一系列音乐教学问题如：把《音乐鉴赏》上成了《基本

能力》，把音乐课上成了知识训练课（有些学校甚至从高一音乐课就开始做试卷）；一些音乐教师上课、备课的唯一教材就是《基本能力》（各地市编写）。课堂活动简单的只剩下了教师机械地分析讲解音乐（知识归纳、总结分析、纠错）和学生无趣无奈地背音乐（知识）。如此，学生的负担必然会越来越重。教师对素质教育和音乐课程理念价值的理解认识不清，对音乐基本能力内涵把握不够。加之旧有的唯知识情结和功利观主导教学。

一部分音乐教师课程观还没有树立起来。以模块《古诗词与音乐》为例，教师在看所选模块与高考的关系时，如果仅仅看到《古诗词与音乐》与高考的知识关系，看不到音乐审美能力培养的价值，就没有树立课程观。同样，如果我们回到音乐、在音乐中，回到生活、在情感态度价值观中，回到音乐实践、在音乐与生活的多重审美体验中。那么学生的音乐学习就是有趣的；如果仅仅着眼于这个模块的知识与技能训练的价值，那么对于学生就是一种负担。

（2）真正关注音乐本体

音乐教育是通过音乐媒体进行教育的一种审美教育或美感教育，是培养受教育者感受美、鉴赏美、评价美、创造美的能力的教育。音乐教育着重培养的是艺术教育所特有的、能对学生终生发展产生影响和作用的基本能力和素质。笔者认为，音乐的基本能力主要体现在音乐审美能力方面，包括音乐感知、音乐鉴赏、音乐理解、音乐记忆、音乐表现、音乐创作、音乐评价、判断等能力。

音乐教学要关注和培养学生音乐基本能力，首先应从关注音乐本体出发，从关注学生对音乐的感受与体验开始，从关注聆听开始。音乐感知觉是音乐审美能力最基本的因素，听觉是音乐感觉的基础条件，音乐知觉最重要的是对音乐的整体感受能力，从总体上感受、体验音乐的要素。培养学生音乐基本能力的首要问题就是以音响为媒介，培养学生关注音乐，学会聆听。

（3）注重实践"亲历的知"

"知"有两种，一种是体验感悟的知，一种是书本学习的知，对音乐的审美，就像了解"梨子的滋味"的知，就必须亲口尝一尝。即：要通过"亲历"来获得"真知"。大部分音乐教师习惯于"学理的知"，忽略"亲历的知"。忽略音乐的特殊性即音乐的非语义性、非概念性，将学生引导到只注重音乐"说了什么（理性信息—间接的、非音乐的、非真知）"；忽略学生对音乐的审美感受（感性体验—直接的、音乐的、真知），因而导致教学方式的单一和机械，导致音乐课堂偏离艺术内涵愈来愈远。当学生带着审美趣味置身于丰富多样的审美实践活动中，他们对音乐的感知、鉴赏、表现与创造的潜能会得到充分发展，音乐审美能力自然得到提高。

总之，音乐教师应摆脱机械的教学方式，遵循"美的规律"。切莫急功近利，本末倒置，要正确理解和把握音乐基本能力内涵，莫把音乐课异化为"基能"应试训练。按照《课标》实施备课与教学，让音乐课充满音乐，充满创造和快乐！

新课程下的高考改革，对原有的高考制度与教学模式已经提出了时代挑战。对于各级基层政府、教育干部而言，最重要的是坚定而清晰新课程信念，不能抱有侥幸和应付等"教育短视"心理。应立足本地、本校实际，制定中长期教育规划，真正建树促进学生发展和社会进步的战略思想，切实开好高中音乐必修与选修课程。不论高考如何改革，音乐教师要始终把握"基于音乐，通过音乐，在音乐中"，把鲜活的时代信息有机融入教学中，有意识地培养学生感受音乐、运用音乐知识技能多角度、多层面思考分析、评价和判断问题的能力，使学生全面而有个性地发展，让音乐课堂充满音乐、充满创造、充满快乐。

（本文摘选自作者首师大教育硕士毕业论文《普通高中音乐纳入高考的辨析与思考》，曾发表于《音乐教育与创作》2013年第1期，总第294期，曾荣获山东省第四届中小学生艺术展演活动艺术论文一等奖。）

音乐基本能力试题命题分析与建议

　　山东省教育厅2005年公布了《山东省2007年普通高校招生考试工作指导方案》，2006年明确规定：山东省将于2007年采取与往年高考显著不同的"3+X+1"考试模式（"1"即"基本能力""1"包含音乐在内）。调查发现，音乐基本能力命题似乎并未达成理想愿景，也没有真正为学校课程全面实施和师生的教与学起到较好的导向和引领作用，并且,在实际操作层面很多地方已经走进误区。

一、音乐基本能力命题分析与思考

　　（1）音乐基本能力命题没有真正把握音乐能力测试的"基础性"

　　基本能力命题的"基础性"原则首先从关照高中学生身心发展和适应社会生存生活最基本的要素提出的。笔者认为，从音乐基本能力上讲，学生适应社会生活最基本的音乐的基础能力，应该是对音乐音响所具有的听觉感知能力，关注音乐和学会聆听，这是第一步，是所有音乐学习和掌握所有音乐能力的先决条件。遗憾的是，音乐纳入高考却把富有"声音的""听觉的""情感的"艺术特质的"音响聆听"置之于考题之外。

　　（2）音乐基本能力命题不必拘泥于"整合性"而淹没了音乐审美特质

　　基本能力命题思路的整合性原则，目的是为了避免直接、孤立地考查各学科知识，尤其不直接考查教科书中的知识与技能，以避免能力体系的琐碎和零乱。但是基本能力不可以为了整合而忽略音乐学科本身的独特性，不应脱离音乐独特的教育作用来看音乐基本能力的命题，尤其是音乐作为学校教育中具有审美教育功能和素质教育意义的音响艺术学科，音乐命题应该以适当的形式适度地体现音乐学科本质和个性特征。

　　（3）音乐基本能力命题没有真正发挥教育教学的"导向性"

　　正是因为音乐基本能力命题没有把握音乐能力测试的"基础性"，仅仅采用单一的"笔试"，导致学校和教师在应试教育功利思想驱使下出现了"跑偏"和"非音乐"的教学现象。命题导向应与学科课程目标一致，试题设计应符合所考查学科能力的特点，正确引导相关学科按照课程标准要求组织教学。

如果说，音乐基本能力试题"实现了对考生进行应知应会基本能力考查的目标"，但某种程度上却没有真正实现"摈弃了对死记硬背知识的考查"和"有利于学生健康快乐成长"的目标。基本能力试题（音乐部分）显然没能更好地发挥对音乐教育教学的积极导向作用。在对2007-2010年四套基本能力音乐试题的分析中，可以比较清楚地看出，试题设计所要考查的音乐能力的特点不够清晰，整个音乐测试题的内容范围过于侧重音乐文化知识，造成学校为分数而设置和管理课程，教师为分数而教、学生为分数而学以及"靠死记硬背和机械训练就能得分"的误区和被动局面。导致教师的课堂方式和学生的学习方式机械重复，组织教学偏离课程目标。

二、音乐基本能力命题内容与方法的建议

（一）音乐基本能力命题内容

（1）关于音乐基本能力测试的内容

音乐纳入高考考什么才能真正评价出学生的综合的音乐文化素质？笔者认为，既然是在素质教育和基础教育课程改革背景下的高考内容改革，那么应该紧密结合素质教育目标以及《普通高中音乐课程标准》，以培养合格公民，传承民族文化为出发点进行评价。音乐课程作为一门以培养审美能力和人文素养为目标的课程，其评价内容不应当是单一的内容，而应当包括情感态度价值观、过程与方法、知识与技能三个层面。以高中音乐课程标准中应知应会的音乐基础知识与基本技能；体验比较中外经典作品的同时，考查学生运用所学知识进行鉴赏、分析、评价音乐的能力以及通过对音乐作品的审美体验及对作曲家的了解，考查学生体验音乐，感悟人生的情感态度价值观。

（2）兼顾选修模块学习内容

从山东省整体来看，必修模块（音乐鉴赏）的开课率有了明显提高，但选修模块开课与教学情况普遍较为低弱，甚至面临种种问题和障碍，致使选课走班与学分制管理流于形式。

从这几年高考试题（音乐部分）内容看，命题主要依据的是《音乐鉴赏》中的内容，显然不利于选修模块的教学与学分制管理的实施。另外，音乐课程中必修模块主要突出培养高中生"全面发展素质教育"，而选修模块学习是在此基础上的"全面而有个性的发展"。因此，兼顾选修模块内容，有利于高中音乐新课程全面落实，有利于推行学分制管理，有利于充分发挥高中音乐新课程的多样化和选择性，满足不同学生的兴趣爱好。

（3）增加中国传统音乐权重，体现山东特色

在世界音乐多元化发展的今天，了解和熟悉自己国家民族传统音乐，夯实民族音乐文化根基，力挽轻视或"背对"民族音乐的社会不良思潮，是普通音乐教育义不容辞的责任和义务。因此适当加大中国传统音乐包括民间歌曲、民族器乐曲、说唱音乐、戏曲音乐、文人音乐等内容在高考中的比重。

另外，山东应该走出自己的音乐命题特色，大胆突破教材，突出山东地方特色，将富有齐鲁文化特色的人文、艺术有机融入，如山东的民歌、戏曲（吕剧等）、民间音乐（唢呐名曲《一枝花》等）、曲艺（山东快书）等等。

（二）基本能力音乐测试方式方法

高考作为一种"终结性评价"（"一考定终身"）是不符合素质教育与新课程评价理念和要求的，就本次调查及现状表明，音乐考试采用单一的笔答形式，其结果无异于舍本逐末。

"评价指标的确定和评价方法的选择，应以学科特点和不同模块内容标准为依据，体现普通高中音乐课程的性质，符合高中学生身心发展的特点及应以审美教育的客观规律。"音乐教学实践过程是形成性评价的主要依据，音乐教学应当将形成性评价和终结性评价结合起来，才能对学生做出总体评价，因此评价形式不应当是单一的形式。

项目 内容	家长、社会人士30人	百分比	中小学音乐教师50人	百分比	在校大学生20人（山东籍）	百分比	各级教研人员、高中校长15人	百分比
对于高考音乐基本能力测试方式方法的建议	笔试	47%	笔试	30%	笔试	34%	笔试	43%
	听力+笔试	48%	听力+笔试	66%	听力+笔试	61%	听力+笔试	52%
	其他	5%	其他	4%	其他	5%	其他	5%

关于"音乐考试方式方法"的访谈调查显示，约有61.7%的人（学生、家长、音乐教师、教研员等）建议在音乐测试中加入聆听："音乐聆听+笔试"，采取听、辩、笔答相结合。为此，建议如下：

（1）最直接、最普遍和较易操作的方式，就是"纳入音乐聆听"

音乐的音响才是音乐文化的真正载体，在高考基本能力音乐测试中加入聆听，可以听辨乐器音色、演唱演奏形式、乐曲体裁、曲艺、戏曲种类地域色彩、音乐结构、作品风格背景等等，还可以对听到的音乐作品做出评价或

判断。促进教师引领学生关注音乐，学会聆听，形成对音乐的感知能力；引导教师以音乐的方式和手段进行教学，有利于促进学生有更多的机会去聆听和熟悉音乐作品，使教师的教学方式与学生的学习方式遵循音乐艺术本质规律进行；有利于顺利完成高中音乐课程培养学生适应社会所必须具有的基本的音乐审美能力目标；有利于关注学生"情感态度价值观""过程与方法""知识与技能"，有利于给高中学生一个客观、准确、公正的成绩；有利于音乐教育健康良性地发展。

（2）音乐课时调整为每周一节，使学生有相对充足的时间聆听、参与音乐

增加课时一方面有利于必须与选修模块课程的开设，另方面有利于学生自由选择性的学习和积累聆听量。音乐不仅是声音的、听觉的、情感的艺术，音乐还是时间的艺术，音乐音响的过程性和流动性决定了音乐的时间性。山东省大部分学校音乐课时安排间周一次（与美术隔开），这样算来，就《音乐鉴赏》必修模块的学习就得要高一到高二两个学年的时间才能完成，调查结果也表明，有55%的音乐教师和68%的学生希望适当增加音乐课时。

（3）建立音响资源数据库，为师生学习和聆听时方便选择和提取

建议将国家规定所有三套教材里的音乐按照古今中外或者不同地域风格或者按照作品全部与主题旋律，分别归类梳理，制作成MP3等格式，并且加上对曲名、作者、人文背景、风格特点、相关研究拓展等等的适当解说，有利于学生和教师随时选择和提取聆听。

（4）加强校园音乐广播文化建设，利用音乐的弥漫性创设校园音乐文化氛围

实行"每日音乐30分钟"。高中学校要加大音乐音响设施的健全与配备，在校园里学生所到之处的角角落落，都安放优质音响，这样，充分发挥音乐的弥漫作用，让学生不论在清晨，在课间，还是在餐厅，在运动场上，都能够听到或感受到被不同风格特色的音乐佳作所围绕所熏染。

（5）将"音乐聆听"纳入小学和初中"学生综合素质评价"中

在全面改革中小学评价体系中，明确把小学生和初中生平时对音乐的聆听与感知、评价与判断等能力，列入综合素质评价的重要考核内容，并将学生在小学与初中各阶段审美与表现的过程评价与终结性评价结合起来的总成绩纳入中考，进而纳入高考录取之中，这样才能全面而客观地体现和考查学生12年基础教育音乐学习的动态成绩和效果，更好地激励学生学习和热爱音乐的情趣，从而有力推动整个基础音乐教育健康发展。

　　总之，适当调整高考音乐命题及考试方式方法，尊重音乐学科规律，正确认识和理解普通音乐教育的形式、内容和方法，在今后高考中如英语的"听力"一样，加入音乐的聆听，即音乐高考采取"聆听+笔答"的形式。音乐高考纳入"听力"，必将促进评价方式、教学方式与学习方式等按照音乐课程理念与素质教育要求进一步调整和改变，引领基础音乐教育逐步走向健康发展的美好之路。

　　（本文摘选自作者首师大教育硕士毕业论文《普通高中音乐纳入高考的辨析与思考》，曾获2013年中国教育学会音乐教育分会音乐教育学学术委员会论文评选教师组优秀奖。）

作者2011年6月于首都师范大学音乐教育硕士毕业留影

第四节　教研之探

将"器乐进课堂"进行到底
——中小学音乐课堂器乐教学实践与思考

背景

"器乐进课堂",是近些年来中小学音乐教学领域中并不陌生的词语,现在说起来也不算新鲜话题。十多年来,在课程改革的背景下,基础教育中小学音乐课堂教学变革与发展可谓如火如荼,教师的教育理念和教学方法都有了较大的更新与转变。笔者看到,不管是国家级优课例评比,还是各省市、区县优质课展评,乃至常规课堂教学等活动,唱歌课教学似乎是中小学音乐教师们对于课堂内容的普遍选择。老师们多以唱歌(综合)课为主要授课课型,却少见选择器乐教学。"器乐进课堂"这面"旗帜"在中小学音乐教育的"天空"里"飘扬"了多年,但"举旗""呼拥"者居多,"落实"和"践行"者只是微众。可是,没有课堂乐器的教学是不完整的音乐课堂教学。

现状

目前,就我区中小学音乐课堂现状来看,"演奏"(包括课堂打击乐器)这一教学领域依然成为音乐教学的"短板"及常规教学的"空白"地带。究其原因,窃以为一方面在于学校对于国家课程落实不到位,重视度不够,认识上包括音乐教师在内都存在偏差或误区;音乐教师欠缺问题研究意识,存在得过且过心理,教学行为怠惰,急功近利,为比赛而训练。谈起器乐教学,老师们面露难色、言露困惑,不知真正的实施应起在何处、落到哪里。

事实上由于教师的"知难而退""绕道走",致使音乐课成了几乎千篇一律的"唱歌课",音乐教学内容与方法单一,长此以往造成学生"双基"能力和音乐素养形成缓慢，教学目标和任务达成度较低。学生"喜欢音乐却不喜欢音乐课"的现象仍然普遍存在。

不妨观察一下，如今的小学生经历六年的小学音乐课堂学习（特长家教除外）学会了什么；初中三年收获了什么；高中三年又掌握了什么？于是我们很悲哀地看到：学生们经历了9-12年的音乐课堂学习，他们的音乐素养（音乐基础知识、音乐基本技能）似乎仍然停在原地——零起点：不会识简单的乐谱，不能正确自然自信有表情地歌唱，不会演奏一件简单的小乐器，不擅与人合作……于是，高中的音乐老师抱怨初中的音乐课没上好；初中的音乐老师同样抱怨小学的音乐教师没教好……难怪，大学老师会抱怨大学生的艺术修养整体偏低。

思考

翻开义务教育《音乐课程标准》（2011年版），在其"课程性质""课程基本理念""课程设计思路""课程目标""课程内容""实施建议"每一板块中，均涉及"器乐演奏"内容及要求的描述。"标准"指出："器乐演奏对于激发学生学习音乐的兴趣，提高对音乐的理解、表达和创造能力有着十分重要的作用。器乐教学应与唱歌、欣赏、创造等教学内容密切结合。"[1]在《课标》第三部分"课程内容"的领域二（表现）——"演奏"中，对于各个学段进行了具体明确的标准和要求。再看1—9年级音乐课本，与《音乐课程标准》相呼应的是，器乐教学与唱歌、欣赏等内容均占有教材内容总量的相当比例。

爱与责任并重，爱与尊重同行。义务教育中小学阶段，是儿童和青少年生理、心理的快速发展期，也是人生接受音乐教育、增进音乐素养、促进身心健康发展的重要时期。音乐教师对学生的爱与尊重能促进学生"亲其师信其道"进而爱生活、爱音乐；音乐教师尊重教材、依据课标、带着责任完成使命，以人为本，尊重学生发展规律，以美育人为终极目标，尊重教材以音乐为本，持续地探索与研究器乐教学，将常态化的"器乐进课堂"坚持并进行到底。

实践

"我的学科我做主"：以活动促发展，行动研究作为助推剂，多管齐下，着力推进"器乐进课堂"。2013年秋季，又一轮常规教学调研开始活动了。在

---

[1]中华人民共和国教育部.义务教育音乐课程标准.北京师范大学出版社,2012-01:29-30.

聆听枣庄五中两位音乐教师"竖笛进课堂"的常规教学之后，反思近年来音乐课堂种种问题与现状，在"基于问题解决的中小学音乐教研工作目标"促使下，进一步推进和加强"器乐进课堂"的实践活动势在必行。

（1）艺术节展演促发展

启动器乐教学行动计划，首先从2006年"第一届薛城区中小学生校园体育·艺术节"开始，把"竖笛或口风琴合奏"项目纳入其中，并设为每年艺术节的"重点项目"，活动宗旨是"音为（wei）我乐（yue）成长快乐"。提倡人人参与，班班行动，逐级评比验收，最后各单位择优推荐参加全区艺术节集中展演，努力推进"器乐进课堂"。

（2）优质课评比促发展

2013年10月9日–10日在枣庄二十九中进行了小学、初中、高中音乐优质课评比活动。这次评比特别对初中和小学段规定了"器乐综合课"的课型要求。体现为三个教学层次：其一，要把小乐器带进课堂；其二，应该在教学过程中充分体现小乐器的"教"与"学"；第三，还应该看到借助小乐器以及相关教学实践，使学生的基础知识和基本技能有所掌握，音乐学习的兴趣爱好有所养成，音乐聆听、欣赏、表现与创造能力有所提升。第四，器乐教学及活动时间总量不能少于20分钟。这是一次关于器乐教学为主题的行动研究，也是一次引领探索与尝试，目的是引起广大教师们思想行动上的重视，真正有序地落实与开展好器乐课堂教学。

在这次优质课评选活动中，欣喜地看到了器乐教学活动为音乐课堂吹来一缕清风，为课堂增添了一抹鲜亮：老师们各展其能，认真备课、挖掘作品、钻研音乐、设计教学，加强专业技术练习，探索如何上好器乐课；学生们则兴趣正浓地把玩着手里的小乐器，认真投入学习。小乐器的纳入锻炼了音乐教师，丰富了教学手段，完善了课堂内容，提升了课堂品味，培养了学生能力，浓厚了课堂氛围，在真正意义上实现了课堂的有效性。同时也为观摩老师下一步的教学实践提供了可操作与学习借鉴的鲜明案例。

（3）优秀教案评选促提升

2012年开始，随着全市自上而下展开"优秀教案征集与评选活动"以来，在一定意义上更加夯实了教师备课、上课、二次修改、再上课、再完善教案的功底。本学期市发"优秀教案新方案"中，在原来唱歌综合课的基础上拓宽了课型种类，增加了"单项课"如器乐课、欣赏课等等，这更坚定了我们深入开展器乐教学的信心决心。

（4）基本功培训促提升

2014年、2016年暑假，市、区两级教研室分别邀请了国家竖笛教材编写及培训专家张牧教授，作了竖笛教学技能专项培训。组织全区专兼职音乐教师全员、全程参加培训，同时，将小乐器演奏列入教师专业基本功评比项目当中，小乐器的学习和演奏也纳入对教师及学校的考核量化，纳入全区中小学生音乐素养及音乐课堂质量检测中（见附录一）。

建议

说到底"器乐进课堂"最终应该落地于日常音乐课堂教学中，纳入音乐教师常规备课上课及教研活动中。鉴于城乡各学校及音乐教师实际状况，提出如下实施建议。

（1）理解课标，准确领悟

理解课标，准确领悟。著名特级教师于永正有一个习惯，他总是把课程标准中各学段的教学目标复印下来，贴在备课本的首页上，作为"教学指南"。由此，要使自己的教学有方向、有目标、有效益，就必须熟读课程标准、研究课程标准，名师如此，普通教师更应如此。反复研读课标，领悟其内涵精神，按照《课标》对应各个学段目标要求，准确地把握教与学的要领，让音乐课堂更加优质和高效。例如，《课标》规定【1—2年级】：学习常见的课堂打击乐器，参与演奏活动。能够用打击乐器或其他声音材料合奏或为歌曲伴奏。【3—6年级】：要求乐于参与各种演奏活动。学习竖笛、口琴、口风琴或其他课堂乐器的演奏方法，参与歌曲、乐曲的表现。培养良好的演奏习惯。能够对自己和他人的演奏作出简单评价。每学年能够演奏乐曲1—2首。【7—9】年级：能够主动参与各种演奏活动，养成良好的演奏习惯。能够选择某种乐器，运用适当的演奏方法表现乐曲的情绪，力求用优美的音色进行演奏。能够对自己、他人或集体的演奏作简单评价。每学年能够演奏乐曲2—3首。

（2）明确目标，滚动推进

培养中小学生基本的音乐审美能力及基础的艺术素养，使每一位中小学生毕业走出校门之前，掌握1—2件课堂小乐器的基本演奏技能，为终身热爱音乐艺术和美好生活打下基础。这既是义务教育阶段音乐教学的任务，也是每一位中小学音乐教师的职责。老师们应紧紧围绕《音乐课程标准》性质、理念、学段目标及建议要求，结合校情、教情、学情，展开行动研究：研讨制定一系列具体可操作的器乐教学目标方案，报请学校领导，获得相关支持。坚持循序渐进地发展学生审美能力与提升教学质量。

根据《音乐课程标准》学段内容目标，以及课程基础性内容——"表现"领域中，"演奏"对于不同学段的内容要求，结合义务教育教科书（我区目前小学教材为人音版、初中为人教版）教学内容的编排，及我区学校及师生情况，建议1—2年级以认识和"学习常见的打击乐器"为主；3—4年级学习口风琴；5—6年级和7—9年级选择竖笛（葫芦丝）或口风琴（口琴）学习。

以点带面，滚动发展。依据学生年龄特点和班级情况，分期、分批、分年级滚动实施。不必一律要求全校、全班学生同一时间全部配齐乐器。不勉强、不强制学生购买。

纳入学期计划，合理安排进度。加强器乐教学备课研讨，注重教法、学法研究，以保持器乐教学的趣味化、常态化、持续化。避免"三分钟热度"、有始无终或"虎头蛇尾"。

（3）选好乐器，培养能力

从实际出发选择乐器。应结合校情、学情、教情，选择正规品牌的乐器制造厂家，购买"易于学习、易于演奏、便于集体教学"的课堂乐器。小乐器应符合国家卫生标准，音质纯净，音高标准。学生自备乐器要经济、实惠，音响效果好。

学习竖笛、口风琴等小乐器，掌握正确的演奏方法及卫生常识。包括演奏姿势、口型、手型、指法、呼吸、吹（弹）奏技能，定时清洁、消毒，保持安全、卫生。训练音准，培养正确的音高概念，辅助歌（合）唱、欣赏、创编、识谱等音乐教学活动内容。培养多声部合作意识，增强合唱、合奏等合作、探究、创造能力。掌握一项基本演奏技能，能做到一边识谱、一边演奏（或伴奏）。能独立吹奏简单旋律若干首，逐步培养学生音乐学习的自信心与获得成功的愉悦感。养成良好演奏及学习习惯，培养学生乐于参与、大胆自信地表现（演）能力，并学会正确地评价自己和他人。

（4）灵活施教，提高质量

给学生一滴水，教师要有一桶水、长流水。音乐教师要达到规范和熟练掌握小乐器的基本演奏技巧，具备一定演奏小乐器的技巧能力，才能胜任课堂乐器教学，才能顺利、优质、有效地完成教学任务，正所谓教学相长。因此对于专业专职教师，自学练习2—4节课，即可掌握小乐器的基础吹奏方法；兼职音乐教师，可采用集中或分散式培训3-5课时，即可以掌握乐器练习基本要领。但是作为一门必备的音乐课堂教学基本功，要求教师坚持每天练习10-30分钟。

教学中坚持以兴趣爱好为先导、为动力。教师"可用乐器为演唱伴奏，演奏欣赏曲的主题音调等。可采用各种演奏形式，以学生普遍学习的乐器合奏为主，鼓励学生从实际条件和各自的兴趣爱好出发，在普遍参与中发展自己的特长。"①也可以适当地选择学生喜爱的优秀的流行音乐（歌曲）进行示范演奏，以此激发和调动学生的学习积极性。注意过程中要关注师生和生生互动。

具体方法可以从齐奏开始，先进行单音学习如sol-mi-dao；利用学会的单音组成固定音型或节奏型为歌曲演唱伴奏；化解或降低旋律难度可以师生互动、接龙吹奏歌曲旋律；可以将打击乐器进行简单编配后，加入合奏，以丰富合奏的效果，使学生参与演奏的趣味更浓。鼓励、引导学生利用身边、生活中的废旧物品自制乐器，并应用到演奏中。

教学成果展示。课内，可以随时进行小组接龙、合奏或个人独奏、伴奏等多种形式的表演，获得教师当堂评价与激励（自评、他评）；课外，通过音乐会、班级合奏、校园艺术节等活动的组织与开展，有效推动器乐教学质量逐步提升。

明确"器乐课""器乐综合课"与"器乐进课堂"的区别。"器乐课"是指针对小乐器演奏技能而进行的专门训练，相对于"综合课"它属于单项课型；"器乐综合课"是以基础训练、乐器演奏为主，同时综合唱歌、欣赏、创编等教学活动的音乐综合课型；"器乐进课堂"则强调了小乐器"进"课堂，是前提和基础，也就是一堂音乐课中，小乐器使用或演奏的时间并不统一限制，可以是10分钟、8分钟，也可以30分钟、20分钟或一节课。而"器乐课""器乐综合课"则对于乐器演奏总的时长应有一定时间的要求，如"器乐课"应该不少于30分钟；"器乐综合课"乐器练习总时长不少于20分钟。另外，教师也可以灵活有序地把握教学时间及教学内容，不必拘泥某种课型。

结语

良好的开端即成功的一半。课堂器乐教学是义务教育阶段音乐课程的重要内容，它的教育教学意义和作用不必赘谈。教师应做到基于《课标》，尊重教材，立足课堂，着眼于自身专业化发展，提升教学水平。积极主动、科学合理、循序渐进地开展好器乐教学。积极有准备地走好器乐教学"第一步"，就可以顺利有效的逐步推开。

小小乐器，将会开拓孩子们心底那片灿烂的晴空，点亮他们学习与生活

---

①中华人民共和国教育部.义务教育音乐课程标准.北京师范大学出版社,2012-01:30.

的色彩，燃起他们艺术思维与创造的火花，升华他们幸福快乐的人生。

　　将器乐教学进行到底！让小小乐器回归音乐课堂，"我的音乐（学科）我做主"。让每一所中小学校园充满歌声、琴声、读书声，让我们的教育因美育融合而更加和谐、精彩！

　　老师们，还等什么？奏起你手中神奇的小乐器，以音乐的魅力"招引"学生，师生一起享受音乐，快乐成长……

教研交流（2021年3月3日）

学科教研特色创建中的探索与实践

一、中小学音乐课程价值及意义

《音乐课程标准》（2011年版）指出，音乐课程的价值在于：为学生提供审美体验，陶冶情操，启迪智慧；开发创造性发展潜能，提升创造力；传承民族优秀文化，增进对世界音乐文化丰富性和多样性的认识和理解；促进人际交往和情感沟通及和谐社会的构建。教育部前艺术教育委员会副主任周荫昌在《中国音乐教育——朝着素质教育方向走向新世纪》一文中说："普通学校音乐教育的根本性质是素质教育，是面向所有学生敞开大门的陶冶性情、滋养心灵的音乐艺术教育，是提高休养完善人格，促进全面发展的音乐文化教育。"

中小学音乐教育的总目标是培养社会合格的未来公民：热爱音乐并掌握和具备必要的音乐知识技能和四种能力：听觉、欣赏、表现、创造。三维目标：情感态度价值观，过程与方法，知识与技能。

正所谓"乐者乐也""乐者德之华也"，音乐以美化人、以美润德。

二、中小学音乐教学现状及问题

十年课改，素质教育被应试教育绝对优势压倒，教育质量观是否被曲解？上上下下高喊抓质量，成绩决定一切，音乐学科在不少人眼中依然是"小三门"，可去可留，可有可无，处于"说起来重要，做起来不要"的尴尬地位。

农村小学艺体师资长期急缺加剧城乡教育不均衡，村小音乐教育走向边缘化，兼职教师水平偏低、队伍不稳定等等。目前全区10个镇街63所农村小学，专业同时又专职、专用的音乐教师不足30人，80%以上为兼职教师，课程表上的"音乐课"基本等于"摆设"，约80%以上的农村孩子小学6年没有接受过常规的音乐教育，其音乐学习基本为"零"。

都说"音乐是儿童最好的教育"，可是，同在一片蓝天下，他们享受不到公平的音乐教育！当他们上了大学、走向社会，看到周围同龄人多才多艺、自信放飞自我的时候，回顾自己人之初这一段缺失了快乐音乐实践、缺失了艺术审美体验的"空白记忆"时，可以想象那是无法弥补的人生遗憾……这对于乡村孩子是多么的委屈和不公！这种局面到底何时才能得到缓解？

目前，尽管国家音乐课程标准下的义务教育阶段小学、初中音乐课程与教材中，已经纳入的课堂教学乐器为竖笛。但是，纵观课改以来，横看区里区外乃至全市中小学校，器乐教学确实是在音乐教学中长期处于"空白领域"。虽然在我区，口风琴、竖笛等课堂小乐器早在2006年第一届全区体育艺术节已经开始推进，但是步履艰难。由于学校领导认识不到位，重视度不够，也使得教师得过且过。对于"器乐进课堂"避而不谈，或因害怕一不小心会被扣上"乱收费"等罪名，甚至谈之色变。

受社会一些不良的风气或偏见侵蚀思想，以及艺术教育异化等倾向干扰，造成部分教师心态失衡、工作倦怠；音乐教育理念欠缺、方法单一；教学过程欠缺以学生为主体、以音乐为主线，师生互动、交往乏味缺少审美及快乐体验，课堂低效甚至无效的局面一度普遍存在。

作为音乐教研员，面对音乐学科"夹缝中生存"的种种问题与现状，难道音乐课真的是可有可无？音乐学科怎么办？是得过且过、闭眼应付？还是坚守教育初心和学科理想而奋力"守土有责"？

我教，故我在；我在，故我行。自重才能引起他人的尊重。作为音乐学科的领衔人，我的学科我不做主谁做主？我不重视谁重视？因此要付诸实践，付出努力，寻找更合适的切入点，把自己所拥有的理念与方法应用于指导和提高全区音乐教学水平上。让音乐学科在我做教研员的生命时段里，有成效、有特色、有发展、有提高。

所以，作为担当"教师的首席"的教研员，我存在的理由就是：坚守阵地、坚持方向，做好榜样、务实引领，不靠不等、主动前行。

三、创新教研在探索中前行

（一）器乐进课堂，小乐器大作用，填补教学空白，让课堂"有技、有艺、有趣"。

阶段推进（2006—2010），以点带面，滚动实施器乐进课堂，发挥"小"乐器之"大"作用。小乐器成为师生课堂教与学的抓手，学生的学具与玩伴，使课堂扎实、丰富、生动、高效。从而期待，当我们的中小学生毕业走出校门时，他们的音乐课堂学习基础状况不再是"零起点现象"。

目前，虽然我区初中学校"器乐进课堂"整体推进稍微缓慢了一些，还有待提升稳定性和规范化。但值得一提的是，我们城区里的所有区直小学成效显著，包括临城街道两所小学都可以基本达到全员普及小乐器，竖笛（口风琴）纳入常规音乐教学中，走在全市全省前列。具体表现在，一是教师参加培训学习热情高，2014年暑期全市竖笛培训中，薛城籍音乐专兼职教师参加培训的人数超过了150人占当时全市培训教师总数的近一半；一是教学成果显著，在2015年枣庄市竖笛教学优质课评比活动中，我区选手枣庄二十中的王立静和兴城北店联校的郑龙两位教师分别获得初中组和小学组一等奖第一名。两位教师也同时被选送并代表枣庄市参加山东省2016年中小学优秀德育案例展评活动。

（二）以身示范，义务支教进村小，践行快乐教学，边教边学边玩、边研究边应用。

"教而不研则浅，研而不教则空"。借鉴学习国际"三大音乐教学法"体系，探索"玩中学、做中学、学中乐、乐中获"，践行教学新模式：动中听，做中唱，舞中演，编中创。

于2012年至今，本人义务支教，深入村小音乐课堂，把所思所行，理念模式，在课堂上探究体验，让学科教研与指导更接"地气"、更有"底气"。

想做一件事并能够长久坚持下去，不是一件容易的事。但只要努力并不断做下去，收获一定是满满的、快乐的。实践证明，音乐课堂中的"玩模式"对于学生和老师都会是一种幸福课堂新体验。

总之，村小支教有苦亦有乐，苦是付出、是坚持，但也乐在其中。

（三）网络技术"搭台"，音乐教师"唱戏"，创建"云录播"，让村小孩子享受音乐。

集中全区优势师资力量，打造小学音乐精品课堂"云录播"赛课活动，爱心送课，让音乐教师爱上课堂。

（1）"云录播"三年计划

从2014年到2016年，录制完成人音版小学音乐1—6年级唱歌教学。采取每学期举行一期，每一期录两个年级两册书，每单元两节课，共15个单元大约30节课。十个镇街、加上五所区直小学，分别承担这15个单元的课题。目前已经录制、展播了1—4期，近120节课。均已上传至薛城教育网"共享共建云平台-精品课程"资源库，并随时可以点播观看。第五期（五、六年级下册）将在今年五月进行。

（2）"云录播"的效果及意义

提升教研水平，形成浓厚教研氛围，凝聚团队精神。"云录播"本着爱心送课的初衷，成为学生锻炼成长的舞台，成为教师新理念方法和专业成长的练兵场。"云录播"，起到了一举多得的作用，把"器乐进课堂"、新理念新思维新方法恰当融入赛课活动，让师生充分体验到快乐教与学，把"教"音乐变为"玩"音乐。磨课、研课、试讲与正式录播相结合，奥尔夫教学法展示大教研与即听即评小教研结合，发挥名师骨干引领作用，提升团队优良素质，使我区小学音乐教学质量得到全面推进和大幅度提高。上学期，第四期云录播精品课堂参加教学资源评比以及市音体美教学规范化教学评比，均取得全市最好成绩。

（3）"云录播"的困惑

首先，如何把录制好的"空中课堂"真正送到各个村小孩子们面前。目前我区正在参加教育均衡县的创建，相信随着硬件设施多媒体等配备到位，会让村小条件越来越好。其次，镇街小学兼职音乐教师人员极不稳定，且专业和教学力薄弱，需要持续关注并稳定队伍，同时需要区、镇两级给予各种专业培扶，以保证农村小学音乐教育教学，以及孩子们的美育发展，能够逐渐有所推进。

教研员应该常常提醒自己，放低自己，学会换位思考。教研员这个角色，除了服务员、指导员、研究员，教研员的身份也是老师，是本学科教师的"首席"，是老师的老师和导师，不仅学高，而且身正。教研员，可以是指挥、策划、导演、演员，但教研员唯独不是领导、不是官。

不论做教师还是做教研员，首先做个大写的人。教研员是一面旗帜，一面追求真、善、美、爱的旗帜。教研员是"师之表率""育人典范"。

我心中理想的校园应该是：书声、歌声、琴声、笑声，声声入耳。

我心中的教育质量观应该是：教育向课堂要质量，决非靠"挤占"音乐艺术课时，剥夺中小学生接受美育的机会。

音乐教育的合格率应该是：让所有孩子成为热爱音乐、具备基本音乐素养的合格公民。

音乐教育的优秀率应该是：在全体学生普遍参与音乐学习基础上，培养个性特长，使其潜能得到发展。应该让学生爱上音乐,一生与音乐、与艺术为伴！

（本文摘选自2016年薛城区教育局教研室"教研论坛"交流发言材料）

规范"教·学·测" 提升音乐教学质量

一、学校艺术教育及美育政策背景

新课改以来，教育部、山东省教育厅相继出台了一系列有关重视和加强学校艺术教育的文件通知。如《基础教育课程改革纲要（试行）》（教基〔2001〕17号）、《教育部关于积极推进中小学评价与考试制度改革的通知》（教基〔2002〕26号）、《教育部关于推进学校艺术教育发展的若干意见》（教体艺〔2014〕1号）、《教育部关于印发〈中小学生艺术素质测评办法〉等三个文件的通知》（教体艺〔2015〕5号）、《国务院办公厅关于全面加强和改进学校美育工作的意见》（国办发〔2015〕71号）、《山东省人民政府办公厅关于贯彻国办发〔2015〕71号文件全面加强和改进学校美育工作的实施意见》（鲁政办发〔2016〕36号），教育部颁布的《中小学生艺术素质测评办法（试行）》，省厅研究制定了《山东省中小学生艺术素质测评指导意见》、《山东省学生艺术素养测评实施方案（试行）》。尤其是2016年5月的"国考"（国家质量抽测·音乐）活动，给我们的教学更引发了一些新的思考，音乐课堂应该给学生什么？因此，加强学生独立地聆听、演唱、识谱唱奏能力等学科素养的培养是音乐课堂教学不可回避更不能忽略的重要任务。

二、音乐教材、教学及学生艺术素养现状

（一）教材知识体系欠缺完善、内容任务量大难以完成、器乐"零教学"仍然存在

现行小学、初中音乐教材知识技能略欠明晰，不同学段、年级之间缺少逻辑链接和直观衔接，导致教师容易"块状教学"而淡化"知识与技能"。其二，教学内容宽泛、作品量大，每一课（单元）内容包含歌乐曲数量较多（每册包括近40首），然而每周音乐课时数有限（小学每周2节课、初中每周1节课），加之每学期各级各类艺术活动、文化检测等挤占或减少课时。其三，由于片面追求"教学质量"，一些学校毕业年级的音乐课形同虚设，目前或因师资条件等问题，部分农村小学，连开齐开全课程都尚未做到。其四，竖笛

等课堂乐器的学习，在大部分农村小学及初中学校，仍然停留在"零教学"状态。因此音乐教学任务难以保证全面完成，学生相关知识技能的培养无法进一步更好的落实。

（二）课标理解"三维失衡"、关注学生不够、"零起点"现象普遍

在全区乃至更大范围内，较长一段时间以来，中小学音乐课堂上，教师过多关注表面的热闹，追求课堂结构的完整，课堂形式的多样，过度关注三维目标中的"情感态度与价值观"，忽略了在科学合理的"过程与方法"中进行"知识与技能"的有机渗透与有效落实。另外，常规教学中，教师大多采用学生集体学习、听唱歌乐曲，忽略学生个别抽查、个人展示，个体唱奏、复习巩固等常规教学环节。长此以往，学生学习的专注性、目标性、创新性及审美性不强，独立、自信表现音乐的能力薄弱，学习效率普遍偏低。依赖于"大家一起唱"，多有"滥竽充数"。一旦单独站起来表现（唱奏）就不会了、不敢了。导致小学六年乃至初中三年（约480节音乐课），九年下来，音乐课学习却仍然不懂识谱，不会正确地发声和美感地歌唱，不会吹奏教材规定简单的课堂小乐器（这里所指为非音乐专业特长生）。每个学段"从头学起"，就这样，小学、初中、高中音乐教学基本延续着"零起点"，陷入了一个令人尴尬的不良循环中。

（三）校际、校内各种"测评"欠缺规范和专业操作，容易误导教师及教学

长期以来，在各类音乐测评中，比如校际之间的音乐联考、学校量化考评本校教师以及音乐教师对于学生的诊断测试等，在测试项目、内容、及评价方式方法等方面，存在非专业性、随意性，不能合理遵循《音乐课程标准》，也没有依据学生音乐素养形成的科学认知途径，甚至背离了音乐艺术本质规律。总之，在专业性、针对性、规范性、导向性和科学性等方面都有欠缺甚至误区，导致教师的教学容易顾此失彼、无所适从；导致课堂教学效率低弱。另外，学校对音乐教师每学期任教年级的安排随意、不稳定、跳跃性大，使得教师对1-6年级教材及学生缺少知识的连续性和内在的逻辑性。学生的音乐素养形成缓慢，制约了音乐教学整体质量的提升。

因此，遵照国家相关政策及文件精神，依据《音乐课程标准》（2011年版），重视和加强中小学生艺术素养的培养，进一步夯实音乐课堂教学，规范教师"所教"（教什么）与学生"所学"（学什么）以及"学到什么程度"（达到的音乐素养），探讨研究有关"教-学-测"的刚性和指导性教学方案，用以引领教师和教学。夯实提升"教"的质量，落实"学"的素养，已势在必行。

三、以学促教、以测促学，教学测统一

要进一步规范和提高我区课堂教学质量，提高音乐教师整体教学水平，提升学生音乐学科素养，选择并创造性"用好"教材、"教好"学生，全方位落实音乐课程"三维"目标，切实打造高效课堂。引导广大教师进一步明确目标并理清课堂教学"教什么""怎样教""教（学）到什么程度"，"为什么这样教"。带领学生在"玩中学、动中学"的"过程与方法"中获得审美体验，培养其审美情趣（情感态度与价值观），夯实其"双基"（知识与技能）。使学生不仅在"玩中学"、而且在"乐中获"。在聆听（欣赏）、歌唱、识谱、课堂乐器演奏等领域，均有较扎实的基础积累和稳步提高，逐步摆脱音乐学习"零起点"现状。

经研究，每年开学进行"春秋季备课研讨会"，集中全区骨干教师重点通研课标与教材，梳理"必教必学"内容，促进教学测统一。因此，2017年3月1日，在薛城区南临城小学召开了全区小学音乐"首次备课研讨会"。

依据教材和《课标》(2011版)，进行"精梳、精选"，明确"必教必学"任务目标。针对"课时有限、活动挤占、作品量大、课本内容教不完"等教学实际，通研人音版1—6年级（下册）小学音乐教材，精简了教材内容，精选出必教与选教课题；梳理1—6年级音乐知识技能点，研究教学方法与实施路径。在课标和教参的指导下，经过骨干教师们集体研究，综合各自的教学经验和学生特点，反复审议，精心梳理，最后确定1—6年级下册"必教必学"内容及知识点供全区教师课堂教学参照使用（见附件一）。

综上所述，为了进一步规范中小学音乐课堂的"教"与"学"，以学促教、以教促学，达到教学与评价的一致和统一，真正提高我区中小学音乐教学质量，扎实提升中小学生音乐艺术素养，经报请领导同意，决定自2017年开始，每学年期末举行全区中小学音乐课堂教学质量抽测活动（见附录一）。

制定2016-2017年薛城区小学音乐"四项抽测"教学方案及指导建议（见附件二）。

附件一:

小学音乐一年级（下册）教材"必教必学"内容及知识点

聆听	演唱	读谱视唱（片段）	知识技能	编创活动	演奏曲目（小打击乐）	拓展内容
春晓（谷建芬）	《小雨沙沙》1=D 2/4	《小雨沙沙》	1、发声练习。2、手势模唱歌曲中的sol,mi	1、用自己喜欢的动作表演《小雨沙沙》。2、看图配声音	用沙锤为《小雨沙沙》伴奏	演唱《春晓》
牧童短笛（钢琴独奏）	《牧童谣》1=F 4/4	《牧童谣》	手势模唱歌曲《牧童谣》中的sol,mi,la	用双响筒为《牧童谣》伴奏，鼓励创造多种演奏形式合作表演	用双响筒为《牧童谣》伴奏	演唱《放牛歌》
鸭子拌嘴（民间打击乐）	《数鸭子》1=C 4/4	《数鸭子》	用课本鸭子图形谱或小人谱来感知、认识休止符"0"	即兴表演"鸭子拌嘴"	用响板等为《数鸭子》伴奏	演唱《雁群飞》
小象[美] 大象[法]	《两只小象》1=G 3/4	《两只小象》	对比两个乐曲的节拍规律（或者对比《两只小象》《可爱的小象》）	用自己喜欢的乐器为歌曲伴奏	用三角铁和双响筒为《两只小象》伴奏	演唱《可爱的小象》
跳绳（钢琴独奏）	《火车开啦》[匈]1=C 2/4	《火车开啦》	模仿火车Wu的发声练习	做火车开动的游戏	用碰铃等为《火车开啦》伴奏	演唱《拍皮球》
摇篮曲[德]	《闪烁的小星》[法]1=C 2/4	《闪烁的小星》	用柯尔文手势辅助唱准单音123456上下行，试唱《闪烁的小星》歌谱	体态律动表现歌曲《闪烁的小星》	用双响筒为《闪烁的小星》伴奏	《小宝宝睡着了》
采蘑菇的小姑娘	《粉刷匠》[波]1=F 2/4	《粉刷匠》	掌握沙锤的演奏方法	编创动作表演《粉刷匠》	打击乐器为《采蘑菇的小姑娘》伴奏	演唱《理发师》
调皮的小闹钟[美]	《这是什么》1=F 2/4	《这是什么》	用体态表现音的高低辅助模唱旋律	模仿钟表的动作	用三角铁和双响筒为《这是什么》伴奏，并创造伴奏的形式合作表演	演唱《时间像小马车》

小学音乐二年级（下册）教材"必教必学"内容及知识点

课次	聆听	演唱	读谱视唱	知识技能	创编活动	演奏曲目	拓展内容
第一课 春天来了	《春之歌》（德）门德尔松曲（钢琴）	《郊游》（台湾童谣）1=F 2/4（齐唱）	随教师模唱《郊游》第一、三部分旋律	运用听、辨、唱、对比等方法感知体验和认识"0"	1.拍一拍，读一读带有"0"的节奏。2.听辨记忆《春之歌》第一主题旋律。3.按X|XXX X|的节奏做律动。4.活页习题	自制打击乐器为歌曲《郊游》伴奏	演唱《大树妈妈妈》，唱准八分休止符
第二课 难忘的歌	《中国少先队队歌》（革命歌曲）1=bB 2/4（齐唱）	《共产儿童团歌》（共产儿童歌曲）	1.聆听《队歌》，轻声哼唱。2.配合《共产儿童团歌》做发声练习	童声	1."强弱、次强、弱"拍击练习。2.听习题音组3.活页习题	选择打击乐器为歌曲《共产儿童团歌》做伴奏	聆听《都有一颗红亮的心》，学念一句京白，学做京剧中的亮相动作
第三课 飞呀飞	《蜜蜂》（德）弗朗索瓦（小提琴）	《一对好朋友》1=G 2/4（齐唱）	有表情地模仿唱旋律	运用走(x x)、跑(xx)、跳步模仿体验认识"XXXX"节奏	1.听《蜜蜂》划旋律线。2.自由组合节奏，读一读、拍一拍	用双响筒为歌曲《一对好朋友》伴奏	聆听《小蜜蜂》，有表情的模唱旋律，找一找相同的旋律
第四课 美丽家园	《吉祥三宝》（对唱）布仁巴雅尔词曲（民间打击乐）	《我的家在日喀则》（藏族）1=D 2/4	1.发声练习。2.模唱《我的家在日喀则》的旋律。3.聆听《吉祥三宝》随童声模唱	通过聆听童声演唱，懂得"童声""男声""女声"的含义	1.听辨男声、女声，男声，2.学习藏族舞蹈的基本动作，结合歌曲内容进行歌表演。3.做读一读、编一编、唱一唱的综合练习。4.活页习题	用双响筒、串铃为歌曲《我的家在日喀则》伴奏	聆听木琴独奏《我是民间小骑兵》，听听木琴音色，使用双响筒表现乐曲中马奔在日喀则，由近而远的力度变化
第五课 快乐的舞蹈	《加伏特舞曲》（荷兰）戈塞克曲（单簧管）	《金孔雀轻轻跳》1=E 2/4	1.用"beng"模唱音组（听辨高低）。2.随教师模唱《金孔雀轻轻跳》	小节 小节线 终止线	1.聆听《金孔雀轻轻跳》，数一数歌曲有多少小节。2.学做几个傣族舞蹈的动作，边跳边唱。3.随《加伏特舞曲》的音乐创编动作跳一跳。4.活页习题	选择合适的打击乐器为《金孔雀轻轻跳》伴奏	1.聆听《霍拉舞曲》听音乐用手划旋律的走向。2.随音乐跳一跳
第六课 音乐王	《老虎磨牙》安志顺曲（民间打击乐）	《两只老虎》（法国童谣）1=F 4/4	1.发声练习。2.模唱旋律。3.初步学习用轮唱的方法演唱《两只老虎》	发声练习	1.聆听《老虎磨牙》的音乐变化。2.进行《两只老虎》的歌词创编。3.活页习题	1.运用打击乐器与《老虎磨牙》进行合乐伴奏。2.用打击乐器编一段循环乐型做"对话"	聆听管弦乐曲《狮王进行曲》，用"beng"模唱旋律，随音乐模仿狮子威武的样子走一走
第七课 跳动的音符	《三只小猪》美国罗门采曲（管弦乐）	《音乐小屋》1=bE 2/4（齐唱）	1.发声练习。2.随教师模唱旋律。3.用"la"模唱《音乐小屋》的主题旋律	学会在歌唱中运用f强p弱力度记号f强、p弱	1.用f和p的力度唱一唱《音乐小屋》，唱一唱。2.随指定的歌谣唱。3.聆听《三只小猪》，听到音乐变化时，用动作表现。4.活页习题		聆听《单簧管波尔卡》用线条、色块或图形变现听听音乐
第八课 新疆好	《新疆好》马耀先词 刘炽曲（独唱）	《我爱雪莲花》1=C 2/4	随教师模唱或者声模唱旋律	反复记号‖:112:‖	1.学习维吾尔族基本舞蹈动作。2.聆听《新疆好》，用动作表现。3.活页习题	选择打击乐器和节奏型为歌曲伴奏	聆听《新疆是个好地方》边唱边表演

小学音乐三年级（下册）教材"必教必学"内容及知识点

课次	聆听	演唱	读谱视唱	知识技能	创编活动	演奏曲目	拓展内容
第一课 爱祖国	《我们走进十月的阳光》（领唱 合唱）	《祖国祖国我们爱你》（课本第2页 编创活动：试唱旋律片段）1=C 2/4	《祖国祖国我们爱你》（歌曲）	延长记号 合唱	1.第3页习题 2.活页第3页习题：(1)(2)	选择合适的打击乐器，设计节奏为歌曲《祖国祖国我们爱你》伴奏	《只怕不抵抗》冼星海，第5页编创活动：设计动作，边唱边表演
第二课 美妙童音	《猜调》（合唱）（云南民歌）	《摇船调》（台湾民谣）1=F 4/4	《摇船调》	发声练习 反复跳越记号	第9页：1.按照反复跳跃记号的要求，模唱下面的旋律。2.节奏问答。3.选择合适的打击乐器，设计节奏为歌曲伴奏。4.活页习题	选择合适的打击乐器，设计节奏为歌曲《摇船调》伴奏	《木偶的步态舞》，第13页编创活动
第三课 我们的朋友	《苗岭的早晨》（笛子）	《柳树姑娘》1=F 3/4	《柳树姑娘》	顿音，唱名 sol, la, si, 笛子	第19页第1,2题	选择合适的打击乐器，设计节奏为歌曲《柳树姑娘》伴奏	《顽皮的杜鹃》活页习题
第四课 春天的歌	《杨柳青》（民乐合奏）	《春天举行音乐会》1=♭E 2/4	《春天举行音乐会》前16小节	十六分音符发声练习，八分休止符出现。	第22,24,27页习题	选择合适的乐器和节奏 为歌曲《春天举行音乐会》中的象声词伴奏	《嘀哩嘀哩》歌曲：把以前学过的关于"春天"的歌唱给同学听活页习题
第五课 音乐会		《我是小音乐家》（美国歌曲）1=F 2/4	《我是小音乐家》	发声练习	第31页 1.创编第四段歌词，唱一唱 2.模拟演奏各种乐器边唱边表演		聆听：《男声贾里新传》（俄罗斯乐曲）《船歌》进行曲《德一法》模拟演奏各种乐器，边唱边
第六课 牧童之歌	《小放牛》[唢呐与乐队]	《剪羊毛》【澳大利亚民歌】1=C 2/4	《剪羊毛》	全音符 唢呐	第37页习题	选择合适的打击乐器，设计节奏为歌曲《剪羊毛》伴奏	《小小羊儿要回家》歌曲活页习题
第七课 老师您好	《飞来的花瓣》（领唱 合唱）	《甜甜的秘密》（歌曲）1=F 4/4	《甜甜的秘密》前八小节	常用音符与休止符 发声练习	第49页第1,2,3题	选择合适的打击乐器，设计节奏为歌曲《甜甜的秘密》伴奏	歌曲：《每当我走过老师窗前》编创活动活页习题
第八课 家乡赞歌		《小巴郎，童年的太阳》1=♭E 2/4	《小巴郎，童年的太阳》前八小节	女高音 男高音，女中音 唱名 re, mi,	第55页第1,2,3题	选择合适的打击乐器，设计节奏为歌曲《小巴郎，童年的太阳》伴奏	聆听：《帕米尔我爱我的家乡多么美》《在那桃花盛开的地方》《俄罗斯》区分音色属于哪种人声活页习题

小学音乐四年级（下册）教材"必教必学"内容及知识点

课次	聆听	演唱	读谱视唱	知识技能	创编活动	演奏曲目（片段）	拓展内容
第一课 跳起来	《小步舞曲》（德）巴赫	《我们大家跳起来》1=C 3/4	借助柯尔文手势模唱《我们大家跳起来》旋律	认识重音记号，体会舞曲风格，了解巴赫	随歌曲曲动（感受体验三拍子）		学唱土风舞粉红页标记重音记号
第二课 少年的歌	《牧羊姑娘》金砂曲	《我是少年阿凡提》1=G 2/4 新疆民歌	跟琴模唱《我是少年阿凡提》旋律	认识变音记号：#升记号，感受变音记号	1.听一听老师弹奏的是哪一组音，并唱一唱；2.活页习题	竖笛：合奏吹奏	聆听《小小少年》
第三课 水乡	《洪湖水浪打浪》	《癞蛤蟆和小青蛙》1=F 2/4	有感情的随琴模唱《癞蛤蟆和小青蛙》旋律	力度记号：mp	1.用中弱中强的力度变化唱一唱；2.创编动作边唱边演。		《采菱》
第四课 童年的音乐	《彼得与狼》（苏联）普罗科菲耶夫	《白桦林好地方》1=F 2/2	利用柯尔文手势模唱《白桦林好地方》旋律	单簧管、大管、定音鼓 力度记号：渐强、渐弱	活页习题		《红蜻蜓》
第五课 风景如画	《森林狂想曲》南美器乐曲	《西风的话》1=G 4/4	用连贯的气息模唱《西风的话》旋律	了解乐段、乐句	1.编创与活动；2.活页习题。	竖笛：《蒙古小夜曲》	
第六课 摇篮曲	《摇篮曲》（德）勃拉姆斯	《摇篮曲》（舒伯特）1=G 4/4	利用柯尔文手势随琴模唱《摇篮曲》（舒伯特）旋律	4/4拍号强弱规律，用肢体语言表现	1.活页习题；2.利用肢体语言对歌曲进行伴奏。	竖笛：春游去	
第七课 回声	《羊肠小道》（美）格罗菲	《山谷静悄悄》1=F 4/4	利用回声游戏做高模唱《山谷静悄悄》旋律	力度记号：f,pp	1.设计强弱变化游戏；2.模仿回声。	竖笛：《牧羊女》	《友谊的回声》
第八课 向往	《乘着歌声的翅膀》（德）门德尔松	《小纸船的梦》1=F 3/4	随琴有感情的模唱《小纸船的梦》旋律	变音记号：b降记号，感受变音记号	听辨旋律并随琴模唱		唱歌综合课种太阳

小学音乐五年级（下册）教材"必教必学"内容及知识点

课次	聆听	演唱	读谱视唱	知识技能	创编活动与习题	演奏曲目（片段）	扩展
第一课 春景	《致春天》（挪）钢琴独奏	《小鸟小鸟》1=F 6/8	《小鸟小鸟》第一乐段	切分音（一）	1.发声练习 2.切分节奏的掌握		《春雨蒙蒙地下》
第二课 欢乐的村寨	《打起手鼓唱起歌》独唱	《迷人的火塘》主旋律 1=G 4/4	《迷人的火塘》的主旋律	切分音（二）	1.习题 2.发声练习 3.活页习题第1页第二题	竖笛《土拨鼠》片段（主旋律前9小节）	《巴塘连北京》
第三课 飞翔的梦	《飞越彩虹》（美）独唱	《真善美的小世界》1=G 2/4	《真善美的小世界》	反复记号 D.C.	1.习题 2.习题：活页习题第1页		《小白船》
第四课 你好！大自然	《铃儿响叮当的变迁》（美）童声合唱	《铃儿响叮当》1=F 2/4	《铃儿响叮当》	弱起小节	用打击乐器、打击身体部位等方式为歌曲色块中的旋律伴奏	学吹竖笛	《田野在召唤》
第五课 京韵	《京调》笛子与乐队	《京调》	《京调》1=C 2/4	发声练习	1.习题 2.活页习题第2-3页		《我是中国人》
第六课 百花园	《对花》管弦乐	《采花》	《采花》1=bE 2/4	选择打击乐器为歌曲《采花》伴奏	分小组设计表演并进行交流展示	《嘎达梅林》	《编花篮》
第七课 爱满人间	《爱的奉献》独唱	《爱的人间》1=F 4/4	《爱的人间》	人声分类	1.听音乐片段，分辨人生类别 2.活页习题第4页		《地球是个美丽的圆》

小学音乐六年级（下册）教材"必教必学"内容及知识点

课次	聆听	演唱	读谱视唱	知识技能	创编活动	演奏曲目（片段）	拓展部分
第一课 古风新韵	独唱《但愿人长久》	花非花 1=D 4/4	花非花	学吹竖笛《大鹿》各种力度记号	设计表演《花非花》活页习题第1页	学吹竖笛《大鹿》	聆听《关山月》，认识古琴，演唱《游子吟》
第二课 月下踏歌	民乐合奏《阿细跳月》	转圆圈 1=G 2/4 3/4	转圆圈	发声练习	手拉手站成排，随乐句的进行，摆动双手边唱边动，体验撒尼人民月下踏歌时的意境 活页习题第6页		演唱《我抱着月光我抱着我》民族乐器分类（一）
第三课 银屏之声	《两颗小星星》	DO RE MI 1=C 2/4	DO RE MI	学吹竖笛《草原夏令营组曲》	随音乐哼唱《两颗小星星》片段，体会主人公心情	学吹竖笛《草原夏令营组曲》	聆听《爱是一首歌》演唱《清雪调》
第四课 美好祝愿	民族管弦乐《龙腾虎跃》	拍手拍手 1=F 2/4	拍手拍手	发声练习	为《拍手拍手》编创歌词并唱 活页习题第2页		演唱《明天会更好》民族乐器分类（二）
第五课 快乐的阳光	《守住这一片阳光》	一把雨伞圆溜溜 1=bB 2/4	一把雨伞圆溜溜	发声练习 变声期嗓音保护	设计表演形式，随音乐表演《一把雨伞圆溜溜》活页习题第2页		演唱《橡树爷爷》
第六课 神奇的印象	《海德薇格主题》	火车来了 1=G 2/4 3/4	火车来了	民族管弦乐队演奏图	活页习题第2页	学吹竖笛《沂蒙山小调》	演唱《飞天曲》瀑布（片段）
第七课 放飞梦想	《欢乐颂》	永远是朋友 1=F 4/4	永远是朋友	认识贝多芬	边唱《我们是明友》边用动作相互交流情感。活页习题第3页	《欢乐颂》片段	演唱《我们是好朋友》

附件二：

2016-2017年薛城区小学音乐"四项抽测"教学方案

一、政策依据

（1）教育部、山东省教育厅相关文件方案（略）

（2）义务教育《音乐课程标准》（2011年版 略）

二、测评形式：抽测，现场表演

三、测评项目（教学内容）

（1）聆听

（2）歌唱

（3）识谱

（4）演奏

（5）班级合唱

四、测评目标（学期教学目标）

（1）聆听：让每个学生学会聆听、感知、体验音乐。提高学生欣赏、感受"音乐美"的能力。

具体标准要求：

• 每学期积累不少于3—5首教材经典乐（歌）曲。

• 熟悉会唱（或哼唱）歌曲主旋律。

• "合乐而动"，学会用肢体、表情、声音等方式参与音乐，感知、体验、判断音乐要素（速度、旋律、节拍、节奏、音色等），及其表达的音乐情绪情感。

（2）歌唱：嗓子是每个人最好的不花钱的乐器，让每个孩子学会有美感的歌唱。

具体标准要求：

• 每学期背唱歌曲3—5首。

• 做到有表情、自然、自信地歌唱。

•掌握唱歌教学"九字诀"：唱会歌、唱好歌、会唱歌，不仅"唱会"歌曲，而且还要"唱准""唱好""唱美"。

（3）识谱（识读乐谱）：乐谱是记载音乐的符号，是学习音乐的基本工具。让每个孩子学会识读简谱、做到"会"唱歌。

遵照课程标准及教参教材内容建议，1—2年级、3—6年级、7—9年级各个年级，不同学段标准，依据学生音乐认知特点，循序渐进进行识读简谱教学。

具体标准要求：

•每生每学期背唱简谱旋律3—5段。

•唱、记所教歌曲的简谱旋律。

•识、读、唱准唱名：d(o) r(e) m(i) f(a) s(ol) l(a) x(i)、大小调音阶。

（4）演奏：让每个孩子会演奏一件小乐器，并借助小乐器进行识谱学习、合作学习。

具体标准要求：

•1—2年级，以课堂打击乐器为主，学生认识、会用小乐器（木鱼、响板、双响筒，铃鼓、碰钟、三角铁等等），师生、生生合作、创编不同节奏方式为歌曲伴奏。

•3—6年级，以竖笛或口风琴等课堂乐器为主，要求每生每学期会独立吹奏3—5首竖笛练习曲或教材歌曲，并且可以进行多声部合奏。

（5）班级合唱：在每学期利用随堂上课时间，对部分所学歌曲，要有教师钢琴伴奏，教师（或学生）指挥所在班级进行班级合唱。

五、几点说明：

1."四项抽测"统一要求和针对各区直中小学和各镇街中心小学（初中将于下学期试行），以及有专业、专职音乐教师的普通村小；没有专业专职音乐教师（非音乐专业的兼职教师）的农村小学，可以适当降低标准。

2.唱歌、欣赏（聆听）、器乐等教学时间分配建议：每周一节唱歌综合课，一节器乐综合课。将聆听欣赏、乐器练习与歌曲巩固、创编活动分别有机融入。常态课关注学生集体与个体、小组合作、生生合作、接龙唱（奏）等有效落实环节，加强"复习巩固"环节。不急于走形式、赶进度，尽量多给学生创造时间、空间和场地去上台表演、参与锻炼，注重培养学生自信大方、敢于表现、善于合作的创新能力，及良好的音乐学习兴趣与习惯。

3.课堂乐器（竖笛或口风琴等）的购置建议：竖笛教学是小学四年级教

材（人音版）、初中7—8年级教材（人教版）规定学习内容。多年来，在各区直小学及临城南小、临城实小常规教学中，不论口风琴还是竖笛均已进入常规教学。期待后续镇街小学以及大部分初中学校陆续将器乐进课堂落实到位。

配备课堂乐器是遵照国家课程设置和要求执行的日常教学行为。学生配备学具请以学校的名义，给"家长一封信"，晓之以理，本着自愿的原则，明确告知家长朋友，待其自愿签字，统一品牌（符合卫生标准、音质纯正、音高准确、形制一致），自愿购置或学校统一订购。音乐教师应充分利用课堂教学，以美的示范演奏展示、引导学生，避免强制购买。

4.学校对于考评或检测音乐教师的教和学生的学，应做到三个尊重：尊重学科专业规律、遵重音乐课程标准、尊重学生认知特点；一个中心出发点：提高每一个学生的音乐核心素养。

5.形成良好惯例：建议学校每学期利用开学前的"教师学习"活动，或者开学初的"集体教研"时间，基于学生特点及认知规律，梳理各个年级教材知识体系，"以音乐为主线，以音乐为手段"落实双基，夯实学生素养。

6.用好资源，服务教学："均衡发展"为广大农村学校带来了良好机遇，现代化教学设备场地器材几乎"覆盖"所有村小。如何用好资源，服务教学，有益于学生发展，值得思考。

第四章　乡村教研

　　我区农村小学师资缺乏，近些年音乐教师"改行"教语文、教数学的现象普遍，因而导致相当一部分专业音乐教师人员"流失"。于是出现了"兼职音乐教师"这个称谓，即由语文、数学、常识、英语这些非音乐专业毕业、非音乐专职教师来兼职音乐课的奇怪现象。而专业、专职又专用的音乐教师"改的改""走的走"，在农村小学已经寥寥无几。

　　因此，每一次到村小进行教学调研，我听到的音乐课大都是兼职教师或临时"代课教师"所上。聆听着"兼职教师"们一堂堂并不专业、甚至有些"差错"的"音乐课"，我的心被一次次撞击着，同时也被鼓舞鞭策着。他们中有的年逾半百，有的"半路出家"，还有的担任总务主任、教导主任、班主任等领导和管理职务。村小音乐教学的整体质量可想而知是何等薄弱。尽管整体音乐课堂状况不容乐观，但我却分明感受到乡村娃娃对音乐的热情、喜爱和向往，感受到兼职教师们那份质朴、无奈与坚守。

　　面对兼职教师们展现在我和孩子们面前的音乐课堂，作为音乐教研员，我更多的是感激——为了乡村孩子、为了音乐教育。但是我不知道，在我来到一所村小之前，这里的音乐课是什么情况；或者也不敢想象，当我们结束每一次教研活动，离开每个村小之后，孩子们所期盼的"音乐课"是否又继续成为课程表上的"摆设"，成为孩子们的奢望之想……

第一节 乡村小学听评课

微笑吧老师

时间：2013年3月15日（星期五）

地点：临城古井小学

年级：五年级

课题：《春雨蒙蒙地下》（人民音乐出版社小学音乐五年级下册）

执教者：王老师（英语兼职音乐）

教具准备：录音机

今天聆听了一位教英语的王老师上的一节五年级音乐课，课题是《春雨蒙蒙地下》。王老师使用的教具也是一台录音机和一本音乐书。

在师生问好之后，王老师组织学生看书，以清唱法复习歌曲《小鸟小鸟》。坐在教室里我看到王老师的表情和神情，可以想象到这与她给学生们上英语课时一样的严谨与不苟言笑。当学生唱完第一段歌词时，课堂上突然没了"声音"。这时王老师顿了顿，然后只说了三个字"接着唱"。于是，学生又在和刚才一样随意的状态下唱了第二段。学生的坐姿、体态和唱歌的声音都显得随意，显然，课堂上老师对此没有要求、也无规矩。

接下来学生随录音范唱《小鸟小鸟》两遍之后，开始学习新歌《春雨蒙蒙地下》。

王老师语言过渡说："同学们，前天下了一场春雨，今天我们学习一首《春雨蒙蒙地下》"。同时王老师一边说一边板书课题。

聆听新歌之后，王老师问同学们："歌曲的情绪怎样？"学生七嘴八舌回答说"欢快的、感觉很优美——"王老师说："听完之后，觉得心情非常好受，大家想不想学习这首歌？"

学生异口同声道："想——"

接下来进入歌词学习的环节。王老师的教学方法是：老师一句一句地领读歌词，学生看课本一句一句地齐读歌词。然后是复听歌曲《春雨蒙蒙地下》，之后学生跟随录音机边听边唱，学生出现了咬字不清等问题，比如"刷刷刷刷"，这里学生将shua唱成了sua。王老师没有注意到、或者没有意识到。她只顾提醒学生唱歌一定要注意节奏。这里有切分节奏

板书：x x x|x x |x −

"教师范唱"环节，王老师敢于"范唱"，而且是清唱。当王老师以清唱的方式唱完之后，她自己似乎感觉不太自信，于是涩涩地笑着问学生："老师唱得还可以吧？"这时可爱的学生们一边为老师鼓掌，一边大声回答"可以——"随即，在我和孩子们热烈和鼓励的掌声中，王老师目光与我对视的一刹那，我们都会心地笑了。

人们说微笑是最美的语言，王老师笑起来的样子很美很可爱，像一股温暖的风儿吹开了之前她脸上的严肃与刻板，顿时给人一种轻松愉悦、还有一种亲切的美感，此刻在一旁听课的我，心头一暖，瞬间开心地在听课本上写下了"老师的微笑真好"几个字。

在听录音机学唱两遍歌曲的过程中，王老师手里打着拍子，一直低头看课本。她启发学生优美、抒情、有感情地唱，唱出欢快、活泼的声音，唱出春天的气息，并鼓励学生发表不同意见。

王老师的音乐教学方法除了听唱法，她还采用了分小组唱歌，同时采用自评、互评等方法……

课堂之美

在我听过的村小兼职教师的音乐课堂上，确实看到有相当一部分老师不够自信，总是不敢放声唱。王老师是一位任教五年级英语课的女老师，是一位爱唱歌、敢唱歌的兼职音乐教师，作为非音乐专业出身的她，在课堂上能够大胆清唱歌曲为学生做示范，实为难得。另外，王老师还善于借用和发挥录音机的作用，带领学生一边听唱、一边学习和复习歌曲，也不失为一种切合实际的有效做法。

美中不足

对于王老师本堂课的勇敢执教，除了感谢之外，身为教研员我不敢有"非分"的要求，因为王老师毕竟不是音乐"科班"出身，而且还带着小学英

语课，我只能在心口之中殷切期望王老师把这样的音乐课坚持下去。

教学建议

如果说要给王老师提点建议或者要求的话，就是关于学生唱歌的姿势、习惯和基本方法，能够经常提示学生唱歌时做到：1.身正、肩平、面带笑容；2.唱歌要自然、不喊唱；3.注意纠正学生歌词中的错别字。

最想说，亲爱的王老师，微笑最美。请不要吝啬你可爱的笑容，请带上微笑给孩子们上课吧！

课堂随感

本次下村小调研，就是想实地了解各个村小真实的音乐教学以及师资等基本状况。这些农村小学里大多没有专业专职的音乐教师，大部分都是非音乐专业的"兼职教师"。所到村小，我看到每一所学校课程表上，板板整整地排列着每班每周的"两节音乐课"（符合国家课程小学音乐2—3课时的规定），看到课程表上这些陌生的"兼职教师"名字，他们没有经过专业音乐院校的系统学习，不知道实际情况究竟会是怎样。所以我选择听兼职教师的音乐课，虽然有些好奇但更出于责任，也明知道当我宣布要听这些兼职教师的音乐课，会给他们造成一些心理压力和紧张情绪，但却真心没有想过要"难为"这些兼职老师们。

我想的是，既然教研室下到村小对各学科教学情况展开实地调研，就应该了解真实的东西。既然我是音乐学科教研员，面对长期以来音乐属于学校"弱科""小三门"等种种偏见，我坚决认为不能"科"有"科"无地尴尬下去。既然来了就不能视而不见、"随大溜"、听之任之，否则这门学科以及我这个教研员就失去了存在的意义。如果，连兼职音乐教师的音乐课都不听，就无法了解农村小学音乐教学的真实样子，不知道农村孩子与城里孩子的差距有多大。因此，我不能够眼看着村小的音乐课"无人问津"。

我不知道，在我来到一所村小之前，这里的音乐课是什么情况。也不知道，当我们今天教研结束离开之后，孩子们课程表上的"音乐课"是否继续成为"摆设"。今天，尽管王老师的教学方法较为单一，尽管孩子们的"歌声"大多是"喊"出来的，但是在一旁观课的我，置身在这个寂静的乡村校园中，听着教室里飞出孩子们或喊或唱的歌声，一时间飘荡在整个校园。我想，这才是一个和谐的乡村校园，她不单有朗朗的读书声！只希望，每个乡村校园充满孩子们快乐的歌声！

带上"耳朵"听音乐

时间：2013年3月11日（星期一）

地点：沙沟镇关各小学

年级：六年级

课题：《手拉手》（人民音乐出版社小学音乐六年级下册）

执教者：黄老师（语文兼职音乐）

教具准备：录音机

上午，来到了沙沟镇关各小学，聆听了一位名叫做黄静的语文老师上的一节六年级音乐课——《手拉手》。黄老师的教具准备也是一台录音机、一本人音版六年级音乐课本。

入课时黄老师以音乐的形式（虽然她不会弹琴，只是清唱）与学生进行"师生问好"礼仪，这不正是我给广大音乐教师们提倡的吗？也是体现音乐课程标准的理念要求，突出音乐实践及音乐学科特点。正如英语课有其独特的语言特色一样，音乐课也应该以音乐的方式进行师生礼仪，当然音乐礼仪和形式可以随着歌曲等教学内容的不同而经常创新和丰富多样。

导入教学时，黄老师找一位同学上来与老师握握手，随之老师拉住学生的手。教师提醒同学们，大家左右互相拉起手来。于是引入今天要学习的课题《手拉手》。

学习歌曲的第一个阶段，黄老师显然是用语文教学的方法：首先通过学生读歌词，来了解歌词大意以及作者的思想感情是"颂扬和平、友谊和团结"。进而，简介歌曲是一首充满青春朝气又欢快、富有儿童特点的歌曲，歌曲表达了各国人民希冀团结向上、友爱和平的心愿。然后黄老师领读、学生齐读歌词"拉起手，拉起手，团结让我们拉起手……"期间，教师巡视并观察、纠正坐姿，发现坐姿好的同学，请他上来给大家做示范，提示正确的"站"和"坐"。

第二个阶段进入聆听歌曲，令人欣慰的是终于看到黄老师的教学与音乐"搭上"了。她先问学生歌曲的情绪是欢快的还是忧伤的，然后问歌曲是几几拍子的。只是学生不明白、答不出来，于是黄老师自问自答曰"四二拍子"。我估计黄老师自己恐怕也不清楚"四二拍子"是怎么一回事。

教师示范环节，黄老师依然是清唱法。随后就是语文式的"一句句教唱"歌曲。

在复听歌曲大概三四遍之后，黄老师熟练地操作"录音机教唱"法，使用录音机一句一句"暂停式""断听式"教唱。接着带领学生随录音机完整唱、分组唱、个别唱……

课堂随感

六年级的学生，从教师"口传心授"式的一句句教唱，到听着录音机一句句学唱歌曲，令人难过的是，孩子们从头到尾竟然没有一句唱在调上，所有的乐句都是一个调！孩子们也不知道音乐节拍中最基本和常见的"四二拍子"是何意义、该怎样表达……看着孩子们扬起的那一张张稚嫩而真诚的脸儿，我只恨自己没有三头六臂，不能分身有术，一种无奈之"囧"袭上心来，真的为老师感到无奈、为这帮孩子深感惋惜！

只能说，这所村小或者与大多数农村小学状况无二——没有专职、专业的音乐教师，没有上过规范的音乐课，孩子们没有真正听过音乐，更别谈会听音乐、听得懂音乐了。

课堂之美

我们说"课无完课"，就像"人无完人"。所以没有一节音乐课堪称完美，也不会有一节课会上的"一无是处"。

黄老师年轻有热情，敢于大胆演唱，而且音准好。难得的是，黄老师和学生之间的"师生问好"是以音乐的方式来完成的，师生清唱，清新质朴、富有学科特色。这一点甚至是许多专职音乐教师的课堂上，都还欠缺的一个教学环节，一种课堂意识。

美中不足

但是，黄老师不会用琴，也许学生们很少或从来没有听过琴声，也未养成倾听旋律和音乐的习惯与方法，所以自然会出现"自顾自唱"、不会"边听边唱""集体跑调"等状况。音乐是声音的艺术，更是聆听的艺术。可惜的是包括有一些专职音乐教师，也需要加强这种学科意识。

教学建议

因此，在和黄老师课下交流反馈时，除了肯定和鼓励黄老师的优点之外，也特别强调和建议包括黄静老师在内的专、兼职音乐教师，请务必要树立一个正确、持续的"关注聆听"的方法意识，多加引导学生"带上耳朵听音乐"。多认真聆听，边听边唱，以听为主、轻声跟唱，努力听准、听好每一个音符，就像倾听别人语言中要表达的意义。逐步建立良好的聆听习惯和音准概念。

其次，对于年轻又热爱音乐的黄老师来说，如果工作之余，能够自学一些基本的乐理知识，领会几种基本拍子，并能带领学生边打拍子边唱歌，尝试随着节拍身体参与、"律动"起来，"合乐而动"，那么课堂将会是一番崭新而鲜活的场景。

再者，从单手练习开始，学会基础的键盘弹奏，这样，将会更有利于课堂教学，同时也充分利用了现有的教学资源，让钢琴这件乐器不至于搁置和浪费。

还有，对课堂打击乐器进行简单地使用也会给教师、给课堂和孩子们增添乐趣。

对于沙沟镇除了中心小学之外的其他村小，音乐教学状况基本大都是很弱的。全镇共有七所小学校，均为完小。除了中心校有两位专业、专职音乐教师外，其余六所村小均为兼职。七个村小完全配了乐器器材，如电钢琴、电子琴(雅马哈)、打击乐器等。通过岩湖和关阁两所小学听课了解的情况看，兼职音乐教师课堂教学较为薄弱，教师不会上课，就连基础而又简单的打击乐器也不会使用，国家配备的教学资源如钢琴、电子琴、各种小乐器只能成为一种高雅而奢侈的"摆件"……

久违的"小黑板"

时间：2013年3月7日 （星期四）

地点：周营镇后韩小学

年级：三年级

课题：《花喜鹊和小乌鸦》（人民音乐出版社小学音乐三年级下册）

执教者：韩老师（数学兼职音乐）

教具准备：花喜鹊和小乌鸦的影印图片、录音机

今天聆听了数学教师韩老师上的一节三年级音乐课《花喜鹊和小乌鸦》。韩老师准备使用的教具是花喜鹊和小乌鸦的影印图片以及一台录音机。

课一开始，韩老师首先进行情境创设来导入歌曲学习。她是这样进行的："孩子们瞧，老师给你们带来了两位小客人——"韩老师一边说一边走近学生，同时分别展示花喜鹊和小乌鸦的图片，并模仿它们说话的声音……这一个环节立即吸引了孩子们的注意力，也很好地激发了学生们对于这两个动物的想象与模仿的兴趣，进而顺势出示课题并板书。

新授部分的歌曲学习，韩老师采取"听唱式"的教学方法，首先聆听歌曲《花喜鹊和小乌鸦》，听后请学生找出印象深刻的一句话。

我观察到学生在通过看着歌词寻找并回答。全体学生一起看书读歌词。

在复听歌曲时，韩老师提出第二个问题，让学生找出描写和表现乌鸦和喜鹊个性的语句，学生回答时，韩老师分别板书花喜鹊——光报喜来不报忧；小乌鸦——不惨半点假。

再听歌曲，韩老师布置任务让学生寻找"不认识的音乐符号"并板书：下滑音记号；波音记号。第四遍聆听歌曲时，要求学生随歌曲音乐哼唱。这时候韩老师亮出了"小黑板"，呈现了事先板书在"小黑板"上的问题：关于歌曲的速度、情绪等问题填空，引导学生进行选择性回答。

接下来韩老师范唱歌曲，她以清唱的方式演唱歌曲，到此算是学生聆听歌曲的第五遍。下面的过程与方法主要就是学生反复听唱-男女生分组演唱，加深歌曲印象或记忆。

结课部分，韩老师通过"问题讨论式"来进行情感与德育渗透。她问孩子们："你们喜欢花喜鹊还是小乌鸦？"学生大部分回答的是"喜欢小乌鸦"，也有学生说"不喜欢小乌鸦的叫声"但乌鸦"不掺假"，它做事"诚实可靠"；有说喜欢花喜鹊但不喜欢花喜鹊的叽叽喳喳不诚实。

韩老师点拨式总结道："同学们，凡事都有它的两面性，我们看小乌鸦虽然长得不漂亮、声音不悦耳，但它做事脚踏实地；花喜鹊虽然长得好看可是它叽叽喳喳，'报喜不报忧'也是充满善意的谎言……"

课堂之美

我看韩老师的课堂之美：教态得体，语言亲切。能够运用提前准备好的影印图片，配以教师语言动作进行恰当的情境创设，巧妙导入课题带领学生进入愉快学习氛围中。

教学过程与方法上，教师能够使用听唱法，在反复聆听中解决问题。难得的是韩老师能够大胆地给学生们范唱，虽然有个别音高还欠准确，但整体能较好地把握歌曲的速度和情绪。

图片、小黑板的使用。目前在城区学校里"小黑板"早就被现代化多媒体手段取代、"靠边站"，而仅仅成为教师们写练粉笔字的小展板。今天看到韩老师"小黑板"的使用，令人有一种久违的亲切感。一方面说明韩老师认真准备的工作态度较好，另一方面体现出农村教学条件与城里学校的现实差距之大。

乐者，德之华也。在音乐课里，德育和美育像是手掌的正反两个面。韩老师能够结合歌曲教学进行德育教育，利用歌曲中的音乐形象来教导学生积极向上，寓德（育）于美(育)，已是不易。

美中不足

课堂美中不足就是在教学中，韩老师通过启发学生观察、寻找歌词来加深学生对歌曲的理解和印象，如让学生找出表现花喜鹊和小乌鸦个性特点的词语，这是一种常见的方法，但也是音乐课中常见的"语文式"教学误区。

歌曲是音乐和文学的完美结合，要想唱好歌曲，理解歌词只是一方面，音乐课要不忘从音乐入手，结合旋律、速度、力度、音色等表现要素来唱好歌曲，突出音乐形象。

教学建议

韩老师引导学生找出歌曲中不认识的音乐符号，如下滑音、下波音。学生找出来了，但这才是第一步，接下来教师应该在讲解的同时示范这个音乐标记在音乐中的声音效果，进而帮助学生进一步体会，在不同音乐标记下产生的音响，对于塑造音乐形象所表达的不同作用。

在中小学音乐课堂中，教师要注意，音乐知识和音乐技能的学习一定要和实际音响结合起来，一味给学生讲解单纯的音乐知识而脱离对实际的音响体验和实践，这是违背音乐的学习途径和认知规律的。

韩会老师

兼职音乐教师队伍里不乏喜欢唱歌、敢于大胆表现而且唱得不错的老师，韩老师就是其中的一位。她三十岁出头的样子，是一位四岁孩子的母亲。课间交流时得知她就是"后韩"本村人，是一位临代课教师。她每月工资六百多元，除了上课，八小时之外，她还要帮婆婆家料理"蔬菜大棚"哩。这时，我才发现与她年轻秀气的面庞极不相称的这双手——一双黝黑、粗糙、有些干裂的手……

后韩小学

后韩小学刘校长介绍，这是二十年来第二次迎接区教研室前来听课，第一次是在1996年。后韩小学曾经面临农村学校拆撤合并，在2010年那年差一点被"消失"。为了保存住这所村小，学校努力奔走，筹资30多万元，拉上了围墙，整理了操场。

目前学校共有八个教学班，教师十几人，正式教师十人，其中有四人面临退休。临时教师人员流动变化大，每年都有一至二名教师流失。

经过与教研员李老师交流，本校有两名兼职的音乐教师，一位王老师教语文，一位韩老师教数学。另外，这所村小在器材配备上是一穷二白，且不说钢琴、电子琴等，就连课堂打击小乐器也没有。

"半节"音乐课

时间：2013年3月14日（星期四）

地点：常庄镇北点联小

年级：一年级

课题：《两只小象》（人民音乐出版社小学音乐一年级下册）

执教者：张老师（教导主任专职音乐）

教具准备：多媒体

今天听了一节一年级的音乐课，是联小教导处主任张老师上的《两只小象》。

师生问好之后，张老师对一年级小学生进行常规习惯教育。

他是这样导入教学的："同学们，前面咱们认识了许多小动物，那今天来认识一位——"随着老师的引导，学生一起观看多媒体大屏幕上出现的图片，便齐声回答"大象——"张老师接着又问："谁来模仿一下大象走路？说说大象有什么特点？"可爱的孩子们于是开始模仿大象走路，同时有学生喊喊喳喳地说："大耳朵、长鼻子——"老师进一步一边引导学生看图片，一边启发："小象比起大象更加活泼、可爱。"

这时候，张老师带领学生开始做了一个富有童趣的发声练习：

1 = C　2/4

　　1 2 3 4|5 -　|5 5|5 - ‖

（师）小猫怎样 叫？（生）喵喵 喵—

（师）小鸡怎样 叫？（生）鸡鸡 鸡—

接着进行节奏练习。张老师带领学生手指划拍，边说边划：

2/4

x x　x x｜x x　x 0｜x x x x｜x x　x 0‖

小羊咩咩 咩咩咩　小狗汪汪 汪汪 汪

在节奏练习之后，配以两只小象的课件图画并启发学生看图讲故事：图片一：两只小象手拉手；图片二：两只小象勾鼻子；图片三：两只小象河边走。

聆听歌曲《两只小象》。第一遍：学生安静聆听，第二遍：边听歌曲边按照强弱拍手。

课堂随感

……这是一节没有上完的音乐课，上到了这里，张延荣老师红着脸不好意思地看着我说："褚老师请你来给孩子们上吧，我，我实在是不知道往下该怎么上了……"

于是，接下来的半节课就由我和孩子们继续上完。说实话，这样的情况在我视导经过的村小也不少见。每当听课时遇到兼职老师不会上音乐课，或课堂上频繁卡壳、出现明显的知识错误时，本不愿轻易打断老师们的课堂，实在坐不住的时候，便不失礼貌地和兼职教师耐心示范、交流，经常手把手地与他们互动，做给老师们看，使老师们能得到一些启发。

面对村小这些兼职音乐老师，我的要求不高，只希望以一种最简单的方式、即学即用的教学法，将一种玩音乐的方法，把快乐的种子，一点一滴地播撒在这些村小的音乐教师和孩子们的心里。一点一点地用行动表现来描绘和改变音乐课在他们心目中"传统"的样子，希望他们看到，原来，小学生的音乐课还可以这样有趣、充满快乐和智慧。

课堂之美

我看张老师不完美的"课堂之美"。这本不是一节完整、完美的音乐课：老师不会弹琴，也不敢放声示范唱歌，更不会做出优美的律动。但是对于从没有学过音乐，且身为教导主任的张延荣老师，能够使用多媒体，制作和选用简单课件、图片和乐谱来给一年级学生上课，能够带领学生有模有样地进行发声练习、节奏练习、听歌曲、讲故事，用他那不甚流利的普通话，夹杂着并不专业的音乐术语，为低年级孩子带来一种与语文、数学"不一样的音乐课"。这已经足够难为他了，也更足以令我感动和欣慰的了！让孩子们有音乐听、有歌儿唱，让村小校园有歌声，真心地替孩子们感谢张老师！唯愿张延荣老师能够将音乐课坚持下去，把孩子们的快乐和幸福延续下去！

美中不足

我看张老师课堂中的"美中不足"。首先，建议张老师慢慢尝试把打击乐器带进课堂，让孩子们更开心，让音乐课更加有声有色。另外，作为全校唯一一位"专职"音乐教师，最期望张老师能在教导主任繁忙工作的间隙，如果能抽出"缝儿里的"一点时间，来熟悉和研读一下音乐课本和《音乐课程标准》，哪怕仅仅是浅层一些的了解和领会，这会对课堂、对学生更有裨益。既然"开起"了音乐课，真心期盼能够逐步达到为孩子们"开好"音乐课的目的。（说下这一席话的时候，感觉有点儿"得寸进尺"似的，我的心里其实是底气不足的，甚至颤颤巍巍的……）

联小印象

常庄镇辖区包括中心校在内共有9所小学。北点联小是常庄最北边的一个村小，校长介绍学校有7个教学班，教师21人，其中正式教师5人，1986年毕业的高中生（代课教师）5人，40岁以下的5人。该校多媒体教室、音乐教室、课堂打击乐器、钢琴电子琴、教学挂图等硬件都已具备，但是唯独没有能使用、懂音乐、会上课的音乐教师。所以，这些专业的场地、器材都被闲置、束之高阁，着实可惜。

可见该校不论从教师年龄结构状况方面，还是音乐师资包括场地及器材使用各方面，都与大多数村小有着大体相似的现状——年长者居多，年轻教师少；音乐教学方面，硬件设备具备，但教师软件资源欠缺。

嗨嗨！你真棒！

时间：2013年3月19日（星期二）
地点：邹坞镇北陈郝小学
年级：一年级
课题：《小燕子》（人民音乐出版社小学音乐一年级下册）
执教者：陈老师（总务主任兼职）
教具准备：录音机

下午，总务主任陈老师上了一节一年级音乐课《小燕子》。

教学过程一开始进行了师生问好，导入新课。陈老师说："同学们，冬天过去了，现在到了什么季节了？"学生异口同声回答："春天。"陈老师接着问："从哪些地方看出来的？"学生七嘴八舌地说："桃花""梨花""还有布谷鸟"。陈老师给同学们竖起大拇指，为敢于回答问题的小同学鼓掌鼓励，有节奏感地进行：

x x | x x x |
嗨 嗨 你真棒！

陈老师顺势导入新课说："今天咱们就来学习《小燕子》这首歌。"没想到学生几乎一齐大声回应老师说："以前学过——我们都学过——"陈老师依然淡定地宣布说："今天我重新教你们。"

课堂随感

听着一年级孩子们童言无忌地在听课者面前"将了"陈老师"一军"，我隐约间看得见陈老师露出了尴尬一笑。

是的，多少年来区教研室没有到过这个村小，也没有"教研员"听过他的课，况且是音乐课。而今天，他这样一位即将退休的总务主任兼孩子们的"音乐教师"，要在区里一个年轻教研员的注视之下，讲一节他"不知道怎样上"的音乐课，压力之大可想而知呢。听课过程中我其实一直在努力放低自己，甚至不敢抬头频繁地看这位陈老师。我一直保持嘴角上扬，面带微笑，表情轻松、投入地和孩子们一起徜徉在歌声里。

通过播放录音机初听歌曲两遍，陈老师要求学生只听不唱。

继续用"听唱法"反复听唱、学习歌曲。教师提醒学生小声唱，听着唱，并要求坐直身体、端书唱，学生自由练习、分组唱……

课堂随感

课堂时间已过大半，至此，陈老师还没唱过一句。或许是在教研员面前，他太紧张不敢唱，或感觉自己年纪大了不好意思唱，但我相信他会唱。

陈老师在课堂里的角色任务就是：操作录音机，一遍一遍地"倒带"反复播放，组织学生一遍遍地有序地听、唱歌曲。

好可爱的孩子们！我看他们尽管早已经会唱这首歌了，但仍然乖乖地正襟危坐，两只小手端起音乐课本，有板有眼、不厌其烦地认真唱着。那纯天然、原生态的稚嫩歌声回荡在教室内外。

始终，陈老师就站在黑板与讲台里侧，教室的一角，一只手拿书本，一只手倒背在身后。

我坐在教室最后面一角里，看着看着，陈老师的身形似乎在我眼前模糊了，变成了一位身着长衫的师者——恍惚间像穿越到了"学堂乐歌"时代。

看上去，似乎"黔驴技穷"，在我面前陈老师再没有别的能给予孩子们的"招数"了：没有情境创设，没有启发诱导，没有环节设计，没有知识技能、发声练习；没有识谱学习、节奏训练，没有先进的教学法……然而我却着实地感受到这节课陈老师给予孩子们的是《小燕子》的歌声浸润心灵的美好。

课堂观察

我发现陈老师的课堂有几个有趣的唯一：他唯一的目标是唱会歌；唯一的形式是组织学生听和唱；唯一的方法是小组唱；唯一的小媒体和教具学具是录音机；唯一的评价方式是节奏点赞激励法——"嗨嗨，你真棒"并贯穿课堂始终。

展示演唱环节，陈老师问："谁学会了？请到前面来唱一唱？"有三位小男生勇敢地走上讲台，端起书本面向全班同学开始无伴奏清唱。

课堂之美

陈老师的课堂，最令人感动有三点，首先是他鼓励的掌声："嗨嗨，你真棒"，这使得孩子们始终不失兴趣的积极演唱；第二是陈老师充分利用录音机，带领学生反复聆听并小声轻唱，因为，"喊歌"（喊唱）现象是农村小学音乐课堂普遍存在的问题，而陈老师的课堂却做得很好，这实属难得。第三，对于刚入一年级的学生，陈老师注重常规训练，养成端书正坐，这将对学生将有着重要的影响。

教学建议

三月的春天，乍暖还寒。课后，我来到陈老师的办公室，只见办公桌上横放着一台电子琴，上面落满了灰尘。鉴于陈老师年长而且担任着村小总务主任的工作，与陈老师聊天的过程里，在充分肯定和赞赏他的课堂亮点之余，一如既往地真诚表达我的敬意和感激：感谢他扎根农村一辈子，为孩子们上音乐课，让孩子们有歌唱，让村小学校园里充满歌声。最后委婉地提一点小建议，希望他在平常的课堂上能和学生一起放声歌唱，愿歌声一直伴着学生们开心、快乐成长。

吹口琴的音乐老师

时间：2013年3月15日（星期五）

地点：临城街道张桥小学

年级：三年级（全班11名学生）

课题：《每当我走过老师窗前》（人民音乐出版社小学音乐三年级下册）

执教者：庞老师（语文兼职音乐）

教具准备：录音机、口琴

今天听了一节三年级音乐课《每当我走过老师窗前》，执教教师是一位语文老师。这节课庞老师准备的教具是录音机、口琴、音乐课本。

教学过程一开始，庞老师通过古诗作为导课环节。她首先为同学们背诵了一首唐诗："春蚕到死丝方尽，蜡炬成灰泪始干……同学们说，这首诗是赞美谁？"学生齐声回答说："赞美老师——"庞老师接着问："同学们看今天咱们教室里来了几位老师。"学生纷纷转头看向坐在教室里听课的几位教师。"同学们，今天我们就来学习一首赞美老师的歌。"

庞老师提示学生一边看着课本，一边齐读课题《每当我走过老师窗前》，同时板书课题。

开始学习歌曲，庞老师指导学生按照课本上的图示，一边想象、一边分析歌曲及歌词所表达的意境和场景：夜晚，老师，灯光，伏案……接下来教师领读歌词"静静的深夜，群星在闪耀……"庞老师感叹道："歌词多么美、多么感人……"接着问学生"歌曲分为几段？"学生答"三段"。

接下来初听、复听歌曲（伴奏音乐）、教师清唱歌曲。

课堂随感

倾听庞老师这深沉、浑厚、有力，带有金属质感、又饱含真挚情感的清唱演唱，一字一句，像一把小锤子，叩击着我的心房。尽管她的歌声不似百灵鸟那样婉转悠扬，也没有钢琴相伴和鸣，甚至偶尔也有几个音准略有"跑偏"，但透过庞老师的音容笑貌间，还有那敦厚、质朴、认真的言语举止，令人真切地感受到她那慈师之爱。

师唱简谱、生唱歌词、听录音机学唱。

课堂随感

看着眼前这十一个同学在庞老师带领下，一个个端书、正坐、认真、投入地学唱歌曲的样子，正如歌中所唱到的那样，"一阵阵暖流激荡我心房"……一颗颗纯净的童心像窗外那片湛蓝的天空一样清澈、明亮，映照着成人世界的纷繁……这群可爱的孩子们用歌声表达着他们对音乐的热爱和对美好生活的向往，他们多么需要音乐的陪伴与艺术的爱抚！

学生自由练习、教师口琴吹奏《每当我走过老师窗前》。

令人感到意外和惊喜的是，当看到庞老师与学生互动学唱环节时，她不仅能够"视唱简谱"，对节拍和节奏的把握也相当稳定，而且庞老师能用口琴吹奏一段悦耳动听的歌曲旋律，太让人眼前一亮了，不由得心里暗暗叫好。

课堂之美

看庞老师的课堂，有很多动人和美感之处。美在她的"吟诗"导入；美在她的粉笔字；美在她的范唱和简谱视唱；美在她给学生良好的常规学习习惯；美在她那优美的口琴演奏；美在她那亲切、敦厚的笑容和赞许、欣赏的目光；美在她于举手投足间给先生人以踏实、质朴、充满慈母般的师爱……

美中不足

课下和庞老师热情交流，给了庞老师几个小小的建议。首先，课堂上能够适当教一教孩子们认识简谱；其次如果再能充分利用和发挥口琴演奏的作用，让它填补和替代钢琴的助教助学以及伴奏作用岂不更好；第三，歌曲中的"分为几段"应与语文教学中的"课文分段"区别开来，歌曲中的分段主要依据音乐（旋律）的变化来划分，应该称为"几个乐段"，正确的教学方法应该是：乐段是通过反复"聆听"音乐中的旋律变化而不是"看"歌词来划分的。小学音乐教材歌曲中较为常见的曲式结构有一段体（一个乐段）和二段体（两个乐段）。

校友庞老师

张桥小学是临城街道一所村小，位于城区边缘，有六个教学班。由于位置的特殊，在校学生很少，大部分学生都去了不太远的城里区直学校。所以，庞老师所带的这个三年级只有11个孩子。这个学校共有六名兼职音乐教师，应该是每个人带着这个班的语数或英语等主科，再同时兼职本班音乐课。

来到张桥小学，第一节课聆听庞老师的三年级音乐课。当我走到三年级教室门口的时候，一眼认出来这位庞老师是师范校友，于是我俩一见面便激动地拥抱在一起，我欣喜地向她打着招呼："你好你好庞老师，你还坚守在这里……"

是的，庞老师就是孩子们身边最美、最好的守护和陪伴！记得十多年前她和我的一位同班同学先后分配在这所小学工作，当年我曾来过这里。如今，有的陆续都调进了城里，而她，和许多农村教师一样，依然默默坚守在农村教学第一线。

我也是从小在农村长大，如今，每每目睹或聊起城区孩子与农村孩子教育条件的反差，尤其是音乐、美术教育机会的不均等，而心中感慨与不平。今天，听了庞老师的音乐课，特别欣慰，由衷地感谢庞老师，也由衷地为张桥小学的孩子们能有这样的音乐老师而庆幸！

"小红花"的赏识之美

时间：2013年3月21日（星期四）
地点：张范镇光明小学
年级：一年级（全班45名学生）
课题：《闪烁的小星星》（人民音乐出版社小学音乐一年级下册）
执教者：战老师（体育兼职音乐）
教具准备：电子琴、手机

2013年3月21日星期四，张范镇光明小学。聆听一年级音乐课《闪烁的小星星》。

执教教师是一位体育老老师。本课她准备的教具是电子琴、手机。

入课环节，战老师富有热情地激发和表扬坐姿及精神表现良好的学生，并发"小红花"以资鼓励。

课堂观察

战老师抓住孩子们的年龄和心理特点，课一开始就鼓励和调动孩子们的课堂精气神，调整学习状态、培养课堂习惯，并以孩子们喜欢的"小红花"作为奖励，为下面的课堂做好了积极准备。富有创意的是，战老师把要奖励的"小红花"事先贴在自己的衣角和袖子上，便于随时走到孩子们身边发放给孩子们，就在她表扬学生及说话间，及时贴在孩子们的小脸、手臂或胸前。

复习巩固环节，战老师说："现在是学习雷锋日，咱们一起唱一首雷锋的歌。"接着她用手机播放歌曲《学习雷锋好榜样》

课堂随感

手机，作为信息时代的产物，今天被当作小媒体，引进了音乐课堂用来辅助教学，这是个多么好的创意！在乡村小学校园里，在媒体资源如此欠缺的课堂上，能够想到、用到，用在课堂上的老师还并不多。今天战老师"因地制宜"，把它充分运用到了音乐课堂上，填补了没有录音机的尴尬与空缺，让孩子们借助手机音响，听到了音乐、展示了歌声。我还看到，当战老师在操作手机寻找要播放的歌曲时，中间时间顿了十几秒钟，她马上不好意思地解释说："对不起同学们，老师的眼睛花了，有点看不清哈"……小细节足以体现老师对学生的尊重。为战老师点赞！

新课过渡时，战老师说："春天来了，春光明媚。""白天天上有"（设问）学生答："太阳"老师问："晚上呢?"学生说："有月亮、星星"于是老师导入课题说："今天学习《闪烁的小星星》"。"打开课本第18页"。接下来师生们一起朗读歌曲名字——《闪烁的小星星》。

学习新歌环节，教师领读歌词、教师弹旋律。

课堂随感

看到战老师弹琴，心中忽然一喜，可随后就发现，战老师只是弹了几个单音，再往下就不敢弹了。我想，这对于农村一位教体育的"音乐教师"，能敢于带琴上课，在"区教研员"和孩子们面前弹两下已是不易了。对待农村教师，尤其是非专业的兼职老师，我们不应该绝对要求老师必须这样或那样。说句心里话，站在全区的角度看，就目前农村音乐教育及师资贫弱的状况下，能在村小看到孩子们有音乐课上，而且有孩子们欢喜和快乐的歌声，我就满满的感动和知足了。让村小校园充满孩子们的歌声，这是我最低线的诉求啊！

律动互动，师生按照强弱拍唱做体验。战老师一句一句边示范、边唱边做，强拍拍手、弱拍拍肩。她提醒每个乐句的最后一个字唱两拍。学生模仿着老师，唱做体验。战老师巡视指导，及时评价学生："表现很好，太棒了!"

战老师进行情景创设并情绪激发，此时我观察到她提高了说话的声音位置，由刚才的铿锵有力立马转换成了温声细语、讲故事似的告诉孩子们："晚上，看到蓝蓝的天空上，许多星星眨着眼睛，像是在和你说话。他说，你太漂亮了，太聪明啦! 相信你一定会好好学习本领，长大以后造飞船，为祖国做贡献……"

全班齐唱歌曲《闪烁的小星星》

1=C 2/4

```
1  1| 5  5| 6  6| 5  - | 4  4| 3  3| 2  2| 1 - |
一  闪 一  闪 亮  晶 晶，   满  天 都  是 小  星 星。

5  5| 4  4| 3  3| 2  - | 5  5| 4  4| 3  3| 2 - |
挂  在 天  空 放  光 明，   多  像 许  多 小  眼 睛。
```

1 1|5 5|6 6| 5 - |4 4| 3 3|2 2|1-‖

一闪一闪亮晶晶，　满天都是小星星。

接着分组练习、第二段歌词学习、分小组竞赛唱歌。

战老师铿锵有力的声音再现，她鼓励孩子们"大声唱，把全身的力量都用上。看男生的声音大，还是女生的声音大。"然后鼓励两组各出一名男生或女生进行"剪子、包袱、锤"，决定谁先唱。

课堂之美

战老师是一位52岁、即将退休的体育教师。听着她的音乐课，联想其人、其声、其名姓，使我想到了"铿锵玫瑰"之美。

特别感动的是她的课堂始终充满了激情，感觉她仿佛有使不完的劲儿。她跟孩子们动在一起、玩在一起、唱在一起，她那喜欢孩子的神情和喜欢音乐的热情，使她的整个状态充满青春与活力。听她的声音铿锵明亮、富有穿透力，语言中透着赏识和喜爱，这里的每一个孩子都被她鼓舞着、吸引着。我发现一节课下来，全班几十个孩子竟然没有一个"掉队"或者游离于音乐课之外的。孩子们一个个坐直了身子，扬起脸蛋，伸着小手，眼睛跟着老师，小手一拍一合，强弱分明，那份投入和认真劲儿，仿佛把我带回了美好童年。

战老师的课堂之美，首先，美在她的"赏识教学"，美在她的"适时评价"，美在她的"小红花"奖励。从课始的组织教学，到情境创设；从环节过渡到聆听回答；从师生唱做，到分组唱练；适时恰当地使用"小红花"来鼓励学生，并不时评价，夸赞学生"很好""太棒了""真有想象力"。

战老师课堂的第二个亮点，就是贯穿课堂歌曲学习的"拍唱法"。《闪烁的小星星》是一首2/4拍子的歌曲。难能可贵的是，战老师设计教学中，教学生边唱边拍手、拍肩，体会强弱规律，提醒学生时值长的"二分音符"处要唱两拍。

美中不足

音乐课中对学生分组练习歌曲时，战老师对孩子们说"大声唱""使出全身的劲儿唱"，"比一比男声的声音大，还是女生的声音大。"于是，孩子们便扯开小嗓门大喊大叫，看谁的嗓门高，谁的声音大……这可让我这位听课的音乐教研员有点尴尬、哭笑不得。特别拜托，请战老师注意，要给学生明确一个歌唱的基本要求，就是不要喊唱，要把歌唱与喊唱区别开来。不论从儿童嗓音保护的角度，还是正确歌唱方法的训练与培养等方面，我们都应依据《音乐课程标准》要求，明确1—6年级所有唱歌教学的目标是——培养学生自然、自信、有（表情）感情的歌唱。恳请也相信战老师今后一定能够做到正确示范并要求孩子们"轻声歌唱、美感歌唱、不喊唱"，一定会带领孩子们发出自然、美好的歌声。

教研思考

第二节 乡村中学听评课

薛城区乡村初级中学一共有八所，虽然师资力量不比城区中学强大，但都配有专业专职音乐教师。单从竖笛进课堂来说，枣庄五中，作为一所乡村区直中学，一直走在全区前头。

竖笛声声伴成长

课型：竖笛吹奏基础课

执教人：枣庄五中张老师

教材内容：人教版七年级音乐（上册）第一单元《中学时代》

执教班级：七年级（1）班（52人）

教具学具：竖笛、录音机

授课时间：2013年9月11日（星期三）

上午第三节，聆听张老师一节竖笛基础课。

教学过程第一个环节是认识"音阶"。张老师板书了简谱音阶唱名，并要求学生做音乐笔记。接着练习唱音阶、以竖笛吹奏音阶。并介绍了解音阶各音之间的全音、半音关系。

课堂观察

张老师对刚一入校的七年级新生，就开始加强学习行为习惯及方法的培养，及时做音乐笔记，这作为一所农村中学，实属难得。俗话说"好记性不如烂笔头"，谁说音乐课不需要动笔、动手、记笔记？这对于学生落实音乐知识学习及其良好习惯的养成，无疑起到了很好的促进作用，足见教师对音乐学科教学的正确认知与责任心！张老师这一教学手段值得所有音乐老师学习和借鉴。

环顾全班学生，我看到绝大多数同学随着老师的提醒，迅速拿出了自己的音乐笔记开始记录，透过他们所记录内容我还看到，这已经是开学的第二课，因为前面已经记录了"音符与休止符"等记谱法的音乐常识。

第二个环节，八孔竖笛基本技能学习。张老师首先介绍音窗、音孔及基本指法。进而提出竖笛吹奏的基本要求：第一，竖笛笛身与身体保持45度角；第二，以手指肚堵住音孔，要严实；第三，轻轻地深吸气、再缓缓地均匀地呼出、吹奏。

接下来，指导学生单音指法练习。通过教师示范讲解、学生模仿，学生分组单音练习，快速检测反馈：教师吹奏单音，学生观察回答按音孔指法，最后进行集体吹奏、练习巩固。

音符与指法表：

音符	7（西）	6（啦）	5（索）
指法	堵2指（食指）	堵3指（中指）	堵4指（无名指）

教学建议

其一，尽可能做到将音乐知识的学习融入音乐音响的唱、奏实践中。比如：在学习音阶中的全音、半音关系时，学生体会全、半音高关系可以用柯尔文手势表示出来、同时唱出来，也可以用竖笛吹奏出来；还可以以琴助教、助学，即用键盘乐器如钢琴、电钢琴等，帮助学生对比聆听全音与半音的音高。

其二，加强气息控制能力训练。竖笛这件小乐器重要的发音特点，就是同一个音使用不同大小的口风力量，可以吹出2—3个八度来。教师应随时倾听和发现问题，及时纠正、示范和告知学生正确的气息运用。提醒学生"边听、边吹"，吹奏时口风的力量要均匀、适当，逐步学会控制气息，尽量"不猛吹"、不发出刺耳的"炸音"。

其三，培养学生多声部（和声）概念。比如，在单音练习的基础上，适当加入简单的和声音程练习，可以师生合作、生生合作进行体验、练习。例如，练习单音sol、la、si之后，还可以将学生分成两组：一组吹sol、另一组吹si，在教师指挥下同时吹奏，时值长短、节奏疏密可以由易而难加以变化。

课堂之美

课如其人。文静、朴实、内秀的张老师，这节课里虽然没有规整范式的课堂流程，也没有华丽生动的教学语言，甚至没有承上启下的过渡语铺垫，她的整个竖笛教学过程仅用三个字即可概括：教（示范）—学（模仿）—练（练习）。教师教的认真、耐心细致，学生学的投入、有板有眼。正所谓："桃李不言下自成蹊"。一只小小竖笛，见证质朴无华的师生交往，可爱的乡村音乐课堂，似一幅丹青水墨，静静舒展，默默流淌……在这样的课堂里伴着学生度过他们的中学时光，该是怎样的充实与美好！

"四美"课堂

课型：唱歌综合课

执教人：枣庄五中陈老师

教材内容：人教版九年级音乐（上册）第一单元《月亮颂》

执教班级：九年级（2）班（26人）

教具学具：竖笛、录音机（磁带）

授课时间：2013年9月11日（星期三）

授课过程一，教师首先带领学生进行竖笛练习。通过全体学生吹奏音阶、唱音阶（师吹生唱）、吹音阶（师生齐奏），陈老师指出学生吹奏中存在的问题，提示并纠正学生指法上以及气息上的正确运用。

课堂观察

入课，陈老师带领学生拿起手中的小乐器——竖笛，调整学生状态，集中注意力；直接进入音阶复习、竖笛巩固等"双基"训练中。课堂导入简洁明了。此环节采用竖笛辅助教学，观察学生全体参与，状态、氛围良好。

教学建议

在学生吹（唱）音阶时，老师应提醒学生关注音准的聆听与校正，养成边听、边唱（奏），再一边校对和调整声音或指法的正误，同时一边感受与体验笛声的美感。

接下来练习吹奏小乐曲《闪烁的小星星》，同时复习柯尔文手势。陈老师要求学生边唱、边做、师生同唱、同做柯尔文手势，然后师生同奏小乐曲。

课堂观察

边唱边做、师生同唱同做，这是在做中学、动中练。"柯尔文手势"加入教学，直观而形象，这样既"解放"了学生的双手，让学生"动"起来参与音乐活动，又进一步巩固和培养了学生的音高感和自我协调声音的能力。

教学建议

在教学中培养学生音乐听力与声音（音色）的美感辨识能力不容忽视。课堂上，音乐教师的耳朵要变得特别敏感而且"挑剔"。学生在唱(奏)中常常表现出的"音不准"、音色不佳等问题，也是中小学生普遍存在的问题，需要老师持续关注，并在教学中反复加强练习。因此，建议陈老师：第一，充分发挥和利用键盘乐器，帮助学生确定"固定音高"；第二，教师应具备一双敏感而善于"观察"的耳朵，及时发现和纠正来自学生演唱或吹奏中的音准、音色偏差等问题；第三，当教师听到音不准或学生唱（奏）不（准）音时，要随时给予示范，提醒学生学会参照"标准音高"去聆听，并不断尝试练习，逐步树立正确的音高概念。

授课过程二，歌曲学习《月之故乡》。陈教师以"中秋话题"与学生谈话切入，情景创设，录音机播放歌曲范唱进入歌曲聆听。学生谈听后感受，歌曲表达出了"想家""思念亲人"等思想感情。陈老师语言启发学生，她用了几个关键词让学生选择："开心""快乐""惆怅""哀思"等等。

授课过程三，巩固练习歌曲的节拍（四四拍子）。陈老师采用了"引导-发现"法引学生导观察乐谱；采用"示范-模仿"法带领学生拍击四四拍子，感知强弱规律，稳定节拍；师生同练，巩固体验；录音机播放范唱进行复听歌曲。陈老师引领，师生一起拍手，边听、边击拍，体会强拍、重音位置。

拍数 （四四拍子）	1	2	3	4
口读	强	弱	次强	弱
双手 手击打	双手互击掌心，发出强拍	右手五指并拢自然弯曲，轻叩左手掌心	双手轻轻拍击前胸	同2

再听歌曲，注意对比乐句的异同或变化。教学方法为，引导学生一边演唱、一边划分乐句并体验旋律变化；教师范唱歌曲；随录音机分乐句听唱；完整试唱歌曲；竖笛练习歌曲。

教学过程四，结课、布置作业（课下练习竖笛）

课堂观察

其一，陈老师能做到关注音乐聆听，以"反复聆听"为基础，采用不同手段来引导学生感受与体验音乐，逐步加深学生对音乐的理解与感悟。

第二，陈老师能够尊重音乐本体及其表现要素，在教学过程与方法中，以"引导-发现""示范-模仿"等方式，带领学生体会音乐中节拍的强弱规律，达到让学生进一步熟悉歌曲的目的。

第三，陈老师的范唱美，美在歌声、美在情感。她那真挚、朴实又不失优美、婉转的范唱，令听者进入歌曲意境的遐想，从而更加情牵海外游子。陈老师圆润悦耳的现场版女高音范唱与标准版的浑厚低回的男中音演唱形成鲜明对比，更引人深悟歌曲的丰富内涵和感人意境。

教学建议

首先，关于"中秋话题"。建议陈老师还可以从"听乐—吟诗—赏画"入手，既拓展了本单元主题内容，又丰富了学生的综合艺术视野。

其二，关于学生演唱的调高。教师范唱所使用的调高，与学生练习所唱的调高应有所调整和区分。如果歌曲原调偏高，学生演唱要适当把调降一降，注意不能太高。对于没有声乐基础的学生来说太高的调容易引起学生畏难而不敢发声演唱，或者学生会干脆降低八度压着嗓子唱。这些都不利于养成科学正确地发声方法以及学生的嗓音保护。

再者，关于唱歌教学，没有钢琴辅助，无法以琴助教、助学，则建议教师加入科尔文手势，随时提示和帮助学生建立音高感，只有把每个音、唱准了，则歌声及情绪体验才会更深、更投入。

最后，在歌曲旋律（乐句）吹奏练习时，需要音乐教师更具体、细致地加以指导。逐步夯实和巩固学生竖笛吹奏的基本技能。

课堂之美

纵观陈老师课堂之美：

第一，教态亲和美。陈老师课堂上始终面带微笑，与学生亲切交流，耐心示范。

第二，情感意境美。首先，教师自身的语言、歌唱等行为举止，能够投入而真诚地与学生表达、交流情感。其次，将中秋话题结合歌曲《月之故乡》融入单元课题"月亮颂"，将唯美意境贯穿课堂。

第三，方法模式美。课堂结构清晰，教学模式运用得当，符合音乐学科标准、理念要求，符合学生认知特点，学生参与度广。

第四，演唱示范美。我想起上一学年在课堂调研中，听完陈老师的课时，记得留给陈老师的"参考建议"里有一句话，"在继续竖笛辅助教学的基础上，深入'备'歌曲，突出唱歌内容在歌曲教学中的时间安排，同时有机体现教师的范唱引领。"而今天很高兴地看到陈老师是位有心、虚心、用心的音乐教师，她的歌声让人感受到她在声乐演唱上的成长与进步，她的歌声更为音乐课堂增添了许多魅力、风采与美！

高端教研活动合影

第五章　乡村支教

　　匈牙利著名教育家柯达伊说："让音乐属于每一个人。音乐不是少数杰出人物的享受，而是一种精神力量的源泉。音乐不能成为少数人独有的财产，而是应该属于每个人，这是最高的理想。"[1]

　　目前，我区农村小学艺体教师普遍紧缺，城乡美育极不均衡。比起几里之遥的城区孩子，"同一片蓝天下"的农村娃却享受不到规范的课堂与课外音乐教育。作为音乐教研员，我看在眼里、忧在心中，替乡村孩子深感遗憾、委屈、鸣不平！这一茬一茬的农村娃娃，他们的成长等不起啊！

　　尽管，近几年全区"教师考编"，音乐教师都有分配，但是名额很少，实乃杯水车薪。

　　尽管，本人一直在坚持义务支教，但也只能是一所学校、一两个班级几十个孩子受益，纵有三头六臂，也无力分身，无法让更多乡村孩子享受更好的音乐教育。

　　2013年-2014年期间，恰逢我区逐步完成对教育设施"四项工程"的配备工作，其中一个是城区学校新建专用录播教室；另一方面为全区农村小学每口教室全部配备了多媒体教学设备。这恰好为我们创建"云录播""空中送课"提供了物质基础和前提条件。充分利用区域网络平台与学校实体录播设施，汇集全区优秀音乐教师力量，录制现行教材（人音版）1—6年级唱歌课内容，打造精品音乐"云端课堂"，为村小孩子"空中送课"，让村小的孩子能够看到规范而优质的音乐课，享受快乐有质量的音乐教育。

　　取得领导的支持，经过与镇街教研员老师及全区小学音乐学科骨干教师们几番交流、磋商、调研之后，于2014年4月，"薛城区小学音乐精品课堂（首期）'云录播'系列赛课活动"亦应运而生。

---

①杨立梅.柯达伊音乐教育思想与匈牙利音乐教育.上海教育出版社，2010-7:23.

第一节 "西小"支教

我为什么要到村小义务支教？

枣庄市薛城区和全国大多数普通区县状况相似，城乡教育发展不均衡的问题较为突出，尤其是美育的不均衡、不平等。而且这种差异之大，状况之忧，令人不安。

在教研员岗位工作了第十个年头后，随着区教研室常规教学视导工作开始重点下移到镇街中心小学（有专职音乐教师）以下的村级小学（或教学点）。2011年，当我走进一个个乡村小学校园，深入到一个个村小课堂，才真实地了解了农村小学音乐教学状况，看到了长期以来，农村小学由于缺少专业专职的音乐教师而"开不起"音乐课，难以落实"开启、开足、上好"的国家课程目标，因而导致农村孩子普遍缺乏音乐、美术艺术课，乡村校园基本听不到孩子们的歌声。教室里课程表上的"音乐、美术"也只是"有名无实"的摆设而已。

原来，我们国家课程与教学改革了许多年，薛城区的乡村与城区学校之间竟有如此大的差异！原来，在同一片蓝天下甚至同一缕阳光里，城乡孩子接受美育教育机会却如此不平等！

这种促动让身为教研员的我内心久不能平静，想起了自己年少时曾经缺失了的那些音乐课……

然而，四十年之后教育日益现代化的今天，时代与社会发生了巨变，教育的改革与发展如此迅速，为什么仍然有那么多的农村娃娃"上不起"音乐课？接受不到充满快乐和审美愉悦的音乐教育？

2011年，于首都师范大学教育硕士毕业后，我立志并决心将所学、所获有所用、更要用好。受李东老师（山东省教育科学院音乐教研员）的启发和影响，心底一直埋藏着一粒支教的火种，只是在内心里计划并期待着，等退休以后要到偏远的山乡去音乐支教。但是看到近在咫尺的乡村孩子享受不到音乐教育的熏陶，方才恍悟过来——我的身边就有那么多需要音乐的孩子呀，我可以就近支教送教，把音乐的快乐和美好传递给孩子们，一边教、一边做、一边研，一边为全区的老师们做示范和引领。

恰逢2012年，教研室调整策略把视导工作转向到最基层，并要求每一位教研员下沉到学校，每人确定一个联系点（学校），便于更好地展开教学教研，对学校各方面进行跟踪帮扶与推进工作。于是在经过综合考虑之后，最后确定了一所位于城乡接合部的乡村小学校——常庄镇西小庄小学，作为自己的联系点学校。于是在单位"规定项目"上，我增加了个人一个"自选项目"——义务承担起西小庄小学一年级孩子们的音乐课（每周三）。自此，便风雨无阻，开始了长达八年的村小义务支教工作，也自此开启了十年公益支教之旅。

音乐课堂　幸福时光

一次随机生成的趣味发声

这是我在"西小"给一年级两个班的孩子第二次"合堂"上音乐课。来到一年级一班的教室里，发现早早地已经坐满了孩子们。看到两个班的座次发生了变化，一班孩子分坐于两边，二班孩子坐在中间走道上。因为二班的孩子是自带坐凳，双手没有课桌可以"支撑"，所以我看到有的孩子是歪七扭八地坐着的。

为了鼓励和调整两个班孩子的精气神儿，养成常规习惯，营造和谐向上的课堂学习氛围，我一边利用常规口令（师唱 DO—Re—Mi，生唱 Mi—Re—DO）规范坐姿、集中精神，一边伸出食指、高举手臂并用期待的眼神问："一班同学（坐）在哪里？""请一班同学跟老师一起做——"（示意一班同学伸出右手食指）"让老师听到你的声音——"（学生齐："yi—"）于是我用食指在空中横着划下"一"字，让孩子们边划边念着。

这时我注意到孩子们说"yi—"的声音是大声喊出来的，也就是"大白嗓""横着"发声。便想起发声练习中的"横"（唱）与"竖"（唱）的问题来。于是带着一班孩子们伸着手指边说（口说）边做（手做）。此时教师要强调的是"说"和"唱"的声音和表情，老师这样说："请让老师听到你好听的声音，同时看到你会发光的大眼睛！"我一边"轻声高位"地"说"，一边把声音变得"竖"起来、"唱"起来：让声音从头的上方开始，像抛物线一样（竖着）划过一个大的弧线（像戏曲中的"吊嗓"），同时"提眉""含笑""鼓起肚子唱"（吸气后控制住），一边做示范、一边唱，一边走进孩子们，巡视并夸奖着做得好的同学。

二班的"小松树"们（把孩子们比作"一棵棵小松树"来规范坐立姿势："小松树站要挺立坐要直"）早就按捺不住了。当问到"二班同学在哪里？"时，他们信心满满地纷纷伸出食指和中指，像一班那样，一边挥着手臂在空中由上而下地划着，同时模仿"轻声高位"有模有样地"竖着唱"："er—"——我用手风琴的"刮奏"伴着孩子们一遍遍有表情的"歌唱"。

随后，借机拿出手机拍下了演唱的瞬间，看我拍照孩子们表现的就更加投入了！

听着这清脆悦耳、充满穿透力，又稚嫩可爱的"童声"，我的心里顿时一阵欣喜、快慰与温暖！原来，童声的"头声"训练并不难，"唱"由"说"起，唱由心生，唱歌就是拉长了的、"竖"起来的"说话"。加上儿童肢体的辅助、形象的动作、比喻，帮助学生快速、正确而又快乐地参与歌唱活动。

由此，我把本来（教案设计）要进行的"趣味发声"临时做了调整，课堂中随即生成了一道靓丽声音的"风景线"，这不仅给孩子们带来视觉、听觉上的自我审美感受，同时激发和培养起他们大胆唱歌、会唱歌、唱好歌的信心和愿望。

《音乐课程标准》（2011年版）指出：要重视课程内容中对演唱姿势，呼吸方法、节奏和音准等方面的要求。《课标》对小学1—6年级演唱的要求是"自然（自信）地、有表情（感情）的歌唱"。而目前，唱歌教学中存在一个普遍的现象，就是学生习惯于要么直着嗓子随意地"喊唱"，要么低声嘘气地"瞎哼哼"，甚至于到了小学毕业时仍然不知道什么样的发声与歌唱是正确的和美好的。

其实"每个孩子心里都有一颗音乐的种子"奥尔良曾这样说过。而我们音乐教育者的任务，则是让每一颗种子发芽。"趣味发声"，魅力无穷。音乐教师要把"好声音"的"种子"悄悄地、"润物无声"地撒在孩子们"求美"、"向善"的潜意识和心灵里。让孩子们的童年世界更真、更善、更美！

让音乐课在常态中"保鲜"

元宵节（2013年）刚过，开学的第三天，我来到常庄镇西小庄小学。

和往常一样兴奋，今天更多了一份急切，一份期待，期待看到小朋友们一张张可爱的笑脸，期待看到他们是否长高、变胖了，是否比以前更懂事了？期待再一次重温这幸福一幕：孩子们看到身背手风琴的"褚老师"站在他们面前时，像小鸟般雀跃欢呼着叽叽喳喳"飞"到我身边……

由于新课本没到，今天下午的音乐课上《过新年》，这是上学期第八课内容。也是上学期落下的一课。因此整个上午，我暂时调整开其他的工作及事务，开始专心"备课"。基本内容及设计思路简要确定（部分）如下：

一、课题：

《过新年》（人民音乐出版社小学一年级上册）。

二、教学内容：

1.《咙咚锵》（中国儿童歌曲 2/4 拍）。

2.《新年好》（英国儿歌 3/4 拍）。

三、教学理念：

1."动中学、乐中学、学中乐、乐中获"。

2.解放学生的"眼、耳、口、手、脑"——参与音乐、体验快乐。

四、教学目标：

1.学习体会分别用"连音"与"断音"演唱《咙咚锵》和《新年好》。

2.在演唱中初步感受与表现（训练）2/4 与 3/4 节拍的不同。

3.通过观察、反馈进行不定时教学评价与组织教学，加强低年级学生音乐常规学习习惯以及音乐学习兴趣的保持、培养与激发。

五、重难点：

1.歌曲《咙咚锵》在 1-3 乐句末尾休止符（"0"处拍手或打击乐器）以及最后 X0 X0 X 0（锵锵　锵）的表现形式。

2.《新年好》旋律中每小节第一拍（强拍）的设计与"圆圈舞"律动活动。

六、教学模式：

参与、体验、模仿、互动

七、教学用具：手风琴、木鱼、小猪（手偶）、自制小鼓和沙锤

八、教学时间：2013年2月27日　星期三（第五节）

九、教学班级：西小一年级（1）班

　　……这是我上学期期末要进行的一课，直到开学前的几天里，心里都在琢磨着该怎么上这节课，其实就是在绞尽脑汁想些法子怎么"hold"住这些孩儿们，好让课堂"活而不乱"，免遭"失控"，同时又让他们学有所乐，习有所得。本人的经验和体会便是：每节课要带至少一两件教具，而且要结合音乐教学恰当有趣、充分运用。比如，除了用我的随身教具"快乐手风琴"熟练地伴孩子歌唱（伴奏）外，还带上自制的打击乐器：小鼓、沙锤，还有手偶小猪。我会有序安排它们，以不同形式情景出现，并在分组或表现活动中奖励表现好的学生时使用。

　　在"学会歌唱"（发声练习）环节里，三条练习（2/4拍）：

1、5 5 5 5 | 5 — | 5 — | 5 —|

（师）：火车怎么　唱？（生）：呜——

2、3 3 3 3 | 3 — | 3 3· | 3 3· | 3 3· | 3 3· |

（师）：汽车怎么　唱？（生）：嘀嘀　　嘀嘀　　嘀嘀　　嘀嘀

3、1 1 1 1 | 1 — | 1 1 1 | 1 1 1 | 1 1 1 1 | 1 0 |

（师）：小猪怎么唱？（生）：呼噜 噜　呼噜 噜　呼噜噜噜　噜

（动物可以变换）

　　说实话，要想"hold"住学生们确实不是一件多么容易的事儿。我非常理解目前大班化音乐教学之"难"。作为常态（家常）音乐课，教师偶尔走走神、大脑"短路"，或者一不留神当生生、师生互动、开展音乐实践活动时，造成课堂短暂"失控"局面，孩子们趁机起哄"闹"一阵的情况概而有之，属于正常。我们应该正确看待音乐课的"乱"。但是教师占据教学主导地位，是课堂的灵魂人物，教师的举手投足体现着他的品格与境界，其言语表情展现着他的智慧与视野。对待学习主体——学生的态度以及操作驾驭课堂的能力如何，正是其教育观先进与否的鲜明写照。

低年级孩子的天性好奇、好动，课堂上的良好习惯要养成则必须要"立规矩"。有时候，教师得像个"驯兽员"，"小动物"听惯了教师的"口令"能即时"变"闹为"静"。比如教师唱"do-re-mi"（潜语：请-安-静），学生要立即回应"mi-re-do"（"快-坐-好"），教师用眼神环视并"抓住"所有学生的注意力及目光所致，可以反复交替变换力度的强弱和速度的快慢来唱，以达到提示和收回学生注意力的目的，直到整齐唱好。当然，孩子的注意力短暂，教师须很快带领学生投入有趣的音乐活动中。

教师要力求自己的备课是"立体"的。依据教材，参照课标，在文字书写（教案）之前，在大脑中，将整体框架、内容搭好之后，再以手风琴（学生们熟悉，手风琴是"我的音乐老搭档"）弹唱来回顾温习上学期所学内容。接下来练习弹唱两首新授歌曲，找出重难点，按照目标设计主要音乐实践和学习活动，并尝试以不同方式，进一步体验两首歌曲的风格特点。最后，坐下来动笔，把构思框架内容及过程记录下来，就是我的一堂常规课教案。

凡事，"付出"总要有点辛苦的，但与孩子们在一起收获更多的是欣喜和快乐。常规习惯慢慢来，今天的"开学第一课"就欣喜看到一（1）班的进步，平时最调皮捣乱的杨尚翔，今天一上课就表现的"正襟危坐"，小脸蛋不再鼻涕邋遢，我不失时机对他竖起大拇指，向他投去由衷喜爱和赞美的眼神，并发动全班同学拍手表扬；在聆听《咙咚锵》时，我启发同学们试着唱出最喜欢的一句，平时喜欢"下位"乱跑的张河同学，真的将第四乐句完整正确的模唱下来；在小组演唱表现时，我会请各组小朋友（大众小评委）把"打击乐器们"传给最出色的同学，在第一组do组（我把学生分成三组，分别用do-re-mi命名）表现时，本该欢呼雀跃急不可待的王艺凡，却一反常态地趴在桌子上无动于衷，我的第一反应是她可能在生病……

其实，课无完课，就像人无完人。尽管与孩子们的课堂互动会有很多问题与不足，但我喜欢这样鲜活灵动的生成课堂，并相信自己有足够的爱心和耐心，等待他们渐渐成长。

不记得是哪一位教育家说过：音乐，是儿童最好的教育。每个人都会从孩童时期走过，童年，是人生最纯真快、乐幸福美好的一段时光。未泯的童心童趣和人间最朴素"幼吾幼以及人之幼"的情怀启迪与感召着我们。作为教师，我正在把这最美的音乐——"最好的教育"，用自己最喜欢的、最好的方式传递给最需要的孩子们，这是一件多么幸福快乐的事情。

那么，蹲下来，变得和小孩子一样高。请把教师的爱与责任带进课堂，用爱心和耐心暖化孩子，请不要吝啬自己的笑脸和赞美的语言；把幸福与快乐带进课堂，用艺术和智慧来启迪、陶冶孩子。经常做到给自己的音乐课加点儿"酸、甜、苦、辣、咸"，让音乐课在"常态"中"保鲜"。对，只需加一点点儿"味道"，耍一点点儿"花招"，我们与孩子们的音乐课堂，便会"色、香、味、鲜"，快乐无穷！

如果孩子们是快乐的，教师，就是幸福的。

那么，带上幸福，向快乐出发吧！

快乐课堂

第二节 爱心 "云录播"

"云录播" 系列赛课活动创建与实施

一、师资现状

时至2014年，全区63所农村小学，分属于十个镇、街教育办管辖中。由于农村小学师资缺乏，所以一直存在专业教师 "流失" 或 "改行" ——改教语、数、英等主科现象。

据不完全统计，目前我区的十个镇街中，农村在岗专职音乐教师不足30人，且大都不均匀分布于十个中心小学。其中，情况较好的陶庄镇教育办下辖如中心校、奚仲、井亭、振兴等小学专职教师近10人；周营、张范两镇中心小学专职音乐教师几年内 "曾长期空缺"）。其余53所村级小学（以下简称 "村小"）的音乐课，均由 "兼职教师" 所担任，包括学校临时聘任的 "代课教师"，还有由校长、后勤主任、教务主任、临退休教师、班主任、他科教师等 "兼职音乐教师"，事实上可想而知，这些村小绝大多数的音乐课，长期以来一直是处于 "开不起来" "上不好"，也 "没人问" "不好弄" 的 "边缘" 状态。随着 "城镇化发展"，农村小学已经 "小班化"、村小越来越 "小"、城区学校却越来越 "大班" 化、甚至 "巨大班" 化。农村仅有的专业师资，改（改行、改科）的改、提（干）的提、走（调走）的走，有的老师为了进城不惜丢掉 "专业"，城区学校音乐教师则有人员饱和、显得 "富余"、甚至闲置、浪费现象……

二、忧虑思考

由此而知，乡村小学里只有大约20—30%的孩子是幸运的，因为他们的学校里还有一位专职专业的、默默守望村小的可爱的音乐老师。或者，有几位热爱音乐、热爱课堂和孩子的、曾经受过一些专业培训、至今扎根农村，却仍然是"临时代课教师"的可敬的老教师。但80%的农村孩子，在他们的"人之初"，在小学六年的童年时光，没有接受过规范的、完整的音乐教育，其音乐学习是"零机会""零起点"。

"音乐是儿童最好的教育"，因为音乐的力量是巨大的。音乐在哺育和拯救一个人的灵魂时，要比任何教育都来的深入，来的高明。人是需要音乐的，尤其是在人生的启蒙阶段。

目前，我国相当一部分农村艺体教师紧缺，城乡教育不均衡，这是大环境，也是社会问题，薛城区也不是个例。可是比起"几里之遥"的"城区孩子"，同在一片蓝天下，农村娃却享受不到优质而规范的课堂及课外音乐教育——作为一名音乐教研员，目睹如此社会背景与教育现状，真是看在眼里、忧在心中。真心为这些孩子感到委屈、遗憾、鸣不平！农村孩子也是祖国的未来！农村孩子的音乐教育等不得啊！

三、决策行动

作为一名中小学音乐学科教研员，我决定："我的学科我做主"。

（一）思想明确，不等不靠

近几年虽有一部分通过全区"教师考编"后分配到村镇的音乐教师，但是名额只有个位数，实乃杯水车薪。尽管本人自2012年开始个人坚持义务支教至今，但也只能是一所学校、一两个班级受益，一个人的力量毕竟微弱，即使生出三头六臂，也无法做到让更多乡村孩子更好、更广泛地接受音乐教育。农村小学音乐教学仅仅依靠"等上面分配"安排下来师资来满足这么大的缺口，显然，这在短时期内是实现不了的。

（二）多方调研，多管齐下

一方面，以身示范、继续坚持走进村小义务送教，并发动、带动镇街音乐教研员"支教、走教"，为村小"兼职教师"做教学示范，为村小学生送音乐、送快乐，尽一点微薄之力。另一方面想到，充分发挥利用镇街教研员以及全区骨干和优秀教师优势资源，利用每年暑期，通过区级、镇级两级教研培训，重点针对非专业"兼职教师"群体进行培训，逐年提升村小音乐教学水平。

（三）借助"云"平台，创建"云录播"

充分利用网络平台与学校实体录播设施，汇集全区优秀音乐教师力量，录制现行教材（人音版）1—6年级唱歌课内容，打造精品音乐"云端"课堂，为村小孩子"空中"送课，让村小的孩子能够看到规范的音乐课，享受快乐有质量的音乐教育。

取得领导的支持，在经过与全区学科骨干教师们一起，几番交流与研讨之后，终于，于2014年4月，"薛城区小学音乐精品课堂（首期）'云录播'系列赛课活动"亦应运而生。

1.开启"云录播"空中送课模式

"薛城区小学音乐精品课堂（首期）'云录播'系列赛课活动"（以下简称"云录播"）。首先，就是网络技术"搭台"，音乐教师"唱戏"。运用网络云平台，为广大农村小学（具备多媒体教室）进行"远程、云端"送课，主要受教对象为村小学生。其次，"云录播"不是单纯目的的录课，同时是一项教学比赛，也是区域大教研活动载体。老师们为了自己的"云课堂"能够经得起"云平台""精品课程资源"的永久回放和公众点击观摩率，必须要对自己的课堂竭尽全力、精打细磨。考虑到送课执教活动的特殊性和挑战性，为了鼓励参与的老师们，经过领导批准，将等同于区级优质课，设一二等奖，在设奖比例上高于优质课。

"云录播"教学场地，必须在专用的具备录播操作系统的录播室（目前我区建有录播室的单位有二十九中、临山小学、北临城小学）进行录课赛课。在现场，音乐教师讲课的同时，有专业电教技术教师在操作台实时切换、操作，讲完课之后，技术老师要将每个教学视频进行剪辑、整理，以及本期封面（封底）设计制作之后，登陆系统，连同每一课的教案、课件一一上传至薛城区教研网"精品课堂视频资源"。

"云录播"实施规划。六个学期分别完成小学1—6年级12册（每册按平均7个单元，每单元共选取2首歌曲）共约180节唱歌教学的制作。2014年4月和12月分别举办了第一期和第二期，完成了人音版教材一、二年级上下册的录播制作。2015年5月和11月将会继续进行第三期和第四期分别为三、四年级（上下册）唱歌内容。2016年完成第五期、第六期分别为五、六年级（上下册）唱歌内容。

"云录播"成长了一批音乐教师，激活了教师的进取精神与教学热情，提升了区域教研氛围与整体教学水平。我们采用"'分餐'式下单定制法"，将教材内容分配给10镇街和5个区直小学，即每个单位讲一个单元（两个课题）。开学布置任务，各单位报课题和执教人，然后开始个人备课、集体磨课、研课，直到可以录制、比赛。就这样，从城区到村小，形成了一个空前活跃和高涨的磨课、研课、大教研氛围。

2."云录播"实施建议

与优质课、公开课、录像课有所区别：

教学对象：既关注"场内"学生，更要关注"场外"——看视频的学生，10—15人小班化教学，授课时间25—40分钟不等。

观摩方式：可以现场观摩（在录播室玻璃幕墙以内）、可以网络在线观看、可以进入专用平台下载观看、可以制作光盘作为长久的课程资源。

理念模式：变教音乐为玩音乐，做中学、玩中学、学中乐、乐中获。模式：动中听—做中唱—舞中演—编中创。善于借鉴先进的教学法融入教学，如科尔文手势、体态律动、声势教学等等。

教学内容：可以选择一个或几个知识技能（微课），可以单项训练、可以综合训练，也可以是一个过程完整的唱歌综合课。

（1）基于课标，尊重教材，确定的教学内容难易程度要适当、适量，不要超纲（超出教材、课标之外）。

（2）关注双基目标，更要关注过程与方法目标。教学过程"玩得"得法、玩得有趣、玩得有层次、有意图。

（3）器乐进课堂（辅助教学）：1—2年级常规打击乐器；3—6年级课堂小乐器（竖笛口风琴等）。

3."云录播""角色"要求

这是"云录播"对执教教师们最富挑战性的要求。由于"云录播"展播的是"云端"课堂，"空中"课堂，不同于常态下的"师生面对面"互动教与学场景。为了让(村小)受教学生看视频时，能够感受到视频里的讲课老师是在对着自己"说话"，激发起学生同步学习、互动的积极性，达成学习目的，那么必须要求老师上录播课要把握好"镜头感"。因此，教师要做到：

（1）爱心奉献意识、场内外空间转换意识、场内外师生互动意识。

（2）举止亲切、真诚，姿态大方、自然、自信，弹唱演跳、"唱念做打"都要富有美感和艺术魅力，语言清晰、速度适中、环节进行张弛有度。

（3）学会"看镜头"，善于目光交流，透过镜头"看到"场外看视频的孩子们(具有少儿主持人风范)，每进行一个环节或重难点解决都要看镜头，用眼神"告诉"场外的学生和教师同步互动，努力营造让村小的孩子们在远程视频端，也能"身临其境"的课堂氛围。

第三节 "云录播"侧记

爱心送教 让音乐属于每个乡村孩子
——薛城区小学音乐（首期）精品课堂"云录播"系列赛课活动侧记

2014年4月22日和23日，薛城区小学音乐第一期精品课堂"云录播"系列赛课活动（一二年级下册）分别在临山小学和二十九中两校录播室顺利举行。来自全区十个镇街、五所区直小学28位优秀音乐（教研员）教师精心准备并参加了录播活动。

此项活动旨在力求缓解当前农村小学（办学点）音乐师资紧缺，音乐课程难以正常开齐开好，音乐教学质量水平整体薄弱，农村孩子难以全面接受基本的学校音乐教育等现实状况。区教研室计划利用三年时间、六个学期、每学期一次，有序完成小学音乐"唱歌"教学内容的录播工作。集全区小学优秀音乐师资力量，打造适合、实用、优质的音乐"云课堂"，汇聚一大批丰富而精彩的教学资源，以供村小学校为学生在线点播收看，谨期望能够给广大农村小学的兼职音乐教师和孩子送来音乐的快乐、情感的陶冶、审美的体验、艺术的启迪。

此次小学音乐"云录播"系列赛课活动是运用网络云平台，为广大农村小学（具备多媒体教室）进行"远程、云端"送课，其主要受教对象为村小学生。"云录播"不同于普通的优质课、公开课、录像课，以及常态下的音乐教学，它的特殊性和挑战性在于提高了对执教教师的要求：不仅关注现场教室师生互动、快乐教学的过程与实践，体现"动中学，学中乐，乐中获"——变"教音乐"为"玩音乐"的教学理念，同时更要关注场外（视频前）的学生积极参与、互动交流。使其"看视频上课"、参与课堂活动，以达到快乐学习、享受音乐的目的。

"云录播"既是各位执教教师倾情奉献的"爱心送教"，也是打造精品课堂的磨课、研课、大教研，同时也是教学风采竞相绽放的"赛课"活动。为更好地激发教师的参与积极性，鼓励全区更多的音乐教师投入到"爱心送教"活动中。经过汇报征得领导同意，为执教教师争取到更"优惠"的"福利"，即在设奖比例上，由常规优质课一、二等奖的"4∶6"调整为"6∶4"。

在课题承担和分配上，本次通过"课题分餐制"（见附录三），城乡共有30位音乐教师分别承担了人民音乐出版社一二年级（下册）16个单元31节唱歌课。经过近2个月的个人备课-集体研究-反复磨课，最终借助网络展播云平台呈现出一个个别开生面、丰富多彩的精彩视频，为农村孩子精制了一道道充满真、善、美、爱的"音乐大餐"。充分展现了我区音乐教师精心、敬业、阳光向上的职业形象与团队精神。

录播活动分别在临山小学、枣庄二十九中学两个录播室现场举行。除了讲课教师和现场互动学生外，同时安排有城乡两组评委，分别根据镇街组和区直组，依据"云录播"教学评分标准（见附录三），经过公平、公正、公开打分，最后评出一等奖和二等奖若干名。

此次赛课活动呈现出如下教学教研亮点：

（1）以各镇街教研员、城区音乐组长为备课组长，各单位建立集体备课小组，一人备课，集体教研，反复磨课，修改完善，形成最佳教学方案。

（2）依据和研读《音乐课程标准》（2011版），尊重教材内容编排，尊重学生主体。课堂教学过程清晰、流畅，内容结构简洁、明快，难易程度适中。注重教与学的方法及过程体现，教学目标的有序落实，达成、参与度高。

（3）教师关注音乐本体、关注教学示范的有效运用，关注学生音乐学习的接受方法与途径是否合情、合适。

（4）课件制作简便易行有实效，切合（村小孩子）实际。

（5）唱歌教学关注学生歌唱的姿势、方法、习惯的培养，通过趣味发声、形象生动、丰富多样的手段方法示范引领学生从模仿开始，乐于参与。

（6）打击乐器进课堂。通过听声音、辨音色、识乐器、创节奏、玩音响，提倡教师加入自制打击乐器并带进课堂，鼓励学生利用身边及生活中的废旧物品动手创造——玩"乐器"

（7）试讲走进村小，便于了解掌握村小孩子们真正所需要，便于设计、制定出适合村小儿童接受和喜爱的音乐课。

（8）关注师生互动、快乐教学的体验与实践，体现"动中学，学中乐，乐中获"——变"教"音乐为"玩"音乐的学科理念。

"音乐是儿童最好的教育"。农村的孩子更加需要音乐，需要丰富而优质的音乐课堂！让"音乐属于每一个孩子"！让我们一起关注、关爱农村学校音乐教育，让艺术之花在每个孩子的心灵绽放！

此次活动在录播技术、制作效果等方面，得到教育局电教站以及区临山小学、枣庄二十九中学的全程支持与协作，在此深表感谢！

欢迎登录薛城教育网首页——"网络教研"—薛城教育资源"共享共建云平台"，点击"精品课程"，观看2014薛城区小学音乐"云录播"赛课活动视频课程展播，给老师们投上"出彩"的一票，并提出宝贵意见！

快乐课堂

磨研演练　美丽转变

——薛城区小学音乐（第三期）精品课堂"云录播"系列赛课活动侧记

为了更精致地打造精品音乐课堂，为村小孩子奉献优质音乐教育资源，同时进一步锻炼音乐教师的执教能力，整体提升基础音乐教育教学水平，加强学科教育教研特色建设、促进城乡音乐教育均衡发展，推进和发展区域音乐艺术素质教育，在总结分析第一、第二期"云录播"赛课活动基础上，计划第三期活动分两个时间段进行。

第一阶段，"即听即评即改、力求短时高效"。通过名师、特色教师点课赛课带头示范，通过每一位参讲教师的磨课、试讲，通过由镇街教研员、区直学科组长、骨干教师、刘萍名师工作室成员以及特色教师组成的评审组与全体听评人员集体研课，针对每一位教师、每一堂课说清亮点，说透问题，给出解决的思路和办法（教学法）；参评教师通过上课-说课-再听课，相互取长补短，学习借鉴，避免各自为战；最后带回大家的建议、带回自己的课堂视频"照镜子"、反复磨练。

第二阶段，由于"云录播"教学不同于常规教学和一般的优质课、录像课。它的一个显著特点就是，执教教师要在专用录播室里，在和场内学生的配合、互动中，根据一定教学主题，设计完成一节适合场外学生"远程"观看，并能同步参与互动学习的音乐教学视频，达到：让学生以看着视频的方式上音乐课，学习音乐，体验快乐（美感）。

这里需要执教教师做到五个（与平常教学不同的）角色转变。

首先，明确学习主体，教学的主体对象由场内（录播室）的学生，转向场外（看这位音乐教师讲课视频"上音乐课"）包括村小在内的小学生。

第二，要有"镜头感"，学会看着镜头说、唱、弹、演等。

第三，教学目标定位，以场外学生跟场内一起互动，使场外学生做到与教师同步学习互动。

第四，重点、难点适中（符合农村学情）。

第五，入课和结课有始有终，课的开始与结束都应有设计不同形式与场外学生"打招呼"。

另外，教师应努力做到五美：

1.情感态度美：爱心奉献、真诚交流、目光含笑、不应付。

2.教态语言美：教态亲和得体，语言清晰，语速适中，语调语音抑扬顿挫、和谐悦耳。

3.课堂示范美：听、唱、弹、跳、演，示范熟练，富有艺术美感。

4.歌声琴声美：以琴助教，歌声美、琴声美、律动美、表演美。

5.策略方法美：教有策略意图，学有方法过程。

恰当使用科尔文手势、声势律动辅助教学，坚持在音乐中、在"玩"中，学会感受、体验和表现音乐。

要领会和做到以上空间场景与角色形象的华丽转换，完成一节优质的、充满音乐艺术魅力的录播课，对于音乐教师来说，是一个不小的挑战。最常见的问题就是，老师们讲着讲着不自觉地就忘记了看镜头，忘记了镜头的那一端——看视频的学生们，他们才是录播课的真正受教主体。

常庄镇西小庄小学的刘会老师，她讲的课题是《摇篮曲》（汪玲）。第一次听刘老师试讲时，她不知该怎样"面对镜头讲"。当她"看镜头"时，她又忘记了环节的有机过度，也忽略了教师熟练富有美感的弹、唱等示范引领的重要作用，可以说是手忙脚乱，找不到目标与方法。在集体研课交流，提出整改意见之后，刘老师结合对音乐作品的深入理解与挖掘，反复练习弹、唱《摇篮曲》，反复磨课练课，精心制作课件、设计教学语言、创设音乐情境。最终，她的"镜头感"有了，她的歌声更柔美了，她的课堂创设也更引"生"入境。

小学音乐"云录播"的首要目标是借助网络云平台，集中全区音乐教师的优质资源，创建新型音乐课堂新模式新形象，打造精品"云端"（网络）教学，为村小送课。让村小的孩子们享受优质音乐教育，进而促进城乡音乐艺术教育均衡发展。

在"云录播"这个活动平台的助推中，老师们的学科理念得到不断更新与提升。他们逐步领会了新理念：变"教"音乐为"玩"音乐——玩中学、做中学、学中乐、乐中获；慢慢理解了新模式：动中听、做中唱、舞中演、编中创，在不断尝试与整改中得到推广与普及；一大批（专兼职）音乐教师的教学热情和执教能力得到持续迅速地锻炼与提高。教师们带着新的理念与教学法，尝试模式教学，在体验音乐课堂教与学的快乐的同时，他们欣喜地发现：音乐课原来还可以这样上！以往"学生爱音乐却不喜欢上音乐课"的现象逐渐淡出了，音乐课堂在师生互动中充满新的活力。

别样课堂　最美教师

——薛城区小学音乐（第四期）精品课堂"云录播"系列赛课活动侧记

2015年12月1日至12月2日，薛城区小学音乐第四期精品课堂"云录播"系列赛课活动，分别于临山小学（西校）和北临城小学录播室如期举行。本次录播活动所进行的教学内容，是人民音乐出版社义务教育小学音乐三年级（上册）和四年级（上册）歌曲演唱教学，课型仍然是以唱歌综合课为主。来自七个镇街、五所区直小学共29位音乐教师参加了本次录播暨赛课活动，他们分别承担了三四年级上册总十六个单元的执教内容。

本期活动中，为进一步提升"云录播"的整体视频效果和精品精致程度，先期于11月17、18日分别于临小、北小进行了为期两天的磨课试讲、大教研活动，通过"30+10"即听即评的有效助推，以及互动式"大教研"的示范引领，再经过每位执教老师一番"回炉""照镜子"、进行自我内化与精心梳理，最终为大家呈现出一节节别样精彩的音乐录播课堂，展现了"云录播"赛课独特的教研魅力与风采。

经过评委们客观、公正、认真地视频观课和评选，评出一二等奖若干名。

本期录播课活动既有来自镇街中心小学及村小的专兼职教师积极参与，也有来自镇街的教研员们带头上阵；既有来自城区学校的老教师，也有新上岗的年轻代课教师。有的带病参加、临场不怯，有的敢于跨学段大胆挑战自我；有的老师锲而不舍，参加多期录播赛课活动，教学能力明显提高；临城街道教育办的教师团队每一期都发挥音乐师资强镇的带头与辐射作用，主动帮助师资薄弱的镇街承担课题任务。

对于"云录播"，最难把握的还是对着"镜头"说话、讲课，讲给镜头那端看视频上课的乡村孩子。教师得要养成"看镜头"与场外学生互动交流的方法习惯。这种"角色转换"，正是"云录播"区别于常态教学和传统录像课的主要特点。

说起来要特别提起北临城小学的王丽老师。她聪明、敬业、执着、做事投入、追求完美。因为对教学的执着和热爱，使她具有较高的教学悟性，为了能够让参加录播的老师们更好地体会与把握"云录播"教学特点，要求执教老师兼顾现场内学生的同时，更要关注场外学生（看视频的学生）。几乎每一期云录播教研示范都有王丽的身影，在我俩不断沟通关于"云录播"与常规课理念转变与模式打造方面，只要是为着镜头远端看课的农村孩子能够看得懂、喜欢上而且能够参与进来，她总能克服困难，努力把示范教学做好，让老师们一看就懂、学以致用。

"云录播""空中送课"必经之"路"也是最终归宿，就是把录制好的课堂传到网络资源平台，再由需要的教师按路径进入平台资源库选课、点课、打开视频上课、看课。所以，在这里必须提到一位平台录制和编辑操作能手——临山小学录播室担任现场录播工作的曹华老师，她是一位认真谦恭而又责任心极强的老师。每一次录播期间，她除了自己的微机课之外，几乎一动不动地始终坐在机器前，陪伴、指导、提示现场老师。为了能高质量地录制每一节课，她需要眼睛时时跟踪教师、学生、课件，进行不断的镜头远近、切换及场景调整。技术操作过程还要与教学内容相适应，更要与"云录播"鲜明独特的"远程视频"教学效果相吻合。

自2014年首期"云录播"活动开展至今，已经录播并上传完成了1-4年级所有唱歌教学的课程，"三年计划"录播任务已经完成过半。

大教研绽放鲜活课堂魅力、大气引领，名师阵营，展现团队风采，提升队伍水平，学以致用，活学活用，将国外著名洋教法有机融入本土教学实践，勇于探索，大胆尝试。"云录播"，为了乡村孩子爱心送课，精心打造别样音乐课堂。"云录播"，为了艺术之美能在乡村学生心田生根，而努力传扬音乐文化，传递教育之爱，让快乐、幸福和美感鼓舞着每一个家。

践行幸福教学　创造快乐课堂

——薛城区小学音乐（第六期）精品课堂"云录播"系列赛课活动侧记

薛城区小学音乐（第六期）精品课堂"云录播"赛课活动于2017年5月4日至5日分别在临山小学录播室和南临城小学录播室顺利举行。全区23位小学音乐教师倾情参加，所录课程为人民音乐出版社小学五年级、六年级（上册）唱歌综合课，共录播23节。本次赛课活动得到各镇街小学、镇教研室和各区直小学、教育局电教站，尤其是临山小学、南临城小学的大力支持，他们不仅连续提供专业标准的录播场地及师生人员设备，还全程为执教、评课及观摩老师提供了周到服务。

如同往期"云录播"所呈现的，本期活动亦是新老教师齐上阵，教研员率先研磨教学，各单位集中学科团队为执教参赛教师听课打磨，有勇于带头示范、追求精益求精，并多次参加云录播的"老"教师，像周欣、王燕、杨扬（邹坞）、刘利华、董慧、殷敏、田艳梅、陈怡晓、郑雪等老师；也有初出茅庐、刚刚毕业走出校门、迈上讲台不久的年轻教师，像倪健、张瑜鑫、韩艾潼、班思思、郝又、韩天媛、张艳雪、张鑫等老师；有身怀六甲的"最美妈妈"王燕老师，亦有担任数学教学、依然热爱音乐的教学多面手王虎老师……新老教师云聚"云录播"，争相竞课、各展风姿，取长补短、进步提升，使得录播课堂精彩纷呈，一大批教学新秀脱颖而出。

本次赛课教学亮点主要表现在：

备"镜头"。注重兼顾场内外学生，教师的目光、语言、角色感强。如临城实小王燕、陶庄中心校刘利华、临山小学黄燕、北临城小学张亚慧、二十九中张艳雪等老师。

备"音乐"。注重渗透学科美、示范美，力图使课堂上教师的歌声美、琴声美、律动美。如陶官小学周欣、邹坞中心校杨扬、双语实小张瑜鑫、龙潭学校董慧、邹坞中心校郑雪、泰山路小学邓晓琪等老师。

备"学生"。做到调动学生参与–表现、模仿–体验、生生互动、师生互动，有机音乐活动、让学生在音乐活动中主动参与。如南临城小学郝又、杨洋等等老师。

另外，情境创设注重教学意境美的创设：如二十九中张艳雪、马士媛、临山小学黄燕等老师。

再者，能够体现和落实课堂教学特色模式，即"动中听、做中唱、舞中演、编中创"贯穿教学，这一学科特色突出表现在大多数云录播课堂中，展现了全区小学音乐课堂理念新风貌。

最后值得一提的是，临山小学微机室曹华老师为后期制作做了精美的封面设计，为"云录播"在录制、剪辑、上传等各方面做了大量辛苦而细致的技术整合工作。

课无完课，正如"人无完人"。"云录播"在教学中存在的问题与不足也应值得老师们思考：首先，少数教师在"云录播"、云课堂、空中或远程教学的空间感、角色感及镜头感方面把握还不到位。第二，教学准备不够充分，教学过程浅白，教学无法；示范能力不足，教师的范唱或弹奏不准、欠缺美感与音乐感。第三，年轻教师的教案稍显粗简、不够翔实和规范。第四，个别教师出现知识表述与技能表现方面的小失误还应力避。

感谢所有为"云录播"辛勤付出亦呈现精彩的老师们！"云录播"活动已经成为锤炼教师专业成长的练兵场和大舞台。

"不忘初心方得始终"。我们将本着"让所有的孩子享受优质音乐教育"的宗旨而不懈努力，继续践行快乐教学，创造幸福课堂，分享更多优秀音乐教学资源，推进我区音乐教学迈向更快乐更幸福的美育新天地。

第四节 "云录播"感悟

播种音乐 收获快乐

2014年薛城区小学音乐精品课堂第一期（首期）"云录播"系列赛课活动终于如期圆满落幕。这是一次别开生面、异彩纷呈的视频教学及网络展播与互动交流活动。与其说是一次赛课活动，更是所有参与执教的老师为村小孩子精心准备、倾情奉献的"空中送教"爱心活动，其精神和意义远远大于单一意义上的赛课活动。

面对不同于寻常课的"角色考验"，镇街教研员老师也带头进村小执教，村小兼职教师敢于挑战；老教师乐教善教显身手，新教师初出茅庐不怕难。经历了个人备课、集体教研，反复切磋与磨课训练，再经过自我调整、角色拓展，达到了真正意义上的城乡教师"教学教研总动员"。

在一节节录播课被陆续上传到薛城教育网"共享共建云平台"上的这一段时间里，我静下心来，打开电脑，翻开"听课记录"，摊开教参与课本（人音版小学音乐一、二年级下册），当然还有《课标》（2011版）。然后登陆薛城教育网首页——"网络教研"—薛城教育资源"共享共建云平台"，点击"精品课程"，观看2014薛城区小学音乐精品课堂第一期"云录播"赛课视频，开始了"云观摩"。

我一遍遍不倦地欣赏着、聆听着、记录着、学习着；被老师们大方、得体，或清新、可爱的教态形象吸引着；也被老师们富有音韵、节奏及和谐美感的言语、琴歌陶醉着；更不时地被她们教学法中的"课堂妙招"兴奋着。我认真记录并思考着，她们的教学行为策略背后所支撑的理念思想，更为教师们的成熟成长而激动欣慰着……看到精彩处常常会反复"倒片"并凝神揣摩着，直到明明白白而心悦诚服。

在平常生活中，音乐教师们气质不同，性格各异。但在音乐课堂上，面对不同风格的音乐（教学内容），凭着她们过硬的音乐基本功和全面的教学素养诠释自己独特的理解，演绎出别样的课堂风格。她们是快乐课堂的设计者、主导者、组织者，又是审美课堂的活动创设者、参与者、体验者。令人感受到作一名音乐教师的幸福与自豪、价值与魅力；体验着音乐教育"润物有形""声情并茂"的学科特质。

教师们立足教材内容及"文本"安排，依据课标理念和教参要求，尊重儿童音乐认知特点与心理发展规律，充分挖掘歌曲内涵与风格特点，正确设置三维教学目标，精当梳理教学重点难点，精心设计教学过程方法，恰当运用课件教具助教助学。她们各具特色的"新颖导入"、巧妙无痕的"情景贯穿"，有板有眼的"节奏训练"，有模有样的"趣味发声"，有声有色的"打击乐器"，充满童趣的"角色游戏"，及时有效的"激励评价"，伴之以教师美丽优雅的"角色转换"，快乐投入地场"内外互动"……每一堂录播课都充满生动鲜活，富有音乐情趣与学科特色；每一节课都凝结了教师的智慧与汗水，展示了她们丰富的教学经验和独特的课堂魅力，充分体现了音乐教师对教育教学的热爱和执着的追求。

深深地感谢我们的音乐教师，我为拥有这样一支团队感到光荣和骄傲！不管她们来自村小还是城区，不管物我世事如何变迁，她们始终坚守三尺讲台，默默付出、耕耘不辍，只为在孩子们心中播撒一缕缕快乐的阳光，让它们插上音乐的翅膀幸福翱翔……

这次参加的所有录播课，均作为"精品课程"上传到薛城教育网（薛城教育资源：共享共建云平台—精品课程）。为今后更广泛深入地展开相关课题的学习、研讨和交流积累了丰富而详实的资料，为广大农村小学提供了宝贵而鲜活的视频教学资源。

期待村小学校在相关视频传播设施具备的条件下，按照国家课程安排，为孩子们点播学习，让孩子们尽快享受并体验到"音乐课"的快乐，努力使其全面均等地接受音乐教育。这也是我区开展小学音乐"云录播"系列赛课活动的真实愿望。

"录播"出精品　爱心我先行

　　我接触并学习"云录播"这一授课方式，始于2014年4月。区教研室音乐教研员褚老师为了让农村学校的孩子也享受到规范优质的音乐课，率先带领全区音乐老师们创新开启了这一新兴、新型、特殊的空中授课形式。三年六期"云录播"，录制播出小学十二册唱歌教材，一项庞大的"工程"。我作为"云录播"一名授课者、亲历者，一路走来，有摸索有失败、有创新也有成功，真的是在我从事教学的道路上留下一串深深的、发光的足印。

一、录播有深意，爱心我先行

　　在褚老师精心策划和物色指导下，我荣幸成为第一个敢于"吃螃蟹"的人，为参讲"云录播"的老师们做教学示范，这项任务对我来说既光荣又迷茫。还记得第一次录视频，那时候对"云录播"的概念和意义还懵懵懂懂，只觉得是对村小的孩子送一节优质课，后来在与褚老师一次次的思想碰撞、交流中，在一遍遍的录制视频中，我才慢慢地了解了褚老师创办"云录播"赛课活动的用心所在——因为，和城区小学相比，农村小学普遍缺少音乐教师，所以目前仍有很多农村孩子"上不起"音乐课……我时常感动和体会着褚老师话语中那份对村小孩子沉甸甸的爱心和责任心，心中也渐渐明白了"云录播"活动深层的意义：那就是让村小的孩子也享受到规范的音乐课，让村小的孩子也享受到学习音乐的快乐，用我们所有的讲云录播课的音乐老师的集体智慧和力量，努力提升他们的音乐审美素养。三年的"云录播"活动首先带给我的就是这样一种心灵的撼动。

二、精心出精品，角色有创新

　　为了让村小的孩子在我们的"云录播"课堂上获得最大的受益，三年来，在褚老师的指导下，我们一直都在不断探索和努力。首先老师们要做到的第一点，是如何面对"场外"的孩子进行授课。因为云录播不同于我们平常所讲的优质课，它有着场内场外的空间转换，我们的角色就像一个栏目主持人，场内要当指导，还要时时关注场外"看视频"的受教学生的学习与互动，这些都要求我们的眼神、表情、语言具备极好的表现力和亲和力，来吸引场外孩子们的注意力，让农村孩子通过我们录播的"空中课堂"来上音乐课。而且，针对村小孩子在音乐素养方面几乎是零起点的情况，我们在教学内容的设计上既要体现新的理念方法，又要深入浅出，不能太难。褚老师还要求我们一定要考虑到村小孩子的音乐学习条件，课堂上使用的乐器尽量是自制的，并且是他们身边经常用的或能够找到的，像：纸盒当小鼓、饮料瓶当沙锤、毽子当串铃等等，这些要求对每一位讲课的老师在技能和创造能力上也都是一个挑战。我还记得我的示范课《乃哟乃》创新运用的是碗乐器，我带领着场内场外的学生在叮叮当当、高高低低的瓷碗中玩节奏→唱歌曲→识乐谱→编旋律，真是"碗"中有玩，玩中有获，"学"得有趣，"玩"得精彩，我相信场外的孩子也能够在这种活跃的课堂氛围中快乐的跟我体验与感悟着音乐！而我也有感而发，写出了一篇教后记《"碗"出来的快乐》，发表在《儿童音乐》杂志上。回想录播课的点点滴滴，我觉得我们每一位讲课的老师们在尽力的、用心的做好这项工作的同时，在教学水平及各方面都得到很大的锻炼和提高。

三、模式领方向，成长在历练

在不断探索与实践创新中，褚老师提炼出了"动中听、做中唱、舞中演、编中创"的新型音乐课堂教学模式，这种模式以"玩"音乐的学科理念为牵引，在我们的授课过程中不断打磨与改革，为执教录播课的老师在教学方法上引领了方向，带动和提升了全区一大批音乐老师的学科理念与教学能力，在全区得到推广与普及。

就像一场新型的教学试金石，在"云录播"这个活动平台的助推中，三年的录播课我经历了数次赛课的磨砺，现在想来，每一次的赛课过程都是一次专业成长的历练，它促使我反复地研读课标，解析教材，在创新教学设计、提升专业能力方面实现了脱胎换骨的蜕变。我的唱奏互助特色教学也在"动中听、做中唱、舞中演、编中创"的教学模式中不断地融入新的奥尔夫音乐教育元素进行摸索与尝试，真正打造了适合、实用、有效的快乐音乐课堂，获得了区级特色教师、市级骨干教师和市级教学能手的荣誉称号，特色论文《唱奏互助韵和声美》发表在《儿童音乐》杂志上，《玩中学、学中乐、乐中获》、《童心课堂，快乐无限》发表在区级教科研版杂志上。在"云录播"期间所打磨的每一节课例，如《乃哟乃》、《两只小象》、《顽皮的杜鹃》、《噢！苏珊娜》等都在省级的评选活动中获得一等奖，相应的教学设计也分别在

《儿童音乐》、《中小学音乐教育》杂志上发表。

如今"云录播"已经成为现代化多媒体终端教学的重要方向，各门学科也都风起云涌，"空中课堂"已经成为常态，而我们音乐学科只因一份对村小孩子的爱心，无意之中在全区成了"云录播"的先行者。虽然我们的录播课上得还不够完美，还有许区多有待完善的地方，如何做得更好，我们每位老师依然还在不停地探索……但是通过"云录播"这样的一个活动过程，我想我们每位老师的心中都播种了一份爱心，也收获了教育的幸福和精彩。

（王丽：山东省枣庄市薛城区北临城小学高级教师，枣庄市教学能手，枣庄市小学音乐中心团队工作室领衔人，市区兼职教研员，区师德标兵，薛城名师。）

"云录播"教研团队部分成员

"云录播"相伴我成长

青春无语，岁月轻响。而我在教师生涯里却那么渴望成长。面对许多优秀的教师，我除了羡慕，还有不甘。我希望在三尺讲台上播撒汗水，希望自己能拥有风轻云淡般的讲授艺术魅力。

就在这样的境遇里，一束阳光照耀在前方。在2014年—2016年，薛城区教育局教研室举行了"云录播"系列赛课活动。三年间里，共举办了六期。作为一名普通的乡村小学音乐教师，在这六次录播课活动中，我是有幸的亲历者和全程的参与者，也获得了六期赛课的"大满贯"。

如今虽然距离那次活动结束已经过了三年了，可是对于我来说，这次活动的经历和收获让我受益匪浅，它深深影响了我的教学生涯，使我有了一个质的蜕变，让我以一个崭新的面貌成长成了一名成熟优秀的乡村音乐教师。

时间回到2014年，那一年，我所在的周营镇中学要与枣庄四中合并，本在镇中学教初中音乐的我，放弃了进入枣庄四中工作的机会，毅然选择留在周营镇陶官小学工作。这是一所普通的村庄小学，没有专业的音乐教师，而我的到来为这个村小带来了一道曙光。面对校长和孩子们期望的眼神，面对匮乏的音乐场地和教学用具，我的内心忐忑不安。因为我在中学音乐教学岗位上工作了十年，从来没有教过小学生。小学音乐课怎么上，怎样才能为农村孩子们上一节生动有趣的音乐课？怎样让孩子们在音乐课上动起来、玩起来、唱起来？这些问题在我心中久久萦绕，挥之不去。

也许是机缘巧合，也许是上天眷顾，在我满腹困惑的时候，接到通知，让我准备讲第一期"云录播"《新疆是个好地方》。录播课的讲课对象就是没有任何音乐基础的农村小学生。收到这个消息我非常开心，这不正是我要探索和寻找的农村小学音乐课吗？可是又有新的问题困惑着我，什么是"云录播"课呢？这样的课应该怎样去上呢？也许是我们区的教研员褚老师听到了执教老师们内心的困惑，所以她专门安排区北临城小学的王丽老师给大家上了一节"云录播"示范课。

听完王老师示范的"云录播"音乐课，我茅塞顿开。原来，"云录播"课不同于我们平常所讲的音乐课、优质课，它要求我们音乐教师进行一个角色转变，让自己变成一个"节目主持人"，要学会看着"镜头"。场外的学生就是一个个看着"电视上课"的"小观众"。由于我们的小观众的音乐素养是零起点，身边又没有课堂乐器，这就要求我们"主持人"在音乐课内容设计上，既要新颖有趣，还要简单，深入浅出。那没有课堂乐器怎么办呢？那就要求我们充分寻找农村孩子们身边的"玩具"，将它变成课堂"小乐器"。如沙包变成了沙锤，跳绳（手柄）变成了双响筒，铅笔盒变成了木鱼等等。通过这些有趣的变化，我们课堂现场和视频前的小学生上音乐课的热情高涨，而这一切一切的创新和改变不正是我和农村孩子需要的音乐课吗？

就这样，从2014年到2016年三年间，薛城区小学音乐共举办了六期精品课堂"云录播"系列赛课，从一年级到六年级，我期期不落，努力去创新，转变和更新自己的教学方法，让场内外的"小观众们"在"动中学、玩中学、乐中学"，尽力发挥农村教学特有的优势，把教学任务有机融入音乐教学中，深得孩子们的欢迎和喜爱。

付出就有收获，我三年的努力也收到了丰厚的回报，一到六期"云录播"系列赛课活动，我均荣获了一等奖的好成绩。又先后获得薛城区特色教师，薛城区第四批名师，枣庄市教学能手，枣庄市音乐规范化教师等荣誉称号。第六期云录播课《茉莉花》在参加2019年"一师一优"课活动中，获得省级优课。录播课的教案和心得体会，先后在《儿童音乐》期刊和《教育学》杂志上发表。

时间在默默流淌，一路走来有喜有忧，有笑有泪。我想说，感谢我们区的音乐教研员褚老师，是她的谆谆教导，不断地点拨鼓励，让我一直有勇气坚守在农村音乐教学的第一线上；感谢"云录播"系列赛课活动，让我成长为一名快乐自信的优秀音乐教师。

心有多大，舞台就有多大，我会继续修炼教学艺术，用爱和责任来守护农村的孩子们，愿他们的每一天都充满欢声笑语和动人的歌声琴声！

（周欣：山东省枣庄市薛城区周营镇陶官小学一级教师，枣庄市教学能手，枣庄市小学音乐中心团队工作室领衔人，市区兼职教研员，薛城名师。）

第六章　公益支教

　　针对农村音乐教学及师资短缺现状，为改变我区农村小学音乐教育薄弱之困境，因地制宜，借助市区名师工作室中心团队资源，调动和发挥全区中小学优质师资力量，进一步助力乡村美育发展，在我的积极倡议下，名师团队热情响应，得到了区局领导的大力支持，在各学区村小的热切期盼中，我区第一支"美遇音乐"乡村公益支教爱心团队应运而生，并且创新开展了"强课提质"暨"美遇音乐"乡村公益支教系列活动。

　　2021年4月23日，"美遇音乐"乡村公益支教团队在陶庄镇山家林小学开启了第一次公益支教送课活动。

　　至此，十年的乡村音乐支教之路，已由当初的"我"一个人孤独前行"走进西小"，如今已变成了"我们"几十位支教志愿者在乡村公益支教的大道上携手共进。

第一节 支教团队

"美遇音乐"乡村公益支教爱心团队"诞生记"

教育植根于爱，没有爱就没有教育。爱会传递爱，爱也感染着爱——一切源于爱。

其实，一直就是这份教育之爱在鼓舞着我，把公益支教之路走到今天，而且越走越宽广。我始终相信这一切都是"最美"的"遇见"。

2014-2016年，结合农村音乐教育现状，制定"三年规划"，创新开展薛城区小学音乐"云录播"系列赛课活动，有效促进农村学校音乐教育教学水平逐步推进。因地制宜，网络打造音乐"精品课程"，为广大农村孩子送课送快乐：让村小的孩子享受音乐。

2020年，针对我区农村音乐教学及师资现状，基于"云录播"空中送教活动，借助名师工作室、学科工作室团队，发动全区中小学师资优势资源，进一步深入展开"强美计划"——"乡村音乐公益支教"活动，计划2020年12月份启动。后因疫情及气候等原因，经研究决定暂行推迟，自2021年春季全面开启。

十年的乡村音乐支教之路，而今已由当初的"我"一个人单枪匹马孤独前行，变成了"我们"几十个支教志愿者携手共进。说起来缘由，首先要感谢两个人。一个人就是湖南师范大学郭声健教授。多年前本人就拜读学习过郭教授的《音乐教育论》。近年一次在微信上看到了郭教授创建的"音为有爱"公众号，有幸加入了这个弘扬音乐教师正义与美的"爱心大家庭"。

2020年初的一天，在"音为有爱"里我看到了郭教授推送了温锦新老师一篇名为《念念不忘做支教，乡村绽放美育花》的文章，立刻觉得浑身激情满满、充满了热量。于是在微信里一口气给郭教授表达了一段肺腑之言：

郭老师好！我刚刚看到了您推送的温老师的支教文章，深受感动和鼓舞，深深惭愧同时也深受启发！作为一个热爱音乐的农村孩子，走上音乐教育岗位之后做了一名音乐教研员，经历了漫长曲折的求学之路，却一直心存感恩……心底燃起的那支"为农村孩子做点事"的火苗，自打2012年走进"西小"义务支教以来，就从没熄灭过。把音乐、把快乐、把热爱与美种进乡村孩子们的心里，让村小的孩子享受音乐、快乐成长，是我的初心使命。支教七八年来，我以个人绵薄之力在思考、在践行、在传播着这份爱。

面对农村孩子缺失艺术课堂学习机会的普遍状况，2014年，利用网络平台和录播系统，我发动并开展了为期三年的小学音乐"云录播"系列空中送课活动，带动全区音乐教师深入参与，打造"精品课堂"，融入先进理念和方法，把小学1-6年级唱歌内容（约160节）录制完成，上传到区域教育网资源平台。农村小学普遍配置了多媒体教学设备，每所村小每个班级都可以上网打开"云录播"，给孩子们上课……应该说在一定程度上缓解了农村小学师资欠缺与教学薄弱等问题。

看到温老师及其团队爱心支教行动，使我倍感激动，深受启发，正所谓"大道不孤"，在助力乡村美育发展的道路上有了同行者。我希望也像温老师那样，带领教师团队把公益支教之风发扬光大，让农村孩子享受线上、线下双优音乐课堂！

2021年，我们成立了薛城区"强课提质"暨"美遇音乐"乡村公益支教爱心团队，成为薛城区乃至枣庄市第一支乡村公益支教团队，同时创建了"美遇音乐"教学教研微信公众号。乡村公益支教团队首批志愿者35名，他们大多来自区高、初、小城区学校、学科工作室中心团队的优秀音乐教师。

薛城区"强课提质"暨"美遇音乐"乡村公益支教系列活动，自2021年4月启动以来，按照三年规划实施方案（2021-2023）和具体课程计划安排，在区教研中心全程跟踪和组织下，依托并带领由小、初、高三个学段35名音乐教师组成的公益支教志愿者爱心团队，历经一年时间完成了全区六个学区薄弱村小共八次支教送课活动。公益支教行动开展以来，共送教课程共计400多节，受益村小孩子达2600余人次，培训村小兼职音乐教师约100余人次。

爱心团队志愿者为村小孩子带来丰富多彩的音乐艺术审美体验，为乡村教师带来不一样的新时代美育课堂。爱心团队所到之处，受到镇街学区干部及村小老师和孩子们的热情欢迎和高度赞扬，每次支教，乡村孩子都无异于"过节"一样的开心和兴奋，很多村小校长和老师真切地看到乡村孩子们因为遇见音乐而"眼睛里闪着光"。毋庸置疑，这束光载着孩子们的幸福美好与未来梦想早已经融入他们难忘的童年记忆里。

"美遇音乐"乡村公益支教爱心团队将本着"为乡村孩子筑梦、为乡村美育助力、为美育面向人人""让乡村的孩子享受音乐"的初心与宗旨，一如既往、努力向前。志愿者们严格遵守"不拿学校一针一线，不吃学校一粥一饭"的爱心团队纪律，克服种种困难，在做好本职教学工作的前提下，按照每次支教活动安排先行备课、调课，自备教具乐器、自主组团搭车，不辞辛苦，快乐奉献，在体现自身成长及价值提升的同时，也看到了公益支教为乡村孩子们的童年及人生所带来的艺术和美好之"光"，更增加了爱心团队志愿者们在公益支教的道路上义无反顾、不忘初心、继续前行的动力和信心。

第二节　支教启动

2021年4月23日上午九点，山东省枣庄市薛城区"强课提质"暨"美遇音乐"乡村公益支教系列活动，于薛城区陶庄镇山家林小学正式启动。参加启动仪式的有薛城区教研中心主任郝东蕴、艺体主任谢永强、音乐教研员褚艳华，全区十个学区分管业务的主任、陶庄学区各村小校长，以及部分公益支教志愿者教师。谢永强主任主持并介绍了公益支教的情况，提出了《强课提质　爱心奉献》的希望和要求，郝东蕴主任作了题为《公益支教是一股温馨的师德清流》的讲话，志愿者代表薛彩虹老师分享了《美遇音乐　踏梦前行》。

公益支教是一股温馨的师德清流

薛城区"强课提质"暨"美遇音乐"乡村公益支教系列活动今天在陶庄学区山家林小学正式启动了。在此，我代表薛城区教体局袁超局长、代表薛城区教研室，对"美育音乐"乡村公益支教系列活动的正式启动表示热烈的祝贺！同时也借此向公益支教的志愿者老师致以最崇高的敬意！

"美育音乐"乡村公益支教系列活动是音乐学科中心团队工作室的老师们，积极支持并广泛参与的一项爱心公益活动。本着自愿公益支教的原则，助力乡村学校美育，让村小的孩子享受音乐。

首先，要提高认识，把责任担起来。一名志愿者就是一面旗帜，一次志愿服务就是一次爱的奉献，一项志愿活动就是一次志愿责任的充分体现。参与志愿服务不仅是一种感悟、一种荣誉，更是一种责任。希望公益支教的老师们要坚守"奉献乡村，温暖他人，彰显爱心"的宗旨，履行"专业服务、竭诚奉献"的使命。

目前，我区农村学校普遍缺少专业的音乐教师。在3月4号教研工作会议上，褚老师做了一个专题讲座，我也给局里袁局长专门做了汇报，全区的村小音乐教育非常薄弱，农村小学生无法得到正规的音乐教育。希望通过举办公益支教活动，开展送课入校，各学区、村小兼职音乐教师开展"云录播"课程使用培训，音乐教学技能的基础培训，还有艺术社团活动的指导等具体的支教活动内容。帮助村小的音乐教师专业发展，助力城乡义务教育的均衡发展。

其次，要营造氛围，把精神扬起来。公益支教既是一项十分光荣而崇高的行为，也是助人为乐、扶贫济困美德的体现，尤其是公益支教志愿者的精神，更是我区音乐教学一种重要的文化软实力，是一股温馨的师德清流。希望老师们以优质的服务和无私的奉献来展现你们的风采。更希望受益学区和相关村小能够积极配合他们的工作，用热情换热心，用支持赢得最大的支持。今天参加启动仪式的是我们今年公益支教涉及送教的八个学区，往后还会有其他村小。今天各位学区主任很辛苦，从南部学区赶过来参加今天的启动仪式，工作还是非常有力度。

第三，真抓实做，把作用活起来。公益支教也是促进城乡义务教育均衡发展的有生力量，支持支教服务的质量与效果将直接决定支教活动的影响力和生命力。今天的启动仪式及时拉开序幕，也是吹响号角。希望大家迅速动起来、热起来、活起来，要起作用、做表率，争做公益教育的使者。

赠人玫瑰留有余香。老师们，我们音乐学科公益支教的意义和价值主要体现为：改善薄弱村小的音乐教育环境，培养薄弱学校的师资力量，同时，支教也是一个提升自己、沉淀自己的过程。相信，乡村音乐教育因为有你们的倾注而更显精彩，乡村孩子们的音乐教育因为有你们的奉献而更加的丰盈。

预祝公益支教活动圆满成功！

（郝东蕴：薛城区教学研究中心主任，高级教师，山东省优秀班主任，枣庄市有突出贡献的中青年专家，枣庄市第三批名师。）

强课提质　爱心奉献

我区农村村小由于缺少专业师资，音乐及美育教学整体较薄弱，众多农村小学的孩子"上不起"音乐（美术）课。为了缓解、破解这个教学薄弱点、难点也是痛点，让村小的孩子和城里孩子一样享受音乐教育，教研室褚艳华在十年的时间里，从个人义务支教七年行动，到组织全区160人次城乡教师用了三年时间磨课160节上传"云录播"精品课程资源库，再到今天发动并依托小初高工作室团队力量和集体智慧，组建成了薛城教育第一支以公益支教为目的的爱心团队。团队的成员由我区中小学校专业优秀且有奉献精神的音乐教师自愿报名组成，目前团队已有34名志愿者成员。

公益支教团队的主要工作任务，就是按照课程计划给没有专职音乐教师的薄弱村小孩子送上优质的音乐课。

公益支教受益学校即第一批各学区推荐的支教村小，以2020年各学区上报共八所薄弱村小为受益对象。一轮结束后，于今年年底，根据各学区实际，推荐明年（2022年）第二批受益村小，以此类推，循环开展。

公益支教支教送教内容及时间安排，详见"实施方案"2021年春秋季课程总表。原则上春秋两季，每月下旬即第三周周三下午，送教一所（学区）村小，每次活动半天，包括三项内容，第一：为1-6年级学生上2节音乐课；第二，对全学区兼职音乐教师集中培训；第三，辅导该村小艺术社团。

首先，"公益支教"即个人主动、自愿、义务、无偿地支教送教，在教研室音乐学科中心团队统一指挥下，有计划、有组织、有纪律地落实推进每一次支教活动，做力所能及之事，献一份教育之爱心。不勉强、不强迫每一位支教教师参加活动，教师可以自由加入或退出公益支教团队，随时欢迎和吸纳优秀教师、年轻教师爱心加入公益支教团队。

其次，根据支教教师出勤出课率、支教目标完成效果，以及个人成长、团队合作等综合表现，对于表现突出者，将被评为"公益之星"，并发放"公益之星"公开课证书，作为所在学校师德优秀教师量化评价参考。

第三，对公益支教志愿者教师们提出要求：

一要，"一切行动听指挥"，公益活动，团队出行。不得以个人形式单独联系支教村小，并单独擅自下乡行动；不得以公益支教的理由私自向单位请假，擅自离岗位。二要，后续每一次支教时间均按照课程总表执行，不得擅自调整支教时间。三要，备课及教学上要接地气，以农村现有教学条件为前提，以农村孩子为学习主体，以新课堂理念为指导思想，以培养学生的审美素养为核心，以快乐玩音乐为主线，有机融入双基与创新教学。四要，赴每一所村小支教期间，秉持"不拿学校一针一线，不吃学校一粥一饭"。不得以任何形式和理由"吃请"、留饭、报销路费等。五要，按照规定时间、规定行程，直达目的地，课程结束直接返回，尽量"不拐弯"，保证往返安全。以上望遵照执行。

第四，对于学区领导、业务主任及村小校长希望及要求：

（1）义务阶段尤其小孩子的童年不能整天围着"分数转"。转变观念，设身处地为村小孩子着想，将来走上大学、社会，看看他们童年缺失的艺术和美育熏陶，我们的教育是不是欠孩子们一个道歉。

（2）积极接纳和主动配合教研室公益支教活动安排，专人负责，提前联系接洽。保证每次公益支教目标完成效果最佳化。

（3）要攻坚克难想办法，不能一味依赖公益支教的少次送教活动，要借助公益支教及社会资源，学会"自我造血"，努力培养学区村小自己的"常驻"音乐教师。

（4）推荐并选出各村小专兼职音乐教师，而且要求教师队伍相对稳定，有利于持续加强师资培训，逐步提高教师执教能力和水平。

一人独行走得快，大家抱团行稳远。"众人拾柴火焰高"。乡村公益支教活动，短时、一时好做，长期、坚持做好不易。总之，乡村公益支教靠大家、勤配合、多沟通，守初心，献爱心。

最后，祝愿"强课提质"暨"美遇音乐"乡村公益支教系列活动顺利推进，为"强镇筑基"锦上添花！

祝福乡村的孩子们在音乐艺术陪伴下健康快乐、成长成才！

（谢永强：薛城区教学研究中心艺体主任）

美遇音乐 踏梦前行

我是临山小学的薛彩虹，很荣幸作为支教教师代表进行发言，内心充满无限感恩、感谢与感动！

首先，感恩国家把美育工作上升到国家政策高度。美是纯洁道德、丰富精神的重要源泉。美育是审美教育、情操教育、心灵教育，也是丰富想象力和培养创新意识的教育，能提升审美素养、陶冶情操、温润心灵、激发创新创造活力。

几千年前，孔子就提出"兴于诗，立于礼，成于乐"，强调审美教育对于人格培养的作用。蔡元培先生曾大声疾呼："美育是最重要、最基础的人生观教育。"作为美育教师的我们既感到责任重大，也感到无上骄傲与自豪。

我是一名在农村长大的孩子，我上小学的时候就是全校没有一位音乐老师，上过唯一一次的音乐课，是我的数学老师教我唱一首她喜欢唱的歌《莫愁》。当时唱着这样一首歌，心里好开心。三十多年过去了我至今难忘，我想这辈子我都不会忘记！音乐能给我们带来快乐！我深知农村的孩子对音乐学习有多么的渴望。

所以，请允许我代表全体支教老师感谢教体局和学校领导，能够开展"乡村公益执教"活动，为我们搭建一个学习交流的平台，给我们提供一次提高自我人格修炼的机会，让我们为乡村的孩子们能接受到艺术美的熏陶，尽一点绵薄之力。

支教是一场美丽的遇见！我相信，支教的经历将是我们每个老师生命中一段难忘的回忆，更将是我们成长的重要平台。作为支教人，我们感到自豪，感到骄傲！

各位领导，在这里，我代表所有支教教师向你们郑重承诺：我们一定不辜负组织和领导们的厚望，我们会把"安全"放在首位，严格遵守规定，集体出行。在支教岗位上一定会尽职尽责。

虽然我们支教的时间不长，但愿我们能是一束光，照亮孩子前行的方向；即便是一次美的熏陶，但愿我们是微风，悄悄地来，悄悄地走，却能给孩子留下整个春天。

　　人生在世，皆有使命。为师者，传薪促火；承师恩，踏梦前行。我们会用平凡而宝贵的一生，去点亮更多无限可能的生命，去抚慰学生稚嫩的心灵。让我们携手并进，为薛城的教育事业添砖加瓦，共创祖国美好明天！

　　谢谢大家！

　　（薛彩虹：薛城区矿建路小学音乐教师，全国"和谐教学法说教材"比赛特等奖，山东省优质课二等奖，枣庄市优质课一等奖，区兼职教研员，区特色教师。）

第三节 支教纪实

"美遇音乐",幸运你我。音乐让我和我的支教团队与乡村孩子彼此有了一次次美好相遇之旅!在参与其中的每一个人的身上,都会散发出不一样的光与暖。在老师们倾情支持下,在局室领导关注关怀下,乘着"强镇筑基""强课提质""美遇音乐"乡村公益支教的东风,我们组建了薛城教育第一支公益支教志愿者团队,同时创办了薛城音乐教育"美遇音乐"微信公众号。目前,公众号平台已经发布原创文章几十余篇,连同公益支教团队在区市产生了广泛影响。

每一次支教活动均按照"美遇音乐"课程总表及组织分工,包含1-6年级音乐课堂教学、学区兼职音乐教师培训、学生艺术社团辅导活动,以及过程和活动后期图文采集、整理、宣传的任务分配。以致最后经过图文整理审核后发布于"美遇音乐"微信公众号平台。志愿者教师以热情饱满的笔触、生动形象的图文,以用美篇的形式,详实地记录了2021年4-12月从第一站山家林小学到第六站东夹埠小学的支教过程。

看着支教志愿者老师与孩子们倾情互动、专业奉献、爱心播撒,那些醉人的投入、快乐的场景、动人的画面,听着志愿者老师们亲历支教过程后发出的兴奋告白和心灵悟语,我深深感受到付出与践行的欣慰、充实与值得,深深感受到"独行孤、众行暖"的团队价值和团结力量。

第一站　陶庄镇山家林小学

爱心公益支教　点亮乡村美育的天空

陌上花开蝴蝶飞，草长莺飞燕归来。

在这个人间最美的时节，为贯彻落实国家教育精准扶贫政策，落实国办印发《关于全面加强和改进新时代学校美育工作的意见》，落实省、市教育工作会议精神，推动城乡教育均衡发展，兴乡村学校美育，促进艺术教育公平，让村小的每一个孩子享受优质的美育课程教育，乘借"强课提质"和"强镇筑基"的教育东风，4月23日，薛城区"强课提质"暨"美遇音乐"乡村公益支教启动仪式在陶庄镇山家林小学举行。

区教研室主任郝东蕴同志，体卫艺谢永强主任，陶庄镇学区主任崔云普同志，区教研室中小学音乐教研员褚艳华同志，以及第一批公益支教教师代表等60余人参加了本次活动。

在启动仪式上，陶庄学区主任崔运普以及山家林小学校长韩正伟对公益执教教师的到来表示热烈欢迎。崔运普主任介绍了陶庄学区音乐学科教师现状及需要帮扶的方面；对志愿者在支教过程中的一切教学需求尽可能地提供服务和保障等。

薛城区教育局教学研究室

"强课提质行动"暨"美遇音乐"乡村公益支教活动启动仪式的会议通知

为使"强课提质行动"暨"美遇音乐"乡村公益支教活动扎实推进，富有成效。经研究，定于4月23日上午，在陶庄学区山家林小学举行"强课提质行动"暨"美遇音乐"乡村公益支教活动启动仪式。

一、会议时间

2021年4月23号（本周五）上午9:00

二、会议地点

陶庄镇山家林小学

三、参会人员

1.陶庄学区、沙沟学区、新城学区、邹坞学区、张范学区、周营学区、临城学区、常庄学区业务主任；

2.陶庄学区各村小校长，公益支教团队春季支教志愿者教师代表（北临城小学王丽，临山小学刘萍、薛彩虹，实验小学李天琪，龙潭实验秦灿灿，南临城小学王婷，二十中学王立静，奚仲中学褚洁，八中南校张文、李琳，舜耕实验李丽、李宝莹）。

四、会议议程

主持人：谢永强主任

1.崔运普主任致欢迎辞

2.韩正伟校长代表发言

3.薛彩虹老师代表发言

4.郝东蕴主任讲话

薛城区教育局教学研究室

2021年4月日

教学研究室

薛城区"强课提质"暨"美遇音乐"乡村公益支教启动仪式现场

公益支教志愿者教师代表、小学音乐中心团队核心成员薛彩虹发言，她表示：把"安全"放在首位，严格遵守规定，集体出行，在支教岗位上一定会尽职尽责。做一束光，照亮孩子前行的方向。

区教研室主任郝东蕴同志希望支教老师要弘扬公益精神，践行教育责任，用热心、爱心、责任心对待每个学生，用实际行动诠释奉献精神。仪式活动由谢永强主任主持并对支教志愿者教师以及各学区业务主任、小学校长，就公益支教下一步具体开展提出建议和要求。

支教内容一：走进1-6年级课堂

启动仪式后，在区教研员褚艳华老师的带领下，来自小学音乐中心团队刘萍、王丽、周欣工作室的志愿者教师们走进全校1-6年级各班教室，面向

志愿者与陶庄镇学区领导合影

褚艳华老师支教课堂

李天琪老师支教课堂

王婷老师支教课堂

秦灿灿老师支教课堂

薛彩虹老师支教课堂

全校所有小学生送去优质而快乐的音乐课。教师们扎实的功底、良好的音乐素养、让课堂充满了生机与活力，运用演唱、律动、表演等多种教学手段，充分调动学生的课堂积极性，在课堂上践行了"动中听，做中唱，舞中演，编中创"的音乐模式，真正带领孩子们体验了"玩音乐"。

支教内容二：学区兼职音乐教师培训

由初中音乐中心团队工作室的王立静、褚洁老师对陶庄学区内来自各村小的兼职音乐教师进行了音乐基础知识和竖笛演奏技能的培训。以期待这些

王立静（右图）、褚洁（左图）老师分别为学区兼职音乐教师培训唱歌教学法及竖笛演奏技能

张文、雷蕾、李丽、李宝莹、李琳老师在辅导合唱社团孩子们演唱歌曲《听我说谢谢你》

瞧！两只"小象"在音乐中玩得多专注

王丽老师支教课堂

"常驻"村小的"音乐老师"能够逐步提高基础音乐教学的执教能力，"留住"并提升孩子们日常的每一节音乐课。

支教内容三：学生合唱社团辅导与训练

来自高中音乐中心团队工作室张文、雷蕾、李丽、李琳、李宝莹等老师们，为合唱社团的孩子们排练了歌曲《听我说谢谢你》。

孩子们无论是在课堂上还是排练中都积极活跃，兴致盎然，让整个校园充满了生机与活力。

由于我区目前有较多农村小学音乐师资急缺且薄弱，为了缓解和破解这个教学薄弱点、难点也是痛点，让村小的孩子"上得起"音乐课，能够和城里孩子一样享受优质音乐教育。区教研室音乐教研员褚艳华老师在近十年的

瞧！山家林小学的孩子们渴望音乐的眼神

时间里，从个人义务支教，到创建"云录播"，到今天发动并依托小、初、高音乐学科中心团队工作室的集体智慧，在老师们大爱支持下，终于组建成了薛城教育第一支以公益支教、爱心传递为目的的"美遇音乐"爱心志愿者教师团队，参加"强课提质"暨"美遇音乐"乡村公益支教系列活动。团队的成员由我区中小学校专业优秀且有奉献精神的音乐教师自愿报名组成，目前团队已有34名志愿者成员。

支教爱心宗旨

"强课提质"暨"美遇音乐"乡村公益支教系列活动宗旨是，为乡村孩子筑梦，助力乡村美育发展，让村小的孩子享受音乐。

"美遇音乐"乡村公益支教启动仪式的举行，拉开了公益支教系列活动的序幕，在今后的时间里志愿者教师们将在区教研室的统一安排下，定期开展对乡村薄弱学校进行课堂教学送教活动；定期对各学区村小专兼职教师进行专业及教学技能培训；并具体根据学校实际需求，合理组织相应的如合唱、舞蹈、戏剧、朗诵、小乐器合奏等社团活动，以公益执教活动为载体，真正让乡村的孩子享受音乐，和城里孩子一样健康、自信、有美感地成长，为乡村儿童点亮美育的天空。

一人独行走得快，大家抱团行稳远。"众人拾柴火焰高"。相信乡村公益支教活动区教体局教研室的带领下，在大家守初心，献爱心，多沟通，勤配合下，一定会走得更远，更稳健！

祝愿薛城区"强课提质"暨"美遇音乐"乡村公益支教系列活动顺利推进，为"强镇筑基"锦上添花！祝福乡村的孩子们在音乐艺术陪伴下健康快乐、成长成才！

（图文编辑：刘萍，薛城区矿建路小学高级教师，德育主任，枣庄市骨干教师，枣庄市小学音乐中心团队工作室领衔人，市区兼职教研员，薛城名师，区优质课一等奖，区师德标兵，区特色教师。）

第二站：沙沟镇岩湖小学

让美育之花开遍更多的田埂乡间

春消夏长，久雨初晴，有风自南。热情如火的五月，薛城区"强课提质"暨"美遇音乐"乡村公益支教行动继第一站山家林小学支教之后，公益团队的美育使者们肩负对乡村孩子们的爱和责任，在"强课提质"暨"美遇音乐"公益支教行动的发起人音乐教研员褚艳华老师的带领下，分别于5月12日和5月26日先后两次走进公益支教第二站——沙沟镇岩湖小学。

"美遇音乐"爱心团队志愿者在沙沟镇岩湖小学，与学区业务主任杨其峰、岩湖小学校长孙晋玲及老师们一起座谈交流

走进岩湖小学的大门，学生们的礼貌懂事和老师们的热情的笑容就像田野里扑面而来的春风，让支教团队的老师们感受到温暖和朴实。

一、面向全体学生，播撒美育火种——丰富多样的1—6年级音乐课堂

德国教育家雅斯贝尔斯说："教育其实就是一朵云推动一朵云、一棵树摇动一棵树、一个灵魂唤醒一个灵魂"。沙沟镇地处城乡结合地带，有着一定的区位优势，但也同样面临着一些不容忽视的短板，教师的师资结构跟不上当前素质教育发展的需求，尤其是艺术类教师的短缺以及教师老龄化问题日益显现。随着我区"强课提质"和"美遇音乐"公益支教行动的推进，我们美育人为切实帮助乡村学校解决教育难题，为乡村孩子做一点实实在在的"美

事"，让乡村孩子和音乐有一个"美丽的遇见"。

随着上课铃声的响起，支教活动有序开展，一次次用心与专注，一次次蜕变与飞跃，支教老师们用一种默默无闻、无私奉献的精神践行着自己的承诺和情怀。

美是有力量的，没有美育的教育也是不完整的教育。几千年前，孔子就提出"兴于诗，立于礼，成于乐"，强调审美教育对于人格培养的作用。蔡元培先生也曾大声疾呼："美育是最重要、最基础的人生观教育。"

乡村的孩子，很多留守儿童，父母没有陪伴在身边，他们的心灵更需要美丽的歌谣和动人的音符来滋润，他们的精神更需要五彩斑斓的色彩来装点。在面向各年级学生的授课中，老师们都各显神通，散发艺术的光和热，带给了乡村孩子们一场终生难忘的音乐体验。

一个个天真、质朴的小可爱
多么渴望音乐与美的滋养

高雪老师支教三年级《我是小音乐家》

李天琪老师与孩子们的开心课间

小学音乐中心团队中优秀青年教师临山小学的高雪老师执教了三年级的音乐课《我是小音乐家》，她感触颇深地说："这次支教对我来说是一次全新的体验，从走进校园的那一刻，就感受到岩湖小学老师和同学们的热情，学生们充满渴望的眼睛看得我竟有些紧张。为了放松心情，我用律动的方式开始带来学生在《口哨与小狗》的音乐中动起来；开始的时候孩子们还是比较害羞，我多次鼓励他们并渗透柯尔文手势教学。歌曲中出现的乐器吉他、提琴、法国号，同学们感觉都很新奇，看着视频模仿起乐器的音色，孩子们乐不可支的笑声也感染了我……两节课的时间很快就过去了。但是同学们的欢声笑语还停留在我的脑海中，我为自己是一名公益支教老师而感到庆幸，为在这样一个有爱、幸福的支教团队里而感到骄傲。美遇音乐，爱在心中，我会继续把这首奉献精神传递下去，让他们获得更多的音乐，获得更多的美。

二、培训兼职音乐教师业务提升，用爱传递美育使命

乡村小学音乐教育相对来说比较匮乏，没有专职音乐教师，大多音乐课形同虚设，这对乡村的孩子很是缺憾。

负责本次教师竖笛培训的四十四中优秀青年教师宋丽聪感慨道，"我也是一名乡村音乐教师，深知基层美育实施中的难度，所以褚老师在全区发起音乐支教活动时，我义无反顾的第一批就报了名，想用自己的实际行动，为乡村音乐教育助力。来自基层的兼职音乐老师大多是没有学过竖笛的，所以我的培训涉及竖笛的起源，结构，演奏姿势，音阶指法，小学常用到的节拍，节奏型等，我教她们怎么数拍子，怎么吹奏音阶dao到高音re，我还准备了一些小乐曲。准备得挺充分，可是给我的培训时间却只有一个多小时，我是那么迫切地想让这些身兼多科的老师们在最短的时间里学到最多的音乐知识和技能，让她们带着村娃们学音乐、吹竖笛，我想让兼职音乐老师去扩散和延续我们所有支教老师的音乐教育梦想。"

小学音乐中心团队工作室主持人、名师王丽和周欣老师还为学区兼职老师进行了歌唱课教学培训。随着美妙的音乐，边唱边跳，让老师们接收到了最实用、最快乐的教法学法。

沙沟学区兼职教师培训现场：宋利聪老师执教竖笛吹奏技法

不想说再见　　　　　　　　　　放下拘谨 玩音乐 享快乐

一位兼职老师激动地说，"真心希望你们每周能来两次，多带带我们教教我们，让我们能不断进步"。培训结束后，每一位乡村兼职教师都和我们的褚老师热情拥抱，难舍难分，在开心的笑声中，褚老师不忘叮嘱："回去要好好给咱的孩子们上音乐课哦……"拥抱中有满怀的感激和感动，有殷切的期待和鼓励，也给了我们支教老师无比的幸福和信心。

三、深入校园社团文化，助力学生全面发展——社团辅导，美育滋养每一个心灵

也许，现有的支教课程还不能在短期内让兼职教师都成为演唱最悦耳、演奏最精彩、舞姿最动人的音乐课执教者，但可以为乡村孩子引路，为更多的村里娃娃照亮发现美、认识美、了解美、体验美、创造美的前行之路。

乡村音乐教育一直是教育领域的"薄弱地带"，乡村孩子因为缺少专业音乐教师指导，艺术美感方面差强于城区孩子。经过这次支教，我深深体会到其实音乐无处不在。一个小小的拍手游戏，一句简单的音阶训练，一个水杯的正反击打，都是孩子们触手可得的音乐学具、快乐玩伴，都可以让学生们受到音乐熏陶。

在社团辅导中，正遇学校里筹备校园文化艺术节，公益团队里高中音乐中心团队的各位优秀老师们便各显神通，运用自己本专业的教学针对每个班级的合唱、舞蹈、朗诵等节目都进行了细心的编排和专业的指导，让每一个参演节目在原有水平上提升了节目质量，校园活动举办的圆满成功。

5月26日我们第二次走进岩湖小学，应孙校长的要求，团队中骨干教师孙娟和李天琪两位舞蹈老师还在操场上为全校学生教授了《外婆的澎湖湾》的手舞操，两位舞蹈老师不怕辛苦，认真细致的示范教授着每一个动作，全校学生热情高涨，一张张稚嫩的笑脸，一个个专注的眼神，让支教老师们累并快乐着。仅仅两节课时间顺利完成手舞操学习。孙校长在现场看后感激地说："你们的到来可真是帮了我们的大忙了，解决了我们阴雨天气不能做课间

操的大问题，以后再阴天下雨，我们学生也可以在教室里做操啦!"

随风摇动另一棵树、随风轻抚一株株树苗，播撒爱的种子，尽享雨露阳光，让小苗儿逐渐长成参天大树，帮助更多的乡村孩子形成健全人格、实现其人生价值；成为精神富足的未来之栋梁。在未来的日子里，我们要用自己所学，把美育的种子播撒到乡村的每个角落，我们定不负使命，砥砺前行，美育培训这束光，也将会一直温暖着，指引着我们前行的路! 支教活动不是作秀，既然参加了就要全力以赴，一个人的力量是渺小的，可是一群人的力却量是巨大的，愿薛城区乡村音乐支教活动能在村娃们的心里生出音乐之根、发出音乐之芽、结出音乐之果。

今年恰逢中国共产党建党100周年，回顾党史，记得毛主席曾说过："星星之火，可以燎原"。而通过这次尝试，我们所做的正是为乡村美育的振兴播撒小小的美育火种。随着国家和各地政府对乡村美育工作的推进，我想这样的火种会越来越多，在不久的将来一定会燃起熊熊火焰，给乡村孩子的精神世界和心灵世界添上美丽的歌谣和动人的音符，给他们带去美的种子，在他们的心间开出灿烂的美育之花。尽管个人的力量微乎其微，但我相信爱出者爱返，福往者福来，赠人玫瑰，手留余香。

孩子们好奇而兴奋地围在张文老师周围　　　郭传英老师与孩子们互动瞬间

雷雷老师和岩湖小学朗诵社团的孩子们　　　李娜老师和岩湖小学合唱社团的孩子们

让美育之花开遍更多的田埂乡间，让更多的乡村孩子享受音乐无限的魅力。加强美育教育，助力学生成长，美育人一直在路上！

孙娟老师带全校同学室外学习手舞操——"室内课间操"

"美遇音乐"公益支教爱心团队志愿者于岩湖小学合影

（图文编辑：雷蕾，枣庄八中南校一级教师，山东省一师一优课一等奖，枣庄市高中音乐优质课一等奖，枣庄市高中音乐中心团队工作室领衔人，市、区兼职教研员。）

第三站：新城街道大吕巷小学

情浓美育　爱在乡村

秋阳璀璨，正值仲秋。人们所盼望的，不是落叶漫舞的惊喜，也不是秋日凄美的遐想，而是收获时的甜美与怡悦……教育的世界是与孩子生命相遇的世界，是唤醒孩子灵魂的世界，是师生在教育天地共同成长的世界，是无数美好瞬间在这里集合的世界，也是向这个世界成就并呈现一切美好的世界。

为贯彻落实区"强课提质"行动，积极推进市"新课堂达标"向纵深发展，"强镇筑基"，振兴乡村学校美育，推动城乡艺术教育的均衡发展。9月23日，薛城区教研中心"强课提质"暨"美遇音乐"乡村公益支教团队走近新城学区大吕巷小学开展公益支教活动。本次活动由区教研中心音乐教研员褚艳华老师带领13位音乐学科中心团队领衔人与骨干教师，经过前期各方联络准备与精心安排，团队精诚合作下，活动得以顺利开展。

按照本次活动安排，中午1:30我们到达支教地点参加欢迎仪式。新城学区宋明帅主任等领导以及大吕巷小学师生对我们的到来表示热烈欢迎并致辞。会议上宋主任交流学区音乐教育教学方面存在的师资短缺，课程开设困难等现状；并结合下步中考改革，音美也将逐步纳入中考成绩，强调加强美育教学势在必行。

支教活动受到新城学区主任宋明帅（左二）等领导的热情欢迎

区教研中心音乐教研员褚艳华就关于公益支教的初心愿望及各阶段的发展计划作了整体介绍。褚老师热衷公益美育，心系乡村孩子的音乐教育。2012年开始个人投身公益支教事业；2014-2016年集中全区小学的优秀教师打造了"云录播"空中课堂160余节，缓解了师资短缺、课程开设受限的困难；至今已发展壮大成为享誉一方的"美遇音乐"乡村公益支教爱心团队，成为薛城教育一张响亮的名片。

一、课堂教学精彩瞬间（1-6年级）

一堂好课带给我们的思考是：一个热爱生活，热爱教育、热爱音乐的人，无论走到哪里，她都会自带光芒。

《你的名字叫什么》，课堂上孩子们热情高涨，脸上洋溢着自信。这不仅是音乐的力量与魅力，更是体现了王丽老师对音乐课堂的满腔热爱。陈怡晓

宋主任为爱心志愿者颁发聘书

学区领导与合唱社团同学们和志愿者教师合影

陈怡晓老师支教课堂　　　　　　　程丽明老师支教课堂

彭岩老师支教课堂　　　　　　　　周欣老师支教课堂

老师用美丽的音符串起孩子们的音乐世界，《我怎样长大》校园里飘荡着孩子们优美的歌声。《小鸡的一家》课堂气氛活泼、生动、充满趣味，在周欣老师的感染下，孩子们欢呼雀跃的唱起来，跳起来……

二、兼职教师培训

学习是最美的经历，学习竖笛吹奏，每一位老师都是认真的。

潘红老师（右图）为学区兼职教师培训竖笛演奏，兼职音乐教师在认真学习

三、社团活动辅导

"高高的青山上，萱草花开放，采一朵送给我小小的姑娘。把它别在你的发梢，捧在我心上，陪着你长大了，再看你做新娘……"曲调平缓，似水柔情，流露着母亲对儿女深深的爱意，一曲《萱草花》让孩子们真正感受到了音乐的艺术魅力。用音乐塑造人，用真情感化人，老师们优美的肢体语言和深情的歌声深深打动了合唱队的孩子们，相信音乐有力量使人回返我们的本真……大手拉小手，沉浸于童真世界，孩子们的脸上流露着快乐，眼神里充满着快乐，歌声中传递着快乐。教育是一方期望的田野，浇灌丝丝甘露，就会有春之繁华，秋之收获。

快乐互动

程秀丽、张红老师与合唱社团的孩子们

每一个孩子都是上天派来的天使，每个孩子每一个片段都是我们与孩子们最快乐最难忘的时光。愿我们在短暂的时光里能够让音乐的种子在孩子们心中生根发芽，开出绚烂的花。

此行，我们共同的心愿与梦想就是能够为乡村美育的发展助力，用美好的音乐点燃孩子们的梦想，让孩子们享受音乐的快乐。正如褚艳华老师所殷切期盼的，校园里不仅要充满朗朗的读书声，还要有孩子们欢快的歌声。愿在大家的共同努力下，留住乡村孩子的音乐课。

支教是一种情趣，更是一种情怀，支教本身就是对支教者自身的一种再教育，不仅丰富了我们的工作阅历，也是自我促进、自我完善、实现自我价值的再升华。我以为能够加入公益支教团队就是一种荣誉，是一种信任与被认可。"心中有绿，脚下留青"，我们收获更多的是一种成就感与幸福感。

一个下午的支教活动，学区宋主任百忙之中能够全程和孩子们一起同体验。看到孩子们在音乐艺术的沐浴下一张张幸福的笑脸，他激动地感叹道，这是孩子们从未有过的开心，这一堂音乐课将会给孩子们留下永久的美好回忆，若干年之后，他一定还会回忆起年少时在大吕巷小学上过的一次音乐课，还会记起那位"外来的音乐老师"以及那飘荡在教室内外的歌声、琴声和欢笑声……

情浓美育，爱在乡村。愿这秋日时光里每一个等待的人不负归期，愿途经的人都幸福快乐……

（图文编辑：程秀丽，枣庄八中东校一级教师，枣庄市高中音乐优质课一等奖，枣庄市高中音乐中心团队工作室领衔人，市区兼职教研员，薛城区高考成果先进个人，薛城区教学能手。）

"初中音乐"教研团队部分成员

第四站：邹坞镇北安阳小学
爱心支教行　深秋暖童心

秋阳璀璨，风轻云淡。2021年10月20号下午，在薛城区教研中心音乐教研员褚艳华老师的带领下，"强课提质"暨"美遇音乐"乡村公益支教爱心团志愿者一行11人，走进第四站——邹坞学区北安阳小学。

进入北安阳小学的大门，沿着笔直的小道看到一幢三层的教学楼，楼前高高耸立的不锈钢旗杆上飘扬着鲜艳的五星红旗，红色的塑胶跑道以及栽种的绿竹树木，使整个校园显得生机盎然。不远处的操场上传来了学生们的欢声笑语。看到我们的到来，淳朴可爱的孩子们向我们跑来并有礼貌地问好。看见一群群可爱的孩子，仿佛又回到了童年时代，纯真善良的孩子，心灵永远是清澈透明的。

首先在润德楼会议室举行了欢迎仪式。由邹坞镇南安阳小学校长、学区兼职音乐教研员杨扬主持，对公益支教队伍的到来表示热烈的欢迎。邹坞学区主任张家林、教研室主任孙晋彩及本镇各村小校长全程参与了活动。

启动仪式上，公益支教的发起人褚艳华老师讲述了公益团队成立的概况，对比几十年前，当前中国发生了天翻地覆的变化，教育形势如此大好，但由于师资短缺，导致我区很多农村小学还没开齐音乐课。针对这种现象的存在，

邹坞镇北安阳小学校园一角

北安阳小学交流现场

褚老师曾经以个人的名义率先到西小庄小学支教，随后创建了"云录播"，组建了"美遇音乐"乡村公益支教爱心团队。大家怀着一颗公益和大爱之心走到了一起，用音教人微薄的力量为农村孩子做一点实实在在的事情，让农村的孩子遇见美好的音乐，让他们的心灵和眼里闪着艺术和自信的光。

邹坞学区主任张家林介绍了学区情况，存在着师资薄弱、老龄化现象，目前全学区音乐专职只有3人。张主任被我们公益支教团队来给农村的孩子送课送爱心的行为深深感动，他说志愿者的大爱与善行必将会影响他们的终生，并成为孩子们童年最深刻、最美好的记忆。他表示将和各位主任校长一起共同克服师资困难，让每一个村小校园充满歌声，他衷心祝愿公益团队在褚老师的带领下越办越好！

邹坞镇学区主任张家林与学区各村小校长全程参与活动

一、清脆的上课铃声响起，课堂教学精彩有序地进行

音乐是抽象的，它用其特有的语言（乐音、节奏、速度、力度、和声等要素）在彰显音乐的魅力。音乐又是形象的，它是情感的艺术，每一个音符、每一句旋律都包含着词曲作者的浓浓深情。作为音乐老师的我们，努力以深厚扎实的基本功和优美的琴声去感染学生，将歌曲演绎得生动形象，在老师的感染下学生很快地就进入到学习之中，强烈的学习欲望，使学生更好地扮演自己的角色，出色地表现自我，音乐素养和能力在点点滴滴中得到提高。

陶醉在快乐音乐中的乡村娃娃

周营镇陶官小学周欣老师执教一年级《可爱的动物》。周老师通过欣赏、演唱、律动等不同形式的教学形式，创设轻松活跃的音乐课堂氛围，锻炼了学生的音乐表现能力和演唱能力，孩子们争先恐后地表演展示，在快乐中学习音乐，在音乐中体验快乐。

彭老师的四年级音乐课《哦、十分钟》，以独具特色的活动导入，让学生在活动中感知、理解、体验歌曲中的音乐语言和音乐形象，学生在"唱一唱""做一做"中放飞心情，充分感受美妙的音乐，体验音乐的魅力。启迪、培养了想象力和创造性思维，提高了审美力和创造美的能力。

雷老师的五年级音乐课《外婆的澎湖湾》，采用了丰富多样的教法，构思新颖、衔接自然，充分体现了教师的个性和教学特色，营造了和谐互动、探究创新的学习氛围。孩子们在演唱、手势操等活动中充分体验和感受到歌曲的艺术之美，享受音乐的快乐。也让我们重温了这首熟悉的经典歌曲，同时感到一份久违的温馨。

王婷老师支教了六年级音乐课《木偶兵进行曲》。王老师本节课充分渗透了新课程理念，以音乐审美为核心，以兴趣爱好为动力，注重个性发展，重视音乐实践，鼓励音乐创造。学生乘着想象的翅膀，自由翱翔于音乐世界。打击乐器的加入，活跃了课堂气氛，伴着鲜明的节拍，唱起轻快的旋律，整节课孩子们情绪高涨，兴致勃勃。

看到孩子们在音乐中陶醉的情景，作为音乐老师的幸福感也油然而生。

二、兼职音乐教师培训活动丰富多彩，邹坞学区各村小兼职教师参加了活动

陶庄镇奚仲小学刘丽丽老师主讲"云录播"教学示范课。为兼职教师如何操作和使用我区网络课程资源进行现场授课。刘老师教学基本功扎实，富有亲和力，分享了在使用"云录播"教学实践中探索的很多好的做法，让老师们受益匪浅。

刘丽丽老师主讲"云录播"网络教学示范课　　　　王立静老师主讲唱歌教学法

感情是歌唱的灵魂，歌唱艺术的魅力取决于情感表达的深度。大诗人白居易说："感人心者，莫先于情"。戏曲讲究："情、气、字、声、腔"也是以情为首的，要以情带动气、字、声、腔。所谓的"以声传情、声情并茂"也是以情作为声乐展现基础的。在王立静和潘红老师的引领下，老师们亮开歌喉，动情地歌唱。

三、社团辅导，开启美育的大门，为梦想插上翅膀

《四季的问候》这首歌轻快活泼，具有神秘空灵的色彩，给人以置身于天空自由飞翔的感觉，情景交融。词曲结合，感人至深。通过分析歌曲的速度、力度、旋律、声部与伴奏声部的对比，体验音乐，感受合唱的魅力。用自然轻柔的声音唱出我们对过去的释怀，期待美好的未来！

听听孩子们的歌声——那是内心融入音乐的喜爱，愿孩子们愉悦的歌声永远把爱与快乐传递下去！愿我们对孩子们的合唱启蒙成为孩子们登上音乐艺术殿堂的阶梯！孩子们的成长就是对默默奉献的公益支教者最好的回报！幸福快乐的相聚时光是短暂的，分别总是依依不舍。支教老师与合唱团的孩子们合影留念。支教虽短，但爱心永驻！愿小小百灵鸟展翅飞翔……

在舞蹈中塑造孩子们的艺术气质，增添魅力、锻炼体力、磨练意志力、

雷蕾、张文老师在辅导合唱社团《四季的问候》　　　　孙娟老师在辅导排练舞蹈《春晓》

丰富想象力，通过舞蹈训练使子们形体优美、动作协调、表现力强，并能欣赏美、体验美！培养孩子们正确的形体姿态和良好的气质。希望舞蹈可以一直陪伴你们长大。

通过这次公益支教活动，感到了自己的社会存在价值，尤其是看着孩子们天真的笑脸，听着他们银铃般的声音，感觉他们真幸福！有我们一群敬业的音乐老师，在幼小心灵深处播下的这颗音乐种子，相信他们的未来一定是美好的！支教的路，且行且珍且爱，采集每一天灿烂的阳光，让温暖点亮我们底色的人生。

我们将是孩子们童年中的一个小小的记忆点，多年以后，或许我们会忘了彼此的样貌，但这份真真切切的亦师亦友的情谊与一起欢声笑语、快乐歌唱、翩翩起舞的日子将终生难忘。不知道还有没有机会再见到这群可爱的孩子们，但不管将来在哪里，我都会祝福他们能飞得更高、更远……

支教志愿者们于北安阳小学（明德小学）合影

　　每一次的支教旅程都会有难忘的风景，构成了我们回忆里最美丽的风景线。11位音乐学科中心团队领衔人与骨干教师在"美遇音乐"公益支教行动的发起人褚艳华老师的带领下，顺利圆满地完成了本次公益支教任务，这是我们永生都值得珍藏的回忆。

　　新的学期，新的征程，不变的是我们的初心。

　　如果给这次支教定义一个颜色，我想用金色来形容它，因为它是火热的。爱心支教行，深秋暖童心——漫漫支教路，热爱是我们前行的理由，真诚是我们不变的态度，守候是我们不变的初心。捧出一颗心，倾注满腔情。愿我们一路携手、同行、共进！

　　（图文编辑：张文，枣庄八中南校高级教师，山东省音乐优质课一等奖，"齐鲁文化之星"，山东省远程研修优秀指导教师，枣庄市高中音乐中心团队工作室领衔人，市、区兼职教研员，区特色教师。）

第五站：周营镇王楼小学

"音"为爱"益"起行

2021年11月24日，山东省枣庄市薛城区教学研究中心音乐教研员褚艳华老师带领着团队，走进薛城区周营镇王楼小学。这是2021年薛城区"强课提质"暨"美遇音乐"乡村公益支教系列活动第五站。

呼吸着冬日寒冷而清新的气息，踏着冬季庄严而有力的步伐，我们热情澎湃、激情飞扬，我们迎着冬日暖阳、舞动优美、踏歌而来，虽有阵阵寒凉，但却丝毫不能阻挡我们支教的热情。

本次支教小分队一行12人，于中午12:30从城区前往支教目的地。王楼小学就坐落于薛城区城东南十几公里的王楼村北边，周围一片开阔田野。走进清新整洁的校园，首先映入眼帘的是一排普通的两层教学楼，楼前矗立着一根银光闪闪的旗杆，上面飘扬着一面鲜艳夺目的五星红旗，她像一团火，映照着整个校园，与碧蓝的天空相映生辉。让我们感动的是，校园主干道上，站着整整齐齐的两队身穿校服、系着鲜艳红领巾、身披欢迎绶带的少年队员，他们向每一位前来支教的老师敬礼问好。校园虽然不大，但是能感受到学校师生共同缔造、共同完善、共同遵循、共同努力所沉淀下来的学校发展底蕴和魅力。

周营学区音乐教研员杨尊珍老师主持欢迎活动。她用这样一句话来形容褚老师和她的爱心团队，"心系农村献真情，真诚支教暖千家。"并"衷心祝愿这支爱心队伍越来越好，越来越强大！同一片蓝天，同一个梦想，愿我们

王楼小学的少先队员们用崇高的队礼
欢迎支教团队志愿者到来

的乡村孩子，愿我们的乡村美育，就像天空中的太阳一样，朝气蓬勃，光芒万丈。"

周营学区高昌勇主任，代表周营学区全体教职员工，向褚老师及支教团队老师们的到来表示热烈的欢迎和衷心的感谢！高主任讲到，这次活动是周营学区教育教学工作的一件大事，也是王楼小学及孩子们的喜事。美遇音乐，让我们的双手紧紧地握在一起，共同搭建好送教平台，让孩子们享受一次音乐的盛宴。

褚老师说，每一次走进乡村课堂，看到孩子们对音乐、对艺术那一双双求知若渴的眼神，总会促使老师们不知疲倦、一次又一次往返在公益美育支教的路上。城乡教育，也许难以做到绝对的均衡，但作为美育人，就是要以音育美，以美育人——用音乐点亮乡村孩子心中热爱艺术、追求美的梦想！让音乐属于每一位乡村孩子。

支教项目一，王楼小学1–6年级音乐课

支教一年级的是褚艳华老师。她针对乡村孩子的"学情"，整合了一年级上册音乐知识点、技能点和音乐作品，以"到动物家做客"为角色和情景线，带领学生"在音乐中玩"。整个音乐课堂孩子们玩的意犹未尽，连一旁跟班的村小老师都被褚老师与孩子们开心的"嗨音乐"所打动，也放下拘谨的"师道尊严"，绽放了无拘无束的笑容，和孩子们一起融入快乐课堂。

褚艳华老师支教一年级《动物说话》《法国号》

支教二年级的是来自陶关小学的周欣老师。她坚持以学生为主体，教师为主导，透过创设问题情境、分组合作、自行探究、用心引导和热情鼓励等各种教学手段，真诚对待每一个学生。把音乐这一颗美好的种子播种在孩子们心中并萌发成长，这是老师的最大愿望。

支教三年级的是北临城小学的王丽老师。王老师精心和认真的态度值得每个人学习。她独具一格的教学魅力，使孩子们深深地沉醉。假使心灵是一座城堡，那音乐就是进入这座城堡的门，想要走进这座城堡，就必须打开这扇音乐之门。王老师的教学为乡村孩子打开了一扇音乐之门。

来自兴城中心小学的彭岩老师支教的是四年级1班。彭老师引导学生不知不觉地进入音乐，循序渐进地体会音乐之美。整节课独具匠心，周密细致，浑然一体，完整流畅，从情境的创设到学生自主学唱再到小组合作表现歌曲，从新课引入到知识技能训练再到重难点的突破，环环相扣，自然恰切。

来自实验小学的李天琪老师带领四年级2班的同学走进音乐的世界，把自己当作学生的朋友，与学生平等相处，感受他们的喜怒哀乐，并让美的音乐去触动他们的心弦，让音乐与孩子的心灵靠得再近一些，换来的是孩子们开心的笑脸。孩子们说："老师，如果能每一天每一节课都是你给我们上课那该多好呀！"听到孩子这样的话，让李老师感慨所有的付出都值得！

支教五年级音乐课的是北临城小学的候缦阁老师。这是一位95后的青年音乐教师，她是具有独特教学气质的师者。这种独特的教学气质在于温柔婉约，平静从容，她的课就是一种美的艺术享受。人美、歌美、琴美、语美，美在一切不言之中。她和她的音乐课就是乡村孩子们眼里一道美丽的风景线。

支教六年级音乐课的是矿建路小学的薛彩红老师。她在备课时，尽可能的设计出符合乡村学生特点的方案。在新授歌曲时，通过表演、比赛、配打击乐器等多种形式巩固歌曲。这样不仅掌握了该掌握的知识，而且兴趣倍增，课堂气氛灵活多样，学的非常轻松。同时在动脑筋编动作、节奏的过程中，还充分发挥了学生的想象力，点燃了学生们创新思维的火花。

执教项目二，周营学区各村小专兼职音乐教师培训

来自二十中学的王立静老师和来自北临城中学的贺林老师，精心准备了这次兼职教师培训课程。讲授了正确的唱姿、呼吸、发声方法等，进行了教材歌曲备唱、二声部合唱训练等。重点介绍了如何引导学生规范发声、规范唱歌。兼职教师们认真做笔记、反复练习，从模糊到清晰，从茫然到豁然，体会了歌唱的魅力，歌唱能力和水平都有不同层次的提高。

侯曼阁老师支教五年级《牧场上的家》　　贺林老师为周营学区的兼职教师做培训

执教项目三，王楼小学社团活动辅导

1.合唱社团辅导

世界上最美的声音是人声，最美的人声是合唱。合唱艺术能够启迪心智，对孩子来说，尤其能培养其集体主义观念，提升合作意识。

合唱社团的三位辅导老师，分别来自八中东校的程秀丽、韩琳琳以及八中南校的李琳老师，她们提前一、两周，就建了微信备课群，认真研究，多方查阅资料，深入细致备课，集体商讨，确定曲目，选取伴奏音乐，编排设计律动。分工合作，只为能更高效地进行社团辅导。让孩子们在社团里学有所长，学有所乐，让孩子们乘着歌声的翅膀，在校园快乐地歌唱。

2.竖笛社团辅导

考虑到学生刚刚接触竖笛，为了让学生对竖笛产生兴趣，通过让学生欣赏竖笛名曲来激发他们，来自枣庄四中的单琳琳老师、凤鸣中学褚秀娟老师，针对学情随时调整上课内容，练习并配乐演奏了《龙的传人》和《欢乐颂》。

学生们学习了解了竖笛的构造、演奏姿势、手型控制及气息运用。并且初步学习了简单的演奏技巧以及初级的乐理知识。相信学生们竖笛的吹奏水平一定会在以后的学习中逐步提高。

3.舞蹈社团辅导

区实验小学的李天琪老师多次参加支教活动，有着丰富的经验。在此次支教活动中，既有教学任务，还兼舞蹈社团的辅导任务。值得一提的是李老师今天带病参加支教，她说，支教中的每一次经历、每一件事情都是美好的记忆，也为教育之路积累起一笔宝贵的、不可多得的财富。大家一起在实践中学习，在实践中锻炼成长。

对孩子们而言，音乐是彩色的，跳跃的，欢乐的，支教老师的到来，在

单琳琳（左图）、褚秀娟（右图）老师在辅导孩子们学习竖笛吹奏《龙的传人》

孩子心中播下音乐、美好与爱的种子。给孩子们送来了他们需要的艺术与温暖。

当被问到喜不喜欢上音乐课时，孩子们七嘴八舌地喊了起来，"喜欢！上音乐课快乐、开心！"。活动中，有的学生赞美老师是最美丽的百灵鸟；有的学生说今天的音乐课是在欢歌笑语中度过的；有的学生说他们难以忘怀这些美丽的时光，是他们最欢乐的时候，老师的上课方式总会带给他们不同的惊喜，甚至感觉这是在玩游戏，从游戏中学到了新的知识。

支教本身并不是单方面的给予，而是双方的学习与启迪。此次活动不仅学生们收获满满，支教老师也从孩子们那淳朴、真切、清澈、闪光的眼神里感受到真挚的爱与鼓励。看着学生的笑脸，我们感慨颇多。音乐给孩子们带来了快乐，也带来了启迪与想象。孩子们心底那颗音乐梦的种子，也在悄悄生根发芽。

依依话别

　　参加支教的老师相互沟通、协调配合，顺利、优质、圆满地完成了支教各项任务。支教工作充满着辛苦、欣慰和感恩，不仅仅为了我们自己所热爱的、决心奉献终身的教育事业，也为我们的人生积累起一笔宝贵的、不可多得的财富，为我们平凡的生活平添了一抹明亮的色彩！

　　支教老师们以似火的热情，甜美的歌声，优美的舞姿，温暖这个寒冬，让这个寒冬不再寒冷。每一次支教工作都让我们在思想上得到了升华、能力上得到了锻炼，业务上获得了提高。

　　我们是光荣的美育人，期待下一次音乐支教之旅。

　　（图文编辑：程秀丽，枣庄八中东校一级教师，枣庄市高中音乐优质课一等奖，枣庄市高中音乐中心团队工作室领衔人，市、区兼职教研员，薛城区教学能手，薛城区高考成果先进个人。）

第六站：张范镇东夹埠小学

为美助力　"音"梦而行

冬至，一切美好如约而至。

2021年12月22日下午，在山东省枣庄市薛城区教学研究中心音乐教研员褚艳华的带领下，薛城区"强课提质"暨"美遇音乐"乡村公益支教爱心团队一行11人，走进张范镇东夹埠小学，开始了本次乡村公益支教活动。

张范学区交流现场

和往常一样，褚艳华老师会提前一周在"美遇音乐——乡村公益支教"群里下发课程表，友情提醒小伙伴们：薛城区"强课提质"暨"美遇音乐"乡村公益支教活动第六站支教活动就要开始了，请老师们提前认领年级、确定课题。小伙伴们总会在第一时间回复"收到"并上报课题。褚老师会提前调研并根据受益村小实际情况，及时下发课程活动安排表，让每位支教老师悉知、提前备课。每次出发前一天，褚老师会在群里调度本次行程安排，直到每位老师安排妥当，她才能放心地在群里回复"哦了"。褚老师也会随时作为"司机"承载支教老师，"中午12:30舜耕西门不见不散"；也随时"补位"，进课堂和孩子们玩音乐。

支教活动为一下午时间。老师们中午各自下班后，就带上支教所需教具物品：电子琴、竖笛、乐谱、打击乐器等，匆匆回家扒上几口饭，或根本顾不上回家，也顾不上吃饭，就一起拼车搭伴而行了。老师们都是提前来到活动场地，心里想着：别让这里的老师同学等我们。

老天似乎很眷顾我们这支爱心团队，每一次的天气都是阳光明媚。即使现在是冬至时节，太阳依旧灿烂如春。老师们不但没有感到丝毫寒冷，却感到格外地温暖。因为来到张范学区东夹埠小学后，被领导、老师和同学们的热情与真诚所感染、感动，每位支教教师心里都暖暖的。

支教途中李天琪老师以苹果充饥

张范学区音乐教研员潘红老师见到每位老师都会说上一句："感谢大家，辛苦啦！"。为暖心的潘老师点赞！

张范学区业务主任孙中坡在致辞中，把支教团队的到来，比喻成一场及时雨滋润孩子们的心田，让乡村孩子享受一次音乐的盛宴。"衷心感谢能与'美遇音乐'手拉手，共同搭建送教平台，这是张范学区的大事"。为把乡村美育教育看成大事的孙主任点赞！

张范学区东夹埠小学彭宗礼校长在发言中，真诚地讲述了音乐对农村孩子的重要性，在乡村小学缺少师资的情况下，曾聘任一位剧团退休演员给孩子们兼职音乐课。用彭校长的话说："学了音乐，感觉到孩子的眼里有光了"。他为褚老师能"为乡村的孩子做点事、为农村教育做点事"的教育情怀给予高度赞扬。为重视乡村美育发展的彭校长点赞！

志愿者与张范学区老师们合影

　　薛城区"强课提质"暨"美遇音乐"乡村公益支教活动的创建和发起人褚艳华老师更是深情地向与会的领导、老师们介绍："美遇音乐"乡村公益支教团队是薛城区第一支也是枣庄市第一支乡村美育公益支教爱心团队。她讲述了公益之初心源于十年前教学调研中的发现与思考：乡村学校音乐师资紧缺、乡村的孩子"上不起"音乐课，与城区孩子相比，缺失了本不应缺席的美感素质教育。因此从褚老师个人八年的村小义务支教，到组织全区小学优秀教师开展了三年"云录播"，录制小学学段160余节"云课堂"，发展到了今天由34位志愿者组成的"美遇音乐"乡村公益支教团队。团队有组织、有计划地开展公益支教活动，志愿者们在不影响自己本职工作的同时，自行调课、自带乐器、自备交通工具，她们恪守团队纪律：不拿学校一针一线，不吃学校一粥一饭。她们坚守公益初心：为乡村美育助力，为乡村孩子筑梦。她们践行支教使命：让乡村的孩子享受音乐，用音乐点亮孩子梦想的天空。

　　褚老师感谢兼职老师们一直坚守在农村教学第一线，殷切期望大家"兼职"也要尽职，把孩子们的音乐课坚持上下去；向领导、老师们表态：只要有需要，公益支教团队的每一位志愿者都会责无旁贷、倾力相助。为有爱的褚老师和"美遇音乐"公益支教爱心团队志愿者教师们点赞！

褚艳华老师与张范学区教干及兼职教师们在座谈会上

上课铃声响起，支教老师们精彩纷呈的音乐课开始了。

薛彩虹老师执教的二年级《过新年》

王丽老师执教的一年级《小青蛙找家》

李虹晓老师执教的四年级《幸福拍手歌》

葛翠仙老师执教的五年级《雨花石》

张亚慧老师执教的六年级《龙的传人》

与此同时，兼职教师的歌唱与竖笛技能培训也在有序进行。

褚洁老师（左图）和孙莉娜老师（右图）合作指导兼职教师们学习竖笛吹奏法

合唱社团的孩子们更幸福，短短的1个小时，孩子们甜美的歌声里透着幸福与快乐，孩子们的笑脸真的好像粉红的鲜花、缤纷的彩霞，甜美的歌声与悦耳的琴声编织成一幅最美的画！

李丽老师和韩琳琳老师带领孩子们创作表演歌曲《最美的画》

　　整个下午，张范学区东夹埠小学校园里歌声不断、琴声不断、笛声不断。教室里传来孩子们的笑声、掌声、欢呼声……这里是歌的海洋，这里是欢乐的世界，这里是乡村校园里最美的画卷！

　　不知不觉，与孩子和老师们相伴两个多小时过去了。从刚开始的羞涩和扭捏，到现在张口就能演唱，拿过乐器就能演奏，有的同学还学会了创编；老师们开始羞于张口，到能自信演唱；老师们开始拿竖笛的手指不听使唤，到能够熟练吹奏短小的乐曲。仅半天，大家都在快乐着、收获着。

快乐比心

音乐真好玩

　　看吧，孩子们一张张灿烂的笑脸告诉我们：今天下午他们是无比开心快乐的！

　　听吧，孩子们一句句真诚的话语："谢谢您老师""老师我爱你""老师您辛苦啦""老师什么时候再来？"……告诉我们：今天下午他们是幸福的！

　　活动结束了，张范学区东夹埠小学的校园里不断回荡着"感谢""辛苦""不用谢""不辛苦"的温馨话语。老师们彼此间温暖地问候，分别前的声声祝福，交汇成一支和谐的教育之歌。

　　离开宁静的乡村校园，城区的灯光时隐时现。回到家第一时间在群里汇报"平安到家"，成为支教团队老师们的习惯，为的是让褚老师和小伙伴们心安。

　　"这世界有那么多人，多幸运我有个我们"。在褚艳华老师的带领下，薛城区"强课提质行动"暨"美遇音乐"乡村公益支教团队，正在用爱心、阳光、快乐和奉献践行着以音育美、以美育人。不让乡村孩子成为被美育遗忘的角落，不让他们因为缺失音乐而留下成长的遗憾。赓续乡村文明，为乡村

快乐支教行，群里报平安

美育助力、为乡村孩子筑梦，成为我们不变的信念。

"冬天到了，春天还会远吗？"在"五育并举"时代，乡村美育发展的春天还会远吗？支教活动第六站为2021年薛城区"强课提质行动"暨"美遇音乐"乡村公益支教画上圆满句号，让我们共同期盼2022年的春天会有更多的乡村孩子"美遇音乐"，筑梦未来！

（图文编辑：薛彩虹，薛城区矿建路小学音乐教师，全国"和谐教学法说教材"比赛特等奖，山东省优质课二等奖，枣庄市优质课一等奖，区兼职教研员，区特色教师。）

第四节　支教感悟

我们有一个"美遇音乐"公益支教志愿者教师工作交流群。

我们有一条严格的支教纪律，"不拿学校（支教村小）一针一线，不吃学校（支教村小）一粥一饭"。

我们有一个"两点一线"的要求，支教结束直接返回目的地——志愿者教师各自的家。

我们还有一个温馨规定，回到家第一件事就要在群里报个"平安"。

当每一次支教结束，老师们会在群里面发送"平安到家"，我的心方才完全放下。看到群里老师争相分享出与孩子们课堂互动中各种珍贵的快乐瞬间，感受着支教的兴奋与幸福，请听听老师们发自肺腑的支教感悟。

"……我已经感动的说不出来话来了，想到孩子们可爱的笑脸我觉得再累都是值得的。"（周欣）

"……感动！我也很荣幸成为其中一员，努力并幸运着！感谢褚老师搭建的平台，感谢孙校长的认可，感谢所有老师们的帮助。"（彭岩）

"……这是一件幸福并且非常幸运的事！因为我们遇到了富有教育情怀并且志同道合的一群人！因为音乐而结缘，因为有爱而相遇！让我们走在这条公益支教的大道上，我们会看到更美丽的风景。"（李天琪）

"……校长的字字句句让我们倍感幸福和感动，被认可、被赞美的同时，也让我们深知身上肩负的责任和使命任重而道远。继续努力，让更多的孩子美遇音乐，让音乐伴随孩子们快乐终生。"（雷蕾）

"……看到老师和孩子们发自内心的笑容，我感动得热泪盈眶，我想，专业的知识带给孩子们的震撼会让他们终生难忘。至此孩子天天都会期盼这一天再次来临。亲爱的支教老师们，你们辛苦了，周营学区的大门已经打开，全体师生欢迎你们的到来。"（杨尊珍）

"……孙校长的文字很令人感动和温暖，相信我们的公益支教在褚老师的带领下真正在孩子们心中洒下最美的种子，让音乐催生他们发芽、滋长，有一天成为参天大树。"（李娜）

下面分享四位支教教师和一位村小校长的感悟。

美遇山家林　后会定有期

　　2021年4月23日，"薛城区'强课提质'暨'美遇音乐'乡村公益支教系列活动"在山家林小学正式启动。这是一个让我激动和感动的日子，启动仪式上每一位领导和老师的发言，都让易感的我泪水盈满眼眶。作为第一批公益支教的志愿者，我深知这场活动的意义和伟大，在接到支教任务的同时，我把全身心投入到这场充满爱心的备课准备中。

　　褚老师说，我们面对的是农村的孩子和兼职的音乐教师，在备课的内容、方式、方法上，一定要慎之又慎，既要体现新的理念方法，又要深入浅出，要接地气，要有准确的定位，才能真正起到帮扶农村孩子和兼职老师的作用。打开一年级的课本，我首先锁定了《两只小象》这一课，早在2014年，在褚老师发起的爱心送教"云录播"系列活动中，我曾经也为乡村的孩子执教过这节课，重新审视自己很久以前的课例，三年的"云录播"记忆历历在目，这真的是一场美好的记忆，每一节课里都见证着我认真工作的热情和对乡村孩子沉甸甸的爱心和责任心。

　　如今的"美遇音乐"乡村公益支教活动也正是"云录播"活动的爱心延续，我暗下决心，一定要发挥自己最好的状态，把音乐这颗美育的种子，从空间（云录播）转换到现场，零距离地播撒到那群可爱的孩子心田，把孩子们的音乐学习引向纵深，让乡村的孩子享受音乐的美好。

　　谨记褚老师的点播，历经几天的修改、打磨，新的《两只小象》展现在孩子们面前："同学们，很高兴来到这里和你们共同分享音乐，首先让大家认识一件小乐器——（竖笛），它会发出怎样美妙的声音呢？请听……"一首悠扬的竖笛曲《土拨鼠》在课堂上回响……因为竖笛将是伴随孩子们今后音乐学习的必不可少的课堂乐器，所以我希望这样开场的方式能激发孩子们对竖笛的向往和兴趣，便于开展今后的学习。

　　接下来的教学流程是围绕"动中听、做中唱、舞中演、编中创"的模式来开展的，所有的环节我都投其所好，采用孩子们最喜欢的游戏活动来进行，为了入情入境，我准备了小象的头饰，作为奖励——戴在每位同学的头上，在歌曲学唱的过程中我穿插听音识谱、歌唱发声，恒拍敲打……一些基本的音乐技能孩子们由不知到明白，比如识谱，就重复了2遍，孩子们就知道了"mi re la"不是数字3、2、6，这真让我欣喜。在认识和使用双响筒和三角铁的环节，我忽然发现自己带过来的乐器太少了，孩子们的眼睛告诉我，他们都想亲自敲一敲、奏一奏这些陌生的小乐器……没关系，我有两节课的时间跟孩子们相处呢，满足孩子的期望吧。

我把乐器伴奏的环节变着花样让每一组孩子都上台展现了一遍，"孩子们，我们身上、身边还有哪些声响可以模拟我们这两种小乐器的声音呢？"在我的引导下，孩子们纷纷寻找，敲桌子、晃铅笔盒、拍手、弹舌……甚至有位孩子跑到了讲台前敲起了黑板，大家把什么音响都试验了一遍，虽然课堂纪律有些失控，但我觉得孩子们在创造音响方面比我还厉害呢。最后"好朋友"拉起手来创编舞蹈的环节，我采用了同桌合作的方法，让学生分别扮演小象，先让学生用右手的大拇指与左手的小指勾起来，做成小象的鼻子，模仿小象憨厚笨拙的样子，边做动作边唱歌，一切都在愉快融洽的气氛中进行，学生们在充满乐趣中不知不觉背会了歌词，同时也体会到了两只小象纯真的友情。

通过这种律动教学，我希望孩子们既能体验到用身体表达音乐的快感，又能慢慢地积累动作语言，为以后学习舞蹈和表演艺术奠定基础。可爱的孩子们，我真的希望能尽我所能给你们更多。尊敬的听课的兼职老师们，我也希望你们听过课后，能汲取些教学的方法并多提宝贵意见，让我改进课堂，更好的帮助到你们……

两节课很快就要结束了，孩子们纷纷包围在我的周围，"老师，你下午还来吗？老师，你明天还来吗？老师，你下次什么时候来？老师，你快点来……"孩子们叽叽喳喳，用世界上最美的声音问着我，我感觉自己的眼睛在不断的湿润，无法语言，我只把精心准备的糖果分发到每一位孩子的手里，大家开心地吃着……

美遇山家林，后会定有期。可爱的孩子们，我愿用我的歌声和琴声为你们的生命增添一份色彩，如果你们能从音乐中获得快乐，就是我最大的幸福。

（王丽：薛城区北临城小学高级教师，枣庄市骨干教师，教学能手，枣庄市小学音乐中心团队工作室领衔人，市、区兼职教研员，区师德标兵，薛城区第四批名师。）

乡村支教 那是最美的遇见

盼望着，盼望着，伴着和煦的春风，终于盼来了让每位支教教师激动不已的"美遇音乐"乡村公益支教活动。

第一次的"美遇音乐"乡村公益支教启动仪式在陶庄镇山家林小学举行，拉开了公益执教的序幕。一切都按照原计划有条不紊地进行着，上午十点钟，所有支教教师走进各自的教室开始上课。

我支教的年级是四年级，根据带班老师的指示走到二楼教室，学生已经整整齐齐坐在座位上等待着上课。教室很宽敞，前半部分是学生的课桌，后面还有很大的空地，还有和我们教室一样的多媒体。走到讲台前，放下教具。还没等我给学生问好，学生都纷纷问起来："你是音乐老师吗？""你是哪里的老师呀？"正在同学们说得起劲的时候，只听进来一位老师大声对着同学们说："安静下来！问老师好了吗？""老师好！"同学们齐声问好。"同学们好，很高兴能和大家一起上音乐课。"我看到同学们课桌上已经准备好音乐课本，就等着我来上课呢，内心很是感动，我接着说："谢谢你们，让我们一起度过愉快的音乐课。请大家等我两分钟，我把带来的视频安装好，可以吗？""可以。"同学们大声回答。我安装好与课本配套的教学音响，并教会班长如何使用，才正式开始上课。

课一开始，我准备的是节奏律动：《布谷鸟》，目的是想既调动学生的学习兴趣，又锻炼学生的专注力及节奏感。可是，这里的学生从没接触过音乐律动，一开始简单的节奏还行，后面的节奏变换多了，同学们开始有点应接不暇了。我及时停下来，调整游戏规则，进行小组合作，减小难度，收到很好效果，从同学们脸上看到成功的喜悦。游戏过后我问："谈谈你的感受？"同学们异口同声回答："开心""愉悦"！

第二环节：音阶练习。我播放一段视频，学生跟着模仿。这是最易于孩子接受，最直观的教学方式。学生的模仿能力很强，边唱边做动作，很快记住唱名。为了让学生把柯尔文手势记得更牢固，我又运用编儿歌的形式边做柯尔文手势边唱音阶，帮助学生建立准确的音高概念。通过集体练习、个别提问、"我做手势你来唱""我唱唱名你做手势"的互动游戏反复练唱，学生熟练掌握了柯尔文手势及唱名。一连串的音乐活动没有一位同学掉队，让我感受到同学们学习音乐的热情，同学们认真学习的样子真美！

体验是音乐学习最重要的途径，对于从未接触或很少接触音乐的农村孩子来说，这种学习方式尤为重要。由于知道孩子们对音乐的认知不多，教学时我就采用最简单、易懂的语言，让孩子们"秒懂"所要学习的知识。目的只有一个：让孩子在最短时间，接受到更多音乐的熏陶与感染。

今天，同学们要学习的是一首活泼欢快的三拍子歌曲《我们大家跳起来》。初听歌曲时，我提问："听了这首歌你的心情怎样？"多数学生说："高兴的""愉悦的"，我及时评价"同学们的感受很准确，你们有音乐家的潜质，大家说出了歌曲的情绪。让我们带着这种欢快活泼的情绪，再来聆听歌曲"。收到这样的评价，同学们个个神采奕奕。

我一直把德国教育家第斯多惠的教育名言："教学的艺术不在于传授本领，而在善于激励、唤醒和鼓舞"作为座右铭，在教学过程中，用启发、激励的方式培养学生的想象力、创造力比传授知识更重要。复听歌曲时，我带领学生边听边打节拍，问："你能听出歌曲是几拍子吗？"一位男同学害羞地举手："三拍子。""能说说你是怎么听出是三拍子吗？"他说："你拍了一下手，拍了两下胳膊。""你真是善于观察、勤于思考的同学！"我及时表扬他，又问其他同学："同意他的理解吗？"同学们纷纷表示同意。"你还发现老师拍的三拍子的动作有什么特点吗？"那位同学继续回答："拍手很重。""谁继续补充？"在刚才同学的启发下，又有同学说出："拍胳膊轻。"我及时表扬他们并做出小结："你们真是有小音乐家的观察力和理解力。在音乐中'轻、重'指的是力度，'重'叫作强，'轻'叫'弱'。请告诉老师三拍子的强弱规律是什么？"学生异口同声回答："强弱弱。"我又继续提问："三拍子'强弱弱'的规律除了用拍手拍胳膊的动作，还可以用什么动作表示？"同学们继续开动脑筋，提出了"拍手一下拍腿两下""拍手一下拍肩两下""拍桌子一下拍手两下"等各种身体动作，一位同学竟然想出好多种动作。我们随着音乐用同学们自己编创的动作体验着歌曲的节拍，真的开心极了。

就这样，在我的不断引导、启发与鼓励下，同学们在"动中听、做中唱"中很快学会了歌曲，还用三种打击乐器创作出节奏型为歌曲伴奏呢？我拿出自制的沙锤，学生说："这不是饮料瓶加大米吗？"我说："是呀，我们身边就有很多发出美妙声音的乐器，只要同学们留心去观察、去发现，说不定下一个音乐小能手就是你了！"

这节课，有的同学表现得很出色，有的同学举手很积极，可到了讲台前却显得那么拘谨，还有的同学虽然怎么也跟不上音乐的伴奏，但他努力的样子真的很可爱。同学们就这样拍着、唱着、演奏着，一直沉浸在快乐之中。

最让我感动的是课堂最后的分享环节。"同学们，快乐的音乐时光马上结束了，你愿意分享你的收获吗？"我深情地说。还是课堂上最积极的男同学先举手说："我学会了一首歌。""你愿意唱给大家听吗？"男同学表现出很害羞的样子，我继续鼓励："谁愿意和他一起唱？"马上有同学站起来与他共同合作演唱。在同学们的分享中，我发现了班里一位唱歌特别好听的同学，我问同学："他是我们班的歌星吗？"同学们摇头，看来，平时大家都没有机会发现他。我风趣地说："以后他就是咱班的大歌星了。"从那位同学的表情我看到了他感到特别的骄傲和自豪。有的同学说："我会用碰钟了。"有的同学说："我知道了三拍子是强弱弱。"有的同学说："老师，你的微信是什么？我要加你。"有的同学说："老师，你还来吗？"我一下被同学们的热情感动了："来，老师还会再来！同学们，这节课开心吗？""开心！""是的，音乐能给我们带来快乐，只要你用心发现，在我们身边、生活中处处有音乐！"

支教，是一场美丽的遇见！虽然与同学们仅仅相处两节课的时光，这场遇见，在我和同学们心里已经成为最深刻、最美好的回忆。中午我刚到家，就收到许多同学的留言："老师我是你上午教的学生""老师，我是四年级一班的XXX""我是要你微信的女生哦""老师，我是那位副班长，我会把上音乐课写成日记发给你"……第二天，果真收到了副班长的日记，我在心里赞叹着："真是一位诚实守信的孩子啊！"

乡村公益支教是一件极具意义的事情，这是第一次的"最美遇见"。我相信，今后的第二次、第三次、更多次的支教活动，都将成为我人生中最美好的回忆。愿怀揣教育情怀的你我守住初心，不忘使命，砥砺前行，让美育之花盛开到乡村的每一个角落；愿音乐的种子深深埋在更多乡村孩子的心里生根发芽！志愿与情怀，坚守与执着，作为美育教育使者，我一直在路上！

（薛彩虹：薛城区矿建路小学音乐教师，全国"和谐教学法说教材"比赛特等奖，山东省优质课二等奖，枣庄市优质课一等奖，区兼职教研员，区特色教师。）

用爱谱写最美的乐章

伴随着春的旋律，乘着教育"强课提质"和"强镇筑基"的春风，薛城区"强课提质"暨"美遇音乐"乡村公益支教系列活动启动仪式在陶庄镇山家林小学举行。

作为第一批公益支教教师，高中音乐中心团队的老师们很荣幸，思想上非常重视，从接到区教研室褚艳华老师的具体支教时间通知后，就开始了相关的准备工作。大家在微信群里认真地研讨课题，精心地备课，制作课件，印制歌谱，设计教法，预设学情学法，积极向陶庄镇教研员刘利华老师询问山家林小学的学情和音乐设施等细节，精益求精，力求让支教达到最佳预期效果。

终于等到这一天，怀着激动已久的心，我和工作室团队的老师们一起走进山家林小学，参加了启动仪式并和孩子们度过了两节短暂而难忘的音乐时光，感触多多，收获满满！

公益支教启动仪式结束后，我们高中音乐中心团队进行社团辅导教学。当走进三楼排练教室时，映入眼帘的是同学们一排排整齐地坐着，安静地等待着我们的到来。能感到孩子们的学习态度是那么的认真，从他们的眼神中我看到了对我们的期盼和对音乐的渴求。

支教活动让我感受到乡村的孩子们对学习音乐的渴望和喜爱。通过教学实践证明，一句知心的话语，能开启孩子紧闭的心扉，一个会心的微笑，将注入孩子心底前进的动力。

在合唱训练学习过程中，我发现前排的一个男生演唱不够大胆，走近他，蹲下来近距离地进行观察和倾听。他看到我和他近距离面对面，还有点害羞地低下了头。我一边鼓励他，一边带领着他演唱，还不断给他大大的赞。在我的赞扬声中，他很快有了自信，左手拿歌谱右手划着节拍大胆地演唱，由开始不敢唱到开口唱，声音也由小渐渐变大了，表情也变得自然而丰富了。

我觉得世界并不缺少美，而是缺少发现美的眼睛。每个孩子都是独特而优秀的，只是缺少教师欣赏和赞美的眼光。老师一句小小的鼓励、一声轻轻的问候，一次小小的肯定，一个会心的微笑，一次温情的握手和拥抱，都能传达发自内心的欣赏与赞扬，同时也能让学生体验到成功的快乐和被爱的甜蜜。所以我们要学会蹲下来欣赏学生，真正理解学生、尊重学生、赏识学生，那么学生心灵的苗圃就会阳光明媚。

活动结束后，工作室的老师和孩子们合影留念，面对镜头，他们害羞的小红脸不见了，尽显自信和大方，课后也能和我们面对面大胆地交流了。相聚的快乐时光是那么的短暂，学生们久久不愿离开，有一个女孩子在我的耳边轻声说：老师，你还来教我们唱歌吗？看着她那双渴望的眼神，我微笑地点点头。我们相约下次再见，这是你们的期盼，也是我们的期待！我也期待着能再次和孩子们一起快乐地歌唱、欢快地舞蹈！

支教是我们成长的重要平台，愿我们都能快乐成长，成长快乐！今天我们用美妙的合唱，为乡村孩子们插上梦想的翅膀。给孩子们带去了新的知识，新的视野，新的理念，把音乐的种子播撒到孩子的心田，用艺术的熏陶使孩子们变得更加自信、健康、阳光！

有人说："使人成熟的，并不是岁月，而是经历。"支教对于我来说是一种经历、一种财富，同时也是一种幸运！支教给了我一段别样的感受和体验，生命因为它而更加丰富和精彩，也将是我今后工作的不竭动力。公益支教之路上，我们将守初心、有信心，我感觉爱是可以带动的，希望今后在区教研室的引领下，通过我们一批又一批的乡村公益支教者爱心接力，能把这种爱传递。期待继续携手前行，用音乐传递快乐、播撒希望、点亮梦想！用爱的音符谱写公益支教的美丽乐章！

（张文：枣庄八中南校高级教师，山东省音乐优质课一等奖，"齐鲁文化之星"，山东省远程研修优秀指导教师，枣庄市高中音乐中心团队工作室领衔人，市、区兼职教研员，区特色教师。）

热爱学生　才能获得教育的喜悦

我从小就希望长大了做一名教师——从事"太阳底下最光辉的事业"。"长大后我就成了你"——真的成了你！如今我已经愉快地做教师21年。我很庆幸从事着自己喜欢的事业，从事着一份传递美的职业。春来秋往，季节更替，花开花落，草长莺飞，洋溢着音乐之美，感受着生命之美。

每当我迎来一届新的学生，我总是告诉自己"优秀的音乐教师应该是能够带动起学生对音乐学习的兴趣"。我想要弥补学生识谱等能力的欠缺，让我的学生认识乐谱、使用乐谱、受益于识谱，让更多的学生喜欢上音乐。

乘着"强课提质"和"强镇筑基"的教育东风，在教研室褚老师的带动下，我积极响应号召，第一时间报名、积极争取，参加了此次支教活动。很荣幸能参加此次支教活动。我深知一名优秀的教师，应该是教学能手，应该是科研先锋，更应该是充满爱心的教师。这样的教师，才能可持续发展，才能更好地履行自己的职责。没有爱就没有教育。热爱学生，才能获得教育的喜悦。

支教之前，活动方案几次修改，我一直是怀着激动的心情，充满期待。当得知我可以作为第一批支教教师走进山家林小学，我第一时间，建了一个"山家林小学支教社团活动备课群"，我和我的小伙伴们认真准备，集体商讨，各尽其责，大家都很激动。我们共同努力，希望在有限的时间内，能带给孩子们更多的音乐和快乐。

支教活动，神圣美好，意义非凡。活动中，我们每个人都尽自己所能，团结协作，完美地完成了任务。我们付出着、收获着、快乐着、进步着。

支教活动，锻炼了我，感动了我，充实了我，为我的人生积累起一笔宝贵的、不可多得的财富。支教活动后，我认真思考，有颇多的感受：音乐教育并不是音乐家的教育，而首先是人的教育。通过音乐并在音乐中教育我们的孩子，心志要苦，意趣要乐，气度要宏，言动要明。音乐是思维着的声音。音乐给孩子们带来的改变是多方面的。音乐能教会孩子们表达感情，体会生活的快乐，对人的作用是潜移默化的。

作为音乐教师，我们不能以同一标准去对待学生，我们要以学生为主体，充分调动学生自我的积极性。尊重学生个性差异和潜能的差异，要以学生的个性特点为基础，把全体学生的参与和发展不同的个性因材施教结合起来，让每个学生都有权利以自己独特的方式学习音乐，参与音乐活动，表达个人情感，从而使学生不仅现在受益，而且终身受益。

希望通过我们的行动、我们的付出、我们的努力，为乡村孩子们播下音乐的种子，让歌声飞进童心，让孩子们能够在歌声中快乐成长，收获幸福。

将来，我同样会用心去面对，用我的全部热情去浇灌我深爱着的事业。我甘愿做一名平凡但不普通的音乐教师，把我所学的音乐知识，教给更多喜欢音乐的人！

若爱，请深爱；若教，请全力以赴！

（李琳：枣庄八中南校一级教师，国家级录像课一等奖，枣庄市优质课一等奖，校级"优秀教师""优秀班主任"。）

致敬！公益支教的天使们

莅临岩湖小学送教的爱心天使们，大家好！

我和岩湖小学的全体师生，真诚的谢谢你们！

昨天晚上不忍心打扰你们的休息，今天一早要带着孩子打篮球赛，所以匆匆给你们聊表心声。

2021年5月12日下午，从1：30—5：30，薛城区来自小初高的公益支教精英志愿者齐聚沙沟镇岩湖小学，让我们农村村小歌声飞扬。一下午活动充实丰富，给我们送来难忘的精神盛宴。最后的20分钟，班级老师走入课堂说：孩子们太嗨了！

高年级的张玉婷同学一早围着我说："校长，昨天给我们辅导的是穿蓝裙子的女老师，可漂亮了。""嗯嗯，可帅气了。"一年级的孩子不会用词，说道："百年一遇""给我们辅导的是临山小学的老师，可温柔了。"

老师们说："专业老师水平就是高！咱的孩子太幸福了"……

是啊，这才是我们应该给孩子的童年。作为老师，我们能给予孩子什么？我们能发现孩子什么？这是我们的使命。

昨天的公益支教，给我太多感触，你们是一群真正在为孩子送来美育教育的爱心天使。你们来自不同的学校，克服家庭和学校的种种困难，来到我们这里。几个孩子说："校长，我看到1点多一位老师就来到了，在吃饭呢。"我热泪盈眶，不听话的眼泪在眼眶直打转。我给孩子说："这些老师有的是从枣庄听课着急赶过来的，为了按时给你们上课，她们连饭都没有吃上。""这些老师真好。"孩子们用最朴实的话说着自己的心声。

昨天一定把我们这些支教的老师累坏了，遇到了一位"狠心的女校长"，剥夺老师很多的休息时间。周欣老师两腿疼的不想走，每个老师筋疲力尽，为岩湖小学的音乐美育教育在全力以赴。一下午，咱们支教的老师一刻也没有休息。我更深深感受到我们老师其实想给孩子更多更多。所以，老师们累，也更快乐着，我们的岩湖小学的孩子们更是幸福的。

一下午活动太感人了，回家路上我感觉开车有种飞翔的感觉，嘴里不由哼着小曲，回到家我第一件事便是兴奋不已的给家人介绍下午的支教活动，家人对这样的公益活动赞叹不已。我想，这段美好的回忆会在老师和孩子的心灵中持续很长一段时间，甚至一生难忘，至少我会这样。

能为村小的孩子做这么一件事情，从心底是幸福，我也感慨，这才是应该给孩子的真正快乐童年。

支教老师辛苦付出的一幕一幕让我激动，更感动。遗憾自己没有音乐天赋，如果能加入我们的团队，多好！但，我会尽自己最大的努力通过自己的方式给予这些孩子更多的爱和温暖。看到学生的快乐和进步，远比自己获得荣誉和赞美更幸福，这种快乐和幸福只有我们老师更能体会。褚老师说：公益支教，大道不孤。是啊，期待未来，爱心公益的道路上，一切美好都会不期而遇。

我们的篮球赛要开赛了，时间太紧我要陪着孩子们比赛。

公益支教的爱心天使们，以上这些粗浅的文字总感觉表达不尽，表达不出我内心的感动，只能再次用最简单的方式对褚老师和我们的公益团队老师说声："谢谢你们！"同时，对关心村小的教体局领导和我们支教教师团队的学校领导的支持表示衷心的感谢！

薛城区沙沟镇岩湖小学孙晋玲敬上！

2021 年 5 月 13 日早

（孙晋玲：薛城区沙沟镇岩湖村小学校长，一级教师，枣庄市骨干教师，薛城区优秀教师，薛城区名师，薛城区名校长。）

第五节　大道不孤

　　2021年6月15日，江苏省南通市通州区"金沙风"公益支教团队创建人温锦新老师，在第二届"音为有爱 乐系乡村"金沙风公益支教研讨活动时，邀请山东省枣庄市薛城区"美遇音乐"乡村公益支教团队创建人褚艳华老师就公益支教进行线上研讨交流。温老师作了热情洋溢的欢迎辞之后，笔者已"为乡村孩子筑梦　为乡村美育助力"为题作了视频交流分享。

音为有爱　乐系乡村

　　小时候很喜欢看一部电视连续剧《铁道游击队》，印象最深的是片头和片尾的主题曲，一首是《弹琴我心爱的土琵琶》，跳动的音符再现了英勇的游击健儿在铁道上与侵略者斗智斗勇的战争场面。另一首歌曲是《微山湖》："微山湖喂，阳光闪耀，片片白帆好像云儿飘……"那甜美的歌声刻画了游击队员纯美的心灵，也表达当地抗日军民对抗战胜利后幸福生活的憧憬。抗战的硝烟退去七十多年，胜利后的中国大地上早已是一片欣欣向荣的景象，无论是城市还是乡村，无论是平穷还是富有，家家的孩子都能上学。然而受城乡二元结构体制的影响下，教育资源的分布不均导致了很多农村学校音乐教师师资力量的短缺，无法正常开足开齐音乐课。

　　在革命老区山东枣庄，多年来也一直面临着这样的窘境，枣庄市薛城区音乐教研员褚艳华老师看在眼里，急在心里。她身先士卒，以一己之力扛起了常庄镇西小庄小学的公益支教重任，这一干就是近十年。然而面对全区农村小学这么大的缺口，她也意识到凭自己一己之力只能是杯水车薪。2014年褚老师开始创建小学音乐精品课堂"云录播"赛课活动，发动并带领全区小学音乐骨干教师展开录播云课堂，前后耗时三年，录播了人音版小学一到六年级十二册书近一百六十节音乐课，上传到区域教育网络平台精品课程资源库。为广大农村小学送去了丰富多彩的音乐云课堂。十年支教路、三年云录播，褚老师带领全区的老师用自己的行动诠释了新时代音乐教师的初心与使命。

2020年，褚老师看到我们金沙风公益支教的活动推送宣传，主动加我好友，和我一起探讨如何更好开展乡村学校的公益支教活动，更好地为乡村学校服务。很快在我们的影响下，褚老师迅速拉起了一只公益支教的大军，送课下乡、教师培训、社团辅导搞得风生水起，有声有色。前几天还看到山东省学习强国平台对他们进行了专门的报道。

褚老师是首都师范大学教育硕士毕业，现任枣庄市薛城区音乐教研员、枣庄市特级教师、平时各种工作非常繁忙，本来计划同几位老师亲自前来参加我们今天的第二届"音为有爱、乐系乡村"的活动的，因为在准备两次教师合唱的比赛，一次是枣庄市、一次是山东省的，在精力上实在无暇分身。尽管公务繁忙，但是丝毫不能阻挡她对公益支教的那份特有情怀，就让我们现场连线褚老师，请她来给我们分享她和她的团队做公益支教的故事。

为乡村孩子筑梦　为乡村美育助力

　　我来自山东省枣庄市薛城区——铁道游击队的故乡，在薛城区教学研究中心工作。很高兴以这种特别的方式和大家相见。首先特别感谢郭声健教授创办的"音为有爱"，在这里有幸结识了全国各地众多优秀的音乐教育同仁。尤其当我在"音为有爱"里看到了温锦新老师从一位孤独的音乐背包客，逐步发展壮大成了江南独树一帜的"金沙风公益支教团队"，并不懈坚持为乡村美育助力，为乡村孩子筑梦的大爱之行，顿时觉得豁然开朗，眼前仿佛闪着一道光芒，心中感到无比激动和振奋，正所谓大道不孤啊！原来我怀着的这颗教育的初心梦想以及十年来的乡村美育情结，在一江之隔的通州区竟然有一群满腔情怀的美育志同道合者，在与我应和着一个美丽的回响！

　　众所周知，在我国城乡教育均衡化发展进程中，乡村美育一直处于薄弱地带，令人担忧。我区农村小学由于长期缺少专业的音乐（美术）师资，使得大多数村小的孩子们"上不起"音乐（美术）课。如何缓解这个教育薄弱现状、破解美育难点、痛点，让乡村校园充满歌声、让乡村孩子和城里孩子一样能够享受音乐、有美感、有尊严地健康成长，我一直在思考并以自己的方式默默践行着。

　　于是，2012-2019年我个人坚持每周三到村小义务支教，以身示范、边教边研，把音乐的种子与教学研究成果播撒在乡村孩子们的心田里。随着城乡均衡化推进，乡村教学多媒体硬件设施实现了"全覆盖"，为了充分发挥教育网络媒体资源的作用，让更多的村小孩子们能通过网络看到优质多彩的音乐课，2014-2016年，经过反复调研，集中全区小学音乐教师的智慧力量，展开了薛城区小学音乐精品课程"云录播"系列磨课赛课活动，共录制人音版小学音乐1-6年级唱歌综合课160节。同时，我们强调所有教师要基于《音乐课程标准》理念、依据杜威的"在做中学"，以及"乐者乐也"的教学原则，变"教"为"玩"，把握"做中学、学中乐、乐中获"的育人理念，倡导实施"动中听、做中唱、舞中演、编中创"的课堂模式。三年六期"云录播"的磨、研、演、练、录、播，也大大提升和锻炼了老师们的执教能力与综合素养。

　　记得2020年1月14日，在音为有爱看到了温锦新老师的那篇《念念不忘做支教，乡村绽放美育花》之后，即刻便在微信里给郭老师说了这样一段话："郭老师好，刚刚看了您推送的温老师的支教文章，深受感动和鼓舞，深深惭愧也深受启发！作为一个热爱音乐的农村孩子，走上音乐教育岗位之后做了一名音乐教研员，经历了曲曲折折的一段求学之路，一直心存感恩。我心底燃起的那只'为农村孩子做点事'的火苗，自从那年走进村小义务支教以来就从没有熄灭过。2020年，我希望也像温老师那样，继续带好团队，把公益支教之风发扬光大，让农村孩子享受线上线下双优音乐课堂"。

　　终于，疫情过去之后，我的公益梦想得以实现！

　　今天，在"金沙风"友谊劲风带动鼓舞下，乘着我市区新课堂达标与"强课提质"行动的东风，发挥全区小、初、高工作室团队资源优势，建立了薛城教育第一支名为"美遇音乐"乡村公益支教爱心团队。创建了薛城音乐教育公众号——"美遇音乐"自媒体宣传平台。

　　关于公益支教团队组建等方面，特别感动的是，在与温老师取经和交流中，温老师爽快地把"金沙风"所有过程材料毫无保留分享给我们，同时就我们本地实际情况帮助分析，提出了很多宝贵意见。最终使《薛城区关于"强课提质"暨"美遇音乐"乡村公益支教系列活动方案》及《薛城区"强课提质"暨"美遇音乐"——乡村公益支教课程总表（2021春季、秋季）》得以完善。

　　习近平总书记指出："如果青少年的精神世界没有童话、歌谣和大自然的云彩、花朵、鸟叫虫鸣，如果青少年的心灵世界没有动人的音符和丰富的颜色，如果青少年没有艺术爱好和艺术修养，不可能全面发展。"[①]

　　2021年习近平总书记率领全国人民打赢了一场脱贫攻坚战，教育扶贫依然在路上，美育扶贫工作任重道远。

　　此时我想起了一首歌《我的祖国》，"好山好水好地方，条条大路都宽广""金沙风公益支教团队"和"美遇音乐"乡村公益支教团队，就像一对姐妹花，各自绽放在长江两岸，她们正在以清新昂扬的姿态和靓丽自信的步伐走在新时代美育公益的大道上！

　　一位村小校长在微信中对我说，公益支教带给乡村学校的是一道光，孩子成长中学会感受美的光，乡村老师们从支教教师身上看到的是奉献的光和

---

　　①中共中央党史和文献研究院编，习近平.论党的宣传思想工作[M].北京:中央文献出版社，2020-11:350.

教育理念的光,这道光打开了乡村教育的一扇窗,点亮了孩子们的梦想。是的,一个人坚持做一件事已属不易,那么一群人坚持做同一件事必将久久为功!"念念不忘,必有回响",只要我们有远瞻、无功利、聚情怀、守初心,带着感情与责任做公益,带上幸福与快乐做美育,相信一切美好终将会遇到!

衷心祝愿"金沙风公益支教团队"第二届"音为有爱 乐系乡村"研讨活动圆满成功!欢迎"金沙风公益支教团队""美遇"枣庄薛城——铁道游击队故乡欢迎您!

支教"西小"的孩子们毕业啦!(2019年6月)

第七章　教案设计

　　教研员既从教师中来，就要到教师和教学中去。因为教研员的身份永远是"教师"。比起一线教师，教研员虽然"远离"了讲台，离开了校园，但教研员几乎所有的研究与实践工作都是围绕站在讲台上的学科教师及教师所从事的课堂教学工作服务的。

　　一个好的教研员，应该做到爱上课堂，立足课堂，常常走进课堂，把"高高在上"的理论落到实践中、融于课堂中，才能更好地研究课堂、服务学生、引领教师。

　　虽然离开一线教师岗位多年，但仍然眷恋校园和三尺讲台，喜欢看那些有时朝气蓬勃、有时天真烂漫、有时叽叽喳喳、有时故作深沉、有时哭啼打闹的学生娃；喜欢那些或坦诚大气、或精致秀气、或花枝俏丽、或时尚阳光、或朴实敦厚、或简单可爱的各种样貌气质、各具性格神态的音乐老师们。每当走进校园、走进教室，听到、看到师生们在唱、念、做、表的时候，每当在和老师们交谈研讨教学细节的时候，每当在舞台下面欣赏师生表演的时候总是会有一种快乐、自豪和激动，甚至有一种和他们一起上舞台"演"、上讲台"讲"的冲动和欲望。这可能就是发自内心的喜和爱吧。

　　从教师到教研员，岗位角色由点到面，常常觉得分身无术，想备一堂好课，上一堂好课竟也是一件不容易的事情。本章撷取了我于1998年荣获山东省高中音乐优秀课一等奖《黄河大合唱》一课的教案，以及平常教学教研工作中的部分教案设计。遗憾的是《校园小戏迷》一课本是在"云录播"活动中准备和老师们一道参加录播的，可是这节准备了大半年之久的"云课堂"仅仅止于"同课异构"的研究与实录。

《黄河大合唱》

设计执教：褚艳华

课　　题：《黄河大合唱》

年　　级：高中二年级

教　　具：录音机、影碟机、彩色电视机、投影仪、钢琴、磁带、影碟、文字资料

教学目标：

1. 通过欣赏《黄河大合唱》，引导学生从旋律、节奏等音乐表现要素及演唱形式去感受、体验作品所塑造的音乐形象以及所表现的思想感情，了解《黄河大合唱》音乐特点，提高学生感受、表现、分析、鉴赏音乐作品的能力。

2. 通过欣赏《黄河大合唱》使学生认识冼星海等革命音乐家创作的革命歌曲在抗日救亡运动中所发挥的战斗作用，了解《黄河大合唱》的社会价值和艺术价值。激发学生的民族自豪感和爱国热情。

3. 了解"大合唱"这种大型声乐体裁。

教材分析：（略）

教学重点：

通过欣赏《黄河大合唱》第一、四、六、七乐章，去感受音乐所塑造的艺术形象和表现的思想情感，从而激发学生的爱国主义热情。

教学过程：

（一）导入

教师播放《黄河船夫曲》录音片断，以音乐紧张激烈的情绪，将学生引入与黄河风浪斗争的意境中去，通过提问音乐出自何作品，导入本课课题

《黄河大合唱》。

（二）简介创作背景及作者（略）

（三）介绍"大合唱"

大合唱是一种大型的多乐章声乐套曲，包括独唱、重唱、对唱、齐唱、合唱等（有时穿插朗诵）。由管弦乐队或钢琴伴奏。

（四）分乐章欣赏

1. 第一乐章：《黄河船夫曲》

（1）听录音（投影歌词和问题）

（2）提问：《黄河船夫曲》的音乐表现了怎样的情绪？描绘了什么情景？（教师提示：音乐采用急速下行的音调，如疾风骤雨，加上密集的节奏：xxx xx x 穿插以具有号召力的朗诵，引出一段惊天动地的船夫号子声。引导学生分析：采用了民间劳动号子的素材，领、合的演唱形式，表现了紧张激烈的情绪。描绘了在乌云满天，惊涛拍岸的黄河激流中，船工们万众一心，同狂风巨浪搏斗的情景）。

（3）教师归纳：这不是一首单纯的劳动歌曲，这是一首惊心动魄的战歌。作为大合唱的第一乐章，它给我们拉开了这宏伟史诗的序幕……

2. 第四乐章：《黄水谣》

（1）听录音（投影歌词和问题）

（2）提问：《黄水谣》的旋律和《黄河船夫曲》有什么不同？表达了怎样的情感？

（3）教师归纳（边范唱边讲解）（引导学生分析：此旋律与第一乐章不同，是一首民谣体的抒情合唱曲，速度缓慢，曲调带有悲凉的诉说性，表达了日寇铁蹄践踏我中华大地，人民群众义愤填膺的思想感情）

3. 第六乐章：《黄河怨》

（1）教师钢琴伴奏深情弹唱《黄河怨》

（2）教师归纳：这是一首感情深厚、曲调简朴的女声独唱。表现了一个失去丈夫和孩子的妇女，自己也遭受敌人的蹂躏，她满怀阶级仇、民族恨，面对敌人的残暴兽行发出了强烈的控诉。这是一个悲惨生命的最后呼喊！同学们，如果我们生活在这苦难重重的岁月里，我们将会产生怎样的感情？（激发学生的爱国热情，将课堂气氛推向高潮。）

4. 第七乐章：《保卫黄河》

（1）教师带领全体同学激情朗诵配乐诗。

（2）观看《保卫黄河》影像（要求同学们随音乐一起歌唱）。

（3）提问：《保卫黄河》与前面第四、六乐章在表现的情绪上有什么不同？用了什么演唱形式？塑造了怎样的音乐形象？

（引导学生分析：《保卫黄河》）的音乐与前两乐章形成了鲜明的对比。它以明快、有力的进行曲速度，跃动的、生气勃勃的战斗音调塑造了祖国儿女斗志昂扬，战斗在四面八方的英雄形象，这是东方巨人站立起来的形象。采用了一种群众性的合唱方法——轮唱形式。在二部轮唱之后，紧接三部轮唱，象征斗争的巨浪像黄河怒涛在咆哮，一浪高一浪，此起彼伏。

（4）全体同学齐唱《保卫黄河》第①②乐句和第⑦乐句。（投影歌片）教师准确有感染力地指挥演唱，引导学生感受音乐的气势和力量。

（五）讨论

欣赏了《黄河大合唱》这四个乐章后，你有什么感想？（略）

（六）小结

下课。

（本课由作者执教，于1998年荣获山东省音乐优质课一等奖，本文发表于《中小学音乐教育》，2001年第12期，总第117期。）

《起承转合 创造快乐》
——一段体（鱼咬尾式）歌曲的鉴赏与创作实践

设计执教：褚艳华
模块教学：创作（人民音乐出版社高中音乐选修模块）
执教年级：高中二年级
课题设计：起承转合 创造快乐——一段体（鱼咬尾式）歌曲的鉴赏与创作实践

指导思想：

以审美为核心，培养兴趣爱好，应贯穿于音乐教学的全过程，在潜移默化中培育学生美好的情操、健全的人格。高中音乐课应充分发挥音乐艺术特有的魅力，根据高中学生身心发展规律和审美心理特征，以丰富多彩的教学内容和生动活泼的教学形式，培养学生对音乐艺术持久而稳定的兴趣爱好。教学活动应面向全体学生，以学生为主体，将学生对音乐的感受和音乐活动的参与放在重要的位置。高中的创作模块教学是培养学生想象力和创造性思维的音乐教学内容，目标是激发学生的创造意识和创新能力。

教学分析：

第四单元（第八节）——歌曲的结构，这一单元内容的教学在本册教材中起到了一个承上启下的重要作用。本课主要选取了民歌《沂蒙山小调》、《孟姜女》以及《二泉映月》（演唱版）三个作品，这三首作品在创作风格上，都具有民间音乐"鱼咬尾"的旋律发展特点。

本课从音乐结构、形式的聆听与学习，到音乐情感内容的感悟与评析，进而到引导学生展开并运用五声调式为古诗创编旋律。在具体的音乐实践活动中，初步掌握一段体（鱼咬尾）歌曲的基本创作技巧。在教学中注意淡化创作在学生心目中的神秘感，创造就在身边，创作也不只是作曲家的事情。这样有利于激发学生对音乐创作的兴趣，引导学生热爱音乐、热爱创造。

本课特点，是将整个教学过程设计为启—承—转—合四个版块，与一段体起承转合式歌曲结构的鉴赏学习与创作实践相呼应；围绕音乐教学目标和教学内容，突出音乐学科特色，关注学习主体、关注音乐本体、注重音乐实践；以美的情感、美的歌声、美的语言创设美的氛围，引领学生在"听中赏""赏中鉴""鉴中思""思中唱""唱中创"——走进音乐，感悟、体验和创造音乐。

教学目标：

1.感受并理解两首民歌以及《二泉映月》的音乐创作风格（"鱼咬尾"）和情感基调，具有关注民族音乐的兴趣和意识，进而在实践与创作过程中培养爱音乐、爱创造、爱生活的精神情趣。

2.在聆听与体验、感受与评价中，分析音乐，模仿创作歌曲。

3.了解中国民歌一段体的曲式结构特点；初步掌握一段体歌曲创作的基本技能，并能够用简谱或五线谱记录作品。

教学内容：

1.欣赏民歌《沂蒙山小调》《孟姜女》；歌曲《二泉映月》。

2.小组创作活动，运用五声调式和"鱼咬尾"创作手法为五言诗创编旋律。

3.展示与评价

重点难点：

1.学习运用中国民间音乐"鱼咬尾"的旋律发展方法进行创作及中国五声调式音阶的使用。

2.小组创作活动中，对歌曲旋律中音符、音阶（中国五声调式音阶）、节奏以及节拍的组织、记录和古典风格表现的把握。

课前准备：

1.作品曲谱（三首歌曲的主题旋律片段）

2.课前准备：

（1）网上搜索并预习聆听《沂蒙山好风光》、《孟姜女》，聆听《二泉映月》不少于2个版本，并下载mp3格式带来。

（2）若有乐器特长生，比如二胡等，布置其在课前练习演奏《二泉映月》主题旋律。

教学过程：

（一）课始导入——启

设计意图：以文学中常用的"顶针法"——玩文字游戏作为教学切入点，随后导入歌曲《小芳》片段的音乐聆听。目的是启发并引导学生与老师一起关注音乐，在聆听和思考中发现音乐创作的规律，进而导入新课，为本课目标及教学做好铺垫。

1.师生礼仪

教师面带微笑，亲切环视学生，师生问好。

2.成语接龙

要求全班同学参与，用"顶针法"进行四字词语或成语接龙游戏。注意：前一个词语的最后一个字必须是后一个词语的第一个字。

3.音乐恰接

聆听歌曲《小芳》片段，教师启发学生思考，音乐与文学在艺术发展手法上的某种规律和联系。（课件：简谱《小芳》旋律片段）

师生随琴试唱，提醒学生注意，边唱边体会歌曲中乐句首尾音符的音高特点。

（二）课中展开——承

设计意图：在导入过渡之后进入新课内容的学习，恰当地将学生引入一段体民歌的鉴赏活动中，引导学生关注音乐的聆听。

4.感悟聆听（课件：歌曲乐谱）

依次聆听民歌《沂蒙山好风光》《孟姜女》，歌曲《二泉映月》（教师演唱，学生二胡或其他乐器伴奏）。

问题（聆听）建议：

（1）边听边唱、边试着划旋律线。

（2）仔细聆听两首歌曲旋律发展的特点或规律。

（3）你感受到的音乐形象？

5.体验互动

针对问题进行示范唱、带领唱、小组唱以及读谱、划旋律线、用音乐语言表达感受等，同时发挥乐器演奏学生的特长。

6.知识牵引

方法：以教师为主导，启发学生回顾与思考、探究、分析和总结歌曲结构知识（课件）一段体；起承转合；鱼咬尾。

7.教师小结（激发学生创作欲望）

扩而大之——看"起承转合"，这四个字可以涵盖很多事物发展及其结构规律。比如人类社会与自然界任何事物的发生、发展规律，"人的一生"（生命开始到成长、发展、成熟成功再到结束的进程）；缩而小之——看"起承转合"，在影视艺术、文学创作领域中应用更加广泛，比如古诗词中较为常见的五言、七言诗等。

（三）课堂高潮——转

设计意图：这是本课重点及难点内容，即创作实践部分。以教师充满激情的语言启发引领，同时，指导学生通过有感情地和富有艺术性地朗诵古诗（五言或七言），过渡到创作环节。

8.点燃激情（课件：出示2—3首学生熟悉的唐诗）

全体同学齐声诵读古诗，注意语音、语调、节奏的艺术感，要求读出情感、节奏和韵味来，并分析、酝酿旋律与主题的乐汇灵感和音乐情绪。

9.小组分工

分成3-4个小组，每个小组分别有如下分工：音乐小组长（1名）负责组织、指挥，乐谱记录员（1—2名）、录音（手机）员（1名）、乐器伴奏、演唱组员若干名。

10.创作实践

各组分别选择一首五言或七言诗进行旋律创编。

创编要求：

（1）运用中国五声调式音阶，建议各小组可以分别选择：宫调式、商调式、羽调式、徵调式等（板书）

（2）创作四个乐句（起承转合）

（3）旋律发展手法为"鱼咬尾"式

中国五声调式音阶试唱练习，与西洋大小调式比较学习、聆听试唱，感悟中国民族调式音乐独特的韵味及色彩。

教师巡视，观察、倾听、欣赏各小组学生的创作进展及表现状况。指导和帮助各小组在音阶、简谱记谱、演唱、伴奏，以及分工合作等方面随时出现的问题。

11.展示评价

创作完成的小组上台展示并表演，或由小组长播放各组手机录音作品，大家就其创作以及演唱、伴奏优点及不足等问题进行评价并提出建议，鼓励改进、再展示（视时间而定）。

（四）结课部分——合

设计意图：本课进入尾声部分，通过刚才同学们的展示和表演，教师给予充分的赞赏和鼓励，揭示本课主题——起承转合　创造快乐（板书）

12.拓展思考

教师通过播放几首国内外歌曲片段，比如挪威作曲家格里格的《苏尔维格之歌》、刘雪庵的《长城谣》、云南民歌《小河淌水》、维吾尔民歌《达坂城的姑娘》《洗衣歌》《那就是我》《同桌的你》等等，引起学生思考发现音乐中"鱼咬尾"创作手法的广泛及灵活运用。

13.课堂小结

生活充满创造，音乐（艺术）美在创造。

学生发表学习感言，对音乐创作学习的想法、建议。

14.在歌曲《同桌的你》音乐声中结束本课。

本文为笔者于首都师范大攻读教育硕士时设计完成，得到导师郑莉教授的亲自点评并给予充分肯定及高度称赞。同时，郑老师撰写了《〈一段体（鱼咬尾式）的歌曲鉴赏与创作实践〉教学设计评析》一文，与本文同期发表于《中国音乐教育》，2011年第三期，总第201期。全文如下：

《一段体（鱼咬尾式）的歌曲鉴赏与创作实践》教学设计评析

2010年年初，在首都师范大学音乐学院在职教育硕士的课堂上，听到褚艳华老师谈起"鱼咬尾"一课的初稿，心中一亮：太好了！这不是典型的中国民间音乐旋法教学吗？从这个角度进入，定能设计出一节独具民族风格的音乐课。于是给了些修改建议。年中，在录制高中新课程远程研修的过程里，再次听到褚老师谈起"鱼咬尾"歌曲鉴赏的教学设计，心里一动，太妙了！这不是典型的高中鉴赏模块教学吗？从生活实际入手，既抓住了民族特色，又符合高中学生的认知程度。于是提出了修改要求。年末，在笔者的邮箱里，又一次见到褚老师寄来的教学设计，心头一震：太绝了！这不是典型的高中音乐创作课吗？从课程理念入手，既交融了学科知识，又培养了创造能力。这不正是笔者梦寐以求的吗？回想起数月前，为寻找一节创作模块教学的案例，"踏破铁鞋"苦心而不得；今天，打开电脑撞人眼帘，"得来全不费工夫"。心中欢喜于是在差旅的百忙奔波之中为这篇教学设计撰写评析。

一、教学设计独具匠心

《一段体（鱼咬尾式）歌曲的鉴赏与创作实践》是教师为本课精心设计的题目，其定位准确、特点突出、凝练质朴、直切主题，题目囊括了融鉴赏与创作为一体的教学内容的核心。

它抓住最具我国民族民间音乐特色的旋法，以大家熟知的典型音乐素材为线索，集音乐、文学、人生一系列重大课题的相关因素，全力打造"鱼咬尾"式音乐旋律发展手法的无穷魅力。在主题的统领下，人文主线、情感主线、能力主线、知识主线等自然而然地融贯交织，相得益彰，你中有我、我中衬你，使学生在感叹中国音乐旋法之"妙哉"的同时，唤起学习者的情感共鸣，既掌握了音乐发展的相关知识，又了解了艺术与人生的共通之处。字里行间透着作者对音乐的钟情、对学生的爱、对课堂的熟知、对教育的情怀。

本课的教学目标紧密围绕新课程的三维目标进行设计，将感受理解民族音乐的情感基调、实践歌曲写作的兴趣爱好以及热爱生活、创造音乐的情感等，提升到事物发展的内在规律和创作音乐、体验人生的高度来认识。在聆听、体验、感受、探究、评价、分析、模仿、建构直到创作等一系列活动过程中，"听中赏""赏中鉴""鉴中思"，"思中唱""唱中创"，层层铺垫，把音乐教学逐步引向深入，推向高潮。这也正应了那句话：理念决定目标、目标决定方法、方法决定过程、过程决定效果。

二、教学风格独具魅力

本课教学风格独到，教学特色鲜明，具体体现在音乐与相关学科交融的基点上。作者紧密抓住音乐与文学的相通之处，从文字游戏入手，借文学之力导入新课，贴近高中生的生活实际与认知水平，符合高中音乐课堂教学的基本规律，这也是本课的亮点之一。

音乐与古典诗词相结合是许多教师喜爱并常用的方法之一，由于音乐中蕴含着文学艺术的结构，文学中又蕴含着音乐艺术的韵律，将二者有机结合，极易产生相辅相成、相得益彰的效果。从美学角度讲，音乐和文学就像一对孪生姐妹，虽然是两种完全不同的艺术表现形式，但自诞生以来，就以表现共同的主题——情感而相互依存、相互滋生。它们虽然分属独自的领域，却有着千丝万缕的内在关系，因此才有"语言的尽头是音乐"的说法。中国传统音乐是生长在中国文化土壤中的一枝奇葩，本课恰恰抓住文学与音乐息息相通的艺术特点，从语言入手，以文字游戏激趣，将古典诗词鉴赏和民族音乐欣赏有机结合，引导学生从诗词中的起承转合自然跨入音乐的殿堂，站在乐句的结束音上通过赏析"鱼咬尾"的文学写作手法，探寻音符的起承转合在音乐作品中产生的内在规律及艺术魅力。

三、教学形式独具特色

该教学以"鱼咬尾"的音乐发展手法为主线，以点带面，引导学生就民族音乐作品进行分析研究。内容安排凝练集中，适宜在一课时中进行较深入的学习。因为，选择了具有典型特征的代表作品的基本写作方法，就使学生掌握了我国民族音乐旋律特色发展之精华；抓住了"旋法"这一音乐创作知识点，就抓住了这节课的灵魂；确定适宜高中生学习的教学方式，大胆尝试将新课程教学理念融入高中模块教学实践中，以问题为主线贯穿始终，采用提问、倾听、讨论、比较、评价、模仿、创作等多种形式进行教学，师生互动，共同探究，形成良好的学习氛围，既学习了知识，也培养了情感，更提高了能力。

我们是否应该这样说，意义建构与体验创作才是这节课的最终目标，这节课在鉴赏与创作过程中，教师采用多种方法引领学习，以音乐鉴赏形式拓展艺术视野，以歌曲创作形式深入音乐研究。同时，伴随着思考、讨论、鉴赏、评价等，帮助学生梳理了思路，形成了认知，生成了价值，建构了意义。使学生在丰富多样的活动方式中，学会横向的广泛练习，深入的分析探究，打破了高中音乐创作的神秘感，体验了歌曲创作实践的快乐。这节课，教学形式的生动活泼，教学过程的环环相扣，教学问题的层层引领，教学结果的意义建构，都使我们耳目一新。

褚老师设计出这样一节独具特色的音乐课，其着力点就是：从音乐中来，到学生中去，再从学生中来，到音乐中去。这也启示我们：追求要高，视野要宽，目标要远，研究要深。

（郑莉：首都师范大学音乐学院音乐教育系系主任、教授、博士生导师。当代著名音乐教育理论与实践家，国家精品课程《音乐教育学》带头人之一、国培计划——音乐学科课程标准研制负责人。）

《一场游"戏"一场"梦"》

——中国现代京剧《智斗》排演实践

设计执教：褚艳华

模块教学：音乐与戏剧

年　　级：高中二年级

课题设计：一场游"戏"一场"梦"——中国现代京剧《智斗》排演
实践

指导思想：

普通高中音乐课的教学过程就是音乐的艺术实践过程。在所有的音乐教
学活动中，都应激发学生主动参与的积极性和创造意识。重视艺术实践，将
其作为学生获得音乐审美体验和学习音乐知识与技能的基本途径。增强学生
音乐表现的自信心，培养良好的团队精神与合作意识。弘扬民族戏曲音乐，
理解多元文化，使学生热爱和了解祖国的音乐文化，增强民族意识，培养爱
国主义情感。

教学内容：

1.聆听、学唱现代京剧《沙家浜》之《他们到底是姓蒋还是姓汪》（即
"智斗"）

2.创编与表演《智斗》

3.了解中国现代戏与传统戏曲的异同

教学目标：

1.理解中国戏曲的现代戏之一——现代京剧的基本特点和音乐风格及其
艺术魅力，提升对戏曲音乐文化的多元性认识。

2.在创造与表演实践中，体验和感受戏里戏外皆真情，生命处处皆风景，
点燃追梦人生。

3.有表情地学唱现代京剧片段，并能与他人合作默契。

重点难点：

1.体验现代戏曲音乐的时代特点，及表演风格。
2.学唱与表演戏曲的音乐风格及其韵味

课前布置：

1.学生课余通过网络或其他方式，了解中国现代戏的几个剧种。选择聆听自己较为喜欢的一段经典唱腔进行学唱，并用mp3格式下载，带来与大家分享。如：豫剧《朝阳沟》，评剧《刘巧儿》，吕剧《李二嫂改嫁》，京剧《红灯记》《智取威虎山》《沙家浜》之《智斗》等等。

2.请班里会演奏京（二）胡的同学，在课下练习课本第93页现代京剧《沙家浜》选段：《他们到底是姓蒋还是姓汪》。

教具学具准备：

1.相关课件与视频资料
2.京（二）胡
3.服装、道具

教学过程：

（一）导入——现代戏曲百花园
1.教师请各组派代表上前来播放并简介同学们搜集的现代戏剧种及其音乐唱腔
2.教师（学生）范唱几个现代戏曲片段，要求各小组进行"快速抢答"
（1）请说出该剧种名称；
（2）主要来自（流行）于哪个地区？
（3）用一两句话简单概括剧情或主要人物特点
（二）展开——现代京剧大家唱
请一位学生拉京胡为教师伴奏，由教师一人表演《智斗》唱段，激发学生学习欲望。
3.角色分工
把全班同学分成三个组，分别用剧中人物命名为：
（1）男生甲组——"胡传魁"
（2）男生乙组——"刁德一"

（3）女生丙组——"阿庆嫂"

4.观摩分析

通过视频观看与聆听《沙家浜》之《智斗》一场戏：

（1）《沙家浜》剧情简介

（2）请各组分别发表对剧中三个主要人物的看法（人物性格特点分析）

（3）分析不同人物的唱腔音乐特点

5.模拟演唱

揣摩人物特点，带着角色感进入学习。注意倾听伴奏及"过门"音乐，随教师模唱，关注音乐与人物性格的结合。

重点研究"阿庆嫂"唱腔特点，首先引导女生学习用假声演唱，同时注意其一字多音的拖腔及韵味特点。

（三）深入——游"戏"舞台我做主

6.角色表演（预设高潮）

（1）将整个教室布置成一个舞台，有桌、凳、茶壶等。

（2）通过刚才的集体学习和演唱的进一步熟练，经大家推选，由各小组选出一名代表人物——刁德一、阿庆嫂、胡传魁（换上服装）闪亮出场。

（3）其他同学按小组配合人物演唱，同时既当观众又当评委。

（4）京胡伴奏（或加入钢琴等乐器）

7.评价激励

8.相关链接

（1）现代戏与传统戏的异同点（反映时代、题材、服饰表演等）

（2）四大名旦与国剧（课件、视频资料）

9.教师寄语：人生如戏，人生有梦。把握现在，扮演好自己的每一段人生"角色"，让快乐与梦想同在。

10.结课（播放歌曲《一场游戏一场梦》）。

《青春舞曲》

设计执教：褚艳华

课　　题：青春舞曲

年　　级：人民教育出版社八年级上册第一单元第一课

课　　型：唱歌综合课

课　　时：一课时

教学模式：情景陶冶式，参与体验式，行为辅助式

教具学具：键盘乐器、铃鼓、维吾尔族小帽、文具打击乐（铅笔盒等）、钥匙串、彩色粉笔

学习目标：

1.在教师的引导带领下，主动快乐地参与音乐活动（如节奏练习、科尔文手势学唱名；听音高模唱音阶等等），逐步感受在"玩音乐"的活动过程中，喜爱音乐，并在相关活动中体验"青春"的活力与珍贵。

2.在音乐活动中（听、唱、做等），逐步学习"唱会歌"（背唱歌曲），进而达到"会唱歌"，努力追求"唱好歌"的境界。

重、难点：感受新疆维吾尔族音乐风格。学会用轻快有弹性的声音演唱歌曲，并练习边唱边做：维吾尔民族舞蹈基本动作。

课间准备：师生一起练习科尔文手势，认识基本音阶及唱名，初步建立基本音高概念，为课堂学习做"热身"。

教学过程（师生互动　活动贯穿）：

（一）呈示部（起始部分）

1. 课始导入—情境创设（组织教学—谈话式：为成长喝彩）

师：非常高兴今天我们大家集聚一堂，相识于绿意盎然、充满朝气的盈园中学八年级n班。这是一个充满音乐的快乐殿堂，这是一个充满灿烂阳光的

青青世界，因为你们已经从牵着爸妈大手的稚嫩儿童，步入了青春少年的中学时代。我们的身体、心理、知识和情感，正随着这个多彩的时代，在悄悄地成长与变化着（亲切环视全班同学）……

那么我们是否该用我们（音乐）的方式来为我们的成长喝彩，以示庆祝和鼓励呢（有节奏鼓掌）？

生：自由鼓掌

师：咱们的掌声像"锅里下饺子"——稀里哗啦。请同学们换一种方式（示范）

活动1：节奏游戏

师：示范拍击、稳定中速（基本速度不变）

①一拍一次、可换唱唱名：x x x x

②一拍拍两下、可换唱唱名：x x

③一拍均匀拍三次：xxx

④一拍四次：xxxx

（板书：节奏练习①②③④条）

（师生一起做）

方法一：拍手

（1）集体拍手（依次练习）

（2）分四组（先后做）

（3）四组同时做（四个声部节奏叠加——"和声概念"的初步建立）

方法二：单、双手轻击桌面

左手稳住轻叩基本节拍①，右手依次叩击变化节奏②、③、④

（教学意图：融节拍、节奏、速度、和声等知识技能于趣味性、审美性、创造性当中，同时拉近了师生的感情距离，激发学生学习兴趣与热情，引领学生"走近音乐"，为下面的学习做好铺垫)

教师注意观察、鼓励、总结、评价学生表现，乘势进行"友情提示"。

游戏规则：

第一，请以青春的朝气、热情，带着自信、快乐的精气神，做到"七动"：眼（看）、耳（听）、口（说、唱）、手、脑、心、情。

第二，杜绝"喊唱""瞎唱"

总之：全神贯注，全情投入。看哪些同学玩得最开心、状态最佳！

（二）展开部

活动2：聆听欣赏

2. 示范演唱　听辩民歌——"考考你的音乐反应力"

方法：教师范唱几首民歌片断

（1）《沂蒙山小调》《人说山西好风光》《牧歌》《青藏高原》《茉莉花》《青春舞曲》

师：戴上维吾尔族帽，拿起钥匙串，边歌边舞《青春舞曲》（完整范唱）

生：分别回答民歌所属地区或所在的民族。

师：我来猜猜你们最喜欢（刚才老师唱）的歌曲是哪一首？

生：（预设）青春舞曲

师：分析原因？

生：（分析、表达歌曲印象）青春、活力、阳光、快乐，充满哲理（板书）。

师：板书课题——"青春的旋律"（变体艺术字用彩色粉笔）之《青春舞曲》。民族：新疆维吾尔族民歌

（教学意图：通过教师富有音乐表现力与感染力的示范演唱，迅速带领学生"走进音乐"，并能够快速考查学生对民歌的了解 揭示并板书本课课题）

活动3：经验交流

3. 小组交流　代表发言

话题："你了解的新疆"可以从以下几个方面谈起——

（1）地理（中国地图上的位置）特产（哈密瓜、葡萄、"羊肉串儿"）

（2）服饰舞蹈

（3）人文风情

（教学意图：进一步展开教学内容，继续体现"以学生为主体、教师为主导"的教学理念，鼓励do、mi、sol各组同学共享集体智慧资源，大胆发言。）

评价与过度：找出歌曲中最喜欢（感兴趣）的乐句（若是衬词处，则突出反复记号内的附点音符及节拍重音）

活动4：趣味发声

4. 模唱歌曲　发声练习（老师弹旋律，中速）

方法：

"打嘟噜"练习歌曲结尾带衬词的两乐句（练习气息控制）板书

（教学意图：熟悉歌曲；强化歌唱要求——学会倾听，边唱边听。教师注

意倾听、观察、鼓励，适时调整、示范、纠正，培养学生良好歌唱的姿势、方法、习惯；带词拍读，中速练习。）

方法：分组接龙

提示学生：

（1）可以用铅笔在课本乐谱上标一下"换气记号"

（2）流畅、有乐句感

（3）反复记号的运用（师唱两遍，生通过聆听发现板书）

5. 听唱歌词　张口默唱（听弹旋律）中速

6. 轻声歌唱　完整表现

方法：以琴助教，师用比较法示范不同演唱声音状态，中速

提示、要求同上：

（1）自然、自信、轻声高位置

（2）欢乐的情绪、有气息的支持、有弹性的声音

（3）吐字清晰有力

（教学意图：让学生明确正确歌唱的声音位置、和评价标准）。

（三）结束部

活动5：深化演绎

（教学意图：启发引导并带领学生把唱会的歌唱好，回归"青春"主题，使本节课得到拓展与深化）

7. 分组研讨　巩固练习

话题：如何唱好歌，如何把歌曲的情绪风格更准确地表现出来。

方法：教师建议指导，巡视倾听、要求边唱边做边听边感受。

（1）欢快的速度，自信的情绪，青春的朝气、有弹性的声音

（快速记忆歌词、巩固歌曲）

（2）加入新疆律动（或在第三、四拍处拍手 xx x）：学生可利用身体、身边"打击乐器"；亦可以以某个新疆动作（如"动脖"）加在 xx x 上。

8. 再听范唱　手机录像

方法：通过聆听录音磁带、教师用手机录音等形式，把学生的表现（演唱的姿势、声音、表情等）进行展示、对比，以鼓励学生调整状态，养成良好方法习惯。

（1）中间第三乐句突慢再回原速（教师指挥）

（2）结尾的处理—突然停顿（休止一拍），加强高潮与终止感。

（教师指挥示意）

9. 深化情感 完整演绎

启发学生，带着对"太阳""花儿""小鸟""青春"的追寻与向往的真实情感，体验和感悟青春的朝气活力与蓬勃向上。

最后强化"xx x"（不回来）三个字提高八度，高潮处干净收尾。

（教师提示声音与气息的控制：放与收）

结课：（结束语——）

教师："友情寄语"（板书，亲切环视学生）：中学时代是收获知识和友谊、放飞梦想和希望的黄金时代，记得梁启超有一句话"少年强则中国强"——老师愿做"帮助少年起飞"的导航者！祝愿：盈园中学八年级4班每一位同学，放飞你青春的小鸟，迎着灿烂的朝阳向着美好的未来出发吧！

最后，全体起立以节拍律动进行"师生告别"。

教学反思：

2013年开学伊始，区教研室（初中部）与盈园中学展开了一次"同课异构"教学活动。我与盈园中学的音乐老师"异构"的课题为《青春舞曲》，是一节常态课。

本节课亮点：

1. 以"青春"为话题，以学生为主体，以音乐为本体，较为生动地完成了"唱会歌、唱好歌"的教学目标。

2. 音乐活动贯穿课堂，使学生始终跟着教师"动起来"参与音乐，体验音乐，轻松快乐地"玩音乐"。在活动中，自然渗透知识、技能，培养了习惯、提升了能力。

3. 教师在教学语言行为上，避免居高临下、生硬说教的姿态。把握音乐及学生特点，轻松驾驭课堂，幽默、富有感染力、亲和力，真诚地关注教室里每一个学生。可以看得出，一节课，师生互动学习投入而快乐。

不足与建议：

1. 教研员由于长期脱离课堂一线，乍一进入课堂，对于课堂内容及时间把控不准，造成了拖堂；忘记了板书课题；教具的使用不熟练等等。

2. 农村中学学生的音乐基础薄弱，音乐经验贫乏，这也是事先"备学生"不够，导致第一个环节节奏游戏超时进行。

教案使用建议：

1. 节奏游戏练习、发声练习可以根据时间或学生情况选择使用。

2.拓展部分可以进入相关作品赏析学习，也加入二声部练习：把第二声部简化为歌曲主和弦的几个骨干音。

3.教师范唱以及新疆风物介绍等环节，可以多媒体视频播放的形式有机结合。

2022年暑期研修

《校园小戏迷》

设计执教：褚艳华

课　　题："京腔京韵"——校园小戏迷

课　　型：唱歌综合课

课　　时：一课时

年　　级：人音版小学六年级上册第4课

教学分析：

（1）作品分析

《校园小戏迷》是一首京味浓郁的戏歌。短小精悍的歌词里包含了京剧的行当、唱腔与韵味。男、女生的对唱表演，表达了校园里当代"小戏迷"对传统文化的喜爱与传承。

歌曲取材深圳市东湖中学原创京剧小戏《校园小戏班》中的一个唱段。唱词是对当今少儿学习传统民族文化——京剧艺术的学习要领的描述，通俗简洁，含义深刻，朗朗上口。唱腔旋律明快、爽朗、流畅，涵盖了京剧的鲜明特点。

《校园小戏迷》这段唱腔的调式为"西皮"，板式为"原板"，统称为"西皮原板"。四二节拍（一板一眼），中速。

歌曲演唱时分男女声部。男声部宜用大嗓演唱，嗓音洪亮圆润，唱出阳刚之气。女声部宜用假声演唱，嗓音要明亮婉转，唱出阴柔之美。最后一句"古朴神韵展奇功"为男女合唱，"功"字的收尾拖腔要换足气息拖到位。

京剧唱腔要求"字正腔圆"，唱时吐字要归韵。该唱段为"中东"辙，唱词中的"浓""功"归音时宜用鼻腔共鸣。唱词中的"味"字要用儿话音，以突出京剧韵味。唱腔旋律装饰音部分，如"浓"字的小颤音处理，嗓音要灵活。

（2）学情分析

本课以"京腔京韵"为题，是小学阶段京剧学习的最后一课。京剧艺术内涵及表演博大精深，尽管六年级小学生经过了四年级（上册第八课）"龙里格龙"、五年级"京韵"的学习，对京剧有了初步的了解认识。但是由于京剧历史久远，当代小学生对古老京剧艺术的唱腔韵味及表演上，在理解、把握、亲近和表现京剧韵味等方面还存在陌生和距离感，因此教学中，为了拉近京剧与学生的距离，引导学生有效参与，通过多看、听、唱、做等活动中模仿并体验京剧的神韵。

教学目标：

（1）（情感态度与价值观）在听、唱、念、做、打等实践活动中，走近、亲近京剧，体会京腔京韵，培养学生从小对京剧的喜爱，感受京剧艺术的魅力，培养热爱、传承中华国粹——传统京剧艺术的情感。

（2）（过程与方法）遵循"做中学"，采用聆听、欣赏、模仿、体验、合作等方法，通过听一听、做一做、唱一唱、演一演，带领学生巩固和认识京剧行当及唱腔知识，同时学会字正腔圆、富有韵味地演唱。

（3）（知识与技能）认识京剧四大行当，并学习用大嗓、假嗓演唱，学习一两个表演（亮相）动作。

教学内容：

（1）歌曲《校园小戏迷》
（2）京剧行当及唱腔知识
（3）视频片段欣赏《铡美案》《卖水》《三家店》等等

教学重难点：

（1）听赏不同唱腔片段，巩固认识京剧行当（生、旦、净、丑）的划分，体会感知不同唱腔特点，了解并模仿、体验京剧的表演形式（唱、念、做、打）

（2）字正腔圆、行腔圆润、富有韵味地演唱《校园小戏迷》，并按照男腔、女腔音色要求演唱。

教学方法：

（1）视听与图文、示范与模仿、参与体验、合作表演相结合
（2）听唱法、视唱（奏）法、表演唱
教学用具：脸谱、京胡、钢琴、课件
教学模式：动中听、做中唱、舞中演、编中创

教学过程设计（A）

（一）起始教学

1.导入课堂　看听说唱

聆听歌曲《唱脸谱》（视频片段1）复习京剧脸谱、行当导入

师生交流：你看到了哪些人物？

这首歌曲有什么特点（其音乐与平常所学歌曲有什么不一样）——戏歌？

你都知道哪些戏曲风格的歌曲？

师生互动：哼唱一下熟悉或会唱的戏歌——《前门情思大碗茶》《故乡是北京》《梨花颂》（师生唱），《唱脸谱》（师生唱）

师生交流：这些戏歌旋律中的戏曲元素来自中国哪一个戏曲？（京戏、京剧、国剧、国粹）

课件1：京剧（板书国粹）

师生交流：对。京剧，是世界三大戏剧之一，与古希腊的悲剧、印度的樊剧。并称（京剧不是北京的地方戏，是由河北的汉剧、安徽的徽剧和北京的方言汇聚而成）是中华民族传统文化宝库中的一颗璀璨的明珠。

那么今天，老师带着同学们到京剧的大花园里走一走看一看，领略和感受一下中华国粹——京剧艺术独特的魅力和韵味（板书：京腔京韵）。

师生交流：说起京腔京韵，在刚才的歌曲音乐中，同学们一定听到了有一件独具音色特点的伴奏乐器（是什么？）——京胡（板书）。

课件2：京剧伴奏乐器（文场：京胡、京二胡、月琴、弦子）

2.唱奏互动　趣味发声

师生交流：教师尝试京胡简单"演奏"，请同学们用"龙里格龙"伴唱，师生同唱《龙里格龙》（复习巩固四年级所学，同时调整坐姿气息发声）初步感受京胡的音色及韵味。调式为"西皮"。

课件3：《龙里格龙》曲谱带词（片段）

（二）展开教学

3.人物角色　四大行当（对号入座）

师生交流：《唱脸谱》中所唱的是哪一类人物？你是根据什么来划分的？（脸谱、不同颜色的油彩、不同性格）

课件4：角色——行当　生旦净丑

4.视听欣赏　辨别行当

（1）净：《铡美案》包公唱段（插入视频片段2）

课件5：各色人物花脸

师生互动：模仿男性亮相动作：拉山膀。

（2）旦：《卖水》插入视频片段3

师生互动：模仿《卖水》中的念白。

课件6：《卖水》歌词

（3）丑：《报灯名》插入视频片段4

（4）生：《三家店》插入视频片段5

5.快速背记　歌曲听唱（我也来唱）

课件7：歌词按句分行排列

（1）初听《校园小戏迷》（插入音频）原唱

师生互动：演唱形式？（男女生音色如何分配演唱的？分组激励）

男女接龙

（2）复听《校园小戏迷》（插入音频）原唱

（3）三听《校园小戏迷》（插入音频）原唱

激励评价　书签奖励（记得快的同学）

6.示范教唱　京韵模仿（男生大嗓、女声假嗓）

师生互动：示范、模仿、体验、纠正、练习

7.音乐伴奏　分组接龙

课件8：完整歌谱（插入伴奏音频）

评价、奖励（音色好、字正腔圆的同学）

8.唱念做打　表演歌曲

师生互动：学习男、女角色两个亮相动作，走台步。

评价、奖励（最后亮相有创意的同学）

（三）拓展升华

9.芭蕾舞《梅兰芳》（视频片段）

10.穿戴头饰　加深体验

推荐一组表演积极、有特色的同学，教师指挥帮助同学快速穿戴"行头"，带领全体同学在"唱念做表"中深入体验京剧的腔韵之美（时间允许的话，可以交换着装表演，过把瘾）。

（四）结束教学

11.学生一句话或一句京韵演唱或亮相动作，回顾并表达自己本节课所学知识技能。

12.教师评价　总结本课

13.临山小学京剧社团展示，激励同学们逐步成为热爱京剧的小戏迷，将中华国粹传承和发扬光大。

课件9：图片（临小京剧社团演出剧照）

14.下课：师生随着京剧锣鼓经音乐拉山膀、圆场步走出教室。

教学过程设计（B）

教具准备：钢琴、京胡、锣、彩色粉笔

教室布置：脸谱、挂件、服装、衣架（带轮子可以推动的）粘贴挂钩

（一）教学导入　"动中听"——感受京腔京韵【5分钟】

【开场白】：欢迎现场和视频前的同学们，欢迎来到今天的"空中音乐课堂"，我们将共同在这里度过一段愉快而美好的音乐时光！

1.师生互动　聆听欣赏

教师：教师（戴脸谱面具）随伴奏先后演唱《梨花颂》与《唱脸谱》片段

学生1：聆听《梨花颂》并随着老师的演唱打节拍（2/4）

学生2：聆听《唱脸谱》（"净行"唱段）并随唱、打节拍

教师要求（示范—模仿）：（小淑女、小绅士）身体坐立，伸出你勤劳的双手。

听《梨花颂》时这样拍（一板一眼）：第一拍左右手相拍，第二拍右手五指指尖点击左手心（教师示范中速稍慢）；听《唱脸谱》（"净行"的唱腔）时这样拍（教师示范速度节奏）

【教学意图】以两首熟知的著名京歌演唱作为导入，采用师生互动式教学，教师开课伊始力求以精彩的演唱"先声夺人"，学生随歌而拍、融京韵而动（动中听）、模仿戏迷"摇头晃脑"陶醉式，为自然进入课堂氛围、参与体验京腔京韵做好铺垫）。

课件1：图片/视频，《梨花颂》《唱脸谱》歌词字幕音、视频伴奏（带

字幕）

2.师生交流　课题导入（板书：京腔京韵）

学生思考：

教师：刚才老师的两段演唱你熟悉吗？你听出这两段旋律（唱腔）有什么特点？（和普通歌曲有什么不同）说说你的感受和想法？

学生：京剧、京戏、京歌、戏歌

教师：（根据学生的回答作总结）老师演唱的这两个片段均"亦戏亦歌"，都属于"戏歌"，是作曲家在歌曲创作中巧妙地融入了京剧的旋律素材，因而也叫京歌。

教师：你有没有熟悉或者喜欢的京剧人物？还知道哪些关于京剧的知识或者京剧唱段？

学生：四大行当　四大名旦　四大功夫（唱念做表）、国粹、《贵妃醉酒》《红灯记》《智斗》《都有一颗红亮的心》等等。

教师：根据学生的回答作总结、评价、即时板书——京剧、京歌、京腔京韵、国粹）点题。

（二）教学展开"赏中唱"——模仿京腔京韵【15分钟】

3.视听欣赏　认识四大行当【5-7分钟】

课件2：四大行当图片（生 旦 净 丑）

生行：老生、小生、武生

老生——视频1《空城计》片段

武生——视频2《孙悟空三打白骨精》片段：立刀、群打、亮相、舞棒

旦行：老旦、青衣、花旦、武旦

老旦——视频3《打龙袍》

青衣——视频4《霸王别姬》

花旦——视频5《卖水》

净行：大花脸——视频6《铡美案》

丑行：小花脸（三花脸）——视频7《报灯名》

4.趣味练声　模仿京腔京韵【3分钟】

（1）轻声高位　模仿"吊嗓"（假嗓）

方法：身体坐正——手势准备——吸气发声：（以sol音为基础音向上唱）咪——咿——（妈——啊——）

要求：轻声高位 声音明亮柔美，用动作辅助发声——伸出右手食指，在

空中由胸前螺旋向上划线，最后尾音向外甩出去，像一个"声音抛物线"。

（2）认识京胡 看形听声

出示京胡：京胡为京剧主要伴奏乐器之一（教师京胡伴奏品唱《龙里格龙》）

（三）教学深入"做中学"——体验京腔京韵【15分钟】

5.学打锣鼓

课件3：九宫格（锣、鼓、铙钹等图片）

6.学走圆场

示范与模仿：起立-离开座位-站立-手位：左拳右掌准备-抬头挺胸、提眉瞪眼-亮相【3-5分钟】

（1）教师以锣声带领学生练习走圆场步（2-3遍）

（2）师生听音乐走圆场步（2-3遍）

播放音频：《校园小戏迷》前奏音乐

7.学唱京歌《校园小戏迷》【5-10分钟】

（1）初听歌曲范唱 思考演唱形式

课件4：歌词（无乐谱）

播放音频：《校园小戏迷》伴奏音乐

学生思考：前一乐段大嗓演唱（男生），中间乐段用假声演唱（女声）最后一句男女生齐唱。

教师启发：就像开始老师演唱的《梨花颂》《唱脸谱》（"净行"唱段）时分别所用的两种演唱形式——假声、大嗓（板书）。

（2）复听歌曲 记忆歌词

教师：歌曲和戏曲演唱都是拉长了的说话

（3）"跟我学"清唱教唱（3-5遍）

课件5：歌词（带乐谱）

要求：

（1）"摇头晃脑"陶醉式

（2）"字正腔圆"、行腔圆润、富有韵味地演唱，唱时吐字要归韵。

（3）前部分男声大嗓演唱：应该浑厚结实、洪亮圆润，唱出阳刚之气。中间女声假声演唱：嗓音要明亮婉转，唱出阴柔之美。最后一句"古朴神韵展奇功"为男女齐唱，"功"字的收尾拖腔要换足气息拖到位。

（4）钢琴伴奏 巩固学唱

（5）"有奖激励"学得好（奖励脸谱小书签）

（四）教学拓展（升华）"舞中演"——传承京腔京韵【5分钟】

8.学习动作　唱念做表

9.服装行头　完整表演

10.分组合作表演　我是"校园小戏迷"

课件6：播放换服装背景音乐《京调》音乐

结束语——

同学们，我国京剧艺术博大精深，有着深厚的文化底蕴和丰富的艺术内涵，不是我们几节课就可以真正领悟和掌握的。京剧尽管只有一二百年的历史，作为世界三大戏剧之一的中华国粹（课件7：国徽、国旗、国歌、国花、国剧）早已经走进我们的生活（课件8：生活中的京剧元素），走近我们的校园（课件9：临山小学《中国人中国梦》等图片），融入我们的大时代，走向世界的舞台，正在被一切热爱和平、热爱美好的人喜爱着、学唱着（课件10：图片，中国京剧的外国戏迷）。

课后小作业：

亲爱的同学们，通过小学阶段对京剧的学习，相信你一定会有所见识、有所收获。

请把你学会的京歌、京剧唱腔，在课后以自己喜欢的方式自信地表演一下吧！

第八章　歌曲原创

　　艺术创作的前提之一是积累素材。不论是文学、绘画，还是戏剧、音乐，歌曲创作也不例外。音乐学院作曲专业的学生，每天的基本功之一就是要听上几十首民歌，说明音乐创作离不开大量的素材和实践积累。

　　说起歌曲创作，我只能算是"业余"之业余爱好。本人既非作曲科班出身，也没有"饱读诗书"、不曾拜师求艺，可以说"热爱"就是我的老师。只是依着对音乐发自内心的喜爱，凭借自由放飞、善于想象的大脑，和对音乐有些灵敏、善感的耳，加上从小到大"曲不离口"，听过、唱过不计其数的南腔北调，所以偶尔心灵触动、灵感闪现，便有感而发，"冲动"而为，于是满怀兴奋，依词度曲，以歌抒怀。

　　我的歌曲创作萌芽状态也许就在七岁时依曲填词的"柳琴调"《千年的铁树开了花》。长大后有了简谱及乐理基础，为了学习更多的歌曲，自我培养出了速记旋律的习惯。在职进修期间学习了一些歌曲创作基本技法，有一点和声基础，也曾自费参加过全国音协第四届"歌曲创作研修班"。经过几次大胆的投稿之后，竟然也陆续有一些作品在报刊获奖或发表，终于打破了创作在我心目中的"神秘感"，体验到作曲和唱歌、写作一样能够抒情达意，讴赞生活，这是一种别样的美感。

　　唱歌与作曲不同的是，唱作曲家写的歌曲是二度创作，而歌曲创作是"无"中生"有"的一度创作，经历一个从无到有、像孕育生命一样充实而丰盈的过程。

第一节 母爱之歌

母 鸡

1=C $\frac{4}{4}$

苏波青 作词
褚艳华 作曲

天真、自豪地

1 1 1· 2 | 3 32 1 0 | 2 2 2 25 | 3 31 2 - |
红 脸 庞，　　花 衣 裳，　咯 哒 咯 哒　把 歌 唱，

5· 5 5 5· | 6 65 3 - | 2 25 3 31 | 2 21 1 0 ‖
下 个 蛋 儿 大 又 靓，　里 面 住 着 金 太 阳。

（发表于《儿童音乐》，2013年第9期。）

母　爱

王晓岭　作词
褚艳华　作曲

1 = C 3/4

满怀感恩地 ♩ = 96

‖: 5 - 3 | 6 - - | 5 - 1 | 3 - - | 3 - 5 |
你　是　我　永　　生　的　歌，　　　　你
（我）是　你　永　　生　的　星，　　　　我

5 - 3 | 6 - - | 1 - 6 | 2 - - | 2 - 33 | 33 32·2 |
是　我　一　　世　的　家，　　　是　我　学　会　的
是　你　一　　世　的　梦，　　　是　你　永　恒　的

2 6·6 | 5 6 6 | 1 | 7· 66 | 5 - 3 |
第　一　句　话　　亲　爱　的　妈　妈　亲
心　灵　之　花　　亲　爱　的　妈　妈　亲

1.
5· 6 3 | 5 - - | 5 - 5 :‖
爱　的　妈　妈　　我　爱　的　妈　妈

2.
5· 6 2 | 1 - -
我　爱　的　妈　妈

稍快
1 - - | ‖:(5 5 6 5 6 5 | 0 5 5 6 5 6 5 | 1 5 6 5 6 5 |

0 5 5 6 5 6 5) | 6 1 7 | 6 6 6·5 | 6 1 7 |
　　　　　　　没　有　你　疼　爱　我　怎　么　生
　　　　　　　我　知　道　你　在　期　待　什

6 - - | 6 i 7 6 6 5 | 6 3 · 5 | 4 - - ∨ |

活，　　　没有你抚养我怎能长大，

么，　　　我知道你在　盼望什么，

3 i · 7 | 6 - - | 3 2̇ · 2̇ 6 | i - - | i - 6 ∨ |

你给了我　青春的年华，　　自

绝不负我　青春的年华，　　是

5 - 3 | 2 - 3 | 5̣ · 6̣ 2 | 1 - - | 1 - - :‖

己　自己却满头白发。　　　　　*D.S.*

对　　你

结束部分 回原速

5 · 6̣ 2 | 1 - - | 1 - - | 0 0 0 | 0 0 5̣ |

最　好报答。　　　　　　　　如

5 - 3 | 6 - - | 5 - 1 | 2 3 3 - | 3 - 6 · 6 |

今　我远　走天涯，　　你的

i 7 6 | 5 - 1 6 | 3 2 2 - | 2 - - | 3 2 1 |

心　多么牵挂。　　　轻唤我

7̣ 3̣ 5 1 | 7̣ 6̣ · ∨ 1 | 6̣ 5̣ 3 | 2 - - |

乳　名　吧妈妈！我时刻在倾

6̣ - - | 1 - - | 1 - ∨ 2 | 3 - - | 3 - - | 3 0 ‖

听　它。　　啊

妈妈的爱

丁荣华　作词
褚艳华　作曲

1=D 4/4

中速　真挚、温暖地

(6365 5 - | i365 5 - | 5652 2 - | 2621 1 - |

0356 5321 | 0656 3656 | 0656 5656 | 1 - - -) |

‖: 6 663 06 | 2 366 - | 6123 25 | 6123 753 |

妈妈的爱　我看得见，　　爱在她的双手，爱在她的胸　前，
妈妈的爱　我听得见，　　爱在她的歌谣，爱在她的呼　唤，

3 - - 0 | 5321 23 3 | 50 31 77 65 | 6 - - - :‖

爱在她的心窝里浇　　灌著我的童　年。
爱在她的话语中拨　　动着我的心　弦。

D.C.

6 6 6 6·3 | 5 56 5 2 53 | 3 - - - | 6 6 6 i 7 65 |

妈妈的爱是妈妈升起的太　阳，　　照亮着我的每一

6 - 3 - | 6 6 6 6·3 | 5 56 5 2 53 | 3 - - 06 |

天，　　妈妈的爱是妈妈永远的情　丝，　　让

3 0 5 2·3 | 3 61 1·23 | 5 - - 55 | 6 - - - :‖

我织完人生最后　　一道风景线。

D.S.

5 - - - | 3 - 2 - | 6 - - - | 6 - - - | 6 0 0 0 ‖

道　风景　线！

（发表于《中小学音乐报》，2001年5月15日。）

妈妈是老师

李亚博　作词
褚艳华　作曲

1 = C 4/4

(5 6 i 2̇ i - | 5 6 1 2 3 5 - | 5̇ 6̇ 5 6 5 3̇ 5̇ 2 |

2 2 5̇ 6̇ 2̇ 1̇ 1 -) | 3　2̇ 3̇ 1· 2̇ | 3̇ 5̇ 5 1 2̇ 3̇ 2· |
　　　　　　　　　　　我　的妈妈　有　很多很多娃　娃，

2　2̇ 6̇ 2 2 0 6̇ | 1 1 1̇ 5̇ 0 2 3 3· | 2　2̇ 6̇ 2 2 0 6̇ |
谁　哭了谁哭　了　她就给逗　个鬼脸，谁　闹了谁闹　了

5̇ 5̇ 6̇ 2 0 6̇ 2̇ 1̇ 1· | 3̇ 3̇　2̇ 3̇ 1· 2̇ | 5̇ 6̇ 5 2̇ 3̇ 1 5̇ 3̇ 3· |
她就给讲　个笑　话。我的　妈　妈　有　很多很多故事，

3·̇ 2̇ 2 6̇ 1 1 2 2 | 2̇ 2̇ 6̇ 1 1 5̇ 3 3 - | 1·̇ 1̇ 1 5̇ 3 3̇ 5̇ 3 5 |
漂　亮的白雪公主，勇敢的葫芦娃　娃，　有名没姓的牛羊鱼虾，

3̇ 7̇ 7̇ 7̇ 6̇ 7̇ 3̇ 6̇ 5 ˅ 5̇ 6̇ ‖: i i 1̇ 2̇ i - | 5̇ 6̇ 1 1 2 3 5 5· |
个个听来让人牵挂。啊　我　的　妈　妈，　好像不是我的妈妈，

6　1̇ 6̇ 6̇ 5̇ 6̇ 3̇ 3 0 | 6̇ 5̇ 5 5· 3̇ 2 0 2 3 | 5 3 3 2 2 6̇ 0 3 2 |
她　抱起的总是　人家的娃　娃　偏偏让我一人玩泥　娃娃，

$\underset{\smile}{2}\ \dot{6}\ \underset{\smile}{\dot{1}\ 2}\ 1\ -\ |\ 3\ \underset{\cdot}{5}\cdot\underset{\smile}{3}\ 7\ \dot{6}\cdot\ |\ \dot{1}\ \dot{1}\ \underset{\smile}{7\ 6}\ 5\ 6\ -\ |$

玩泥　娃　娃。　　　我　盼　过春秋，春秋冬　　夏

$6\ \ 6\cdot\underset{\smile}{3}\ 3\ 3\ 2\ 0\ |\ \overset{1.}{\underset{\smile}{7\ 7\ 7}\ 6\ 7\ \dot{1}\ \underset{\smile}{\dot{2}\ 3\ \dot{2}}}\ \overset{\vee}{5\ 6}\ :|$

妈　妈　却举起了　　举起了另一群娃　娃。啊

$\overset{2.}{\underset{\smile}{7\ 7\ 7}\ 6\ 7\ \dot{1}\ \underset{\smile}{\dot{2}\ 3\ \dot{2}}\cdot}\ |\ \underset{\smile}{\dot{2}\ \dot{2}\ \dot{2}}\ \underset{\smile}{\dot{1}\ \dot{2}}\ \dot{1}\ -\ |\ \dot{2}\ \dot{2}\cdot\ \dot{2}\ \underset{\smile}{\dot{1}\ \dot{2}}\ |$

　　　　　　　　　　　结束句　　　　　　　　渐慢

举起了另一群娃　娃，一群娃　　娃。　一群　娃

$\dot{1}\ -\ -\ -\ |\ \dot{1}\ -\ -\ -\ |\ \dot{1}\ 0\ 0\ 0\ \|$

娃。

当你老了

——献给父亲母亲

皇甫彩红 作词
褚艳华 作曲

1=B 4/4 2/4

中速 饱含真挚、依恋地

‖: 3 3 3 6 5 5 | 0 1 7 1 | 7 6 6 6 3 5 - | 1·1 1 3 6 5 2 0 |

曾经的你　　是一颗繁茂的　大树，　　如今　你是那朵
曾经的你　　是一把燃烧的　火炬，　　如今　你是那支

3 1 1 0 6 3 3 - | 3 3·1 6 5 1 1 | 7 1· 1· 6 6 |

安详的　秋菊。　亲爱的父母，当你　老了，　　当你
微弱的　蜡烛。　亲爱的父母，当你　老了，　　当你

3 5· 5 0 3 3 5 | 2· 2 3 5· | 5 - - 0 5 6 | f

老了，　　就成了我　的孩子。　　　　我要
老了，　　就成了我　的孩子。　　　　我要

3 2 6 3 2 1 1· 1 2 | 3 7 3 7 6 3 5 - | 1 1 1 7 1 1 |

疼着你爱着你，　我要疼着你爱着你，　和你一起
宠着你护着你，　我要宠着你护着你，　和你一起

6 6 3 5 5 | 1. 3 5 6 0 2 1 - :‖ 2. 3 5 6 6 2· 0 5 6 |

一起弹奏　　欢乐的　音符。
一起珍惜　　　　　　亲情的幸福，　我要

$$3\underset{\smile}{5}\underline{2}\ \underline{3}\underline{2}\underline{\dot{1}}\ \dot{1}\ 0\underline{\dot{1}\dot{1}}\underline{2}\ |\ \dot{3}\underline{7}\dot{3}\ \underline{7}\underline{6}\underset{\frown}{6}\ 5\ -\ |\ \dot{1}\ \dot{1}\ \dot{7}\underset{\frown}{\dot{1}}\ \dot{1}\ |$$

宠着你 护着你，　　我要　宠着你 护着你，　　　　和你一起

结束句

$$6\ 6\ 3\underset{\frown}{5}\ 5\ |\ 3\underline{5}\underline{6}\underset{\frown}{6}\underline{2}\dot{1}\ -\ |\ \dot{1}\ -\ -\ -\ |\ 0\ 0\ 0\ 0\ |$$

一起 珍惜　　亲情的　幸福。

$$0\ 0\ 0\ 0\ |\ \underline{3}\underline{3}\ \underline{1}\underset{\frown}{5}\underline{6}\underline{5}\ \underline{1}\dot{1}\ |\ \dot{7}\ \dot{1}\cdot\ \dot{1}\cdot\ \underline{7}\underline{6}\ |\ 3\underset{\frown}{5}\cdot\ 5\ 0\underline{3}\underline{5}\underline{6}\ |$$

　　　　亲爱 的父 母,当你 老了,　　当你 老了,　　就成了

$$2\cdot\ \underset{\frown}{2}\underline{3}\ -\ |\ \dot{1}\ -\ -\ -\ |\ 1\ -\ -\ -\ |\ 1\ 0\ 0\ 0\ \|$$

我　的孩　　子……

第二节 家国情怀

老 家

1=C（F）$\frac{4}{4}$

亲切、自由地

黄明山 作词
褚艳华 作曲

```
3  i - 76 | 3· 55 - | 5 - 0 12 | 3 353 - |
老 家!    老 家!         你还 认 识我吗?

3 - - 0 | 3 6 - 1 | 2 2 - 56 | 2 - 321 |
       老 家 老 家!  今天 我 回来 啦!

1 - 0 32 | 6 - - - | (3·333 0 232 | i - - - |
   回来 啦!        ※(中速)激动地

3·iii 0 7 i 7 | 6 - - - | 3·iii 0 7 i 7 |

6·7 6 #4 3 0 6 | 2·555 0 127 | 6 - - - ) |

2·5555 127 | 6 - 0 6 1 6 | 22· 32 7 |
朦 胧中 似看 见    扁豆蔓 爬满 竹篱
   (1 27)              (2 2 2)
多 想 喝一 喝    那又 清 又爽 地 大碗
```

6̣ - - - | 1 1 6̇ 1 5 3 | 3 - 0 3 2 3 |
爸，　　　　依稀里又听到　　浣衣女

茶，　　　　多想说一说　　那原汁

5̣ 5̣·6 543 | 3 - - - | 3̇·6̇ 6̇6̇ 7̇6̇3̇2̇ | 2̇1̇·0 2̇1̇2̇ |
唱起小浪　花。　　　池塘边老槐树　　有没有

(3 6　6)

原味的家乡　话。　　　轻轻的杨柳风　摇几多

3 0 6 7 6#4 | 3 - 0 6̣ 1 2 | 3 #4 2 3 - |
发　新　枝？　大门前喜鹊儿

好　消　息？　高高的燕子窝

3 2 5 2 3 0 2 | 2 2 7̣ 6̣ - | 6̣ᵛ 3 6·3 |
是不是叫（呀）叫喳　喳？　老家我

添几层新（呀）新泥　巴？　老家我

i 7 6 - | 6 - ᵛ6 6 3 | 3 - - - |
回来　啦！　　回来　啦！

回来　啦！　　回来　啦！

3 6 6 6 6 3 3 2 | 2̌ 1 - 2 | 3 0 6̣ 1 2 7̣ |
请让我把鼓囊囊的行　装　　搁

请让你把鼓囊囊的思　念　　搁

$\underset{\text{下!}}{6} - - - \| \underset{\text{D.S.下!}}{6} - - \underset{\text{老}}{3} | \underset{\text{家}}{6} \cdot \underset{\text{我}}{3} \underset{\text{回}}{\dot{1}} \underset{\text{来}}{7} \underset{\text{啦,}}{6} | \underset{\text{回}}{6} - {}^{\vee}\underset{\text{来}}{\dot{1}} \underset{\text{啦,}}{7} 6 |$

$\underset{\text{回}}{\dot{2}} - \underset{\text{来}}{\dot{2}} \underset{\text{啦,}}{\dot{3}} \underset{}{\dot{2}} \underset{}{\dot{1}} | \underset{\text{回}}{\dot{1}} - {}^{\vee}\underset{\text{来}}{\dot{1}} \underset{\text{啦!}}{7} 6 | 6 - - - |$

$\underset{\text{请}}{3} \underset{\text{让}}{6} \underset{\text{我}}{6} \underset{\text{把}}{6} \underset{\text{鼓}}{6} \cdot \underset{\text{囊}}{3} \underset{\text{囊}}{6} \underset{\text{的}}{\dot{1}} | \underset{\text{思}}{\dot{3}} \underset{}{\dot{3}} - \overset{3}{\underset{\text{念。}}{\dot{3} \dot{2} \dot{1}}} | \dot{1} - - - |$

$\overset{}{\underset{\text{搁}}{3}} \cdot \underset{}{5} \underset{}{7} \underset{}{6} \underset{}{5} | \underset{\text{下,}}{6} - - {}^{\vee}\underset{\text{搁}}{5} | \underset{\text{下!}}{6} - - - | 6 - - - | 6 \ 0 \ 0 \ 0 \|$

rit.

清明雨

1=D 4/4

车　行　作词
褚艳华　作曲

中速
mp

3 3 0 4 3 3· | 2 5 0 6 2 2· | 6 1 7 2 1 7 | 6 5 |
梨花　飘落一阵　小　雨，打湿心头点点　滴
风儿　踏青一地　草　绿，留下思念两行　足

6 - 2 - | 2 6 6 3 3 2 1 1 0 7 6 | 7 - - - |
滴。　　带上亲情和湿透的　回　忆，
迹。　　收好泪水和朦胧的　思　绪，

mf

6 7 1 3 5 6 1 7 6 | 7 - 3 - | 6 1 7 6 - - |
一到此刻感受分　离。)　　　清明　雨
一条血脉生生不　息。)

6 3 2 1 - 1 2 2 | 2 7 5 - - | 6 1 7 6 - - |
下　在　下在我心里，　　清明　雨

6 3 2 1 - 1 2 2 | 1 5 3 - - | 6 3 2 3 6 2 6 7 |
下　在　下在我心里　　人　生有聚散道

1 3 3 6 7 3· | 6 1 7 6 - - | 2 1 7 6 0 2 5 #4 |
路　有　崎岖。清明　雨　　下　在　我梦

$\widehat{3}$ - - - | $\widehat{6\ 3}$ 2 3 $\widehat{6}$ 2· | 3 $\widehat{2\ 1}$ 2 $\underset{.}{6}$ 1· |

里，　　　今　生是亲人，来生还　相依

$\underset{.}{3}$ $\widehat{7}$ $\underset{.}{\widehat{6\ 7}}$ $\underset{.}{5}$· $\widehat{6}$ | $\underset{.}{6}$ - - - | $\widehat{6\ 3}$ 2 3 $\underset{.}{6}$ 2 |

来生还　相　　依。　　　　今　生是亲　人，

$\underset{.}{3}$ $\widehat{2}$ 1 $\widehat{2}$ $\underset{.}{6}$ 1 | $\underset{.}{3}$ $\widehat{7}$ 2 3 $\underset{.}{5}$· $\widehat{6}$ | $\underset{.}{6}$ - - - :‖

来生还　相依　来生还　相　　依！　　　　*D.C.*

rit.

$\underset{.}{3}$ $\widehat{7}$ $\widehat{2\ 3}$ $\underset{.}{5}$ $\widehat{6}$ | $\underset{.}{6}$ - - - | $\underset{.}{6}$ 0 0 0 ‖

来生还　相　　依！

彩虹桥

杨希龙 作词
褚艳华 作曲

1 = D 4/4

真挚、亲切、向往地

（2̇ 3 1̇ 2̇ 6 1̇ 5 3 ｜ 2 5 5 2 3 - ｜ 1̇ 2̇ 6 1̇ 5 3 2 5 ｜

6 1 2·3 1 -)｜ 5 3 3 3 5 3 3 3 ｜ 2 3 2 3 1 - ｜
　　　　　　　　海　峡的上空　有道　七色 彩 虹，

5 3 3 3 5 3 1 ｜ 5 1 4·3 2 - ｜ 3 1 0 5 1 3 5 ｜
彩虹弯弯象一座 美 丽 的桥，　一头　是 大 陆，

6·6 7 5 6 5 3·｜ 1̇ 6 0 6 7 2 4 ｜ 3·5 2 3 1·1 ｜
一头 是 台湾，　桥把　两岸连接的牢又牢。彩

‖: 4 6 1̇ 7 5 6 ｜ 6 - - 0 3 ｜ 5 7 2̇ 2̇ 6 7 5 3 ｜
虹桥啊彩 虹桥，　　我　多想从上 面走过去，

‖: 4 6 6 5 3 4 ｜ 4 - - 0 1 ｜ 3 5 7 7 6 7 5 3 ｜

3 1 4 6 6 2̇ 1 6 ｜ 7·3 5 - 0 1̇ ｜ 6 4 4 5 6 3 3 0 2 5 ｜
把台湾的好风光 瞧 一 瞧，　和 台湾的小朋友　唠一

3 1 4 6 6 7 6 4 ｜ 5·1 3 - 0 6 ｜ 4 2 2 3 3 1 1 0 7 5 ｜

5 - - 0 5 | 1 3 3 6 5 4 4 0 0 5 | 1 3 3 4 3 2 2 0 |
唠，　　　让　我们的心靠近，　把　我们的　手牵牢，

3 - - 0 5 | 1 1 1 3 7 1 1 0 0 5 | 1 1 1 2 1 7 7 0 |

1.
2 3 1 6 6 · 5 6 5 3 3 | 2 5 2 3 1 · 1 ‖ *2.* 2 3 1 6 6 · 5 6 5 3 3 |
一起盼望　两岸统一的　日子早来到。彩　一起盼望　两岸统一的

5 6 6 4 4 · 3 4 3 1 1 | 7 5 2 3 1 · 1 ‖ 5 6 6 4 4 · 3 4 3 1 1 |

rit.
2 5 2 3 1 - | 2 3 1 6 6 · 5 6 5 3 3 |
日子　早来到，　　一起盼望　两岸统一的

7 5 2 3 1 - | 5 6 6 4 4 · 3 4 3 1 1 |

5 7 0 6 5 | i - - - ‖
日子　早来　到！

5 4 0 4 3 { 5 3 1 - - - - ‖

（发表于《中小学音乐教育》，2001年第10期。）

诗意中国

赵凌云 作词
褚艳华 作曲

1=♭E 4/4

中速

‖: 5 5 6121 7̇ 1 - | 2·2 3 2 765· | 1 16 5· 3 2 |

黄 鹤 楼　　上　　谁在等待黄　鹤，枫　桥 夜 泊
西 去 阳　　关　　谁在月下独　酌，琵　琶 声 声

2 02 2 16 32 2· | 5 5 5 32 16· | 3 2 32 15 6· |

钟 声 回荡在 心 窝；乌 衣 巷 口　燕子 衔来 春 色，
谁 把 长歌 弹 拨；瓜 洲 渡 口　往事 静静 停 泊，

2 3 5 32 16 1 1 2 | [1.] 22 26 2 23 5· :‖ [2.] 22 26 3 65 5· |

人面 桃　花　谁是 最美 最美的 一 朵
孤帆 远　影　带走了 多少 多少 寄 托

(0112)

5 - - - ‖: 6 1 6 2̇ 1· | 7 3 2 7 6 5 - |

诗意 中国 风雅 婀 娜，
诗意 中国 兴旺 蓬 勃，

6 617 6 63 2 ∨ 5 6 | 7 3 6 56 5· | 6 617 6 63 2· |

黄河 两岸长满 神话 传 说；诗意 中 国，
万家 灯火闪烁 美丽 祥 和；诗意 中 国，

6 6 6i3 2i2 ᵛ2i | 2̇ 2̇ 2̇ 6 6 - | 7 6 7 6 2 5 - :‖

1.2.

浪漫 洒 脱，　诗意 灿 烂了　　五千年 史 册。 *D.S.*

充满 欢 乐，　诗意 汇 成我　　五千年 史 册。

结束句

6 i 6 2i i· | 7·3 27 6 5 - | 6 6i76 63 2 ᵛ56 |

诗意 中 国 兴旺蓬 勃，　万家 灯 火 闪烁

7 3̇ 6 56 5· | 6 6i76 63 2· | 6 6 6i3 2i2 ᵛ2i |

美丽 祥 和；诗意 中 国， 充满欢 乐， 诗意

rit.

2̇ 2̇ 2̇ 6 6 - | 7 6 7 6 2 5 ᵛ6 | i - - - | i - - 0 ‖

汇 成我　　心中的恋 歌，恋 歌。

（发表于《音乐周报》，2012年12月26日。）

家乡的小溪

许家云　作词
褚艳华　作曲

$\underline{1}$ $\underline{2\cdot}$ $\underline{2\,2}$ $\underline{2}$ $\underline{1}$ $\underline{\dot{6}}$ | 3 - - - | $\underline{3}$ $\underline{7}$ $\underline{7\cdot}$ $\underline{6}$ $\underline{6}$ $\underline{5\cdot}$ |

小溪，家乡的小　　溪，　　你　是　我　心　中

$\underline{6}$ $\underline{5}$ $\underline{1}$ $\underline{5}$ $\underline{3}$ $\overset{\vee}{\underline{6}}$ $\underline{3}$ | 2 - - $\underline{6}$ $\underline{5}$ | $\frac{2}{4}$ 3 - |

永恒的记忆，心向　往，　　梦　中　　忆，

$\underline{3}$ $\underline{2\cdot}$ $\underline{2\,2}$ $\underline{3}$ $\underline{1}$ $\underline{\dot{6}}$ | $\frac{2}{4}$ $\underline{5}$ $\underline{3}$ $\underline{3}$ $\overset{\vee}{\underline{1}}$ $\underline{2}$ | $\underline{3}$ $\underline{7}$ $\underline{7}$ $\underline{6}$ $\underline{6}$ $\underline{5}$ $\underline{5\cdot}$ |

妈妈，慈祥的妈　　妈，　　噢　你　是　我　心　中

_1. 2._

2 $\underline{5}$ $\underline{1}$ 1 - - | $\underline{\dot{7}\cdot}$ $\underline{6}$ $\underline{6}$ - - : ‖ _结束句_ 1 $\underline{2}$ 2 - - |

永 远 地　　　挂　牵。　　_D.S._ 心　相　思，

$\underline{3}$ $\underline{2}$ 2 - - | 1 $\underline{2}$ 2 - - | _rit._ 1 $\underline{5}$ 1 $\underline{\dot{6}\cdot}$ $\overset{\vee}{}$ | 1 - 2 - |

梦 相 遇，　　心 相 思，　　梦　相　遇，　梦　相

3 - 6 - | 6 - - - | 6 - - - | 6 - 0 0 ‖

遇……

（发表于《音乐周报》，2013年5月29日。）

怀念才是深情的酒

——怀念一位伟人

梁和平　作词
褚艳华　作曲

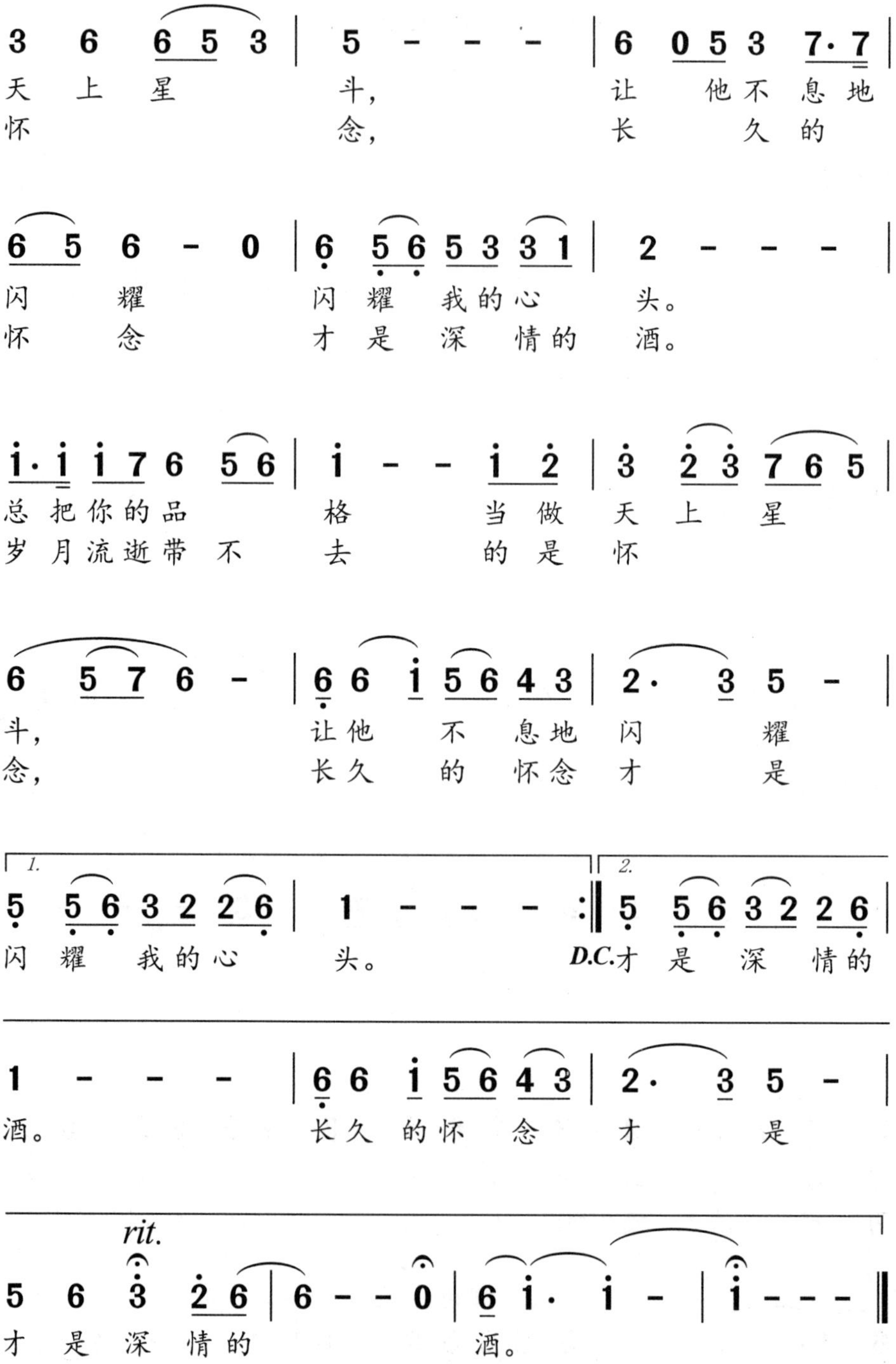

（发表于《音乐教育与创作》，2012年第9期。）

老百姓心头有杆秤

——廉政之歌

赵建国　作词
褚艳华　作曲

1=♭E 2/4 3/4

中速

0 5 6 ‖:３２３２ ３ ３２ | １ １· | ７６７６ ２７ ６ | 5 — |

0 6 5 3 | 2 21 2321 | 5 5 5632 | 1 1 56 | 1 1 1) |

3 23 1 | 3· 6 1 | 2· 6 | 5 0 1 2 | 35 3 65 |
老百姓心头有杆秤，一杆能分辨真假
老百姓心头有杆秤，一杆能分辨真假

3 53 5 61 | 2 (6125) | 3 36 1 | 2 23 5 | 3·5 3 36 |
与善恶的称。自古有良训私者只一
与善恶的称。自古有良训私者只一

1 (561) | 2 2 276 | 5· ∨ 56 | 5 532 | 1 — |
时，公者才一世。啊最渴望
时，公者才一世。啊最难忘

1 0 76 | 65 1652 | 3 0 31 | 76 2376 | 5· ∨ 56 |
临山巍巍唱清风，薛河汤汤颂廉明。啊
勤政为民洒热血，立党为公两袖清。啊

5　5 3 2｜1 1 －｜1 0 3 1｜7 6 2 3 2 6｜

最　渴　望　　　　党　的　教
最　难　忘　　　　人　民　的　嘱

3/4 1 1 3 2 3 0｜2/4 5 5 5 5 3｜3/2 0 3｜2 2 6 5 0｜

导 记 心 中，　为 官 一 任　（那）　造 福 百 姓。
托 记 心 中，　为 官 一 任　（那）　造 福 一 方。

6·6 6 3｜5 6 1·｜6 6 6 3 7 6｜5 －｜

定 能 青 史 流　芳　青 史 流 芳 扬 美　名
定 能 青 史 流　芳　青 史 流 芳 扬 美　名

1.
5 5 5 6 3 2｜1 3 2·3 2 3｜5·（5 6：‖

青 史 流 芳 扬 美　名，扬 美　　名。

2.
5 5 5 6 3 2｜1 3 2·3 2 3｜3/2 5 －｜

青 史 流 芳 扬 美　名，扬 美　　名！

结束句　渐慢
6·6 6 3｜5 6 1·｜2 3·｜5 6 1 6｜6 －｜6/2 1 －｜

定 能 青 史 流 芳　扬　美　　　　名！

1 1 －｜1 －｜1 0‖

（荣获枣庄市2013年"廉政之歌"优秀创作奖，薛城区"奚仲创新奖"
二等奖。）

中国你从春风中走来

孙振春 作词
褚艳华 作曲

1=E 2/4

（0 0 1̲2̲ | 3̇·3̲ 2̲3̲5̲ | i· 2̲3̲ | 2̲2̲3̲ 5̲6̲7̲ | 6 - |

i 5 | 6̇·1̲6̲3̲ 5 | 6̲3̲ 2̲5̲6̲ | i - | i - ）|

5̲·3̲ 6̲5̲6̲ | 1· 1̲2̲ | 3̲3̲2̇ 2̲7̲6̲ | 5 - |
怀　想　你　　多情的身　影，
迷　恋　你　　迷人的微　笑，

5̲3̲ i 7 | 6̲5̲6̲ 4·4̲ | 5̲·3̲ 2̲3̲1̲ | 2 - |
高　扬你动　人的风　采，
依　偎你温　暖的情　怀，

1̲6̲1̲ 0 2̲3̲ | 5̲5̲6̲ 5̲3̲2̲3̲ | 3· 4̲5̲ | 6̲6̲2̇ 2̲7̲6̲ |
中国　你从　春风中走　来，　你从　春风中走
中国　你从　春风中走　来，　你从　春风中走

5· 6̋ | 5 0 1̲2̲ | 3̇·3̲ 2̲3̲2̇ | i· 7̲6̲ |
来，　　南国　百花争　艳　北国
来，　　收获　金色的吉　祥　播种

2̇·3̲ 5̲6̲7̲ | 6 - | i̇·i̇ i̇7̲5̲6̲0̲i̇ | 6̲6̲5̲6̲ 3 |
奔　涌麦　海，　成熟了的希望甜　透了城　乡
绿　色的　未　来，　富裕了的百姓们　豪情满　怀

i 6 3 2 i 6 | 2 2 i 2 | 3.3 2 3 5 | i 6 i 2 3 |
甜透了 城 乡 山寨。 中国 你从春风中 走 来， 桃花
豪情 满 怀。 中国 你从春风中 走 来， 你的

2 2 3 5 6 7 2 | 6 − | i 5 | 6· 3 5 |
柳絮从此更加可 爱。 中 国 你 从
特色永远不会更 改。 中 国 你 从

6 6 i i 6 5 | i 2 − | 3 3· | 5 6 7 7 2 |
春风中走 来， 万紫 千红的
春风中走 来， 光辉 灿烂的

6 5 6· | 2 3 5 6 | i 2 i· | i − :‖
大 地 美丽可 爱。 D.C.
岁 月

┌ 2.
i 6 3· | 5 − | 5 0 | 5 6 |
壮 丽 常

i 2 i i | i − | i − | i 0 ‖
在。

（发表于《歌海》2012年第4期，在《优美的旋律献给党》全国歌曲征集比赛中荣获优秀作品奖。）

第三节 童趣园地

秋姑姑

李道一 作词
褚艳华 作曲

1 = D ¾

欢快、跳跃地

（5̇·6̣ 1̇765 | 2̇·3 6543 | 2 5̣·6̣ |

2̇0 2̣1 | 1 - - | 1 - - | 0 0 0）| 5̣ 6̣·5̣ |
　　　　　　　　　　　　　　　　　　　　披 着 秋
　　　　　　　　　　　　　　　　　　　　哼 着 小

3 - 3̲0 | 6·651 | 3 - - | 356 | 1 - 2̇1 |
风　　　踏 着 秋 露，　秋 光 里 走 来 了
曲　　　跳 着 舞 步，　秋 光 里 走 来 了

7·376 | 5 - - | 6 - 1̇2̇ | 1̇ 1̇ 0 | 6·556 |
秋 　姑 　姑。　送 一 抹 芬 芳 给 果
秋 　姑 　姑。　剪 一 片 明 净 给 蓝

3 - - | 22·3 | 650 | 3·223 | 1 - - |
园，　撒 一 片 金 黄 给 稻 谷。
天，　抹 一 片 斑 斓 给 山 麓。

1 - 05̣ | 135315 | 0 0 0 | 6·176 |
　啊　 啊啊啊啊　　　　秋 姑
　啊　 啊啊啊啊　　　　秋 姑

5 - 5ᵛ5 | 1 3 4 3 6 3 | 0 0 0 | 4· i 7 6 |
姑， 啊 啊啊啊啊 秋 姑
姑， 啊 啊啊啊啊 秋 姑

6 - - | 5· 6 i 7 6 5 | 2· 3 6 5 4 3 | 2 5· 6 |
姑， 啊 啊 慷 慨 的
姑， 啊 啊 快 乐 的

2 0 2 1 | 1. 1 - - | 1 - 0 : ‖ 2. 1 - - | 1 - 0 |
秋 姑 姑。 姑。
秋 姑 D.C. 姑。

5· 6 i 7 6 5 | 2· 3 6 5 4 3 | 2 5 6 | 7 - - |
啊 啊 啊啊啊啊 快 乐 的 秋

2̇ - i | i - - | i - - | i 0 0 0 ‖
姑 姑。

（荣获2013年全国首届少儿歌曲创作大赛优秀奖）

螃蟹歌

严惠萍　作词
褚艳华　作曲

1=D 2/4

中速　诙谐、可爱的

(i· 5 6 | 5· 2 3 | 6 11 3 55 | 6 0 7775 |

6 0 0 55 | 6 0) | 3 3 6 3 | 2· 1 2 0 | 2 2 6 2 |
螃 呀 螃 蟹 哥　　了 呀 了 不
螃 呀 螃 蟹 哥　　本 领 是 在
螃 呀 螃 蟹 哥　　实 呀 实 在

i· 6 1 0 | 3· 3 6 3 | 2 2 1 2 0 | 1 2 3 1 1 | 6 — |
得!　　长 得 好 像 月 球 车　会 跳 太 空 舞。
高!　　金 刚 不 坏 大 铁 鳌　杀 敌 把 家 保。
棒!　　会 练 舞 来 会 敲 鼓　霸 气 又 时 尚。

2 6 6 | 1 6 6 | 2 6 6 | 5 6 6 | 5 6 5 6 |
嚓 咔 咔　嚓 咔 咔　嚓 咔 咔　嚓 咔 咔　螃 蟹 妹 妹
的 的 都　的 的 都　的 的 都　的 的 都　敌 人 见 了

i· 5 6 | 2 6 1 65 | 3· 2 3 0 | 5 6 5 6 | i· 5 6 |
齐 欢 呼;　哥 呀 哥 呀　酷 酷 酷!　螃 蟹 妹 妹　齐 欢 呼:
吓 破 胆,　抱 头 鼠 窜　逃 逃 逃!　敌 人 见 了　吓 破 胆,
俏 新 娘,　欢 欢 喜 喜　入 洞 房。　鼓 声 迎 来　俏 新 娘,

$$\begin{array}{ccc} \text{1.2.} \\ \underline{5 \cdot \underline{3}} \ \underline{3} & \overset{>}{7} \ 0 \ \underline{5} & 6 \ - & 6 \ - \end{array} \|: \underline{5 \cdot \underline{3}} \ \underline{3} \quad \text{3.}$$

哥 呀 哥 呀　酷　酷　酷！

抱 头 鼠 窜　逃　逃　逃！

欢 欢 喜 喜

$$\begin{array}{ccc} 7 & 0 \ \underline{5} & 6 \ - & \overset{⌢}{6} \ 0 \ 0 \ \overset{>}{\underline{5}} \ \overset{>}{\underline{5}} & \overset{>}{6} \ \diagdown \ 0 \end{array} \|$$

入　　洞　房。　　　　哟罗　嗨！

天上星

余　莠　作词
褚艳华　作曲

1 = C 2/4

中速 温暖、感恩地

```
( 3 5 6 56 | i - | 3 5 6 56 | 5 - | 3 6 5 6 |

5 3 2 5 | 6 1 2 12 | 1 - )  3 3 2 35 | 1  5 |
                                  我 爱 天 上的   星,
                                  我 爱 天 上的   星,

3 3 2 35 | 1   2 | 3 5 5·3 | 2 16 6 | 2 2 2 12 |
多像妈妈的 眼   睛, 慈祥装着 爱,    照进我心
多像老师的 眼   睛, 温暖如泉 水,    流进我心

5   -  | 5 5 5 32 | 1   5 | 2 2 5 23 | 1 - |
灵。      伴我度黑  夜,    陪我迎黎    明。
中。      教我过难  关,    领我攀高    峰。

3· 5 5 | 5   - | 6 5 6 5 | 5   - | 6·6 5 63 |
天 上 星。    纯洁的 星,    那是妈妈
天 上 星,    纯洁的 星,    那是妈妈

1 1 6 2 | 2 3 6 i 6 | 5   - | 3· 5 5 | 5   - |
妈妈 的 爱, 那是老师的   情。   天 上 星,
妈妈 的 爱, 那是老师的   情。   天 上 星,
```

6 i 6 5·6 | 3　0 | 2·3 5 6 | 5 5̣ 6 | 3 2· |
最 美 的 星，　　　我 会 永 远 永 远 留 住 它，
最 美 的 星，　　　我 会 永 远 永 远 留 住 它，

3 6 5 5ⱽ | *1.* 2 1 2 1 | 1 － :‖ *2.* 2 1 2 1 | 1 0 |
点 亮 我 人 生。　　D.C.
点 亮　　　　　我 人 生。

结束句
3·5 5 | 5 － | 6 5 6 5 | 5 － | 6·6 5 6 3 |
天 上 星　　　纯 洁 的 星，　　那 是 妈 妈

1 1 6 2 | 2 3 6 i 6 | 5 － | 3·5 5 | 5 － |
妈 妈 的 爱，那 是 老 师 的 情，　天 上 星，

6 i 6 5·6 | 3　0 | 2·3 5 6 | 5 5̣ 6 | 3 2· |
最 美 的 星，　　　我 会 永 远 永 远 留 住 它，

3 6 5 5 | 5 0 3 5 6 | i － | i 0 |
点 亮 我 人 生。

rit.
i i 2· | 2 i 2ⱽ | i － | i 0 ‖
点 亮 我 人 生。

（发表于《音乐周报》，2012年12月26日。）

和平阳光

贾　铮　作词
褚艳华　作曲

1 = C 4/4

中速　温暖、向往地

```
5  5 3 3 3 1  1 | 3 5 5 - - | 6 7 i 7 6 7 0 5 |
蓝  色天空鸽子 在  飞 翔，      谁愿看到哪一  个
忧伤的记忆充满 了  忧 伤，      我们谁能只学  会
```

```
5  5 6 5 5  - | 1 2 3 5 6 5 6 5 | 0 3  2 - - |
折  断翅膀，     温馨家园享受和平     阳 光，
学  会遗忘，     记住昨天就能把握     今 天，
```

```
3 5 1 2 3 2 3 2 2 | 0 6 1 - - | 1 - - - |
谁愿看到硝烟遮住了   太 阳。
给明天一片和平的     阳 光。
```

```
0  0  0  0 | 3  3 4 5 - | 6 5  3 4 5 · 5 |
            和  平阳光，     和 平 阳 光，把
            和  平阳光，     和 平 阳 光，把
```

```
3 3 2 2 i i 7 6 | 7 5 5 - - | 6  3 4 5 - |
世界每个角落照     亮。        爱  在 生 长，
世界每个角落照     亮。        蓝  天 更 蓝，
```

```
5  3 4 2 · 3 | 2 2 3 4 6 6 6 2 2 0 6 7 i |
恨  在消亡， 让  开心的笑容绽放在   每个人
青  山更青， 让  宁静的地球成为     和谐的
```

$$\text{1.} \quad \underline{2} \, \underline{1} \, \dot{1} \, - \, - \, : \| \quad \text{2.} \quad \underline{2} \, \underline{1} \, \dot{1} \, - \, 0 \, \underline{3} \, | \, 2 \, 2 \, 3 \, 4 \, 6 \, 6 \, \underline{2} \, \underline{2} \, |$$

脸上。　　D.C.　　　　　村庄。　　　　　让　宁　静的地球成为

$$\underline{6} \, \underline{7} \, \dot{1} \, \dot{1} \, 0 \, \dot{2} \, | \, \dot{1} \, - \, - \, | \, \dot{1} \, - \, - \, | \, \dot{1} \, - \, 0 \, 0 \, \|$$

和　谐　的　　　　村　庄。

（由薛城区北临城小学"小百灵"合唱团演唱，获2012年枣庄市中小学生艺术展演一等奖。）

2022年8月山东省中小学教师合唱展示现场

蚕宝宝盖房

孔庆武　作词
褚艳华　作曲

1 = D $\frac{4}{4}$

中速

```
3  5  3  6· │ 1 6  1 2 3  - │ 3  5  5 3  1 │
秋  天  到 了   天 气  有 些 凉，   蚕  宝  宝 穿  着
蛐  蛐 儿 叫   蚕 宝  宝 要 盖 房  （2 3  5 3 2 3 2 3
                                吃  下 桑 叶 吐 出 蚕 丝

6  6  6  1 3  2  - │ 2· 2  2 3 5· - │
薄  薄  的 衣  裳。   爬  在 枝 头 上，
6  6     1 6  2  - ）│ 房  间 真 亮 堂，
备  呀   备 料  忙。

2· 2  2 1 7 5 6· │ 2 3  7 5 6  - │ 2· 2  2 3 5 - │
望  着 大 雁 排 成 行  排  成 行，   桂  花  飘 香，
不 用 铺 床 和 打 炕  和  打 炕，   睡  在  里 面，

2· 3 5 3 2· 3 1 │ 2·  1 6  - ：‖（2· 3 5 3 2 3 2 1 │
大  雁 要 飞 到 南     方。          太  阳 出 来 暖 洋 洋。
```

1. 2.

D.C.

结束句

```
2·  1 6  - ）│ 7· 7 6 7 1  - │ 2· 2  2 3 5· 6 3 │
               一 片 桑  叶，   变 成 一  缕 蚕 丝
```

5· 21 3 - | 2·3 53 2 - | 2 33 5·6 6 1 2 7 |
长 又 长。 盖 个 房 子 蚕 宝 宝 里 面 藏 里 面

2/4 6 - | 4/4 3 3 56 6· 3 | 7· 5 6 - |
藏。 一 叶 知 秋 谁 在

i 6 5 2·3 1 | 161 2 5 52 3 - | 2 2 3 5 - |
一 心 一 意 一心一意做工 匠, 蚕 宝 宝

5· 5 55 6 2· 1 | 2/4 6 - | 4/4 2 2 3 5 - |
是 我 们 的 好 榜 样。 蚕 宝 宝

5· 5 53 2 0 1 | 6 7 5 6 - |
是 我 们 的 好 榜 样 好 榜 样。

5 5 53 5 0 5 | 6 - - 6 0 ‖
是 我 们 的 好 榜 样。

（发表于《儿童音乐》，2013年第4期。）

石头剪刀布

潘月剑 作词
褚艳华 作曲

1 = C 2/4

中速

```
3    5· 5 | 3    1 | 0 1 1 1 | 3  3 3 1 |
老  师的  教   导     我们要   记  清  楚。
游  戏和  学   习     总有共   同  之  处。
```

```
0    0 1 | 3    5· 5 | 3  1  1 | 1· 6  1 6 |
     在  学   习  上   决 不 能   糊  里 糊 涂。
     凡  事  都  要   讲 究 个   张  弛 有 度。
```

```
0  0 5 5 | 5   5 5 | 0 5 5 5 | 6· 5 6 5 | 0  0 5 5 |
课间 十 分 钟   我们 也 不 能 耽 误,   来吧
十分 钟 不 长,   要好 好 利 用。     来吧
```

```
1 2 3 5 | 0 1 1 1 | 1 5 3 3 | 0  0 5 5 | 1 2 3 5 | 6 i· |
来吧来吧,  亲爱的 伙伴 们,    一起 来玩来玩 剪刀
来吧来吧,  亲爱的 伙伴 们,    一起 来玩来玩 剪刀
```

```
6 5· | 3 2· · | 2  - | 0    0 | 0    0 |
石 头    布。
石 头    布。
```

```
0  0 | 0  0 | 0 1 3 5 | 3 1 0 | 6 1 0 | 3 2· · | 2  - |
            一二三! 石头!   剪刀!   布。
```

X X X X　X X X ｜ X X X X ｜ 0 1 3 5 ｜ 3̇ 1̇ 0 ｜ 6 1̇ 0 ｜
出手要快 还要懂　心理战术　　一二三！ 石头！　剪刀！

1̇ 5 · ｜ 5 － ｜ X X X X　X X X ｜ 0 X X ｜ X X 0 ｜
布！　　　　　不许耍赖 更不许　　哦装　无辜！

X X X X　X X ｜ X X X X　X X ｜ X X X X　0 X ｜ X X X X ｜
游戏总有 输赢，说话就要 算数！言出必行　　的　孩子人人

＿＿＿＿＿＿＿ 1. 2.

X X · ：｜ 0 1 3 5 ｜ 3̇ 1̇ 0 ｜ 6 1̇ 0 ｜ 3̇ 2 · 2 － ｜
佩服！ D.C.　一 二 三！ 石头！　剪刀！　布！

结束句

X X X X　X X X ｜ X X X X ｜ 0 1 3 5 ｜ 3̇ 1̇ 0 ｜ 6 1̇ 0 ｜
出手要快 还要懂　心理 战术　　一二三！ 石头！　剪刀！

2̇ 1̇ · ｜ 1̇ 0 ｜ X X X X　X X X ｜ 0 X X ｜ X X 0 ｜
布！　　　　　不许耍赖 更不许　　哦装　无辜！

X X X X　X X ｜ X X X X　X X ｜ X X X X　0 X ｜ X X X X ｜ X X ·
游戏总有 输赢。说话就要 算数！言出必行　　的　孩子人人　佩服！

0 1 3 5 ｜ 3̇ 1̇ 0 ｜ 6 1̇ 0 ｜ 3̇ 2 · 2 － ｜ X X X X　X X X ｜
一二三！ 石头！　剪刀！　布！　　　　出手要快 还要懂

X X X X ｜ 0 1 3 5 ｜ 3̇ 1̇ 0 ｜ 6 1̇ 0 ｜ 2̇ 1̇ · 1̇ － ｜ 1̇ 0 ‖
心理战术　　一二三！ 石头！　剪刀！　布！

走进阳光世界

王成磐　作词
褚艳华　作曲

1=C 或 ♭B 2/4

♩=112 活泼、有朝气地

(3̇· 5̣ 3̇ 2̇ | 2̇ 0 | 2̇· 5̣ 2̇ 1̇ | 1̇ 0 | 7̇· 3̇ 7̇ 6̇ |

0 6̣ 7̇ 6̣ 5̣ | 1̇ — | 1̇ —) | 5 5 5 | 0 1̇ 5 |
　　　　　　　　　　　　　　　来　来　来，　　你　来
　　　　　　　　　　　　　　　来　来　来，　　你　来

0 3 5 | 5 — | 3·4 5 5 | 5 1̇ 3 | 5 — | 5 — |
我　来，　　　一起走进　阳　光　世　界，
我　来，　　　一起走进　阳　光　世　界，

0 4 4 | 4 6 | 0 7 6 | 6 — | 5·5 5 5 | 0 5 4 |
绿　水　分外　清　澈，　　青山更添　异
阳　光　照我　少　年，　　快快长大　成

3 — | 3 — | 5 5 5 | 0 1̇ 5 | 0 3 5 | 5 — |
彩。　　　　　来　来　来，　你　来　我　来，
才。　　　　　来　来　来，　你　来　我　来，

3·4 5 5 | 5 1̇ 3 | 6 — | 6 — | 0 4 4 |
一起走进　阳　光　世　界，　　　　　绿　水
一起走进　阳　光　世　界，　　　　　阳　光

```
4  6 | 0 7 6 | 6  -  | 5·5 5 5 | 0 5 3 | 1  -
分 外    清 澈,      青山 更添      异 彩。
照 我    少 年,      快快 长大      成 才。
```

```
1  0 5 | 3·5 3 2 | 2   0 | 2·5 2 1 | 1   0
    噢  这是一片      新 天地,(0 1)
    噢 阳  光        对 着我们       说:
```

```
7·3 7 6 | 0 6 5 | 3  2· | 2  -  | 3·5 3 2 | 2   0
绿水青山   多 可 爱!          这是一片
青春少年   多 可 爱!          阳   光
```

```
2·5 2 1 | 1   0 | 7·3 7 6 | 0 6 5 | 1  -  | 1  - :
新 天地,(0 1) 绿水青山    多 可 爱。
对着我们   说:青春少年    多 可 爱。
```

结束句
```
3·5 3 2 | 0   0 | 2·5 2 1 | 0   0 | 7·3 7 6
啦 啦 啦 啦        啦 啦 啦 啦        啦 啦 啦 啦
```

```
0 5 6 5 2 | 3  -  | 5  -  | 6  -  | 7  -
啦啦啦啦 啦    啦      啦      啦
```

```
1  -  | 1  -  | 1  -  | 1  -  | 1  0
啦。
```

（荣获《中华校园金曲》全国歌曲征集二等奖，2001 年 10 月。）

我上学校乐陶陶

熊益美　作词
褚艳华　作曲

1 = C　3/4　4/4

欢快、跳跃地

3 5 6 i̇ 6 5 | 3　0　i̇ | 6　-　- | 0　0　0 |

难 道 我 的 事 情　你　　知　道？

难 道 我 的 事 情　你　　知　道？

4/4 3̇ 3̇ 2̇ 2̇ - | 3/4 i̇ i̇ 6 - | 1. 5 35 6 5 5 5·5 |

希 望 小 学　　开 学 啦，　我 背 着 书 包　去

校 园 美 丽　　又 可 爱，

4/4 6 2̇ i̇ - - : | 2. 3/4 5 35 6 5 5 | 4/4 6 2̇ i̇ - - |

上 学 校。　D.C. 我 上　学 校　　乐 陶 陶！

3/4 3̇ 3̇ 2̇ 2̇ | i̇ i̇ 6 - | 4/4 5 35 6 5 5 - |

校 园 美 丽 又 可 爱　　我 上 学 校

6 - - ᵛ2̇ | 3/4 i̇ - - | i̇ - - | i̇ 0 0 ‖

乐　陶　陶！

我是一朵无名小花

罗晓航 王奇 作词
褚 艳 华 作曲

1 = D 4/4

中速 质朴、乐观地

(1̇ 66 1̇ 6 5 3 | 5 6· 6 - | 1̇ 66 1̇ 6 5 3 |

2 3 6· 6 - | 1 6 0 6 5 66 16 | 3 6 0 6 5 66 16)

6 3 3 6 6 5 | 6 6 5 6 - | 1 3 3 6 6 5 |
我　　是一朵无　名小花　　悄　悄开在
我　　是一朵无　名小花　　默　默承受

6 1 5 6 - | 6· 3 3 3 1 6 | 6 1 1 2 3· |
春风里，　　昨　天你从我身旁经过
风和雨，　　昨　天你曾久久地看　我

3 3 5 3 23·1 0 | 2 2 5 6 - | 6 0 6 1 2 0 2 |
我曾向你微笑　微笑致意。　　　　啊
眼神充满真诚　真诚鼓励。

3 - - - | 3 0 0 3 5 6 0 5 | 6̇ 1̇ 6· 6 - |
　　　　　　啊

6· 6 66 5 6 1̇ 5 | 6 - - - ∨ | 5· 6 66 3 2 2 6 |
我是一朵无名小　花　　　　　　我是一朵无名小

3 － － － | 5·6 6 3 2 2 0 6 | 1 2 5 3 2 3 － |
花。　　　　开　在　阳光　下 开在春风　里

6·3 3 3 2 1　2 | 3 7 7·6 5 6· | 6 i 6 5·6 3 |
短　暂的 花 期 平　凡 的 美丽，　有 一份真　情

1.
2 3 5·3 3 0 5 6 | 6 － － － ‖ 2.
是 我 活 着 的　意 义。

2 3 5·3 3 0 5 6
D.C.是 我 活 着 的　意 义。

6 － － | 2 3 5·3 3 0 5 6 | 6 － － | 2 3 5·7 6 0 0 |
是 我 活 着 的　意 义。　　　　是 我 活 着 的

5 － 6 － | 6 － － － | 6 － － － | 6 0 0 0 ‖
意　　义。

第四节 古韵新咏

一弯月

1 = C 2/4 3/4

贾 铮 作词
褚艳华 作曲

0· 5 ‖: 3 2 2 1 1 | 1 2 3 5 0· 5 |
你 走的时候 一 句话都 没
(1 2 3 5 6 5 |
你 走的时候 什么也没 有

6 5 0· 5 | 3 2 3 2 2 | 5 6 1 2 2 2 |
有 说, 刹 那的宁静 给了我一生
6 6 2· 5)
暗 示 过,刹 那的回眸 给了我一生

3 2 2 2 1 6 | 5 6 5 0 5 :‖ 1 2 1· | 1 2 3 5 5 |
一 生的 寂 寞。 (你) 漫漫长路
一 生的 疑 惑。 ※滚滚红尘

3 2 1 6 6 | 1 2 3 6 6 | 7 6 5 3 3 | 6 1 6 | 3 2 0 1 2 |
坎坎坷坷, 来来往往 擦肩而过。 沉 淀了 一颗 一颗
起起落落, 真真假假 都是过客。 剩下的 只是 只是

6 5 5 1 2 3 | 3 — | 3 6 1 | 3 2 1 6 6 |
受伤的心, 澄 清 了 一 条
(1 2 5 3 3 —)
记忆的 记忆的窗, 还 有 窗 外 的

```
                    1.                      2.
6 0  0 5 6 | 3 5  2 3 | 2  -  :‖ 3  5   6 | 1 2 1 · |
一条  喧嚣 的  河。  D.S.          3   5   6   1 2 1
一弯                  月。
```

```
3 6  3  3 2 1 6 | 6 · - | 0  5 6 | 3 5  2 3 2 |
还 有 窗 外 的           一 弯 月。
```

```
                                        3
1 2  1 · | 1  -  | 1  -  | 1  -  ‖
```

断桥悔

生吉俐　作词

褚艳华　作曲

X X X X X X X | X 0 0 0 0 | 0 0 0 0 |
只因那场蓄谋的 醉。

X· X X X | X X X X 0 | X X X X X 0 |
叹 那万 般 恩爱皆成 空，多少泪落进

回原速　　转1＝B（前6＝后3）

X X X 0 0 | 0 0 0 0 | 3 i· 7 |
西湖 水。　　　　　　　　　　想 问那
　　　　　　　　　　　　　　　　想 问那

6 3 3 5 | 2 i i 7 6 5 | 6 3· | 3 i· 7 |
相公 你有 多么 后　　悔，　　后 悔递
娘子 你有 多么 后　　悔，　　后 悔接

6·i 6 i 2 V 2 3 | 2· 3 5 #4 5 | 6 0 3 3 | i i 0 7 i |
给　他那盏 酒　　　杯。 只是轻轻 一场
过　他那盏 酒　　　杯。 只是淡淡 一场

3 2· | 0 3 3 2 i | 0 i i 7 3 V | 5· 6 i 7 |
醉，　　一生鸳梦 转瞬化成 化成烟
醉，　　一世恩情 从此相隔 相隔万

　1. 2.　　　　结束句
6 — ：‖ 0 3 3 2 i | 0 2 2 7 3 | 3 — |
灰。　D.S. 一世恩情 从此相隔
水。

　　　rit.
5· 6 | i 7 6 6 V | 6 — | 6 — | 6 0 0 0 ‖
相隔万　水。

沈园遗梦

江　涛　作词
褚艳华　作曲

1=B（C） 4/4

（6 3̇ 2̇ - | 2̇ 1̇ 2̇ 6 - | 6 6 6 1̇ 5 3̇ 5 |
（白）红酥手，　黄藤酒，　满城春色宫墙

⁵⁻6 - - - | 6 3̇ 2̇ - | 2̇ 1̇ 2̇ 5 2̇ · 2̇ | 1 2 5 5 6 1̇ 7 6 |
柳，　　春如旧，　人空瘦，　一杯愁绪几年离

3̇ - - - | 2̇ 2̇ 0 1̇ 1̇ 0 | 1̇ 6 · 6 - ）|
索　　错、　错、　　错！

6 6 5 6 · 6 | 7 6 6 5 6 - | 6 6 3 3 2 2 |
庭院深深春色依旧，　如霜的夜色，
庭院深深伊人远走，　红烛残泪，

3 2 1 5 3 - | 3̇ 1̇ 7 6 6 · 6 | 3̇ 2̇ 3̇ 2̇ 1̇ 5 5 3 0 |
映照宫墙柳，　千百年载不动的相思愁，
映照宫墙柳，　千百年阴晴圆缺的守候，

2 6 6 2 1̇ 7 6 ⁻6 5 | ⁵⁻6 - - - | 6 3̇ 2̇ 6 1̇ |
凄美的故事在这停　留。　雨打梨花
岁月轮回还要等多　久。　雨打梨花

3·3 i 7 7 6 5 6 - | 6 3 3 6 | 3 2 2 2 6 i - |

怎 敌 那 风 雨 骤， 情 缘 难 了 覆 水 难 收，

怎 敌 那 风 雨 骤， 情 缘 难 了 覆 水 难 收，

7 7 7 0 6 7 6 6 3 0 | 1 6 6 6 5 6 3 - |

谁 是 我 一 生 无 言 无 言 的 温 柔，

谁 是 我 一 生 无 言 无 言 的 温 柔，

1·2 5 5 5 6 5 6 2 | 2 - - 2 0 | 3 2 3 3 6 i |

剪 不 断 的 爱 恨 情 仇 千 古 悠 悠

剪 不 断 的 爱 恨 情 仇 千 古 悠 悠

i 7 i 7 3 5 | 5̲6 - - - :‖ 5̲6 - - - ‖

千 古 悠 悠。 千 古 悠 悠。

           D.C.

千 古 悠 悠。

天使之歌

孙印荣　作词
褚艳华　作曲

1 = C 2/4

中速 深情、赞美地

（0　0 0 1 2 ‖: 3 2̇ 1̇ 7 5 | 6 － | 2̇·3̇ 7 6 3 | 5· 2 3 |

5 6 3 2 3 | 5 3 7 6 | 2·2 2 1 6 | 1̇ － ）|

3 2̇ 3 2 1 6 | 1· 1 2 | 3 6 6 5 3 | 5 － | 1̇ 6 5 |
夜　蒙　蒙　望星　空，　喧嚣的
夜　深　沉　望星　空，　辛劳的

5·2 3 | 2 3 5 5 0 3 | 2 1 2· | 3 2̇ 3 2 1 6 | 1 1 2 |
城　乡　变得多么　宁　静，　唯　有　你呀
人　们　早已进入　梦　乡，　唯　有　你呀

3 1̇ 1̇ 7 6 5 | 6 － | 1̇· 5 5 0 | 6 5 2 3 | 2 3 5 5 3 2 |
白衣　天　使，　还　在　病房里巡回　奔
白衣　天　使，　还　在　安慰家属鼓励　病

1 － | 7·7 7 7 6 5 | 6̇· 5 6 | 1̇· 1̇ 7 6 5 | 6̇ 0 |
忙。　你的脚　步是　那么　轻　盈，
人。　为了减　轻　患者的　病　痛，

1·1 1 6 | 1 1 2 5 6 5 2 | 2,3 - | 3 0 2 3 |
对待病人 那么 真挚诚恳, 就像
为了挽救 垂危的生 命, 无怨

5 6 3 2 3 | 5 3 7 6 | 1 2 3 6·1 7 6 | 5 - |
慈祥的母亲 用他 那 崇高的言 行
无 悔 默默奉献 用那美好的青春 年华,

2 3 5 2 1 6 | 6 - | 2 2 2 2 1 6 | 1· (1 2:
抚慰着每一 个 创伤的心 灵。
把欢乐送 给

2·2 2 1 6 | 1 1· 3 2 3 2 1 6 | 1 - | 1 - | 3 2 3 2 1 6 |
送 给万户 千家。嗯 嗯

1 - | 2 - ∨ | 3 - | 3 - | 3 - |
嗯……

高原的精灵

杨显群 作词
褚艳华 作曲

1 = C 2/4

中速

‖: (3·663 | 6 1 1· | 5 6 1 6565 | 3 - | 3·6 66 |

132· | 535 1621 | 6· 35 | 666 0) | 36 12 |
　　　　　　　　　　　　　　　　　　　　　高原　上的
　　　　　　　　　　　　　　　　　　　　　蓝天　上的

1 21 6 | 3·5 1621 | 6 - | 36 12 | 1 25 3 |
小　草发新　　芽，　卓乃　　湖　水
太　阳舞彩　　霞，　白云　　为　你

555 163 | 2 - | 333 123 | 2· 23 | 6·6 53 |
泛起了浪　花。　奔跑的藏铃　羊，　走到这里
献来了哈　达。　神奇的可可西　里，　高山草甸

2 03 163 | 2· 3 | 5·5 53 | 2 03 561 | 6 - |
就要做妈妈。　走到这里就　要做妈妈。
就是你的家。　高山草甸就　是你的家

63 51 | 6 - | 633 561 | 6 - | 36 15 |
啊，　　　　可爱的藏羚　羊，　啊，

3 - | 3 6 6 1 2 5 | 3 - | 6·6 5 6 6 | 1 6 1 2 0 |

可爱的藏羚 羊。 你是流动的 一 幅画，

5 5 3 5 6 0 1 | 6· 3 5 | 6·6 6 3 | 1 6 1 2 0 |

流动的一 幅 画。 啊 铁路为你 架了桥，

5 5 5 3 2 3 | 1 6 6 6 ∨ | 3 6 6 3 | 1 6 5 6 6 |

行人为你停下 停下步伐。 你 是 高原

6 2 2 2 3 1 | 6 - | 3·6 6 1 | 2 5 3· | 5 3 5 1 6 2 1 |

高原的精 灵， 你是我们 永远 永远的牵

6· (1 2 : | 5 3 5 1 6 2 1 | 6· ∨ 1 2 | 3 5 6 2· | 3 2 3 |

挂。 永远的牵 挂 你是 我们永远 永远的

1 6 2 1 1 | 1 1 - ∨ | 6 - | 6 - | 6 - | 6 0 ‖

牵 挂。

（发表于《音乐周报》，2012年12月26日。）

哎呀嘞 同志哥

雷学峰 作词
褚艳华 作曲

1=G 4/4 2/4

中速 山歌风

```
6 6 6 5  5 2 | 3 - - - | 5 3 i 6  3 i |
```
唱起 那"哎 呀 嘞" 叫一 声"同 志
唱起 那"哎 呀 嘞" 叫一 声"同 志
唱起 那"哎 呀 嘞" 叫一 声"同 志

```
6· i i 6 6 - | 6 3 5 6· 2 i | i 6 3 5· 3 3 |
```
哥", 浑身 充 满 一股 劲 呐
哥", 歌声 带 我们 回当 年 呐,
哥", 面对 崛 起的 新江 西 吧,

```
3 3 5 i 6· 3 i 6 | 2 - - 3 | 6 6 i 6 3· 2 i 6 |
```
心里 感到 乐 呵 呵, 心里 感到 乐 呵
峥嵘 岁月 红 似 火, 峥嵘 岁月 红 似
飞出 多少 赞 美的 歌, 飞出 多少 赞 美的

```
6 - - 6 0 ‖: ( 3 3 3  5 3 | 6· 3 i 6  6 0 ) |
```
稍快

呵。
火。
歌。

```
3 3 i 2· 2 | 3 3 i 2 | 6 6 i i 3 3 |
```
"哎 呀 嘞"的 山 歌 调, 唱响 了 赣 鄱的
"哎 呀 嘞"是 冲 锋 号, 黄洋 界 哨 口
"哎 呀 嘞"是 进 军 鼓, 激励 着 我们

$\overset{\frown}{\dot1\,6}\,\overset{\frown}{\dot1}\,\dot2$ ｜ $\dot2$ ‖ $\dot3\cdot\,\dot5\,\overset{\frown}{\dot3}\,6$ ｜ $\dot1\,6\,3\,$ $\dot2$ ‖ $\dot2$ ｜

好　山　河；　"同　志　哥" 的　称　呼　声 哎，
奏　凯　歌；　"同　志　哥" 的　苏　区　情 哎，
去　拼　搏；　"同　志　哥" 的　新　含　义 哎，

┌ 1. 2. 3. ┐
$3\,3\,3\,$ $\overset{\frown}{3\,5}\,\overset{\frown}{1\,1}$ ｜ $6\cdot\,\overset{\frown}{3}\,\overset{\frown}{1\,6}$ 6 ：‖ 结束句 $3\,3\,3\,5\,3\,3$ ｜

温　暖　着 老　表　的　心　窝　窝。
伴　红　军 渡　过　了　于　都　河。
融　入　了 腾　飞　的　共　和　国，　融　入　了　腾　飞　的

突慢（回原速）

$5\,$ $\overset{\frown}{6}\,$ 6 ｜（$6\,3\,5\,6\,$ $\overset{\frown}{\dot1\,6}\,\overset{\frown}{\dot1\,\dot2}$）$6\,6\,$ $6\,5\,$ $\overset{\frown}{5\,\dot2}$ ｜

共　和　国。　　　　　　唱　起　那 "哎 呀

$\overset{\frown}{3\,5}\,3\cdot\,$ $3\,-$ ｜ $\overset{\frown}{5\,3}\,\dot1\,6\,$ $\overset{\frown}{3\,\dot1}$ ｜ $\overset{\frown}{6\cdot\,\dot1}\,\overset{\frown}{\dot1\,6}\,\overset{\frown}{6}\,-$ ｜

嘞"，　　　　叫　一　声 "同　志　哥"。

$\overset{\frown}{6}\,-\,-\,-$ ｜ $\overset{\frown}{6}\,-\,-\,-$ ｜ $\overset{\frown}{6}\,0\,0\,0\,0$ ‖

哎……

　　（发表于《心声歌刊》，2012年第5期，荣获"心声"全国歌曲大赛优秀奖。）

心依旧 情灿烂

1 = B 或 C　4/4

应忆杭 作词
褚艳华 作曲

真挚、深情地、自由地

```
(5  3  1  6 | 5 - - 1234 5671 2356 | i - - - |

i  3  7 6 5 | 6 - - - | 6 - - 356 | 2 - - 3 |

7  6 - 7 | 3  5 - - | 5 - - 56 | 6 5 0 3 |

2  3 - 56 | 1 - - - | 1 - 0) 5 3 |
```

小 河
（明 烛）

```
‖: 3· 2 2 3 2 1 | 0 2 2 3 2 3 | 5 - - - |
```

流　向 大　海　不　后　悔，
悄　悄 流　泪　不　后　悔，

```
5 - 0 1 6 | 3· 4 3 4 3 2 | 0 2 5 2 |
```

星 星 捧　出 太　阳　不　后
功 名 与　我 无　缘　不　后

```
2 3 2 3· 3 | 3 - 0 1 6 | 6· 5 6 i 4 |
```

悔，　　　　　繁 华 离　我 远
悔，　　　　　红 颜 离　我 远

$\overset{\frown}{4\ 5}\ 6\ 0\ 0\ |\ \overset{\frown}{3\ 5}\ 0\ \overset{\frown}{5\ 5\ 6}\ |\ \underline{1\cdot}\ 2\ \overset{\frown}{1\ \dot{6}\cdot}\ \dot{6}\ |$

去　　　不　　后　　悔，

去　　　不　　后　　悔，

【1.】

$\dot{6}\cdot\ 4\ \overset{\frown}{\underline{3\ 2}}\ 4\ |\ 2\ 3\ 0\ \underline{2\ 1}\ |\ 5\ -\ -\ -\ |$

清　贫　一　　生　耕　耘　不　后　悔！

【2.】

$5\ -\ 0\ \underline{5\ 3}\ :\|\ \overset{\frown}{\dot{6}}\ 4\ \overset{\frown}{\underline{3\ 2}}\ 4\ |\ 6\ 2\ 0\ 0\ |$

明　烛　　一　路　无　人　喝　彩，

$2\ -\ 0\ \overset{\frown}{\underline{3\ 2\ 3}}\ |\ 5\ -\ -\ \underline{5\ 6}\ |\ \dot{6}\ 1\ -\ -\ |\ 1\ -\ -\ \overset{\frown 3}{\underline{3\ 5\ 6}}\ |$

不　后　　悔！　不　后　　悔！　　啊，

$\|:\ \dot{1}\ -\ -\ -\ |\ \dot{1}\ 3\ \overset{\frown 3}{7\ 6\ 5}\ |\ 6\ -\ -\ -\ |\ 6\ \overset{\vee}{3}\ \underline{7}\ 6\ 7\ |$

我　心　　依　旧，　　青　春　无

$2\ -\ -\ \overset{\frown}{\underline{3\ 2}}\ |\ \underline{1\ 2}\ \overset{\frown}{3\ 5\ 6}\ |\ 3\ -\ -\ \underline{3\ 5}\ |\ 6\ \dot{1}\ -\ 6\ |$

悔，　在　祖　国　的　春　天　里，　我　的　微　笑　最

$\overset{\frown}{6\ 7}\ \underline{3\ 5\cdot}\ 5\ |\ 5\ -\ -\ \overset{\frown}{\underline{5\ 6}}\ |\ 3\ -\ -\ -\ |\ 3\ \overset{\vee}{3}\ \underline{\dot{1}\cdot}\ 3\ |$

美，　　　　啊！　　　　我　情　灿

$2\ -\ -\ -\ |\ 2\ 3\ \overset{\frown}{3\ 7}\ \underline{3}\ |\ 4\ -\ -\ 5\ |$

烂，　　　　绽　放　蓓　蕾，　　在

$6 \ 5 \ \widehat{5 \ 6 \cdot \dot{7} \ 6 \ 7}$ | $3 \ - \ - \ 3 \ 5$ | $6 \ \dot{1} \ - \ 6$ |

多彩的季　　节里　　默默写下　对

$\dot{2} \ \ \dot{3} \ \ \widehat{\dot{3} \ 6 \ 7 \ 6}$ | $\widehat{6 \cdot \dot{7} \ 6 \ 5} \ 5 \ -$ | $5 \ - \ - \ \overset{\cdot}{\underset{\cdot}{5}} \ 6$ |

未　来　　　的爱！　　　　　　　　默默

$6 \ \ 5 \ \ 0 \ \ \widehat{5 \ 3}$ | $2 \ \ \widehat{3 \cdot \ \overset{\cdot}{5}} \ \ \widehat{\overset{\cdot}{5} \ 6}$ | 【1.】 $1 \ \widehat{2 \ 1 \ 1} \ -$ |

写下　　对未来　　的爱！

$1 \ - \ - \ \widehat{\overset{3}{\overbrace{3 \ 5 \ 6}}}$:‖ 【2.】 $1 \ \widehat{2 \ 1 \ 1} \ -$ | $1 \ - \ - \ \overset{\cdot}{\underset{\cdot}{5}} \ 6$ |

啊，　D.S.爱！　　　　　　　　　　默默

$6 \ 5 \ 0 \ 3$ | $5 \ 6 \ - \ \dot{1}$ | $\widehat{\dot{2} \ - \ \overset{\sim}{\dot{2}} \ \dot{1}} \ \dot{1}$ |

写下　　对未来　　的爱！

$\dot{1} \ - \ - \ -$ | $\dot{1} \ - \ 0 \ \dot{2}$ | $\dot{3} \ - \ - \ -$ ‖

　　　　　　爱！

（该作品由曲作者本人演唱，获得2000年枣庄市歌手大奖赛一等奖，荣获枣庄市2001年音乐精品征集评选二等奖。）

第五节 校园新曲

教研之歌

单 波 作词
褚艳华 作曲

1 = C 2/4

中速 自信、愉快地

(5 5 1· | 7 1 6· | 5556 3·4 | 5 - |

5 5 1· | 7 1 6· | 5571 2·1 | 1 -) |

3 34 | 5 55 | 6 1 3 | 5 - |
同 事 朋 友 我 们 一 起 研 修，

3 34 | 5 55 | 6 5 3 | 2 - |
兄 弟 姐 妹 我 们 一 起 同 学。

3· 3 34 | 5 1 | 6· 6 46 | 34 5· |
课 程 课 堂， 我 们 倾 心 交 流，

5 1· | 7 1 6· | 5556 3·4 | 5 - |
凝 聚 升 华， 我 们 一 起 向 前，

5 1· | 7 1 2· | 5571 2·1 | 1 - :‖
凝 聚 升 华， 我 们 一 起 向 前。
D.C.
1. 2.

结束句

7· 7 775 | 2· 1 | 1 - | 1 0 ‖
我 们 一 起 向 前。

龙韵品慧

——龙潭实验学校校歌

王栋 贾广磊 作词
褚艳华 作曲

1 = C 或 ♭B 2/4

♩= 80 纯净、向上、略古风

```
( 5 6 i 6 | 5 3 6 | 5·  6 | 5  0 | 5 6 i 3 |

2  2 3 | 2·  1 | 2  0 | 2 1 2 3 | 5  - |

2 1 2 3 | 6  - | 5 5 6 3 2 1 2 | 1  - | 1  - )
```

```
5   5 | 3 5· | 6  6 | 3 5· | 3 5 5 6 | i 6 3
```
薛 国 之 央， 龙 潭 之 旁， 中 华 龙 韵 源 远 流
迎 着 朝 阳， 沐 浴 书 香， 活 力 校 园 孕 育 希

```
5·  6 | 5  0 | 5  5 | 3 5· | 5  5 7 | i  2·
```
长， 行 健 不 息， 我 心 刚 强，
望， 品 格 常 青， 智 慧 盛 放，

```
5·5 5 5 6 | 3  5· | 6·6 6 7· | i  6· | 5·5 6 i | 3 5 0 2 3
```
谱 写 龙 文 精 彩， 演 绎 龙 姿 雄 壮。 日 新 有 为 好 争
我 们 笑 脸 盈 盈， 我 们 轻 舞 登 场。 立 志 腾 飞 摘 梦

```
5·  6 | 5  - | 3·3 3 5 | 4 3 0 1 | 2 1· | 1  - :
```
                                                      1.
光， 日 新 有 为 好 争 光
想， 立 志 腾 飞 摘

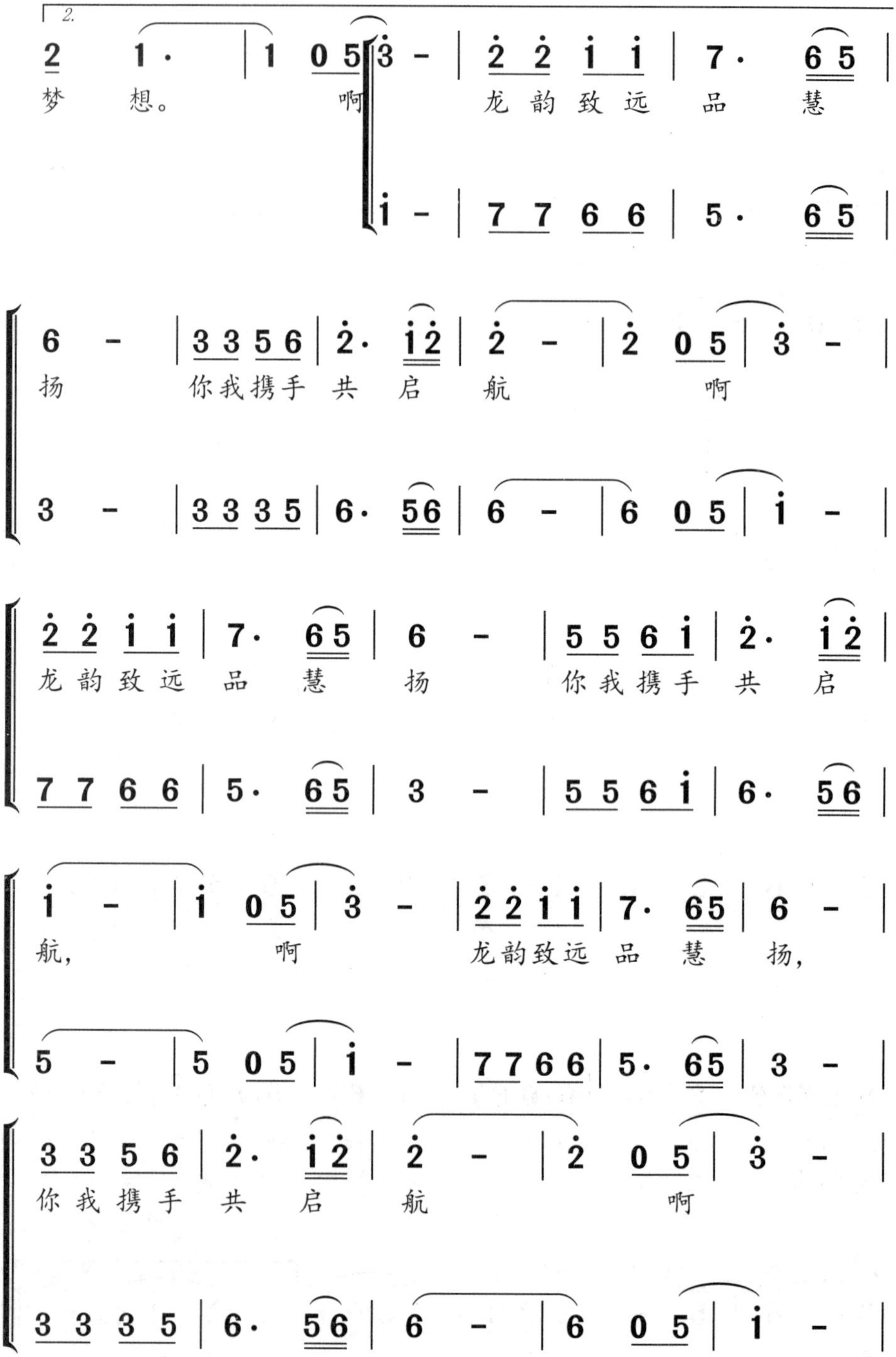
2.
梦 想。 啊 龙韵致远品慧
扬 你我携手共启航 啊
龙韵致远品慧扬 你我携手共启
航， 啊 龙韵致远品慧扬，
你我携手共启航 啊

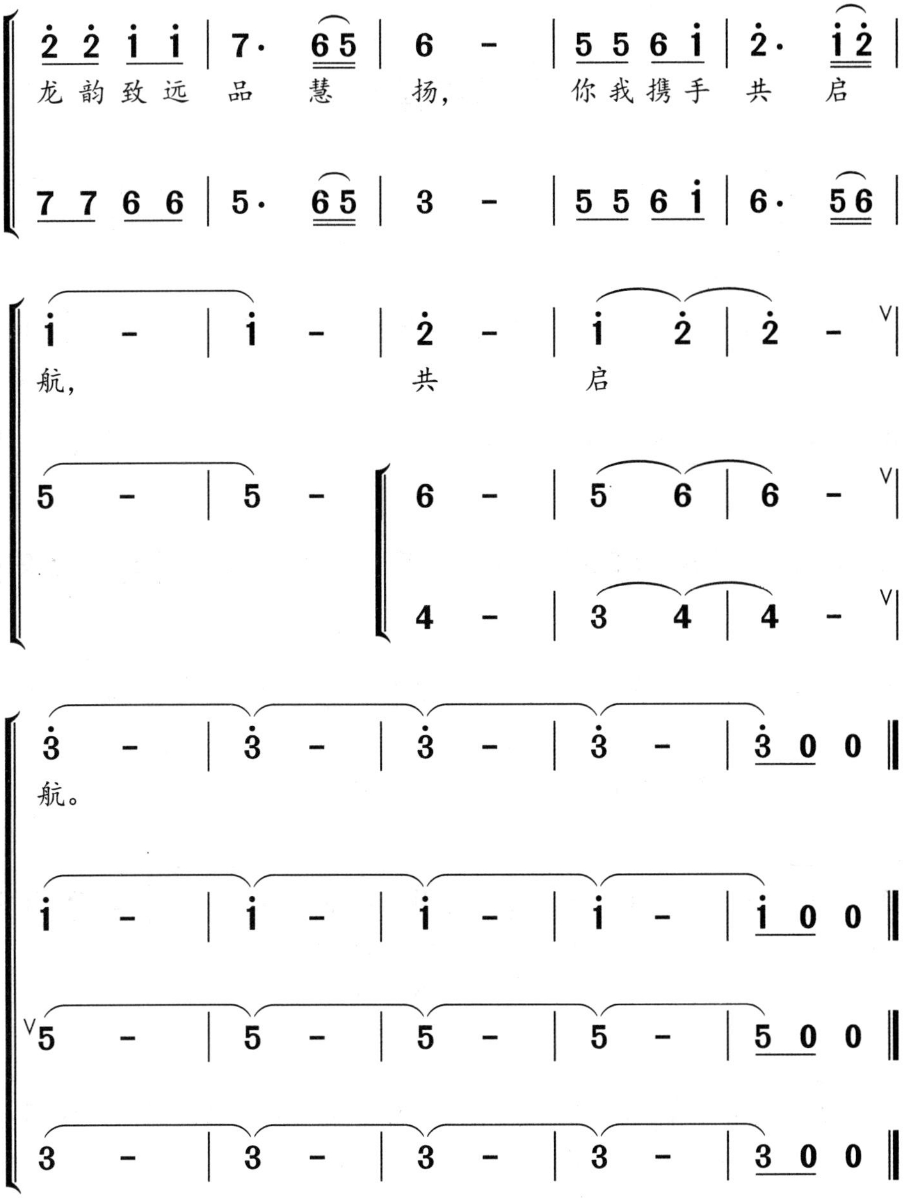
龙 韵 致 远 品 慧 扬， 你 我 携 手 共 启
航， 共 启
航。

可爱的南小

1=D　2/4　4/4　3/4

赵建国　作词
褚艳华　作曲

充满朝气地

南　小，南小，　可爱的　南　小，　　南
南　小，南小，　可爱的　南　小，　　南

小，　　　春　风化雨六十载，
小，　　　教　书育人六十载，

今　朝　展　新　貌。　　德　润　传久远，
杏　坛　花　儿　俏。　　敬　业　又勤勉，

养　正　品　自　高　以德　润　身　铸　校
诲　人　善　启　导　厚德　博　学　书　香

$\frac{3}{4}$ 6·7 6 0 | 2 3 6 5 | 2 3 1 0 0 | $\frac{2}{4}$ 3　3 2 |

魂，　　　以 文 化 人　立 强 校。　　功 在

远，　　　探 究 合 作　勤 创 造。　　一 路

3　5 | 1　1 6 | 1　1 0 | 3　3 2 | 3 5　6 6　3 |

当 今，利 在 明 朝。　　功 在　当 今，利 在 明

辛 苦，一 路 欢 笑。　　一 路　辛 苦，一 路 欢

5 5 6 | i　i 6 i· | i 6 6 i 2 i· | i 3 3 5 | i 6· |

朝。可 爱 的 南 小，　我 为 你 自 豪，　我 为 你 自 豪，

笑。可 爱 的 南 小，　我 为 你 骄 傲，　我 为 你 骄 傲，

1.

6 0 6 5·3 3 1 0 0 (5 6 : ‖

我 为 你 自 豪。

我 为 你

2.

3　1· 0 5 6 | i· i

骄 傲。　可 爱 的

D.C.

6　i· | i 6 6 i | 2 i· | 0 3 3 5 | i 6· | 6 0 6 |

南 小，　我 为 你 骄 傲，　我 为 你 骄 傲，　　我

5·　5 | 6 i· 2 - | i - | i - | i 0 0 ‖

为 你 骄 傲，骄　　傲。

六炉店小学之歌

赵建国 作词
褚艳华 作曲

1=C 或 ♭B 2/4 4/4

自豪、坚定、向上地

```
3  2·3 | 1  5 | 5  6·3 | 5  50 | 66 5 | 6  1 |
五美  校园 六炉 小学,    绿草   如茵
和谐  校园 六炉 小学,    杏坛   无悔

5  3·1 | 2  20 | 3·  3 | 66 6· | 1 7  5 |
鲜花 朵朵。   立 德  乐 学   品 学 兼
上下 求索。   广 取  创 新   诲 人 不

6  - | 3·4 55 | 67 1 | 5  2·3 | 1  0 |
优,   质疑 勤练 称楷 模 称楷   模。
倦,   高效 严谨 志不 辍 志不   辍。

4/4
1· 21 76 5 | 3· 23 - | 6· 54 3 | 23 14·32 |
池 塘荷 花 点头笑,  怡 香园里 看微 湖展  波,
棵 棵幼 苗 浴春风,  行 之林里 听津 浦高  歌,

0356 1·1 1 1 | 7 5 6 - | 3·4 55 6·7 1 1 |
做一个有志气的 中国人,  与 时俱进,成就栋梁,
做一个有志气的 中国人,  与 时俱进,爱岗敬业,

               1.           2.
0665 6 7·1 | 2--2 7 7·5 1 0: ‖ 77 5 1 - | 1 0 0 0 ‖
报效 可 爱 的 六炉小学! D.C.
振兴 可 爱 的     六炉 小学!
```

学习成就梦想

——舜耕实验学校校歌

赵松鹏 作词
褚艳华 作曲

6 7 $\dot{1}$ $\dot{3}$ | $\dot{2}$ $\dot{1}$ 0 5 | $\frac{4}{4}$ $\dot{3}$ $-$ $-$ $-$ | $\dot{2}$ $\dot{2}$ 7 $\dot{1}$ $\dot{2}$ $\dot{2}$ 0 5 |

明 日 定 成 栋 梁。 啊 舜耕实验， 啊

$\dot{1}$ $-$ $-$ $-$ | 7 7 6 3 5 5 $-$ | $\frac{2}{4}$ 0 3 4 5 5 | 6 5 5 |

追求卓越， 我们 由此 翔 翔！

0 5 6 7 7 | $\dot{1}$ $\dot{1}$ 7 0 5 | $\dot{2}$ $-$ | $\dot{2}$ $\dot{2}$ 0 0 5 5 7 $\dot{1}$ |

我们 由此 翔 翔！ 我 们 我们 由此

$\dot{2}$· $\dot{1}$ $\dot{1}$ $-$ | $\dot{1}$ 0 : | $\dot{1}$ $-$ | $\dot{1}$ $\dot{2}$ $\dot{3}$ $-$ $\dot{3}$ $\dot{4}$ |

翔 翔！ D.S.翔！ 翔 翔！ 翔

$\dot{5}$ $-$ | $\dot{5}$ $-$ | $\dot{5}$ $-$ | $\dot{5}$ $-$ | $\dot{5}$ 0 ‖

翔！ **ff**

Fine

校园抗疫三字歌

邵　岩　张志鹏　作词
褚　艳　华　作曲

1=C 2/4

中速 坚定、自信地

(1·2 3 5 | 6　5 | 2·1 3 2 | 1　0) | 5　5 3 | 5　- |
　　　　　　　　　　　　　　　　　1.抗　疫　情

6 5 6 | 5　0 | 6 6 5 | 6　3 | 2 2 3 | 5　0 |
莫　慌　张，　科　学　对　细　致　防，

6 6 5 | 6　3 | 2 2 3 | 1　0 ‖: 1·2 3 5 | 6　5 |
科　学　对　细　致　防。

2·1 3 2 | 1　0) | 1　1 | 1·　2 | 3·2 3 2 | 1　0 |
　　　　　2.戴　口　罩　要　记　牢，
　　　　　3.打　疫　苗　测　核　酸，
　　　　　4.人　多　时　队　排　好，
　　　　　5.日　三　检　两　报　告，

2　2 | 2·　1 | 4 3 0 1 | 2　0 | 3　3 | 3　- |
及　时　换　定点　销，　量　体　温
多　运　动　身体　好，　家　校　间
一　米　线　不能　超，　下　课　后
有　情　况　早知　道，　非　必　要

$$4\ \underline{5\cdot}\ |\ 3\ -\ |\ 444\ |\ 555\ |\ \overset{2.3.4.5}{2}\ \overline{23}\ |\ 1\ 0\ :\|$$

需　趁　早，　有异常　先报告　先　报　告。
不　偏　离，　人高峰　错时到　错　时　到。
不　乱　跑，　少扎堆　不聚聊　不　聚　聊。
不　离　枣，　旅居史　网络报　网　络　报。

$$(\underline{1\cdot 2}\ 3\ 5\ |\ 6\ \ 5\ |\ \underline{2\cdot 1}\ \underline{32}\ |\ 1\ 0\ )\ |\ \overset{6.}{X}\ X\ X\ |\ X\ X\ X\ |$$

（朗诵）勤洗　手　常通风，

$$X\ X\ X\ |\ X\ X\ X\ |\ X\ X\ X\ |\ X\ X\ X\ |\ X\ X\ X\ |\ X\ X\ X\ |$$

多消　毒　病菌少，打喷　嚏　遮口鼻，讲卫　生　礼仪好，

$$X\ \ X\ |\ X\ \ 0\ |(\underline{1\cdot 2}\ 3\ 5\ |\ 6\ \ 5\ |\ \underline{2\cdot 1}\ \underline{32}\ |\ 1\ 0\ )\ |$$

礼　仪　好。

$$5\ \overbrace{\underline{53}}\ |\ \overset{3}{5}\ 0\ |\ 5\ \overbrace{\underline{36}}\ |\ 5\ 0\ |\ 6\ \dot{1}\ |\ \dot{7\cdot}\ 6\ |$$

不信　谣　不传　谣，　听指　挥

$$5\ \overbrace{\underline{56}}\ |\ 5\ -\ |\ \dot{1}\ \dot{1}\ |\ \dot{1\cdot}\ 6\ |\ 5\ \underline{56}\ |\ 3\ -\ |$$

勿嬉　闹。　阳光　照　心情　好，

$$2\ 2\ 3\ |\ 5\ 6\ 5\ |\ \overbrace{\underline{6\cdot 5}}\ \underline{32}\ |\ 1\ \ 0\ |\ 2\ 2\ 3\ |\ 5\ 6\ 5\ |$$

斗志　扬　疫情消，疫情　消。　斗志　扬　疫情消

$$7\ 5\ |\ \dot{1}\ \underline{\dot{2}\dot{2}}\ |\ \dot{1}\ -\ |\ \dot{1}\ -\ |(\dot{1}\ 0\ 0\ X\ |\ X\ 0\ 0\ )\ \|$$

疫情　消疫情　消。

附录一："检测""抽测"活动

2018-2019学年度第一学期
中小学音乐学科课堂教学效果检测方案

为树立科学的教育质量观和人才观，扎实推进义务教育课程改革，加强对音乐国家课程教学质量的监控，确保国家课程计划全面落实，强化音乐学科教学工作的科学性和规范化，促进全区中小学生音乐素质全面发展，经研究决定，于2019年1月3-4日，举行中小学音乐课堂教学质量检测，其检测结果一并纳入学校教育质量评价体系。现将有关事项通知如下：

一、检测范围

全区义务教育阶段初中、小学。

二、检测时间

2019年1月3-4日。

三、检测形式及内容

形式：音乐学科以现场面试形式进行。
内容：本学期教材歌曲演唱、课堂乐器演奏两个项目。

四、评分标准（详见附件）

1. 教材歌曲演唱（60分）；
2. 课堂乐器（竖笛）演奏（40分）
3. 以上两项少其一则视为"不合格"。

五、检测方法与要求

1. 本次学生学习效果检测意在面向全体，采取抽测的形式，每学年对各学校学生进行规定内容（音乐为备课会精梳"必教必学"内容）的检测。各学校依据通知精神，在做好自测的基础上参加全区统一抽测。具体抽测的年级、班级均为现场抽调，接受抽测的学生为各年级学生总数的10%—15%。

2. 各学校在抽测前须做好以下准备工作：

①学校各级各班课程一览表。

②测试室1个，音乐测试室须备钢琴或电子琴一架。

③接受测试的学生须持相关有效证件（如学生证或胸卡学籍卡等）。

④测试室、候试室门前须贴好标记。

3. 各校教务处有专人负责此项工作，落实好联络人。

4. 为保证本次测试的真实性，各校要认真对待，规范制度，杜绝任何舞弊行为。

六、其它

1. 凡接受测试的学生须在规定时间内完成音乐两个项目的测试，评委将依据测试情况评出优秀、良好、合格、不合格四个等级。

2. 检测结束后，将向全区通报检测结果。

七、附件（见下表）

附件：

2018-2019期末检测评价指标

一级指标	二级指标	检测年级	检测方式	检测内容	检测标准	检测分值
学业指标	基本技能	小学3-5年级 初中7-8年级	校长抽签定级班部和班级评委到班级抽一个小队学生	演唱：教材歌曲（备课会梳理"必教必学"内容）	能够有表情，有美感的演唱教材中的歌曲	1. 完整、自然、流畅，咬字清楚准确，音准、节奏正确，有较好的表现力（音乐运用力要素如力度、速度、音色等运用得当），背唱，（教师）伴奏，指挥规范（95-100分） 2. 演唱完整，表现尚可，看书唱，伴奏，指挥尚可（85-94分） 3. 换签，背唱（75-84分） 4. 换签，不准确，不熟练（60-74分）
				演奏：教材歌（乐）曲（备课会梳理"必教必学内容"）	能够用课堂乐器（竖笛）演奏教材中的音乐作品	1. 合奏：完整、自然、流畅，音准、节奏，吹奏法正确，有一定表现力，声部有合作，音色协调统一，指挥规范，训练有素（95-100分） 2. 合奏：演奏完整，表现尚可（85-94分） 3. 齐奏：换签、齐奏，吹奏表现尚可，无多声部（75-84分） 4. 齐奏：换签、齐奏，不准确，吹奏音色不统一，不熟练（60-74分）

2019-2020学年度第一学期
义务教育段中小学生音乐素养抽测活动方案

为树立科学的教育质量观和审美育人观，扎实推进义务教育课程改革，确保国家课程计划全面落实，加强音乐学科教学工作的科学性和规范化，促进全区中小学生音乐素质全面发展，检验我区义务教育段中小学音乐课堂教学质量，经研究决定，于2019年12月30-31日举行全区中小学生音乐素养抽测活动。为加强对音乐国家课程教学质量的监控，本次抽测结果一并纳入各单位教育质量评价体系。

具体方案如下：

一、抽测范围

全区义务教育阶段初中、小学。

二、抽测时间

2019年12月30-31日。
1.区直中小学：30日（周一全天）
2.镇街中小学：31日（周二全天）

三、抽测形式

1.区直初中、小学：集中于区教体局西四楼（暂定）
2.镇街初中和小学：集中于各镇街中学音乐教室
现场面试形式进行。

四、抽测项目内容

1.小学和初中各年级本学期（上册）"必教必学"教学内容，参考各年级"教学纲要""听力纲要"（"备课会"统编已下发）。包括歌曲演唱、课堂乐器演奏（竖笛或打击乐器）、音乐听力三个项目。

2.镇街村小：抽一个年级、测两项——演唱+演奏

3.区直初中、小学，镇街初中、中心小学，均抽两个年级、测三项：演

唱+演奏+听力（唱名模唱）。

说明：

1.镇街村小乐器：4-6年级首选乐器为竖笛，若没有则使用课堂打击乐器（酌情减分）；1-3年级为课堂打击乐器，创造性使用打击乐器，能为歌曲进行伴奏。

2.关于听力：全区初中听力测试内容方法参照"薛城区小学音乐课堂听力教学指导纲要"。区直中小学所有年级学生听力测试内容，均降低一个年级使用；镇街中小学降低两个年级使用。

五、评分标准（见附件）

1.教材歌曲演唱（50分）

2.课堂乐器演奏（30分）

3.音乐听力（20分）

说明：课堂乐器包括竖笛或课堂打击乐器，课堂乐器缺项则视为"不合格"。

六、抽测方法与要求

1.中小学生音乐素养检测意在面向全体，采取抽测的形式，每学期期末对各学校学生进行规定项目、规定内容的抽测。各学校依据方案要求，落实好常规课堂教学，在做好自测的基础上参加全区统一抽测。

2.预备会、抽签：全区初中和小学（中心校）各抽两个年级，村小抽一个年级。全区初中统一抽测七、八年级；抽签决定全区小学抽测的两个年级；抽签决定抽测各镇街各一所村小学校；抽签决定抽测村小学校的任一个年级。预备会、抽签时间为抽测活动前2天，抽签人：各镇街教育办音乐教研员、各区直音乐组长，或分管艺术干部。（预备会具体时间地点另行通知）。

3.抽测办法：具体抽测的年级和学生按照学籍信息提前抽取，将在该年级（抽签决定）随机抽取5名学生。要求学校派专人负责带领受测学生，在规定时间内，将学生安全带到指定地点候考室，测试结束后再由专人将学生安全带回。

4.演唱项目：要求原调、原速演唱歌曲，需要音乐教师现场伴奏。（必须是任课该年级教师；伴奏效果视情况酌情量分）。

5.项目进行程序：现场由一名学生抽到歌（乐）曲后，先小组（5人）齐唱（奏），再进行独唱（奏）。最后，听力（唱名模唱）单独进行。

6.区直各中小学校要求相关工作人员（学籍管理员、微机员、教务员等等）随时在岗待命，保证接到通知第一时间（提前半小时通知）内及时提取、打印受测学生相关学籍资料，交由责任教师连同学生一起，安全带到指定测试地点，待抽测结束安全返回。

7.各镇街教育办责成相关人员联合镇街中学教务处专人负责此项工作，落实好联络人。抽测前须做好以下准备工作：

①测试室1个，音乐测试室须备钢琴或电子琴一架、各年级现行教材一套，课堂打击乐器一套（木鱼、碰钟、响板、锣鼓镲、双响筒、三角铁、串铃、铃鼓等）。

②接受测试的学生须持相关有效证件，否则该生测试成绩无效。

③测试室、候场室门前须贴好相关标记。

④要求受测学校学籍管理员随时在岗待命，保证接到通知（每校提前一定时间）第一时间内及时打印、提取受测学生相关学籍资料，交由责任教师携带，并带领学生前往测试地点。

8.接受抽测的学生要求着装整齐、精神饱满。

9.为保证本次抽测活动的公平、公正、真实、有效，各单位要认真对待，规范程序，杜绝任何舞弊行为，一旦发现或被举报，该单位成绩直接定为不合格并通报批评。

七、设奖与其它

1.凡接受测试的学生须在规定时间内完成规定项目的抽测，评委将依据各生各项测试情况进行汇总后，视情况设奖（优秀表演奖、优秀辅导奖），对学校（单位）评出优秀、良好、合格、不合格四个等级奖项。

2.活动结束后将以简报的形式，向全区通报本学期中小学生音乐素养抽测结果。

附件：

2019-2020期末抽测评价标准（中小学）

项目	优	量分	良	量分	中	量分	差	量分
演唱 50分	1.情绪饱满，背唱歌曲。2.能够随着音乐律动，节拍准确，音准优，节奏准，表现力强。3.歌唱姿势规范大方，吐字清晰，发声规范，音自然，音色统一。4.能够自然，自信有感情（表情）地演唱（独唱）。	45-50分	1.完整，熟练演唱歌曲。2.节拍，节奏律动，音准较为准确，音准良好。3.歌唱姿势较规范，吐字较清晰，发声基本正确，音自然，音色统一。	40-45分	1.能够基本完整演唱歌曲。2.节拍不稳，音准欠佳。3.歌唱姿势欠佳，声音不自然，吐字不够清晰，发声不规范。	30-39分	1.演唱，演奏，听力缺项，视为不合格。2.演唱情况较差，无音准，持续练习习惯，临时应付不能完成演唱，听力内容，视为不合格。	30分以下
演奏 30分	1.规范优美，背奏乐曲。2.吹奏音色柔和，美感。3.吹奏姿势，手型，指法正确。方法正确。4.能够自信，富有表现力地吹奏（独奏）乐曲。	27-30分	1.连贯，完整地吹奏乐曲。2.吹奏音色基本柔和。3.吹奏姿势，方法基本正确。手型，指法尚可。	23-26分	1.能够基本完整吹奏乐曲。2.吹奏音量不均匀。3.吹奏姿势，基本方法，手型指法不够规范正确。	18-22分		18分以下
听力 20分	1.音准稳定，唱名正确。听，唱，想，做训练有素，习惯好。2.大，小音程模唱，构唱反应稍慢，表现专注，积极。	18-20分	1.音准准确但不稳定，唱名正确，听唱习惯尚可。2.大，小音程模唱，构唱反应稍慢，不够稳定。	15-17分	1.音准准确，唱名正确或反之。2.大，小音程模唱，构唱不稳定，不准确。	12-14分		12分及以下

2021-2022学年度第一学期
中小学生艺术素养监测活动方案（音乐）及活动掠影

活动方案：

为有效落实教育部"五育并举"教育方针，树立"以美育人"、"立德树人"的科学教育质量观和审美育人观，扎实推进义务教育课程改革，确保国家课程计划全面落实，强化艺术学科教学的规范性、专业性和科学性，促进城乡中小学生审美素养全面发展，检验我区义务教育段美育教育教学质量，经研究决定，于2021年12月28-31日举行全区中小学生音乐、美术素养监测活动。

具体方案如下：

一、监测形式、项目

1.演唱（1-9年级）：班级合唱+独唱

2.演奏（1-9年级）：班级合奏+独奏

3.视唱（7-9年级）：集体+个人

4.欣赏（1-6年级）：集体（现场聆听+笔答）

说明：

1.全区小学参加三项监测——演唱+演奏+欣赏

2.全区初中参加三项监测——演唱+演奏+视唱。

二、监测内容

1.本学期1-9年级上册音乐教材"必教必学"内容。

2.视唱内容为"必教必学"歌（乐）曲。

三、项目分值

1.小学-初中：演唱60（学生演唱50+教师伴奏10）分。

2.小学-初中：演奏30（合奏20+独奏10）分。

3.初中：视唱（简谱）10分。

4.小学：欣赏（聆听+笔答）10分。

四、评分标准（见附表1、2）

五、监测方法与要求

1.中小学生音乐素养监测采取抽测的形式，对各学校学生进行规定项目、规定内容的监测活动。各学校应依据通知精神和方案内容，落实好常规课堂"教、学、评一致性"，在做好自测自评的基础上参加全区统一监测。

2.抽测年级、学校：

（1）全区初中：统一抽测七年级、八年级，每个年级各抽取一个教学班参加监测。

（2）全区小学：区直小学统一抽测一年级、六年级。每个年级各抽取一个教学班参加监测。

（3）学区小学：统一抽测四年级。抽取四年级一个教学班参加监测。学区小学：采用抽签决定监测每个镇街的一所小学；抽签时间为抽测前1-2天。抽签人可以是各学区音乐教研员或学区、区直单位分管领导。

3.抽测办法：每到一校，由该校负责人（业务校长或艺体主任）抽取班级，再由教研中心评审团专人到教学楼该班级所在教室，将该班学生全员带到指定地点参加监测。该班主任全程参与。测试结束后再由学校专人负责将学生安全带回教室。

4.监测顺序：

（1）初中——演唱（独唱）-演奏（独奏）-视唱

（2）小学——演唱（独唱）-演奏（独奏）-欣赏

初中：

现场抽到歌（乐）曲后，按如下顺序进行——

a.班级齐唱（合唱：选择二声部以上合唱者 酌情加分）

b.独唱（任课教师从抽测班级中自选3-5名学生参加）

c.班级齐奏（合奏：选择二声部以上合奏者 酌情加分）

d.独奏（任课教师从抽测班级中自选3-5名学生参加）

e.视唱（齐唱、独唱）

小学：

现场抽到歌（乐）曲后，按如下顺序进行——

a.班级齐唱（合唱）

b.独唱（任课教师从该班级中自选3-5名学生参加）；

c.班级齐奏（合奏：选择二声部以上合奏者 酌情加分）

d.独奏（任课教师从该班级中自选3-5名学生参加）；

e.欣赏（由评委指定该班级10-15人参加欣赏笔答，统一发放答题纸）。

5.演唱：

（1）调高、速度：原则上原调、原速演唱歌曲，如原调太高则可以适当降调，避免低八度演唱。

（2）歌词：两段歌词或两段以内的歌曲应完整演唱，三段及三段以上的歌曲，唱第一段和最后一段歌词包括结束句，如能背唱，酌情加分。

（3）钢伴：要求该班级任课音乐教师现场伴奏，伴奏应包括前奏、间奏、结尾。教师伴奏成绩纳入考核。

6.演奏：1-3年级演奏，要求会用课堂打击乐器加以"身体乐器"对演唱歌曲进行有效伴奏。4-6年级统一演奏竖笛。

7.视唱（初中）：曲目为"演唱"或"演奏"曲目的旋律片段，一般4-8小节。

8.欣赏（小学）：现场聆听音乐，进行笔答。全区统一提供答题纸。

9.提前做好以下准备工作：

（1）课程表、任课表各一套。

（2）音乐测试室须备电子琴一架。

（3）各年级现行音乐教材30-50套（该班级人数+5）。

活动掠影：

乘艺术监测之风，扬音乐教育之帆
——2021年薛城区中小学生音乐素养监测纪实

为贯彻落实国家"五育并举"的教育方针，进一步规范音乐课堂教学，全面提升学科育人品质，检验我区义务段中小学校美育课堂教学成果。2021年12月28至12月31日，枣庄市薛城区教学研究中心针对全区义务段32所中小学校展开了为期四天的学生音乐艺术素养监测活动。

本次音乐监测活动，分为演唱、演奏、欣赏（小学聆听笔答）、视唱（初中简谱视唱）四个项目。演唱分为班级合唱与学生独唱；演奏包括班级演奏及学生独奏；全区小学各抽取一、四、六年级一个教学班；全区初中各抽取七、八年级一个教学班，参与学生共有2800余人。

音乐能够润泽心灵、启迪智慧、育人品格、陶冶情操。

看，同学们的状态阳光自信！

听，同学们的声音嘹亮优美！

在演唱（合唱、独唱）中，他们懂得了如何倾听与合作，懂得了音乐（歌唱）是人声中最美的、拉长了的"说话"，懂得了"最美的小提琴"就是自己的"嗓子"这件独一无二的"乐器"。

"小小竖笛手中拿，左上右下轻轻吹"。

作为国家音乐课程标准指导下的"器乐进课堂"活动，已在我区中小学音乐课堂开展了十几年，形成了一大亮点特色。近年来，在区教学研究中心褚艳华老师坚持不懈地引领和倡导下，正在全区义务段各中小学校扎实有序、有声有色地广泛展开。器乐进课堂，学生人人一件小竖笛。小小乐器已经成为学生识读简谱、学习音乐、爱上音乐的亲密伙伴。

看，同学们竖笛演奏时专注的眼神、认真的模样，听，同学们能演奏出许多优美的小乐曲啦！

黑格尔说"音乐是直击人们心灵的艺术"。音乐使人快乐自信、向上向

美。音乐也是一种最好的沟通与表达方式。当每一位同学表演完毕，便会获得同学们一阵热烈的掌声和赞美的眼神！这是内心深处最真实的感受，更是最动人的赞美！

"监测"促进师生"教学相长"。监测既是规范和加强艺术课堂教学中学

生的"学"，同时也是规范和监督教师的"教"。还有，作为音乐教师专业基本功之一的"即兴伴奏"也考验着音乐教师的日常备课和教学是否扎实和过硬。听！老师们用琴声为孩子们的歌声笛声伴奏，有的慷慨激昂、有的抒情优美、有的如幻如梦……

"言之不足，歌之咏之……"看到孩子或身心投入地演唱，或熟练自信地吹奏，或班级默契地配合，或专注认真地聆听音乐，让想象在音乐中放飞……老师们脸上洋溢着幸福的微笑，眼里闪烁着激动的泪花。

亲爱的同学们，也许你还不够大胆，但今天的你鼓起勇气登上讲台当众展示自我，相信你一定会越来越自信！也许你的歌声还不够优美，但今天的你勇敢地面对大家发出自己的心声，相信终有一天你的歌声会越发动听！每一次的努力都将留下轨迹，终有一天，这些轨迹会连成星河，绽放光芒！

本次"监测"活动，旨在充分发挥"规范、引领、激励与改善"的评价功能，它将会有效地促进音乐教师队伍更快更好地专业发展，学习研究基于《音乐课程标准》背景下的学历案及高效课堂，深刻理解和把握课程与教材，科学地确立学习目标，深入落实新课堂达标以及"教、学、评一致性"，全面提升中小学生音乐核心素养。

你成长，我快乐！

感恩2021年所有的成长、陪伴、爱与付出！亲爱的老师、同学们，让我们再携手，拥抱新未来——2022绽放精彩！

（图文编辑：王立静，枣庄市第二十中学一级教师，山东省初中音乐优质课一等奖，省市区三级兼职教研员，枣庄市教学能手，枣庄市初中音乐中心团队工作室领衔人；褚洁，薛城区奚仲中学一级教师，枣庄市初中音乐优质课一等奖，薛城名师。）

附表1:

2021-2022期末检测评价标准（初中音乐）

项目	分值	优	量分	良	量分	中	量分	差	量分	得分	总分
演唱50分	合唱45分	1.情绪饱满,背唱歌曲。2.能够随音乐律动,音色优,音准准确。3.歌唱姿势自然,表现力强。4.能够自信,有感情的演唱。能松,吐字清晰,发声规范。	41-45分	1.熟练完整的演唱歌曲,音准较为准确,节拍正确。3.歌唱姿势自然,吐字清晰,发声基本规范。4.欠缺音乐美感表现。	36-40分	1.基本能够完成演唱歌曲。2.节拍不稳,音准欠佳。3.歌唱姿势欠佳,声音不自然,吐字不够清晰,发声不规范。	30-35分	1.演唱:大白嗓喊唱。2.演奏:瞎吹,乱奏,无规范,无习惯。3.临时应付,态度不端正,纪律乱无序。4.不能完成演唱,演奏,视唱等规定为内容,演唱,演奏,视唱规定为不合格。	29分以下		
	独唱5分	体验并享受自己或集体创造的音乐音响及艺术意境中。	5分	体验音乐所创造并享受自己或集体音响及艺术意境中。	3-4分		1-2分		1-2分		
演奏30分	合奏25分	1.流畅优美,熟练背奏乐曲。2.音色自然,美感有表现力。3.姿势规范,吹奏基本方法规范正确,指法正确。4.能够自信,有感情地吹奏乐曲,体验并享受自己或集体音响及艺术意境中。	21-25分	1.完整连贯的演奏乐曲,音色较为柔和。3.姿势基本正确,吹奏方法基本正确,手型指法尚可。4.欠缺音乐美感表现。	16-20分	1.基本能够完成吹奏乐曲。2.吹奏音量过大。3.姿势不够规范,吹奏基本方法不够规范,手型掌握指法较差。	13-15分		12分以下		
	独奏5分		5分		3-4分		3-4分		1-2分		
视唱10分		1.唱名,音准正确且稳定。2.拍子,速度,节奏正确。3.自信地,完整的视唱指定乐句。	8-10分	1.音准,唱名准确但不稳定。2.速度,节奏较稳定。3.乐句的视唱较完整。	5-7分	1.唱名正确,多数音准不准确。2.速度,节拍不稳定,节奏不稳定。3.乐句视唱不完整。	5-7分		1-4分		
教师伴奏10分		参照教师提供的正谱伴奏,规范弹奏为学生范奏。能够流畅娴熟弹奏的为学生伴奏。有前奏或同奏。	8-10分	基本能够完成为学生伴奏。有前奏或同奏。	5-7分	非所带班级教师弹奏,但能够为学生伴奏。	5-7分	既无教师伴奏也无音乐伴奏。	1-4分		
说明		1.初中演唱,演奏,可以齐奏或合奏,齐唱或合唱,致励开展"班级合唱,合奏"(两个声部及以上称为合奏,合唱),则视表演效果酌情加分。2.原则上原调原速演唱,抽测学生由该班任课教师进行伴奏,学生会听前奏,同奏,伴奏句前正确起唱。3.具体有关事项详见"通知方案",请认真阅读方案及附伴奏方案及附伴奏方案要求各项要求。									

附表2：

2021-2022期末监测评价标准（小学音乐）

项目（满分）	优	量分	良	量分	中	量分	差	量分	得分	总分
演唱50分 — 齐唱（合唱）45分	1.情绪饱满，背唱歌曲。2.能够随音乐律动，音色佳，音准，表现力强。3.歌唱姿势自然放松，声音清晰，吐字清晰，发声规范。4.能够自信，有表情地演唱。	41-45分	1.较为熟练完整的演唱歌曲。2.节奏，音准，音色较好。3.歌唱姿势较为正确，声音自然，吐字清晰，发声基本规范。4.欠缺情地有表情地。	36-40分	1.基本能够完成演唱歌曲。2.节拍不稳，音准欠佳。3.歌唱姿势欠佳，声音不自然，吐字不够清晰，发声不够规范。	30-35分	1.演唱：大白嗓喊唱。2.演奏：瞎吹乱奏，无规范，无习惯。3.态度不端正，纪律乱无序，临时应付。4.不能完成演唱、演奏、欣赏等规定内容，视为不合格。	29分以下		
演唱50分 — 独唱5分		5分		3-4分		1-2分		0分		
演奏30分 — 齐奏（合奏）25分	1.情绪饱满，背奏音乐曲。2.吹奏音色自然，音色统一。3.姿势规范，吹奏方法、手型、指法正确。4.能够自信，有表现力地演奏。	21-25分	1.完整、连贯地吹奏音乐曲。2.吹奏音色较为柔和。3.姿势方法基本正确，手型、指法尚可。	16-20分	1.基本完整吹奏音乐曲。2.吹奏音量过大。3.姿势不够规范，吹奏方法、手型指法正确欠规范。	13-15分		12分以下		
演奏30分 — 独奏5分		5分		3-4分		1-2分		0分		
欣赏10分	依据现场聆听+笔答									
教师伴奏10分	能够规范、自然、流畅，有美感和表现力地为学生伴奏，师生琴歌相和。	8-10分	基本能够完成为学生伴奏。	5-7分	非所带班级教师弹奏，但能够为学生顺利伴奏。	1-4分	无音乐伴奏、无教师伴奏。	0分		
说明	1.班级演奏可以齐奏，合奏。鼓励有条件的学校进行班级合唱，合奏。如能进行"班级合唱或合奏"（两个声部及以上），则视表演效果简单加分。 2.原则上原调原速演唱，合奏。抽测学生由该任课教师进行伴奏，学生会听前奏，在教师伴奏下正确起唱。 3.有关事项详见通知方案，请认真阅读方案及附则。 4.学区村小若无专业教师，可以使用伴奏音乐为"演唱"项目伴奏。									

附录二："云展演"活动

2021年薛城区第二届音乐教师竖笛技能"云展演"暨首届中小学生课堂乐器（竖笛）才艺"云展演"活动方案

为贯彻国家"五育并举"教育方针，全面落实义务教育国家音乐课程理念，以及市区新课堂达标、"强课提质"精神，深入推进我区中小学器乐教学，强化教师专业技能、提升队伍整体水平，夯实中小学生双基能力及核心素养，展示音乐教师及中小学生器乐演奏的能力和水平，为师生和谐发展、爱音乐、爱生活，提升幸福指数奠定有力基础。根据《2021-2022学年薛城区中小学音乐教研工作计划》，结合《2021年薛城区中小学音乐教师竖笛演奏技能升级修炼实施方案》，进一步打造我区音乐美育教育新高地。经研究决定，于2021年11月底-12月初，举办第二届全区中小学音乐教师竖笛演奏技能"云展演"暨首届中小学生课堂乐器（竖笛）才艺"云展演"活动，具体方案如下。

一、指导思想

活动主题："爱学习、爱音乐、爱生活"

二、活动要求：

本次活动突破以往将所有参赛者集中于一个舞台、现场进行表演的形式（参与人员众多、疫情等因素），要求各单位按照方案统一规定，在做好常规课堂教学前提下，各自组织排练、逐级分散式集中展演。根据方案统一要求，对参赛者的现场演奏过程进行实况录制、上传，充分利用网络、微信"云"平台，进行"云展演"。并于规定时间内，将参赛节目视频上传至指定微信工作群+公共邮箱（xcyyjy2001@163.com）。

三、"云展演"活动时间、地点

1. 上传时间：教师——2021年11月29日-11月30日

学生——2021年12月6日-12月7日

2. 录制地点：各区直学校、各学区学校多功能室(带有舞台的专用场地)

3. 上传（报名信息）平台：

（1）通过手机上传至微信工作群:薛城音乐教研-艺术交流群、薛城中小学音乐群、薛城小学音乐群。

（2）将参赛教师演奏视频及本单位报名信息，分别建立个人署名文件夹，统一发送至公共邮箱xcyyjy2001@163.com；合奏要求上报纸质乐谱。

4. 上传内容：视频+单位参赛者作品信息（学校\镇街\教师\节目名称等）

5. 上传视频时长：每一段视频长度控制在2分钟以内（一个节目可两个或多个视频）。

四、"云展演"内容及形式

1. 音阶：C、D、F、G（学生任选一、非专业兼职选二、专业专职教师全选）

2. 独奏：教材内外，作品不限

3. 合奏：教材内外，作品不限，须为二声部及以上

五、"云展演"参赛对象及分组：

教师：分区直中小学组、镇街中小学组（全员参加）

学生：分区直中小学组、镇街中小学组（每校5–10人）

六、"云展演"评分标准及要求：（满分100分）

1. 展演（录制演出）场地（10分）：教师——各区直中小学校、各学区需要将参赛教师，统一集中场地（或多功能演播室、音乐教室、会议室等）；学生——区直中小学生、各学区中小学生，均在各自学校。横幅字幕内容为：2021年薛城区第二届中小学音乐教师竖笛演奏技能"云展演"（XX学校专场）2021年薛城区首届中小学生课堂乐器（竖笛）才艺"云展演"（XX学校专场）。

2. 情感态度（20分）：态度端正、认真，富有精气神；着装整齐、美观大方，与所奏作品的情绪风格应一致。

3. 演奏速度（20分）：乐曲演奏（合奏）的速度应按照音乐原速（或不低于原速）进行；音阶吹奏速度不低于每分钟88拍。

4. 演奏过程（20分）：乐曲表达（歌曲）熟练、流畅、完整；不出现基本姿势、气息、指法、吹奏法上的错误，及音准、节奏、节拍等音乐上的错误。

5. 声部配合（30分）：合奏应至少两个声部以上，声部间清晰、均衡，音色协调，气息均匀，团队合作默契，具有较好的音乐表现力。（本项标准针对合奏打分）

6. 独奏表现（30分）：完整自信、美感，技术娴熟，基本功扎实，音乐表现力良好。（本项标准针对独奏打分）

说明：

1.本次参赛作品独奏、合奏均不得使用伴奏音乐，允许使用课堂打击乐器伴奏；前奏、间奏可以使用钢琴或人声伴奏（唱）。

2.摄像要求分全景、中景、近景，一气呵成、一遍成功录制，展演过程中弄虚作假者，如有：对口型、录像全程远景拍摄（无近镜头）、视屏中间有切换、模糊不清等现象，将取消参评资格。

七、"云展演"报名时间及地址

各单位参赛教师、学生统一报名时间：自通知之日起，到2021年11月25日截止。报名表（合奏乐谱）上传至薛城音乐教育公共邮箱：xcyyjy2001@163.com。

纸质报名表（加盖单位公章）报送地址：薛城区教学研究中心227室，联系电话：（0632）4480527。

八、奖项设置：

1. 个人奖（独奏），分一、二等奖
2. 团队奖（合奏），分一、二等奖
3. 优秀组织奖（单位）

附件一：各单位"云展演"上传视频时间（略）

附件二：各单位报名信息表（略）

附录三："云录播"系列赛课活动

薛城区小学音乐（首期）精品课堂"云录播"系列赛课活动"课题分餐"一览表

序号	执教教师	执教课题	年级、单元课题	选送单位
1	宋秀云	《布谷》	一年级第一单元"春天"	区双语实验小学
2	张蕾月	《小雨沙沙》		
3	薛彩虹	《牧童谣》	一年级第二单元"放牧"	区临山小学
4	陈怡晓	《放牛歌》		
5	于　珂	《雁群飞》	一年级第三单元"手拉手"	区实验小学
6	李　靳	《数鸭子》		
7	王　丽	《两只小象》	一年级第四单元"长鼻子"	区北临城小学
8	靳　京	《可爱的小象》		
9	袁东艳	《火车开了》	一年级第五单元"游戏"	沙沟镇中心小学
10	单　莉	《拍皮球》		
11	刘　萍	《小宝宝睡着了》	一年级第六单元"美好的夜"	临城街道教育办临城街道实验小学
12	王　燕	《星光恰恰恰》		
13	孙宝璐	《海》	一年级第七单元"巧巧手"	张范镇教育办教研室
14	孙宝璐	《云》		

序号	执教教师	执教课题	年级、单元课题	选送单位
15	刘丽丽	《这是什么》	一年级第八单元"时间的歌"	陶庄镇奚仲小学陶庄镇教育办教研室
16	褚秀娟	《时间像小马车》		
17	杨扬	《大树妈妈》	二年级第一单元"春天来了"	邹坞镇中心小学
18	杨扬	《郊游》		
19	张帆	《卖报歌》	二年级第二单元"难忘的歌"	临城街道南临城小学临城街道实验小学
20	宋晓飞	《共产儿童团歌》		
21	郭焱	《飞呀飞》	二年级第三单元"飞呀飞"	常庄镇中心小学常庄镇种庄小学
22	杨华	《一对好朋友》		
23	郑龙	《我的家在日喀则》	二年级第四单元"美丽家园"	兴城街道北点联小兴城街道中心小学
24	殷敏	《草原就是我的家》		
25	武艳	《金孔雀轻轻跳》	二年级第五单元"快乐的舞蹈"	兴仁街道泰山路小学
26	董慧	《两只老虎》	二年级第六单元"兽王"	巨山街道新兴小学
27	董慧	《猫虎歌》		
28	张艳春	《音乐小屋》	二年级第七单元"跳动的音符"	二十九中小学部
29	刘婷	《箫》		
30	周欣	《新疆是个好地方》	二年级第八单元"新疆好"	周营镇陶官小学
31	李英平	《我爱雪莲花》		

薛城区小学音乐精品课堂"云录播"
系列赛课活动评价标准

教学理念（20分）：

以兴趣爱好为先导，变"教"音乐为"玩"音乐。"动中学，学中乐，乐中获"；以培养学生持久的音乐兴趣、涵养美感、陶冶情操、健全人格、基本音乐能力为目的；关注音乐，关注聆听；坚持以音乐为主线：从音乐中来，到学生中去，再到音乐中来。

教学过程（20分）：

教什么、怎样教、为什么这样教。目标思路清晰，环节意图明确，过程层次清晰，教法学法新颖、扎实、有趣、实效。突出音乐实践活动，关注双基（音乐基础知识、音乐基本技能）能力训练。常规乐器进课堂（打击乐器、竖笛、口风琴等），关注师生、生生互动，体验与享受快乐教学，体现"动中学，学中乐，乐中获"。

教学活动（20分）：

站在如何引导"学生学"的角度设计各种音乐实践，突出活动的音乐性、针对性、实效性。环节设计要意图明白，与教学目标、重点、难点对应解决，保持形式与内容统一。

教学效果（以学定教）（20分）：

学生主动参与、既有广度亦有深度；师生交流平等融洽，教师教的轻松，学生学的愉快，情绪积极、状态投入、氛围良好。教学目标达成度高（80%以上）。

教师表现（20分）：

有镜头感，关注场内外（看视频）的学生；恰当使用音乐术语，语言表述清晰、规范、准确；示范能力强，范唱、弹（吹）奏、表演等，追求规范、到位、美感；富有亲和力、表现力、感染力。

薛城区小学音乐（第四期）精品课堂"云录播"系列赛课活动安排

按照"薛城区小学音乐精品课堂'云录播'系列赛课活动"（2014－2016）计划，小学音乐精品课堂"云录播"系列赛课活动即将展开第四期赛课。为了更高质量地打造音乐课堂，为村小学生奉献精美音乐课，进一步更新教育理念、优化教学策略，构建快乐课堂模式，提升音乐教学水平，促进城乡音乐教育均衡发展，加强区域教育教研，推进区域艺术教育发展。决定于2015年11月17日至18日，分别于临山小学和北临城小学举行第四期精品课堂"云录播"磨课（试讲）、点课（奥尔夫教学汇报）研讨交流活动。

具体安排如下：

一、活动时间：

2015年11月17日－18日

二、活动地点：

临山小学（西校）录播室（三年级）；北临城小学录播室（四年级）

三、活动要求：

磨课小教研：

1.即听即评（30+10）：每位参讲教师试讲时间30分钟，10分钟用来点评，全程录像（只录不播）。

2.集体把脉：每位教师通过试讲－说课－听课，听他人讲课、听大家点评、"支招"，取长补短。避免"井底之蛙"、各自为战。

3."照镜子"：可将本人课堂实录及评委点评拷贝带回，进行内化提升。参与教师通过博采众长，相互学习，更新理念，调整策略，深化教学，充分准备，迎接正式录播。

点课大教研：

三年级、四年级分别于临小和北小同时进行。各单位观摩教师可自主选择参会地点，按时签到。

4.每一天最后一节课为"点课"展示与大研讨时间，由我区暑期赴北师大参加奥尔夫教学师资培训者展示汇报，全体老师进行互动式参与，展开学习、体验与交流提升。

四、参加人员：

1. 区直、镇街小学全体专、兼职音乐教师，第四期"云录播"全体执教教师，特色教师。

2. 镇街音乐教研员：

刘　萍　宋著梅　李　娟　孙宝璐　单　莉　刘利华　杨尊珍
宋海莹　张　会　程明明

3. 小学音乐刘萍名师工作室成员：

刘　萍　王　丽　薛彩虹　张蕣月　张艳春　王立静　程丽明
王　燕　张　帆　刘　冉　郑　雪

五、作息时间（临小、北小两校同）：

17日上午第1-4节课8:25-11:55，下午第5-8节课1:40-5:00
18日上午第1-5节课8:00-11:55，下午第5-9节课1:40-5:30
注：大教研时间为每天下午4:00—5:00（两校时间相同）

六、课程安排：见下表

地点	时间	节次	执教人	课题	年级单元（上册）	选送单位
临小录播室	17日	1	刘利华	《摇啊摇》	三年级第1课　童年	陶庄教育办
		2	张　芳	《小酒窝》		陶庄振兴小学
		3	李　娟	《草原上》	三年级第2课　草原	邹坞教育办
		4	王　丽	《噢！苏珊娜》	三年级第3课　好伙伴	北临城小学
		5	赵　闫	《原谅我》		临城实验小学
		6	单　莉	《老水牛角弯弯》	三年级第4课　放牧	沙沟中心小学
		7	张　兵	《放牛山歌》		临城古井小学
		8	张　璐	玩转音乐:破冰游戏	点课:奥尔夫汇报与研讨	双语实验小学

地点	时间	节次	执教人	课题	年级单元(上册)	选送单位
临小录播室	18日	1	靳京	《妈妈的心》	三年级第5课 妈妈的歌	北临城小学
		2	邢君	《唱给妈妈的摇篮曲》		临城实验小学
		3	李天琪	《四季童趣》	三年级第6课 四季的歌	区实验小学
		4	刘冉	《捉迷藏》		
		5	金蔚蔚	《美34丽的黄昏》	三年级第7课 钟声	区临山小学
		6	赵璐	《钟声叮叮当》		
		7	孙麟	《桔梗谣》	三年级第8课 丰收歌舞	区双语实小
		8	刘丽丽	《如今家乡山连山》		
		9	薛彩虹	玩转音乐:聆听的艺术	点课:奥尔夫汇报与研讨	临山小学
北小录播室	17日	1	周欣	《中华人民共和国国歌》	四年级第1课 歌唱祖国	周营陶官小学
		2	孙梦桃	《采一束鲜花》		周营中心小学
		3	张帆	《杨柳青》	四年级第2课 家乡美	南临城小学
		4	秦青	《大雁湖》		
		5	彭岩	《哦！十分钟》	四年级第3课 快乐的校园	兴城
		6	郑龙	《大家来唱》		兴城北点联小
		7	杜汶璇	《愉快的梦》	四年级第4课　甜梦	南临城小学
		8	王丽	玩转音乐:格子的艺术	点课:奥尔夫汇报与研讨	北临城小学
北小录播室	18日	1	郑雪	《我是草原小牧民》	三年级第2课　草原	邹坞中心小学
		2	李元慧	《荡秋千》	四年级第3课 童心	实验小学北校区
		3	武艳	《童心是小鸟》		实验小学北校区
		4	鲍娟	《小螺号》	四年级第6课 水上的歌	常庄东点联小
		5	曹玉芹	《让我们荡起双桨》		常庄西小
		6	张艳春	《幸福拍手歌》	四年级第七课 祝你快乐	二十九中小学部
		7	刘婷	《阳光牵着我的手》		
		8	杨扬	《龙里格龙》	四年级第八课 龙里格龙	邹坞中心小学
		9	刘萍	奥尔夫 音乐教学法初探	点课:奥尔夫汇报与研讨	南临城小学

薛城区小学音乐（第五期）精品课堂"云录播"系列赛课活动安排

根据"薛城区小学音乐精品课堂'云录播'赛课系列活动"计划（2014-2016），经研究定于2016年5月在区北临城小学和双语实验小学，举行第五期"云录播"系列赛课活动，请各相关单位、教师做好准备工作。具体安排如下：

一、活动安排：

第一阶段

磨课–研课：采用"30+10"（试讲30分钟、10分钟点评），即听即评。

活动时间：2016年5月10日–11日

第二阶段

录制–赛课时间：2016年5月17–18日

二、教学内容：

人民音乐出版社小学音乐教科书：五、六年级（下册）

三、活动地点：

五年级：北临城小学录播室

六年级：双语实验小学录播室

四、相关说明：

1. 课型：以唱歌课（综合）为主，可以适量加入欣赏课（综合）。

2. 竖笛：继续推进竖笛（口风琴）进课堂，根据单元内容安排，结合歌（乐）曲作品，自然、恰当融入和使用小乐器助教助学，体现教师基本功，器乐教学时间控制在5–10分钟。

3. 请参赛教师按照规定时间提前做好准备，录播室备有教学用（电）钢琴，其他常规课堂打击乐器、竖笛、口风琴、卡片等教（学）具，均由讲课教师自备。

五、具体事宜：详见"小学音乐"微信群。

六、教学建议：

1. 教学对象明确：村小学生，学习途径为"远程视频"学习。

2. 角色定位：借鉴电视栏目少儿节目主持风格，树立"镜头"意识，学习看镜头讲课，做到亲切自然、大方得体。

3. 内容环节简洁，不繁杂、不花哨。

4. 重点突出，过程清晰，方法明了。

5. 把握速度，难度适中，适当放慢语速和教学进度，既符合农村学情，同时能够预期考虑到视频教学在试听方面留有缓冲余地，避免匆忙一遍而过，让视频前的学生听得清楚、看得明白、学得会、落实好，真正参与其中，乐在其中。

6. 课堂美：教师弹、唱、跳、演等示范应熟练而美感，教师应有完整示范演唱，做到歌声美、琴声美、示范美。

7. "教"有策略，"学"有方法，"主导"与"主体"相得益彰；师生互动"玩中学""做中学"，善于使用科尔文手势、声势律动等助学助教手段。

8. 提倡正谱伴奏。

七、课程安排：（略）

附录四:"美遇音乐"乡村公益支教系列活动

薛城区"强课提质"暨"美遇音乐"
乡村公益支教系列活动方案

为贯彻落实《中共中央国务院关于深化教育教学改革全面提高义务教育质量的意见》中'坚持"五育"并举,全面发展素质教育'的要求,深刻领会李克强总理在2021年"两会"报告中提出的"加强义务教育、基本医疗等领域补短板,出台支持县乡基层教师培训等措施"等文件精神。为破解我区农村小学音乐专职师资空缺及教学质量薄弱的难点,办好人民满意的教育,提高薛城教育的满意度,推进城乡教育均衡发展,"开齐、开足、上好"美育课程,让农村的孩子享受美育,和城里孩子一样健康、自信、有美感地成长。经研究决定,自2021年春季开始,开展薛城区"强课提质"暨"美遇音乐"乡村公益支教系列活动。

一、公益支教宗旨:

推进乡村学校美育,提高乡村音乐师资水平,让村小的孩子享受音乐。

二、公益支教学校:

全区各学区音乐教学薄弱小学(见附件一)。

三、公益支教团队:

薛城区小、初、高音乐学科中心团队工作室成员(见附件二)。

四、公益支教项目、内容:(见附件三)

1.课堂教学:学科中心团队优秀教师每2-4周送课下乡一次;依据人音版现行教材,每次为村小学校1-6年级的所有学生上两节音乐课。

2.教师培训(面向各学区村小兼职音乐教师):

(1)"云录播"课程使用培训;

(2)教学技能培训:小乐器、歌唱、识谱、视唱基础培训;

(3)简易音乐教学法、基本乐理知识培训。

3.社团辅导：具体根据学校实际需求，合理组织相应学生社团，如：合唱、舞蹈、戏剧、朗诵、小乐器合奏等。亦可根据学校需求进行不定时指导。

五、公益支教进展

第一阶段——宣传发动（2020-2021第一学期9月-10月）

1.对各镇街音乐教学薄弱村小展开调研，经由镇街音乐教研员推荐申报，确定公益支教"首批"受益学校（见附件一）

2.宣传发动小、初、高音乐中心团队工作室成员，经志愿报名，招募了"首批"乡村音乐公益支教团队志愿者教师名单（见附件二）

第二阶段——深入调研（2020-2021第一学期11月-12月）

1.调研镇街村小音乐教学以及校园文化、教师发展、学生成长所需所求。

2.对各位支教教师进行调研，设置了如下题目内容：

（1）你认为乡村音乐教育缺什么？

（2）公益支教进乡村，应该送什么？

（3）你已报名参加第一批志愿者教师，你能为村小做些什么或者你有什么特长？

（4）你认为乡村支教应该以什么形式来开展？你认为这样有什么利弊？

（5）如果你已报名或未报名支教活动，你的顾虑困惑是什么？

第三阶段——启动实施（第一轮：2021年春季至2021年秋季）

1.公益支教启动仪式

2.公益支教课程总表（附件三）

3.公益支教第一轮（首批八校）支教时间从2020-2021第二学期（2021春季）至2021-2022第一学期（2021秋季）

六、公益支教目标：

1.每个村小每学年送教1-2次（详见附件三），每师每次送课2-4节。

2.经过社团辅导，让每所村小至少有1个节目被推荐参加学区或区级校园艺术节展演（汇演）。结合节庆活动（六一、元旦等），促进乡村校园文化建设。

3.经过对兼职音乐教师的培训，为每所村小培养出1-2名能够胜任日常音乐教学和课外辅导活动的兼职教师。并为每学区培养出一批（3-5名）"云录播"或公开课执教能手。

附件一：第一批受益乡村小学名单

学区联系人（教研员）	小学名称	校长	联系方式	音乐教师	专兼职音乐教师名单
周营 杨尊珍	王楼小学	孙 群	133★3	1人	王侠（专职非专业）
沙沟 袁东艳	岩湖小学	孙晋玲	188★5	6人	褚彬　邵林　王敏　侯乐锋　褚亚楠　孙忠义
邹坞 杨扬	北安阳小学	王海涛	151★8	7人	姜红　刘新　高庆芝　王海涛　王秀云　耿金环　田华（兼职）
临城 倪晓	张桥小学	徐士峰	133★7	1人	宋文玲（兼职）
张范 潘红	东夹埠小学	彭宗理	151★8	9人	赵蕴芝　张岩岩　宋亚楠　李忠荣　张艳玲　张艳　杜德芝　韩慧　刘莉
新城（巨山）隋芳芳	大吕巷小学	张兴博	135★6	9人	王建华　刘媛媛　赵坦　褚娜　程明明　王芳　韩辉　袁艳辉　石丽娟
常庄 于雷	西南联小	宋海涛	151★6	6人	孟凡未　曹翠翠　张艳清　李庆利　李勇　魏红（全兼职）
陶庄 刘利华	山家林小学	韩正伟	137★8	6人	姜宝芹　李传梅　王娜　陈勇　姚燕　王秀

附件二：第一批公益支教志愿者教师名单

小学音乐工作室（联合）第一批公益支教志愿者教师名单

支教教师	学校（小学）	校长	联系方式	分管领导	联系方式	教师特长
王 丽	北临城小学	李 刚	134★2	朱宝云	188★6	歌唱、竖笛教学
周 欣	周营镇陶官小学	褚衍政	150★0	徐 伟	156★3	歌唱教学
李天琪	实验小学	胡夫岭	138★8	华红华	137★6	舞蹈、歌唱教学
秦灿灿	龙潭实验学校	王 栋	139★8	王 磊	187★3	歌唱教学
薛彩虹	临山小学	王开伟	135★8	王 娟	152★7	歌唱、竖笛教学
张亚慧	北临城小学	李 刚	134★2	朱宝云	188★6	歌唱、竖笛教学
陈怡晓	龙潭实验学校	王 栋	139★8	王 磊	187★3	歌唱教学
高 雪	临山小学	王开伟	135★8	王 娟	152★7	歌唱、竖笛教学
彭 岩	兴城中心小学	李天翼	133★7	刘 磊	189★8	歌唱、竖笛教学
王 婷	南临城小学	戴金星	138★8	宋亚明	135★3	歌唱教学
刘 萍	临山小学	王开伟	135★8	何德法	138★8	图文宣传

初中音乐工作室（联合）第一批公益支教志愿者教师名单

执教教师	学校(初中)	校长	联系方式	教师特长
王立静	枣庄第二十中学	王 奇	635*6	器乐教学、歌唱教学
褚 洁	奚仲中学	刘东辉	139*5	舞蹈教学、器乐教学
宋利聪	枣庄第四十四中学	孟庆伟	468*001	歌唱教学、竖笛教学
孙莉娜	舜耕中学	胡 涛	189*9	声乐教学、舞蹈教学、朗诵
潘 红	张范中学	孙启生	63721	竖笛教学
褚秀娟	舜耕中学	胡 涛	189*9	舞蹈教学、歌唱教学
李虹晓	北临城中学	袁 波	156*3	器乐教学
贺 林	北临城中学	袁 波	156*3	歌唱教学
梁宪锋	北临城中学	袁 波	156*3	器乐教学
葛翠仙	祁连山路学校	韩 森	158*9	器乐教学
程丽明	龙潭实验学校	王 栋	139*8	声乐教学、器乐教学

高中音乐工作室第一批公益支教志愿者教师名单

教师姓名	学校(高中)	校长	联系方式	分管领导	联系方式	教师特长
张 文						音乐教学(钢琴、音乐创作)
雷 蕾						音乐教学(声乐)
郭传英	八中南校	董 华	189*8	高庆堂	139*8	音乐教学(声乐、钢琴)
李 琳						音乐教学(小提琴、乐理视唱)
孙 娟						音乐教学(舞蹈)
程秀丽						音乐教学(声乐)
张 红	八中东校	李雪玉	135*6	李雪玉	135*6	音乐教学(钢琴)
韩琳琳						音乐教学(声乐)
李 娜	八中北校	郝正义	151*9	王 波	158*0	音乐教学(声乐)
李 丽						音乐 钢琴
李宝莹	舜耕实验	黄 飞	188*8	许 岩	137*6	音乐 舞蹈
张冉冉						钢琴 音乐

附件三：薛城区教体局2021年"强课提质"暨"美遇音乐"乡村公益支教课程总表（春秋季）

薛城区2021年"强课提质"暨"美遇音乐"乡村公益支教课程总表（2021年春季）

公益支教内容 村小/年级/支教教师/学校	学区（镇/街）	支教村小 1—6年级	教授年级	课堂教学1—6年级		兼职教师培训		社团指导	
				支教教师	所在学校	支教教师	所在学校	支教教师	所在学校
4月21日	陶庄	山家林小学	1-2年级	王丽	北临城小学	薛彩红	临山小学	张文	枣庄八中南校
4月28日	陶庄	山家林小学	3-4年级	薛彩红	临山小学	王丽	北临城小学	李丽	舜耕实验
			5-6年级	王婷	南临城小学	王立静	二十中学	李宝莹	舜耕实验
5月12日	沙沟	岩湖小学	1-2年级	周欣	陶官小学	褚洁	奚仲中学	李琳	枣庄八中南校
5月26日	沙沟	岩湖小学	3-4年级	高雪	临山小学	周欣	陶官小学	雷蕾	枣庄八中南校
			5-6年级	陈怡晓	龙潭实验	程丽明	龙潭实验	李娜	枣庄八中北校
6月16日	新城	大昌巷小学	1-2年级	周欣	陶官小学	宋利聪	四十四中	孙娟	枣庄八中南校
			3-4年级	彭岩	兴城中心校	潘红	张范中学	程秀丽	枣庄八中东校
			5-6年级	薛彩红	临山小学	梁宪锋	北临城中学	韩琳琳	枣庄八中东校
						孙莉娜	舜耕中学	张申申	舜耕实验

薛城区2021年"强课提质"暨"美遇音乐"乡村公益支教课程总表（2021年秋季）

公益支教内容 村小/年级/支教教师/学校	学区（镇街）	支教村小	教授年级	课堂教学1-6年级		兼职教师培训		社团指导	
				支教教师	所在学校	支教教师	所在学校	支教教师	所在学校
9月15日	邹坞	北安阳小学	1-2年级	王丽	北临城小学	李天琪	实验小学	张文	枣庄八中南校
9月29日	邹坞	北安阳小学	3-4年级	薛彩红	临山小学	秦灿灿	龙潭实验	李丽	舜耕实验
10月13日	张范	东夹埠小学	5-6年级	王婷	南临城小学	张亚慧	北临城实验	李宝莹	舜耕实验
10月27日	张范	东夹埠小学	1-2年级	周欣	陶官小学	程丽明	龙潭实验	雷蕾	枣庄八中南校
11月10日	周营	王楼小学	3-4年级	高雪	临山小学	彭岩	兴城中心校	李娜	枣庄八中北校
11月20日	周营	王楼小学	5-6年级	陈怡晓	陶官小学	王婷	龙潭实验	孙娟	枣庄八中南校
12月8日	临城	张桥小学	1-2年级	周欣	龙潭中心校	潘红	陶官小学	程秀丽	八中东校
			3-4年级	彭岩	兴城小学	贺林	北临城中学	韩琳琳	八中东校
			5-6年级	薛彩红	临山小学	王立静	临城小学	李琳	八中东校
12月22日	常庄	西南联小 1-6年级	1-2年级	王丽	北临城小学	李天琪	实验小学	雷蕾	舜耕实验
			3-4年级	薛彩虹	临山小学	李宏晓	北临城中学	张红	八中南校
			5-6年级	张亚慧	北临城小学	葛翠仙	祁连山中学校	郭传英	八中南校

公益支教课程安排

第一站 陶庄镇山家林小学

一、公益支教活动地点：陶庄镇山家林小学

二、公益支教活动时间：2021 年 4 月 23 号上午 9:00——12:00

三、公益支教课程内容：

（一）人音版小学音乐 1-6 年级（下册）课堂教学
各年级课堂教学及公益支教志愿者主讲教师（单位）：
1.一年级第四课——《两只小象》王 丽（北临城小学）
2.二年级第一课——《大树妈妈》李天琪（实验小学）
3.三年级（合堂）第三课——《顽皮的杜鹃》秦灿灿（龙潭实验学校）
4.四年级第一课——《我们大家跳起来》薛彩红（临山小学）
5.五年级（合堂）第四课——《田野在召唤》王 婷（南临城小学）
6.六年级（合堂）第三课——《DoReMi》褚艳华（教研中心）

（二）兼职音乐教师培训（面向陶庄学区各村小）
培训内容及公益支教志愿者主讲教师（单位）：
1."云录播"教学法
主讲教师：王 丽（北临城小学）
2.竖笛吹奏法
主讲教师：褚 洁（奚仲中学）
3.歌唱教学法
主讲教师：王立静（枣庄二十中学）

（三）音乐社团活动辅导（山家林小学）
社团名称及公益支教志愿者主讲教师（单位）：
1.合唱社团
辅导教师：张 文（枣庄八中南校）
　　　　　李 丽（舜耕实验学校）

2. 舞蹈社团

辅导教师：李宝莹（舜耕实验学校）

李　琳（枣庄八中南校）

第二站：沙沟镇岩湖小学（一）

一、公益支教活动地点：沙沟镇岩湖小学

二、公益支教活动时间：2021年5月12号下午1:30——5:20

三、公益支教课程内容：

（一）人音版1-6年级（下册）课堂教学

各年级课堂教学及公益支教志愿者主讲教师

1.一年级（1班）第四课——《两只小象》）王　丽（北临城小学）

2.一年级（2班）第二课——《牧童谣》李天琪（实验小学）

3.二年级第七课——《音乐小屋》周　欣（周营镇陶官小学）

4.三年级（合堂）第三课——《我是小音乐家》高　雪（临山小学）

4.四年级（合堂）第六课——《摇篮曲》彭　岩（兴城中心小学）

5.五年级第三课——《真善美的小世界》陈怡晓（龙潭实验学校）

6.六年级（合堂）第四课——《拍手拍手》王　婷（南临城小学）

（二）兼职音乐教师培训（沙沟学区各村小）

培训内容及公益支教志愿者主讲教师（单位）：

1."云录播"教学法

主讲教师：袁东艳（沙沟镇中心小学）

2.竖笛吹奏法

主讲教师：宋利聪（枣庄四十四中）

3. 歌唱教学法

主讲教师：王　丽（北临城小学）

周　欣（周营镇陶官小学）

（三）音乐社团活动辅导（参照岩湖小学"让歌声飞扬"展演节目单）

社团名称及公益支教志愿者主讲教师（单位）

合唱社团、舞蹈社团等项目

辅导教师：雷　蕾（枣庄八中南校）

张　文（枣庄八中南校）

李　娜（枣庄八中北校）

孙　娟（枣庄八中南校）

李　琳（枣庄八中南校）

郭传英（枣庄八中南校）

附：岩湖小学"让歌声飞扬"活动程序表

时间	地点	主持人	活动内容
1:30—1:50	会议室	杨其峰	李主任致欢迎词,对接活动安排
2:00—3:30	各班级教室	支教教师	入班送课
	音乐教室	支教教师	全镇音乐教师培训
3:40—5:00	班级教室	支教教师	节目辅导
5:00—5:20	音乐教室	支教教师	教师合唱歌曲辅导

温馨提示：

1.岩湖小学音乐教师邵林、王敏、侯乐锋、褚亚楠要跟随竖笛音乐学习。

2.其余每个班级班主任或者对班教师要跟随班级学生听课，做好听课记录，帮助维持课堂纪律。

3.学习态度认真，谦虚，珍惜学习机会把班级节目提升一下质量。

沙沟镇岩湖小学（二）

一、公益支教活动地点：沙沟镇岩湖小学

二、公益支教活动时间：2021年5月26号下午2:00——4:00

1. 2:00-2:40上第一节课（1-6年级）

2. 2:00-2:40沙沟学区兼职音乐教师培训

3. 2:50-4:00全校各班排练室内课间操

三、公益支教课程内容：

（一）人音版小学音乐1-6年级（下册）课堂教学

各年级课堂教学内容、公益支教志愿者主讲教师（单位）：

1.一年级（1班）第七课——《理发师》王　丽（北临城小学）

2.一年级（2班）第七课——《理发师》李天琪（实验小学）

3.二年级第六课——《两只老虎》周　欣（周营镇陶官小学）

4.三年级（合堂）第五课——《每当我走过老师窗前》单　莉（沙沟镇茶棚小学）

5.四年级（合堂）第八课——《种太阳》彭　岩（兴城中心小学）

6.五年级第四课——《田野在召唤》雷　蕾（枣庄八中南校）

7.六年级（合堂）第五课——《榕树爷爷》王　婷（南临城小学）

（二）兼职音乐教师培训（沙沟学区各村小）

培训内容及公益支教志愿者主讲教师（单位）：

1.竖笛基础吹奏法

主讲教师：宋利聪（枣庄四十四中）

2.歌唱教学法

主讲教师：王　丽（北临城小学）

　　　　　周　欣（周营镇陶官小学）

（三）音乐社团活动辅导（具体内容根据岩湖小学需求确定）

社团活动及公益支教志愿者主讲教师（单位）：

全校1-6年级各班学习室内课间操——手舞操《外婆的澎湖湾》

辅导教师：雷　蕾（枣庄八中南校）

　　　　　孙　娟（枣庄八中南校）

第三站　新城街道大吕巷小学

一、公益支教活动地点：新城街道大吕巷小学

二、公益支教活动时间：

2021年9月23号下午1:30——4:30

1.1:30-1:50欢迎仪式（西三楼会议室）

2.2:00-3:30下午第一、二节课（1-6年级 各班教室）

3. 2:00-4:30新城学区兼职音乐教师培训（三楼西一）

4. 3:30-4:30社团活动或特色活动辅导（三楼东二）

三、公益支教课程内容：

（一）人音版1-6年级（上册）课堂教学

各年级课堂教学内容、公益支教志愿者主讲教师（单位）：

1. 一年级第一课——《你的名字叫什么》王　丽（北临城小学）

2. 二年级第四课——《小鸡的一家》周　欣（周营镇陶官小学）

3. 三年级第二课——《草原上》程丽明（凤鸣中学）

4. 四年级第一课——《采一束鲜花》彭　岩（兴城街道中心小学）

5. 五年级(1班)第四课——《外婆的澎湖湾》薛彩红（临山小学）

6. 五年级(2班)第二课——《我怎样长大》陈怡晓（龙潭实验学校）

7. 六年级(合堂）第二课——《赶圩归来啊哩哩》王　婷（临城街道南临城小学）

（二）兼职音乐教师培训（新城学区各村小兼职教师）

培训内容、公益支教志愿者主讲教师（单位）：

1. 竖笛基础吹奏

主讲教师：潘　红（张范中学）

孙莉娜（舜耕中学）

2. "云录播"使用教学法

主讲教师：刘丽丽（陶庄镇奚仲小学）

（三）音乐社团活动辅导（具体内容根据大吕巷小学需求确定）

社团名称、公益支教志愿者主讲教师（单位）：

彩虹音乐社团（歌唱、合唱）

辅导教师：程秀丽（枣庄八中东校）

张　红（枣庄八中东校）

张冉冉（舜耕实验学校）

第四站 邹坞镇北安阳小学

一、公益支教活动地点： 邹坞镇北安阳小学

二、公益支教活动时间：

2021年10月20日下午（1:30-5:00）

1.1:30-1:50欢迎仪式（会议室）

2.2:00-3:30下午第一、二节课（1-6年级各班教室）

3.2:00-4:30邹坞学区各村小兼职音乐教师培训（多媒体教室）

4.3:30-4:30社团活动或特色活动辅导（音乐教室等）

三、公益支教课程内容：

（一）人音版小学音乐1-6年级（上册）课堂教学

各年级课堂教学内容、公益支教志愿者主讲教师（单位）：

1.一年级第四课——《可爱的动物》周　欣（周营镇陶官小学）

2.二年级第四课——《咯咯哒》程丽明（凤鸣中学）

3.三年级第四课——《噢！苏珊娜》刘利华（陶庄镇中心小学）

4.四年级第三课——《哦，十分钟》彭　岩（兴城街道中心小学）

5.五年级第四课——《外婆的澎湖湾》雷　蕾（枣庄八中南校）

6.六年级第三课——《木偶兵进行曲》王　婷（临城街道南临城小学）

（二）兼职教师培训（邹坞学区各村小兼职教师）

培训内容、公益支教志愿者主讲教师（单位）：

1."云录播"网络资源教学法

主讲教师：刘丽丽（陶庄镇奚仲小学）

2.唱歌教学法

主讲教师：王立静（枣庄二十中）

　　　　　潘　红（张范中学）

（三）社团辅导（具体内容根据北安阳小学特色需求确定）

社团名称、公益支教志愿者主讲教师（单位）：

1.合唱社团节目——《四季的问候》

辅导教师：雷　蕾（枣庄八中南校）

　　　　　　张　文（枣庄八中南校）

2.舞蹈社团节目——《春晓》

辅导教师：孙　娟（枣庄八中南校）

　　　　　　李　琳（枣庄八中南校）

第五站　周营镇王楼小学

一、公益支教活动地点： 周营镇王楼小学

二、公益支教活动时间：

2021年11月24号下午1:30——4:30

1.1:30-1:50欢迎仪式（会议室）

2.2:00-3:30下午第一、二节课（1-6年级各班教室）

3.2:00-4:30周营学区各村小兼职音乐教师培训（多媒体教室）

4.3:30-4:30社团活动或特色活动辅导（音乐教室等）

三、公益支教课程内容：

（一）人音版小学音乐1-6年级（上册）课堂教学（2:00-3:30）

各年级课堂教学内容、公益支教志愿者主讲教师及单位：

1.一年级第七课——《法国号》褚艳华（区教研中心）

2.二年级第六课——《洋娃娃和小熊跳舞》周　欣（周营陶官小学）

3.三年级第三课——《噢，苏珊娜》王　丽（北临城小学）

4.四年级（1班）第六课——《小螺号》彭　岩（兴城中心小学）

5.四年级（2班）第六课——《让我们荡起双桨》李天琪（实验小学）

6.五年级第四课——《牧场上的家》候缦阁（北临城小学）

7.六年级第七课——《萤火虫》薛彩红（矿建路小学）

（二）兼职音乐教师培训（周营学区各村小兼职教师）（2:00-4:30）

培训内容、公益支教志愿者主讲教师及单位：

唱歌教学法（班级合唱）（2:00-4:30）：

主讲教师：王立静（枣庄二十中学）

　　　　　　贺　林（北临城中学）

（三）音乐社团活动辅导（具体根据王楼小学需求）（3:30-4:30）

社团名称、公益支教志愿者主讲教师及单位：

1.合唱社团节目——《雪绒花》

辅导教师：程秀丽（枣庄八中东校）

李　琳（枣庄八中南校）

韩琳琳（枣庄八中东校）

2.竖笛社团节目——《龙的传人》

辅导教师：单琳琳（枣庄四中）

褚秀娟（凤鸣中学）

3.舞蹈社团节目——《红领巾飘起来》

辅导教师：李天琪（实验小学）

图文、公众号宣传组：程秀丽　李　琳　韩琳琳

各支教组长：（一）组　薛彩红（二）王立静（三）程秀丽

总联络人：褚艳华

薛城区教学研究中心 2021 年 11 月 18 日

第六站　张范街道东夹埠小学

一、公益支教活动地点：张范街道东夹埠小学

二、公益支教活动时间：

2021 年 12 月 22 号下午 1:30——4:30

1. 1:30-1:50 欢迎仪式（会议室）

2. 2:00-3:30 下午第一、二节课（1-6 年级各班教室）

3. 2:00-4:30 张范学区各村小兼职音乐教师培训（多媒体教室）

4. 3:30-4:30 社团活动或特色活动辅导（音乐教室等）

三、公益支教课程内容：

（一）人音版小学音乐 1-6 年级（上册）课堂教学（2:00-3:30）

各年级课堂教学内容、公益支教志愿者主讲教师及单位：

1.一年级（合堂）第六课《小青蛙找家》王　丽（北临城小学）

2.二年级第八课——《过新年》薛彩红（矿建路小学）

3.三年级第七课——《美丽的黄昏》李天琪（实验小学）

4.四年级第七课——《幸福拍手歌》李虹晓（北临城中学）

5.五年级（合堂）第七课——《堆雪人》葛翠仙（祁连山路学校）

6.六年级（合堂）第五课——《龙的传人》张亚慧（北临城小学）

（二）张范学区各村小兼职音乐教师培训（2:00-4:30）

培训内容、公益支教志愿者主讲教师及单位：

1.唱歌教学法（2:00-3:20）

辅导教师：李　丽（舜耕实验学校）

　　　　　韩琳琳（枣庄八中东校）

2.竖笛演奏基础（3:20-4:30）：

辅导教师：褚　洁（奚仲中学）

　　　　　孙莉娜（舜耕中学）

（三）音乐社团活动辅导（具体根据东夹埠小学需求确定）（3:30-4:30）

社团名称、公益支教志愿者主讲教师及单位：

合唱社团节目——《最美的画》

辅导教师：李　丽（舜耕实验学校）

　　　　　韩琳琳（枣庄八中东校）

图文、公众号宣传组：李　丽　韩琳琳　孙莉娜　薛彩红　褚　洁等

各支教组长：（一）薛彩红（二）褚　洁（三）李　丽

总联络人：褚艳华

薛城区教学研究中心

2021年12月16日

附录五：媒体报道

褚艳华和她的农村娃一起追逐音乐梦

2014年12月24日下午，天气寒冷，在常庄镇西小庄小学的音乐教室里，却充满着热情与欢乐。三十多个七八岁的孩子在音乐老师褚艳华的带领下，舞动着双臂，晃动着身体，放声地歌唱，沉浸在音乐的世界里。

"新年好呀，新年好呀，祝贺大家新年好，我们唱歌，我们跳舞，祝贺大家新年好！"

这是圣诞节的前一天，是外国小朋友的平安夜，中国的新年元旦节也即将到来。为了让西小的孩子们能够收到一份美好的节日礼物和祝福，褚老师早早就来到教室里准备起来。他拿出了一颗大大的圣诞树，仔细地把圣诞老人、铜铃、小鹿等一个个漂亮的礼物挂在树上，再用一块绒布把圣诞树上所有的礼物盖上，作为教学的道具根据教学内容适时给孩子们一个惊喜。随着教学的推进，只听"哗"的一声褚老师掀开了圣诞树，孩子们小鸟似的发出了欢愉的惊叫声，像小鹿一样跑上前来挑选自己喜欢的圣诞礼物。

天真的孩子们并不知道，每周都来为他们上音乐课的，给他们的童年带来无尽欢乐的褚老师，是一位省教学能手、省优质课一等奖获得者，是一位教育硕士，枣庄市特级教师。从2012年开始，褚老师已经在他们的西小庄小学义务支教了三个年头。

谈起义务支教的原因，褚老师话语里流淌着满满的对农村孩子最简单而又纯粹的爱。她说，"几年前通过在各乡镇小学教学调研，发现农村小学音乐师资紧缺，教学薄弱，音乐课普遍达不到国家课程标准'开齐、开足、开好'的要求。其实，音乐是送给孩子最好的人格礼物，是塑造孩子们人格、温润他们幼小心灵的一块重要基石。从小培养孩子对音乐和艺术的兴趣、爱好，让音乐伴随每一个孩子成长成人成才，是教育要做的事，也是作为一名音乐教研员，一名音乐教师应尽的责任，我希望尽自己一分力量，让农村的孩子们，也像城里的孩子一样接受和享受良好的音乐教育，给孩子们一个充满音乐的快乐童年"。

作为一名中小学音乐教研员，听课指导、教学研究、教师培养，以及组织师生参加各级各类艺术活动，只要想做，不怕麻烦，就永远有做不完的事情。因此，褚老师每天的工作时间总是很忙，同时，她每天下班以后一方面还要照顾八十多岁的因重病而卧床两年多的老父亲，还有正在上高三的儿子……即使这样忙，她还是坚持每周雷打不动地去给西小的孩子们上课，给老师们示范教学、指导如何运用富有趣味和实效的柯达伊教学法辅助教学。白天没有时间，她就在深夜备课。虽然也有过极度劳累，几乎快要坚持不住的时候，她还是咬紧牙在心里对自己说："一节课就是快乐的四十分，一定要坚持下去。"

褚老师说，她爱这些淳朴可爱的孩子们，并希望让音乐伴随所有孩子的梦想一起飞翔，也期望自己的点滴爱心和微薄之力，能够发挥一些示范带动作用，能够有更多爱心同仁和社会群体共同关注农村孩子的音乐美育。

（原载《薛城周讯》，2015年1月5日，记者：王叶蓁）

让村小的孩子享受音乐

2014年12月10日下午第一节课，是枣庄市薛城区常庄镇西小庄小学二年级一班的音乐课。在课堂上，老师与学生们或随乐而动，或手舞足蹈，或认真投入，或欢快地唱着、跳着、笑着……每次上音乐课，学生们总是异常兴奋与激动。这些小学生不知道，为他们上课的是一位省教学能手、省优质课一等奖获得者、音乐教育硕士、枣庄市特级教师。这堂课不是评比课、示范课，也不是公开展演课，而是一节每周必上的普通的音乐课。屈指算来，枣庄市薛城区音乐教研员褚艳华已经为这所村小的学生们义务支教三个年头了。

让音乐为农村娃增添快乐

教研员的主要职责是研究教学、指导课堂、培养教师。是什么促使褚艳华既当"指挥员"又当"战斗员"，坚持站在三尺讲台上的呢？带着这样的疑问，记者采访了褚艳华。

褚艳华给人的感觉是低调、谦和中透出一股热情与执着。问起缘何下乡支教，她说："人之初是教育的最佳时机，音乐也是对儿童最好的教育。但是，目前很多农村小学音乐师资紧缺，音乐课普遍达不到'开齐、开足、开好'的国家课程标准，处于名存实亡的'边缘化'状态。到村小支教，我想尽自己微薄之力，发挥一点带动作用。而且，我喜欢音乐、喜欢讲台，更喜欢这些淳朴可爱的农村娃。我要教学生唱歌、做游戏，和他们一起互动、玩音乐。我希望音乐为农村学生的童年增添色彩，希望他们的一生有音乐相伴。"

褚艳华从2012年11月开始到该区常庄镇西小庄小学支教音乐课，一做就是三个年头。面对天真无邪、渴望音乐的学生们，褚艳华没有表现出"三分钟热度"，而是越来越对渴望音乐的农村学生感到不舍。三年来，无论教研工作多么繁忙，家庭事务多么劳累，她都以乐观、奉献的心态，坚持为西小庄小学的学生们上好每一节音乐课。

教研与教学相得益彰

作为小、初、高三个学段集一身的全区唯一的音乐教研员，褚艳华经常听课、评课、指导教学、培训教师、组织展演等等，工作任务非常繁重。此外，她每周还要雷打不动地到西小庄小学上课。因此，她有多忙，可想而知。褚艳华认为，上课一方面为村小的孩子打开一扇"艺术之窗"，同时也是为了更好地研究、指导和服务课堂与教师。她把教研与教学做到相辅相成，实现了从实践到理念、再从理念到实践的质的融合。

褚艳华说，每一次对教学的灵感和冲动，都是在听课、上课、说课、评课中产生和碰撞出来的。一名教研员如果久违了鲜活的课堂，往往容易"想当然"而脱离教学实际。只有来自课堂的鲜活事例才具有说服力，让老师们心悦诚服。这正如俗话说的"教而不研则浅，研而不教则空"。

在2014年暑期教师培训中，褚艳华把柯达伊音乐教育体系中"科尔文手势"的教学视频播放给教师们观看，教师们看得懵懵懂懂。如何让教师达到学以致用呢？自从走进村小课堂后，她尝试运用"玩中学、做中学"以及"动中听、做中唱、舞中演、编中创"的教学模式，结合学生特点及歌曲内容，逐步将"科尔文手势"作为识谱教学常规教学法，要求教师先掌握再熟练应用于课堂。如今，"科尔文手势"已经成为教师们常用、学生们喜欢的富有实效的音乐教学法，教师们真正体验到小学音乐课堂"感性入手、理性适度、师生互动、玩转音乐"的快乐境界。

西小庄小学的音乐教师王虎深有感触地说："在给学生上课、与我们交流时，褚老师常常一边说一边做示范，并带领我们进行角色转换，让我们做一回学生。她和教师、学生一起，或坐或立，或唱或演，或拍打节奏，或舞蹈律动，体验快乐教学'做中学、玩中学'，体会变'教音乐'为'玩音乐'。褚老师在我们学校支教，使我们能够近距离接触褚老师，感受到她对音乐的热情与热爱。因此，我们成了最大的受益者。现在，我真正体验到了音乐教学的乐趣，每节音乐课都上得生动有趣，学生们兴趣盎然。"

当记者问起褚艳华的打算时，她说："作为一名特级教师，一名教研员，我深感责任重于荣誉。我要把这帮孩子教到小学毕业，为他们的快乐人生奠定坚实的音乐基础。同时，下乡支教也使我提升了信心。决心用三到五年的时间改变全区农村小学音乐教育现状，力求全区中小学音乐教育质量有一个较大的提升"。

累，并快乐着

褚艳华刚到西小庄小学支教时，不仅承担着教师的责任与重担，而且面对照顾家庭的巨大压力。褚艳华的老父亲80多岁了，已经患重病卧床两年多了，时刻不能离开家人的照顾。作为孝女的她，每天无论多忙都要抽时间去照顾老父亲。而她的儿子当时正读高中，处在冲刺高考的关键时期，她的关爱与照顾对儿子来说尤为重要。"老吾老以及人之老，幼吾幼以及人之幼"是褚艳华具有孝心、爱心的真实写照。她爱时日不多的父亲，爱自己唯一的孩子，也爱西小庄小学那群质朴的农村娃。

教研工作是褚艳华的本职，照顾父亲、孩子是为人子、为人母的家庭责任，而到村小支教是她出于对农村孩子大爱的自觉自愿。为此，人到中年的褚艳华把教研工作、村小支教、照顾老人与孩子几副重担默默而执着地担在肩上。

从2012年至今，褚艳华坚持每周去西小庄小学上两节音乐课。尽管教研工作很忙，尽管家务琐事很辛苦，但她总觉得被学生们需要和期待是一种快慰与幸福。为此，她常常利用午饭后休息的时间或晚上别人娱乐的时间，备课、写教案、写反思。为提升全区学生的艺术素养，褚艳华从城里到乡村，或乘车或自驾车，几乎跑遍了薛城区所有的中小学。所到之处，她总是毫无保留地悉心指导、耐心示范。她常常感到分身无术。当记者问起褚艳华累不累时，她微笑着平和地回答："做自己喜欢的事，人虽累，但心情却充实、快乐。"

在褚艳华的影响带动下，一些镇街教研室的教研员也开始尝试着"进课堂、送快乐"给需要音乐的学生们。教研员带头备课、设计教案，有效地推动了区域音乐教育教研的发展。

（原载《枣庄日报》综合版，2014年12月30日，《山东教育报》综合版2015年2月25日。记者：孙静）

后记

　　每当看到老师们在课堂内外辛勤地耕耘，置身于一节节生动而又鲜活的音乐课堂，我总有一种冲动，想对音乐老师说上几句心里话。于是不敢懈怠，聆听着，思考着，忠实地记录下这些珍赏的"火花"。至今，听课记录已密密麻麻地写满了几十本，拙作原始素材便由此累积而成。这是我多年教学教研工作的再思考、再梳理，也是作为基层教研员工作与心路成长的历程和总结。当然这一切远非为"著书"而写，只为坚守和追寻我心中那份理想的音乐教育。

　　面对乡村美育的薄弱，以及村小音乐课的缺失，责任驱使我走进村小，以身示范，为孩子们播撒音乐和快乐的种子。每当组织或参与各类教学教研和艺术展演活动，面对应试教育与素质教育强与弱的"较量"，面对学校美育的喜与忧，使命感促使我笔耕不辍，且思且行。将这些或已发表的，及散落在"网络教研博客"上的文章或随笔再凝练，于是呈现在读者面前的即本书"教师寄语""教学畅享""教研之忧""教研之思""教研之辩""教研之探""乡村支教""公益支教"等章节。

　　回首过往，快乐、忧虑、幸福、感恩，一直相伴相随。丰子恺先生曾经给他的学生这样说过："脚下有路，手中有笔，所到之处皆是风景。"我想说，音乐有情，教育有爱，所遇所见皆是感动。感谢每一位音乐教师，他们的课堂是我教研与思考的源泉。感谢"美遇音乐"爱心团队每一位志愿者，是他们用大爱支撑和陪伴，我们在公益支教助力乡村美育发展的大道上携手向前。感谢区教体局、区教研中心、市教科院的领导、专家和同事给予的关心与支持，使我音乐教育的初心梦想得以实现，也让"美遇音乐"公益支教爱心团队成为一个响亮的名片。

感谢我的导师首都师范大学的郑莉教授，是她在2003年全国音乐教研员培训的一场讲座吸引了我，进而一路追随，直到2008年圆梦首师大，成为她的一名硕士研究生。本书从框架布局到逻辑梳理，都得到郑教授的严格指导，让我受益匪浅。感谢湖南师范大学的郭声健教授，郭教授始终心系乡村美育公益教育，在他创办的音乐教育自媒体"音为有爱"平台上，看到他启动实施了"湖南省阮江市乡村学校兼职美育教师培训"个人公益项目，深受启发，进而萌生了"美遇音乐"乡村公益支教的创建初心。特别让我感动的是，郭教授百忙中为拙作凝练书名、拨冗题序，给予斧正的同时也寄予殷切期望，使我备受鼓舞。感谢通州区"金沙风"公益支教创建人温锦新老师，在"美遇音乐"创建初始给予的无私帮助。

感谢父母给我一颗善良勇敢的心和一个与音乐及幸福结缘的人生，感谢音乐给予我真善美和爱的力量，让我的梦想"照进现实"，从而变得更丰满、执着、接地气。感谢我的兄长，从文字文风到篇章结构均提出了建议与指正，多才多艺的侄女褚楚也为本书精心绘制了插图。感谢爱人一路走来相扶相持，从儿子嗷嗷待哺时，为了让我安心学习，他带娃在山师校园陪读，到儿子读初中时与我结伴考研，又同时异地读研。亲人的爱与温暖永远是我不断努力、执着前行的动力和源泉。

本书在出版过程中，得到了团结出版社梁光玉社长的大力支持，责任编辑王云强先生给予了专业、严谨而细致地校审，张俊岭先生在排版印刷等方面付出了大量精力。他们为本书的高质量出版提供了保障，在这里一并致以诚挚的谢意！

书中所思、所言，多为有感而发或为教研、研讨之用。由于本人水平有限，难免有自说自话或差误不当之处，敬请领导、师长和同仁批评指正。

2022 年 7 月 1 日